認知意味論を目指して
IV

Leonard Talmy
レナード・タルミー

# 認知意味論 を目指して IV
Toward a Cognitive Semantics

[監訳] 岩田彩志・菊田千春・西山淳子

[訳] 西山淳子・森川文弘・澤田茂保
町田 章・長谷部 陽一郎

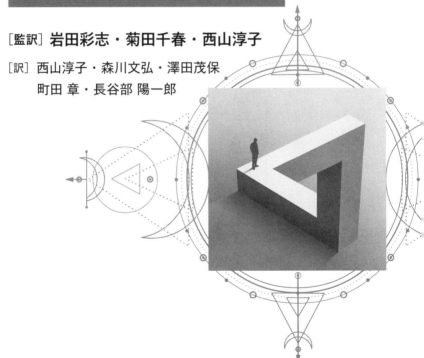

開拓社

TOWARD A COGNITIVE SEMANTICS
*Volume II*

by Leonard Talmy

Copyright © 2000 by Massachusetts Institute of Technology
Japanese edition © 2025 by S. Iwata et al.

Japanese translation published by arrangement with The MIT Press through The English Agency (Japan) Ltd.

# はしがき

　レナード・タルミー（Leonard Talmy）の著作 Toward a Cognitive Semantics, Volume I, II (2000) は，タルミーが1972年の博士論文を皮切りに1990年代まで，改訂や拡充を重ねながら，発表した数々の論文を，さらに改訂し，発展させ，主要テーマ毎に16章に再編成し，それまでの彼の言語学研究の成果のほぼ全容をまとめたものである．認知言語学における金字塔と言ってよい存在だろう．この度，この2巻本のそれぞれを2分冊として，合計4冊からなる日本語訳を出版する運びとなった．この本は，いよいよその最終巻であり，Volume II : Typology and Process in Concept Structuring の3章から8章を第11章から第16章として翻訳したものである．

　第11章では，言語の深層の概念構成には事象複合体が存在し，主事象と従属事象とその関係から構成されていることを論じている．また，その複合体の2つの事象が統合され，ひとまとまりの事象（＝「全体事象」）として，1つの節に現れる場合は，5つもの異なる事象タイプ「状態変化」・「移動／位置づけ」・「時間の展開パターン」・「行為間の相関関係」・「実現化」に渡ることを示している．さらに，その5つの事象タイプのスキーマ的な中核が，典型的にどこで表現されるのか（＝動詞か，動詞の衛星要素か）に基づいて，言語が2つの類型論的カテゴリーに分類できることを議論している．

　第12章では，言語の意味システムが，（形態素の借入を伴わない）意味的な借入によって，別の言語の意味システムの影響を受ける場合に，どのようなことが起こるかについて議論している．イディッシュ語のスラブ諸語からの意味的な借入を例にとり，借入元の言語の意味システムの一部が受け入れ側の言語の意味システムの一部に組み込まれ，ハイブリッド・システムが形成されることを明らかにしている．そして，意味的な借入のプロセスの一般的な9つの原理を提案している．

　第13章では，同一の指示対象物に複数の意味的な指定が行われる言語状況を扱っている．それらの指定が矛盾する場合に，矛盾を解消する認知的な手続きが行われ，伝達相手の中で様々なプロセスが発動される．その中で，5つのプロセス（「変移」，「混合」，「並置」，スキーマを「取っ替え引っ替え」する連続的な解消の試み，「阻止」）を取り上げている．

　第14章では，意思伝達の全ての様式（話す，手話する，身振りで伝える，

書くなど)について，複数の伝達目標や概念を標示するために利用できる複数の表出手段が衝突している場合に，衝突を解消するために，意思伝達を行う者の内部で，どのような認知処理過程がリアルタイムで起っているかについて議論している．

第 15 章では，文化を伝え，維持することについての，認知主義的な分析を提示している．人間は，文化を習得し，実践し，伝えることを主な機能とする，生得的に決定された脳のシステムを発達させてきた，という立場に立ち，その認知文化システムが，生得的に構造化されたプログラムに従って，それぞれの個人の内部でどのように働くかについて議論している．

第 16 章では，「語り/ストーリー」の構造とその文脈を表す要因や関係性を捉える枠組みについて議論している．「語り/ストーリー」は，制作されたもの(会話，書かれたもの，舞台，映画，写真など)と，そうではないもの(歴史や個人の生涯など)も含むと理解され，それら全ての構造と文脈を把握し，「語り/ストーリー」の認知システムを捉える包括的枠組みを構築するための議論が行われている．「語り/ストーリー」の文脈を 5 つの領域(作品，作者，受容者，文化・世界，「語り/ストーリー」)に分割し，4 つの層(時間的構造・空間的構造・因果的構造・心理的構造)と構造的諸特性のパラメーターに基づいて分析している．

既刊と同様，この第 4 巻の 6 つの章で取り上げられた概念や枠組みも，執筆当時のタルミーの斬新な独創性に満ちており，認知言語学や言語学の生き生きとした発展の歴史を垣間見ることができる．この本の原作が刊行されてから早 20 年以上の月日が経ち，タルミーの先駆的研究となる，英語とアツゲウィ語(米カリフォルニア先住民族言語)についての博士論文の発表から数えると，実に 50 年が経っている．タルミーは認知言語学の草分けとして，移動の事象構造や語彙化のパターンや本書のチカラの力学など様々な認知言語学の概念とそのシステムを提案し，認知意味論および認知類型論のプラットフォームを築いてきた．1990 年代終わりには，世界中の認知言語学を学ぶ者に避けては通れない存在となっており，2007 年国際認知言語学会 (The 10th International Cognitive Linguistics Conference) では，レナード・タルミーは，ジョージ・レイコフとロナルド・ラネカーと並んで，認知言語学の礎を築いた 3 人の創始者の 1 人と称えられている．彼の言語学研究は，歳月を経て，検証され，整理され，精緻化され，形を変えて形式化され，世界中の諸言語の分析に応用されてきた．日本の言語学・英語学への影響も大きく，多くの日本の研究者がタルミーの認知システムを引っ提げて，英語や日本語やその他の多くの諸言語や方言を分析してきた．それにもかかわらず，これまでタルミーの著作は一部

論文を除き，ほとんど日本語に翻訳されることがなかった。そのような中で，この4分冊はタルミーの著書の初めての日本語の翻訳本となる。

　このように，タルミーの著作の邦訳の刊行は，後に続く初学者や関連分野の研究者や言語と認知に関心を持つ一般読者のためにも，多くの言語学研究者が強く待ち望んできたものであると信じている。それはまた，原作が執筆・刊行された1990年代後半から2000年代，レナード・タルミーが教鞭を取っていたアメリカのニューヨーク州立大学バッファロー校言語学部で，彼の授業を受けていた同窓生の間でも同じであった。監訳者の1人には，タルミー氏が，学生や同僚からレン（Len）と呼ばれ，よく授業では，英語やアツゲウィ語などを例にとり，黒板に大きく図を書きながら語彙化のパターンやチカラの力学を熱心に説明されていたことが懐かしく思い出される。このような半ば郷愁の混じった思いもあり，同窓生の中には，これまで翻訳を試みた者もいた。

　しかし，原作で各巻500頁，合計1000頁にも及ぶタルミーの思索を，日本語で伝えることの困難さは尋常でない。普通は，原文を忠実に日本語に置き換える，ということを積み重ねていけばそれなりに読める翻訳が出来上がるものだが，この本に対して逐語訳をしたら，とても読めた代物でなくなってしまう（これは多分に，内容が難解であるというだけの理由でないのだが）。3名の監訳者は，当初から「訳（やく）をしたけれど役（やく）に立たない」ようなことは是が非でも避けよう，との認識で一致していた。その目的を果たすために，監訳者と各章の担当者は並々ならぬ努力を払うこととなった。なお各章のタイトル及び担当者は次の通りである。

　第11章　事象統合の類型論（Chapter 3: A Typology of Event Integration）西山淳子
　第12章　意味空間の借入：通時的ハイブリッド化（Chapter 4: Borrowing Semantic Space: Diachronic Hybridization）森川文弘
　第13章　意味的な矛盾と解消（Chapter 5: Semantic Conflict and Resolution）西山淳子
　第14章　意思伝達目標と手段：その認知的相互作用（Chapter 6: Communicative Goals and Means: Their Cognitive Interaction）澤田茂保
　第15章　認知文化システム（Chapter 7: The Cognitive Culture System）町田章
　第16章　「語り／ストーリー」の構造を捉えるための認知的枠組み（Chapter 8: A Cognitive Framework for Narrative Structure）

　　　　　長谷部 陽一郎

各章とも，一次訳に，再度，岩田が目を通し，何度かの推敲を経ている。

　またこの訳本では様々な工夫が凝らされている。タルミーの研究についてこれまで日本国内でも，そのキーワードに対して幾つかの訳語が当てられてきたが，この訳本では必ずしもそれにとらわれずに，全く新しい訳語が多数使われている。さらに時にはかなり思い切った意訳をしている箇所もある。それもこれも，タルミーの考えが，一般読者や初学者にも分かりやすく，正確に，誤解のないように伝わることを一番の目的としたためである。

　このように言うと，ひょっとしてタルミーの原作の英文の複雑さや用語の独創性が少し伝わりにくくなっているのではないかしらと少々寂しく思われる向きもあるかもしれない。そのような読者はこの本をきっかけにして，是非，原作の英文に触れ，原文を通じてタルミーの思索の世界を深く味わってみて欲しい。

　そして，企画当初からお世話になった開拓社の川田賢氏に感謝申し上げたい。翻訳企画が始動し，まもなく未曾有のコロナ禍に見舞われ，大学も学会も一斉に遠隔対応に追われ，互いに対面で話をすることがままならなくなった。やっと状況も落ち着いてきたが，そのような中で，遅れがちな進行状況を忍耐強く見守りつづけ，寛容な対応とアドバイスと時に応じた臨機応変なサポートをして頂き，川田氏には大変感謝している。

　そして，翻訳にあたって，原作者であるレナード・タルミー氏に絶え間ないサポートをしていただいたことに感謝を申し上げたい。小さな質問に対しても，いつも快く迅速に返事を頂いた。また，2022年には私たち翻訳者が所属する日本英語学会の招きに応じて春季フォーラムで特別講演もして頂いた。タルミー氏は，現在も，米国カリフォルニアのバークレーで，変わらず活発に研究・執筆活動に勤しんでおられる。

　　　　　　　　　　　　　　　　　2024年10月　岩田・菊田・西山

# 目　次

はしがき　v

## 第 5 部　事象構造の表示における類型的パターン

### 第 11 章　事象統合の類型論 …………………………………… 2
1　はじめに ………………………………………………………… 2
2　全体事象 ………………………………………………………… 4
　2.1　一般的な事象 ……………………………………………… 4
　　2.1.1　事象の概念化 ………………………………………… 4
　　2.1.2　事象複合体 …………………………………………… 5
　　2.1.3　事象の概念的な統合 ………………………………… 5
　2.2　全体事象の合成 …………………………………………… 6
　　2.2.1　複合的事象の概念的統合としての全体事象 ……… 6
　　2.2.2　主要部事象 …………………………………………… 7
　　2.2.3　共起事象 ……………………………………………… 9
　　2.2.4　全体事象の構成要素のまとめ ……………………… 10
　2.3　全体事象から統語構造への写像 ………………………… 11
　　2.3.1　「動詞主導」言語と「衛星要素主導」言語の類型論 … 11
　　2.3.2　導入的例示 …………………………………………… 13
　　2.3.3　動詞主導の言語において共起事象を表す構成素 … 14
　2.4　相補的な 2 つの類型論的視点 …………………………… 14
　2.5　本章の狙い ………………………………………………… 15
3　主要部事象としての「移動/位置づけ」事象 ………………… 16
4　主要部事象としての, 時間的な展開パターン (アスペクト) … 21
　4.1　スペイン語とドイツ語での, アスペクト写像における対比 … 24
　4.2　アスペクトの扱い方は, 他の動詞カテゴリーと異なる … 27
5　主要部事象としての状態変化 ………………………………… 29
　5.1　「経路/場所」+「地」との平行性を示唆する形式 ……… 32
　5.2　存在の状態における変化 ………………………………… 35
　5.3　様相における変化 ………………………………………… 41

ix

5.4　その他の構文タイプ ………………………………………… 44
　　5.5　その他の推移タイプ ………………………………………… 46
　6　主要部事象としての行為間の相関関係 ……………………………… 48
　　6.1　「准動作主」の行為が「動作主」の行為と同一（または同じカテゴリー）
　　　　の場合 …………………………………………………………… 51
　　6.2　「准動作主」の行為が固定され「動作主」の行為と別個である場合 …… 57
　7　主要部事象としての実現化 …………………………………………… 58
　　7.1　実現化のタイプを含む漸増的な意味の系列 ………………… 58
　　　7.1.1　「自己完結の達成」を表す動詞＋事象を追加する衛星要素 ………… 60
　　　7.1.2　「達成が未指定」な動詞＋達成を表す衛星要素 …………… 61
　　　7.1.3　達成の含みがある動詞＋確認を表す衛星要素 …………… 62
　　　7.1.4　達成を成就する動詞（＋冗語的な衛星要素） …………… 65
　　7.2　含意の強さの連続体 ………………………………………… 66
　　7.3　語彙化した含意 ……………………………………………… 67
　　7.4　実現化の表し方における類型的な差異 ……………………… 69
　　7.5　中国語北京方言：実現化を示す衛星要素主導言語 ………… 70
　　　7.5.1　英語と中国語北京方言の動詞の語彙化の比較 …………… 71
　　　7.5.2　中国語北京方言における動詞と衛星要素のその他の意味関係 …… 73
　　7.6　タミル語：実現化を表す動詞主導の言語 …………………… 76
　8　主導的役割を果たす衛星要素が主事象を表す証拠 ………………… 77
　　8.1　補部構造と項の意味的性格を決定 …………………………… 77
　　8.2　全体のアスペクトを決定 ……………………………………… 79
　　8.3　ドイツ語で助動詞を決定 ……………………………………… 82
　　8.4　「要点」を決定 ………………………………………………… 82
　　8.5　総称的（軽）動詞を認可 ……………………………………… 84
　　8.6　冗語的な動詞とプロトタイプから拡張された動詞を認可 … 86
　9　結論 …………………………………………………………………… 87

# 第12章　意味空間の借入：通時的ハイブリッド化 ……………… 88

　1　はじめに ……………………………………………………………… 88
　2　意味空間の切り分け ………………………………………………… 89
　3　イディッシュ語の動詞接頭辞 ……………………………………… 97
　4　借入パターン ………………………………………………………… 99
　　4.1　スラヴ語派言語の意味空間のうちイディッシュ語に借入された側面 … 99
　　　4.1.1　形態素の個々の意味 ………………………………………… 99
　　　4.1.2　1つの形態素の中での意味のグループ化 ………………… 101
　　　4.1.3　1つの形態素が持つ複数の意味間の使用頻度 …………… 102

4.1.4　ある形態素クラスの上位レベルの意味 ………………………… 102
　　　4.1.5　ある形態素クラスの義務的使用 …………………………………… 103
　4.2　スラヴ語派言語の意味空間のうちイディッシュ語に借入されなかった
　　　側面 ………………………………………………………………………… 104
5　借入先言語による借入元言語の意味システムへの適応タイプ ………… 105
　5.1　ハイブリッド形成 ………………………………………………………… 105
　　　5.1.1　接頭辞＋前置詞システムにおける重複形 ……………………… 106
　　　5.1.2　ある接頭辞の多義の範囲とその全体的意味 …………………… 106
　　　5.1.3　接頭辞を利用したアスペクトシステム ………………………… 110
　5.2　交わり …………………………………………………………………… 112
　　　5.2.1　分離可能／不可能の区別＋接頭辞による完結相の標示 ……… 113
　　　5.2.2　長形／短形の接頭辞による要素の優先性の標示＋接頭辞の意味の
　　　　　　借入 ……………………………………………………………… 113
　　　5.2.3　助動詞の使い分け＋構文の借入 ………………………………… 113
　　　5.2.4　移動動詞の省略と衛星要素の重複パターン …………………… 114
　　　5.2.5　直示性＋様態 ……………………………………………………… 114
　5.3　借入先言語のシステムにゆとりがある場合に，借入元言語のシステム
　　　を非多義化して取り込む可能性について …………………………… 115
　5.4　借入先の言語が取り入れた要素を元の言語よりもさらに拡張 ……… 116
6　借入先言語が借入元言語に適応しない幾つかのタイプ ………………… 118
　6.1　借入元言語の素性を拒絶 ……………………………………………… 118
　6.2　影響に（そして継承にも）抗う変化 ………………………………… 119
　　　6.2.1　「移動」対「位置」を格標示しない ……………………………… 119
　　　6.2.2　前置詞により様々なタイプの'from'を標示しない …………… 120
　　　6.2.3　衛星要素により経路の境界づけの有無を標示しない ………… 120
7　意味借入を統率している一般的原則 ……………………………………… 121


## 第 6 部　意味的相互作用

### 第 13 章　意味的な矛盾と解消 ……………………………………………… 126

1　はじめに ……………………………………………………………………… 126
2　変移 …………………………………………………………………………… 127
　2.1　閉じたクラスのスキーマのある構成要素を広く解釈 ……………… 128
　2.2　閉じたクラスのスキーマのある構成要素を取り消す ……………… 128
　2.3　開いたクラスの指定のある構成要素を置き換える ………………… 129
　　　2.3.1　拡がりと分布 ……………………………………………………… 130

    2.3.2　連想される属性 …………………………………… 131
　3　混合 ……………………………………………………………… 133
　　3.1　重ね合わせ ……………………………………………… 133
　　3.2　個体内への投影 ………………………………………… 134
　4　並置 ……………………………………………………………… 137
　5　取っ替え引っ替えと阻止 …………………………………… 138
　6　意味的な解消における「基本的」という考え ………………… 140

## 第14章　意思伝達目標と手段：その認知的相互作用 ………… 142

　1　はじめに ……………………………………………………… 142
　　1.1　意思伝達の性質 ………………………………………… 143
　　　1.1.1　意思伝達の中核部 ………………………………… 143
　　　1.1.2　より大きなコンテクスト ………………………… 144
　　　1.1.3　修正プロセス ……………………………………… 144
　　1.2　関連する様々な要因 …………………………………… 146
　　　1.2.1　子供の発達 ………………………………………… 146
　　　1.2.2　個人差 ……………………………………………… 147
　　　1.2.3　言語比較，言語変化，観察的妥当性 …………… 148
　2　意思伝達の目標 ……………………………………………… 148
　3　意思伝達の手段 ……………………………………………… 152
　4　複数の目標が一致する時と衝突する時 …………………… 154
　5　手段の限界 …………………………………………………… 155
　6　個別の目標と手段の議論と事例 …………………………… 157
　　6.1　命題内容（目標 (a)）…………………………………… 157
　　6.2　特定性と際立ちの程度（目標 (b)）…………………… 159
　　6.3　順序（目標 (c)）………………………………………… 161
　　6.4　性格，気分，態度（目標 (d)）………………………… 162
　　6.5　意思伝達のタイプ（目標 (e)）………………………… 163
　　6.6　文法的であること（目標 (f)）………………………… 165
　　6.7　適切性（目標 (g)）……………………………………… 166
　　6.8　タイミングと物理的な側面（目標 (i)）……………… 167
　　6.9　伝達の相手の受容性（目標 (j)）……………………… 168
　　6.10　情報処理の負担（目標 (k)）………………………… 169
　　6.11　意味的コンテクスト（目標 (l)）…………………… 170
　　6.12　対人関係のコンテクスト（目標 (m)）……………… 172
　　6.13　外部の効果に注意を向ける（目標 (n)）…………… 173
　　6.14　さらなる効果を求める意図（目標 (p)）…………… 174

|     |     |     |
| --- | --- | --- |
|     | 6.15 観察と修復（目標（r）） ································ | 174 |
| 7   | 言語比較と言語変化 ··········································· | 176 |
|     | 7.1 言語比較 ·················································· | 176 |
|     | 7.2 言語変化 ·················································· | 179 |

## 第7部　他の認知システム

### 第15章　認知文化システム ········································ 182

1 はじめに ························································ 182
  1.1 文化認知主義の概観 ········································ 183
  1.2 文化認知と言語認知の平行性 ································ 185
  1.3 認知的構成の「重複システム」モデル ························ 187
2 認知文化システムの特徴 ········································ 187
  2.1 文化の習得と実践 ·········································· 187
    2.1.1 自分と関係のある集団を突き止め，そのパターンを査定 ········ 188
    2.1.2 互いに整合しないパターンに対する幾つかの調整のタイプ ······· 190
      2.1.2.1 お互いに整合しないパターンの中から1つを選択することによる調整 ·········· 190
      2.1.2.2 整合しないパターン同士を混合することによる調整 ······· 191
      2.1.2.3 整合しないパターンのそれぞれを，別々に仕切った場所に置くことによる調整 ·········· 191
      2.1.2.4 文化調整のタイプに平行した言語の調整タイプ ············ 192
    2.1.3 文化認知の構造的な性格 ····································· 192
      2.1.3.1 選択してモデル化するために行う，周囲のモノのカテゴリー化 ········· 193
      2.1.3.2 異なる行動パターンの差異化 ···························· 194
      2.1.3.3 ある行動パターンの幾つもの実例にまたがってスキーマを抽出 ········· 195
      2.1.3.4 行動パターンを，実際にそのパターンを行う際の個人的な癖から区別 ·········· 196
      2.1.3.5 構造的選択性 ············································ 196
    2.1.4 認知文化プロセスのその他の集合体 ·························· 197
      2.1.4.1 教えられての学習 ······································· 197
      2.1.4.2 承認・不承認に対する反応 ······························ 198
    2.1.5 文化の習得と実践の相互作用 ································ 198
  2.2 文化を伝える ·············································· 199

2.3　認知文化システムに見られる普遍性と差異 ………………………… 201
　　2.3.1　認知文化システムが通常に働くことにより許される差異 ……… 202
　　2.3.2　認知文化システム自体内での差異 ………………………………… 203
　　　2.3.2.1　意識へののぼらせやすさ ……………………………………… 204
　　　2.3.2.2　統合 ……………………………………………………………… 205
　　　2.3.2.3　順応可能性と思い入れ ………………………………………… 205
　2.4　個人と集団の関係 ………………………………………………………… 206
　　2.4.1　個人・個人が共有しているスキーマが，集団内で集積される …… 206
　　2.4.2　集団協力のために個人間で共有されるスキーマ ………………… 207
　　2.4.3　個人間で共有される集団内区別の上位レベルスキーマ ………… 209
　　2.4.4　個人間で共有される，集団からのスキーマ習得 ………………… 210
3　認知的に別個の文化システムを支持する証拠 ……………………………… 211
　3.1　文化習得における幾つかの発達段階 …………………………………… 211
　3.2　文化習得の臨界期 ………………………………………………………… 212
　3.3　文化機能障害 ……………………………………………………………… 215
　3.4　人間以外の霊長類による文化の習得 …………………………………… 216
　3.5　他の認知システムからの，文化システムの独立：言語 ……………… 218
　　3.5.1　概念構造を，異なる文化と異なる言語にまたがって比較 ……… 219
　　3.5.2　概念構造を，同じ文化と同じ言語で比較 ………………………… 220
　3.6　他の認知システムからの，文化システムの独立：人格 ……………… 222
4　認知主義と他の文化論の比較 ………………………………………………… 225

## 第16章　「語り/ストーリー」の構造を捉えるための
　　　　　認知的枠組み ……………………………………………… 226

1　はじめに ………………………………………………………………………… 226
　1.1　「語り/ストーリー」の分析に対する認知的アプローチ …………… 227
　1.2　「語り/ストーリー」の文脈に対する認知的アプローチ …………… 230
　1.3　分析の枠組みの構成 ……………………………………………………… 231
2　領域 ……………………………………………………………………………… 233
　2.1　作品領域 …………………………………………………………………… 234
　　2.1.1　関係する主要な認知システム ……………………………………… 234
　　2.1.2　進展の度合い ………………………………………………………… 235
　　2.1.3　一貫性と有意義性の度合い ………………………………………… 237
　2.2　作品領域と文化・世界領域との関係 …………………………………… 237
　2.3　作品領域と作品対象者領域の関係 ……………………………………… 238
　2.4　作者領域と作品領域の関係 ……………………………………………… 239
　2.5　作者領域と作品対象者領域の関係 ……………………………………… 239

|     |       |                                          |     |
| --- | ----- | ---------------------------------------- | --- |
|     | 2.6   | 作者領域, 作品領域, 作品対象者領域の関係 | 240 |
| 3   | 層    |                                          | 241 |
|     | 3.1   | 時間的構造                               | 241 |
|     | 3.1.1 | 事象                                     | 241 |
|     | 3.1.2 | 時間的な展開パターン                     | 242 |
|     | 3.1.3 | 「語り/ストーリー」の時間と作品対象者の時間の関係 | 243 |
|     | 3.1.4 | 時間の層と「語り/ストーリー」の他の構造の関係 | 246 |
|     | 3.2   | 空間構造                                 | 246 |
|     | 3.3   | 使役構造                                 | 249 |
|     | 3.4   | 心理的構造                               | 250 |
|     | 3.4.1 | 心理的構造のカテゴリー                   | 251 |
|     | 3.4.2 | 心理的構造の3つのレベル                  | 253 |
|     | 3.4.2.1 | 個体                                   | 253 |
|     | 3.4.2.2 | 集団・社会                             | 255 |
|     | 3.4.2.3 | 雰囲気                                 | 256 |
| 4   | パラメーター |                                    | 258 |
|     | 4.1   | 構造間の関連                             | 258 |
|     | 4.1.1 | 包含                                     | 259 |
|     | 4.1.2 | 同一の広がり                             | 262 |
|     | 4.1.3 | 複数の部分が関わる関係                   | 265 |
|     | 4.1.4 | より上位の構造                           | 267 |
|     | 4.2   | 相対量                                   | 267 |
|     | 4.2.1 | 対象範囲                                 | 267 |
|     | 4.2.2 | 目の細かさ                               | 268 |
|     | 4.2.3 | 密度                                     | 269 |
|     | 4.3   | 差異化の程度                             | 269 |
|     | 4.3.1 | 連続-離散のパラメーター                  | 270 |
|     | 4.3.2 | 単数個/回-複数個/回のパラメーター        | 271 |
|     | 4.3.3 | 広がり-凝集のパラメーター                | 272 |
|     | 4.3.4 | 大まか-正確のパラメーター                | 273 |
|     | 4.3.5 | 漠然-はっきりのパラメーター              | 273 |
|     | 4.3.6 | 概略-詳述のパラメーター                  | 274 |
|     | 4.3.7 | 非明示的-明示的のパラメーター            | 274 |
|     | 4.4   | 組み合わせ構造                           | 276 |
|     | 4.4.1 | 本質的実体の連続構造                     | 277 |
|     | 4.4.2 | 概念実体的な連続構造                     | 284 |
|     | 4.4.3 | 認識論的連続構造                         | 286 |
|     | 4.4.4 | 視点の連続構造                           | 287 |
|     | 4.4.5 | 動機の連続構造                           | 288 |

4.4.6　心理的連続構造 …………………………………… 289
　4.5　評価 ………………………………………………………… 290
　　4.5.1　現実性 ………………………………………………… 290
　　4.5.2　機能 …………………………………………………… 292
　　4.5.3　重要性 ………………………………………………… 293
　　4.5.4　価値 …………………………………………………… 293
　　4.5.5　プロトタイプ性 ……………………………………… 294
　4.6　異なるパラメーター間の相互関係 ……………………… 294
　5　結論 …………………………………………………………… 295

参考文献 ……………………………………………………………… 297
索　　引 ……………………………………………………………… 307
著者・監訳者・訳者紹介 …………………………………………… 316

# 第5部

# 事象構造の表示における類型的パターン

(第Ⅲ巻から続く)

# 第11章
# 事象統合の類型論

## 1 はじめに

この研究では，3つの基本的な発見が1つにまとまっている。[1] 最初の発見は，言語の深層の概念的構成には，基本的で広く行き渡った，一定のタイプの事象複合体（＝我々が「全体事象」と呼ぶもの）が存在する，ということだ。一方で，その全体事象は，より単純な2つの事象とその2つの事象の間の関係から構成されるものとして，概念化することができる。しかし，全体事象はまた，（ひょっとしたら普遍的に）1つの融合した事象として概念化することもできる。したがって，1つの節で表すこともできる。実質的には，全体事象は1組の相互に関連した「図」―「地」の事象で構成されている。このことは，6章で記述している通りである。Talmy (1972, 1985b) ではさらに，そのような事象複合体とその複合体の1つの節への「融合」を，「移動/位置づけ」事象の表し方を例に取って，詳しく記述している。しかし今や，「移動/位置づけ」事象だけにとどまらずに，幾つものそのような事象複合体にまたがる，総称的なカテゴリーが存在することを実証することが可能である。そして，この事象複合体の一般的な構造を，かなり厳密な用語で特徴づけることができる。

第2の発見は，ちょうど今触れたように，全体事象は「移動/位置づけ」事

---

[1] この章は，Talmy (1991) を大幅に改訂・発展させたものである。ここで引用している英語以外の形式の情報を提供して頂いた以下の方々に感謝したい。ドイツ語は Elisabeth Kuhn, Luise Hathaway, Wolfgang Wölck, 中国語北京方言は Jian-Sheng Guo, スペイン語は Jon Aske, Guillermina Nuñez, Jaime Ramos, タミル語は Eric Pederson と Susan Herring。さらに，この章の内容について有意義な議論をして頂いた Dan Slobin, Melissa Bowerman, Eric Pederson, Jon Aske, David Wilkins, Patricia Fox, Ruth B. Shields, Kean Kaufmann に深く感謝している。

象だけでなく，5つもの，非常に異なるタイプの事象に関わる，ということだ。Talmy (1985b) では，「状態変化」が，事象タイプとして，「移動/位置づけ」と言語的に類似性を持っていることを，既に理解していた。しかし今や，さらに3つのタイプの事象が，平行した意味的・統語的な特性を持つことが明らかである。これらのタイプは，「時間の展開パターン」・「行為間の相関関係」・「実現化」の事象である。これらのさらに加えられたタイプの中で，行為間の相関関係は，ここで新しく導入している。時間の展開パターンと実現化は，既に議論されているが，事象のタイプや事象そのものとして議論されてはいなかった。

第3の発見は，事象複合体のスキーマ的な中核を，典型的にどこで表現するか（＝動詞か，動詞の衛星要素か）に基づいて，言語は2つの類型論的カテゴリーに分れる，ということである。この類型論は，Talmy (1985b) で提示された「移動/位置づけ」に関する類型論の一部を形成した。しかし今や，それは全体事象が関わる5つの事象のタイプ全てに及ぶことが明らかであり，もっと言えば，5つの事象タイプを1つにまとめるべきだという，主要な証拠となっている。

扱う現象がどのようなものかを，手早く分かってもらうために，例で示そう。(1)の英語の文は，全体事象を5つの事象タイプで順に示している。そして，それらは事象タイプのスキーマ的な中核が衛星要素によって表される類型論的なカテゴリーを例示している。

(1) 衛星要素（斜字体）は，以下を表す。
    a. 移動事象の経路
       The ball rolled *in*.（ボールが，転がり込んだ）
    b. 時間の展開パターンの事象におけるアスペクト
       They talked *on*.（彼らは，話し続けた）
    c. 状態変化の事象における変化後の特性
       The candle blew *out*.（ろうそくが，吹き消された）
    d. 行為間の相関関係の事象における相関関係
       She sang *along*.（彼女は，一緒に歌った）
    e. 実現化の事象における達成と確認
       The police hunted the fugitive *down*.
       （警察は，逃亡者を追跡して捕らえた）

例えば (1a) では，衛星要素の in が，ボールが転がりながら，ある物に入って行ったことを示している。(1b) の on は，彼らが話すという活動を続けて

いることを示している。(1c) の out は，何かが息や風を吹きつけた結果として，ろうそくが消えたことを示している。(1d) の along は，彼女が他の人に加わったり，その人に追随して何かをしたりしていることを示している。ここでは，その人と同じ歌を歌ったり，ちょうど伴奏のような形でその人の歌唱や演奏に合せて歌ったりすることを示している。(1e) の down は，警察が逃亡者を捕えるという意図を達成したことを示している。ここで，逃亡者を捕らえることは，追跡活動の目標であった。

このような具体例をさらに示すのは3節まで待つこととし，2節では，この研究の分析の残りの部分が依拠する理論的枠組みとパラメーターを設定する。

## 2. 全体事象

まずは全体事象の特徴づけから，形式的分析を始める。

### 2.1 一般的な事象

まず全体事象の特徴を分析するための基盤として，一般的な事象の性質について議論する。

#### 2.1.1 事象の概念化

人間の精神は，知覚や概念化に従事している際に，**概念的な分割化（conceptual partitioning）** と **モノ化（ascription of entityhood）** と呼ぶことができる，非常に一般的な認知プロセスの働きによって，通常なら連続体であるものの一部を取り出し（これは空間でも，時間でも，その他の質的領域であってもよい），その周りに境界線を引き，その境界線で囲まれた中身が，1つのまとまったモノとしての性質を持つ，と見なすことができる。そのようなモノの1つのカテゴリーが，（他にも様々な選択肢があるが）**事象（event）** と知覚/概念化される。これはモノの1つのタイプであり，その境界線の中では，その決定的な特徴に関する質的領域の少なくとも幾らかの部分と，概念的に捉えられた時間の連続体（＝時間の経過）の幾らかの部分が，継続的に相互に関係し合っている。そのような相互関係は，**動態性（dynamism）** と特徴づけることができる，原始要素的な現象学的経験に基づいているのかもしれない。動態性は，この世界における諸々の動きの基本的な特性または原理である。この経験は，おそらく人間の認知において基盤を成すだけではなく，普遍的でもあるだろう。

## 2.1.2 事象複合体

事象として認知できるモノは，特定のタイプの内部構造と特定の度合いの構造的複雑さを持つものとして概念化することができる。そのような構造的な特性は，その事象を表すことができる統語形式の特性に反映されることがある。そのような一連の特性の一方の端にあるのが**ひとまとまりの事象**（**unitary event**）である。これは，統語的に 1 つの節で表すことができる 1 つの事象で，その事象の構成要素自身は，事象を成さないと考えられている。ここで扱う現象については，このひとまとまりの事象よりも複雑な，あるタイプの事象だけを考えればいい。伝統的な用語を使うと，多くの言語ではこの事象を，統語的に主節と従属接続詞により導かれる従属節からできた複文によって，表すことができる。我々は，この統語的な用語を利用して，この種の形式的な構造で表される事象の概念化を特徴づけることができる。だから，そのような事象は，**複合的事象**（**complex event**）と呼ぶことができる。「複合的事象」は，次に，**主（たる）事象**（**main event**）と**従属（する）事象**（**subordinate event**）（最も単純な場合には，主事象も従属事象も，それぞれひとまとまりの事象として概念化される），さらに従属事象が主事象に対して持つ関係へと分割することができる（6 章を参照のこと）。

## 2.1.3 事象の概念的な統合

言語には一般的な認知プロセスが働いていて，そのお陰で，より分析的に捉えれば複合的であると理解され，統語的にも複数の節で表せるような事象が，代わりにひとまとまりの事象として概念化され，1 つの節で表されるようである。このような再概念化のプロセスには，事象に対する概念的な統合，あるいは合成，が関わっており，ここでは**事象の統合**（**event integration**）と名づけることにする。この章では，主に全体事象に関する事象の統合を扱う。しかし，「事象の統合」（もしくは，少なくとも統語論でそれに対応するもの）は，これまで特に動作主的使役に関して，「節の連合」のような概念を使って議論されてきている。ここでは，動作主的事象の統合の意味を簡単に概観するが，それには 2 つの理由がある。第一に，動作主的事象の統合の方がよく知られているので，全体事象の統合を後で取り扱う際に，そのモデルとして役立つからである。第二に，動作主から始まる様々な使役事象が全体事象へと至っていく様は，それ自体が，全体事象の統合の中に頻繁に含まれる。そのため，全体事象の統合の全容を記述する時に，大きな役目を果たすからである（後で議論する）。

　事象統合について，どうやら普遍的と思われる具体例は，動作主的使役に関

わるものだ。より分析的に捉えると，動作主的使役は，動作主の行為が一連の事象を引き起こして，当該の最終的な事象につながる，という使役連鎖から成り立っている。動作主は，最初の行為を意思的に行い，その意図の範囲は，使役連鎖の一連の事象の全てに及ぶ。そのような別々の事象の複合体は，統語的に別々の節の複合体で表すことができる。しかしまた，同じ内容を概念的に統合して，ひとまとまりの事象として経験し，それに対応して，統語的に1つの節で表すことも可能である。だから例えば，動作主とは，幾つもの事象の使役的連続のことであると捉えて，統語的に (2a) のように表すことができるし，あるいは新たなひとまとまりの事象として捉え直して (2b) のように，1つの節で表すこともできる。

(2) a. The aerial toppled because I did something to it [e.g., because I threw a rock at it].
（私がそのアンテナにあることをしたので（例えば，私が岩を投げつけたので），そのアンテナはぐらついた）
b. I toppled the aerial. （私は，そのアンテナをぐらつかせた）

## 2.2 全体事象の合成

全体事象には既に触れており，具体例も示しているが，ここでもっと形式的な特徴づけを始める。

### 2.2.1 複合的事象の概念的統合としての全体事象

様々な言語を比較すると，概念的にまとめやすく，1つの節で表しやすいような，基本的で，繰り返し現れる複合的事象のカテゴリーが存在することが，分かる。このタイプを，ここでは**全体事象**（macro-event）と呼ぶ。したがって全体事象は，一方では1つの節で表され，通常はひとまとまりの事象として概念化される。他方では，そのような1つの節を，統語的かつ意味的にもっと詳しく分析してみると，その概念的な構造・内容は，あるクラスの複合的事象の概念的な構造・内容ととてもよく似ている。実際に，複文によって表されることも，よくある。

両者の概念化における違いを，非動作主的使役の例を使って示してみよう。(3a) の複文は，複合的事象の中の主事象・従属関係・従属事象を，各部分毎に表している。それに対して (3b) の単一節は，実質的に同じ内容を，構造と要素間の相互関係も同じまま表しているが，事象の複合体をひとまとまりの事象（＝全体事象）として提示している。

(3) a. The candle went out because something blew on it.
（何かが風を吹き付けたので，ろうそくの火が消えた）
b. The candle blew out.（ろうそくの火が，吹き消された）

　全体事象として概念的に統合できるような複合的事象のカテゴリーには，強い制約がかかっている。適切な複合的事象では，主事象と従属事象が特定の別々のクラスのものでなければならない。そして，主事象と従属事象は複合的事象全体に対して一定の関係を持っていなければならないし，お互いに対しても一定の関係を持っていなければならない。これらの特性は，この章で詳細に見ていく。もっと広く捉えると，ここでの主要な関心事の1つは，事象の結束性または融合という認知的な問題である。概念内容に関して言えば，この問題は，ある概念内容を1つのまとまりを持つ事象として経験できるためには，どれくらいの量の概念内容で，どのような種類の概念内容で，部分・部分がどのような関係にある概念内容ならば，意識の中で同時に存在してよいのか，あるいは存在しなければならないのか，ということに関わってくる。以下で見るように，ある特定の種類の特定の構成の概念内容が，どれくらいの量までなら違和感なく1つの節の中にまとめられて，1つの全体事象として容易に経験できるかは，言語によって異なっている。だが，このようなより大きな問題の多くは，さらに分析を待たなければならない。

## 2.2.2　主要部事象
全体事象の内部で，まず主事象を，それ自体単独で捉えた，ひとまとまりの事象として，その特性を分析する。この主事象のことを，後に，全体事象の残りの部分に対してどのような特性を持つかを問題にする際に「主要部事象」と呼ぶのだが，ここでもこの用語を使うことにする。主要部事象は特定の事象スキーマを構成するが，この事象スキーマは幾つかの異なる概念領域に適用することができる。目下のところ，主要部事象は5つの違う領域をスキーマ化すると見なせることが分かっている。これは様々な言語にまたがって，それらの領域で意味的・統語的に同じ様に扱われている，ということに基づいて分かったことである。これらの5つのタイプは，空間の「移動」や「位置づけ」の事象・時間的な展開パターンを表す事象（＝アスペクト）・状態の変化や継続の事象・行為間の相関関係の事象・実現化の領域での達成や確認の事象，である。

　まず主要部事象の内部構造について分析しよう。主要部事象には，4つの構成要素がある。最初の要素は「図」となるモノ（**figural entity**）である。「図」

は，一般的に言って，その時点で注意や関心が最も向けられている構成要素である。そのありようは変項として概念化され，その変項の値が何か，が目下の関心事である。2つ目の要素は「**地**」となるモノ（**ground entity**）である。この構成要素は参照点となるモノとして概念化され，それを基にして「図」のありようが特徴づけられる。3つ目の要素は，「図」が「地」に対して，推移するかそれともじっととどまっているかを決定するプロセスである。これを，**動性を決定するプロセス**（**activating process**）と呼ぼう。なぜなら，事象に動態性という要因を加えると考えられる構成要素だからだ。一般的に「動性を決定するプロセス」は，**推移**（**transition**）と**固定**（**fixity**）という2つの値しか持たない。だから例えば「移動/位置づけ」の領域では，これらの2つの値が「移動」と「静止」として現れ，「状態変化」の領域では「変化」と「無変化」として現れる。最後に4つ目の要素は**関連づけ機能**（**association function**）で，「図」が「地」に対して特定の関係を持つようにさせる。

　一般的に，主要部事象を作りあげる4つの要素は，その表す内容における独自性が異なっている。「図」は大体文脈によって決定され，「動性を決定するプロセス」は大体2つの値（推移と固定）のどちらかしかないと言える。だから，主要部事象の特有の性格をほとんど決定して，他の主要部事象との違いを生じさせるのは，この2つ以外の箇所ということになる。その箇所とは，「図」が特定の「地」に対してどのように関連づけられるか，のことである。したがって，「関連づけ機能」だけか，もしくは「関連づけ機能」プラス「地」のいずれかが，主要部事象のスキーマ的な中核になると考えられる。これを**中核スキーマ**（**core schema**）と呼ぶことにしよう。中核スキーマは，以下で説明する統語形式との写像において，重要な役割を果たすことが分かるだろう。

　言わんとしていることをよりはっきりさせるために，この一般的な特徴づけを，空間の移動の事象に対して具体化してみよう。ここでは「図」と「地」の両方とも物理的な「物体」である。「動性を決定するプロセス」は，推移タイプで「移動」になる。そして，「図」を「地」に「関連づける機能」が「経路」を構成する。そうすると，中核スキーマは，「経路」のみか「経路」プラス「地」のいずれかになる。

　以上見てきたようなそれ自体での特性に加えて，主事象は全体事象の残りに対して，一定の特性を持っている。主事象は，全体事象に対して，その全体に渡る一定のパターンをもたらしている，あるいは決定している。だから，主事象は全体事象に関してその事象タイプを決定する上で主導的な役割を果たす，ということができる。それゆえ，主事象を**主要部事象**（**framing event**）と呼ぶ。

このようにして，主要部事象は全体事象に対して，全体を通しての概念的枠組み（あるいは，参照フレーム）を提供し，その中で主要部事象以外の活動が起こっていると捉えられる。だから，主要部事象は，少なくとも全体の時間的な枠組みを決定し，それによって全体事象を表している文全体のアスペクトを決定している。また主要部事象は，一般的に物理的な状況が関わる場合には，全体の空間的な枠組みを決定するし，非物理的な概念領域が関わる場合には，それに相当する参照フレームを決定する。さらに，主要部事象は，全体事象の内部にある項の項構造と意味的性格の全て，もしくはほとんどを決定するし，また全体事象を表している文全体の統語的な補部構造についても，その全て，もしくはほとんどを決定する。また，主要部事象は，全体事象に関して中心的な意味，または主要な点（あるいは，ここで**要点**（**upshot**）と名づけるもの）を形成している。つまり，主要部事象こそが，肯定の平叙文で断定され，否定文で否定され，命令文で要求され，疑問文で尋ねられるものなのである。

全体事象の中で，主事象は従属事象に対しても主導的な機能を果たす。まず第一に，主要部事象は，自らが決定する全体を通しての概念的な枠組みの中に，従属事象を位置づける，あるいはそのような枠組みに従属事象を結び付けることができる。第二に，主要部事象は，概念的な構造化という認知プロセスにおいて，従属事象に対して「構造を与える」という関係を持つことができる。特に，主要部事象は，従属事象を土台の層として，その上に重ねられた抽象的な構造として働くことができる。

一般的にこの関係において，主要部事象の意味的性格が，より抽象的なスキーマという性格であるのに対して，従属事象の意味的性格は，より実体があり，知覚的に触知できる傾向がある。この理由から，従属事象の内容はしばしば主要部事象の内容よりもはっきりとしており，そのために時として，より注意を引きつけるかもしれない。したがって，この点では，従属事象の方が主要部事象よりも意味的に重要であるように思われるかもしれない。しかし，事象のタイプを決定し，事象を形作り，要点をもたらし，上記で概略した諸要因を決定するのは，主要部事象である。

### 2.2.3　共起事象

内在的特性について言えば，全体事象内で従属事象を形成する類いの事象は，アスペクト的に境界づけられていない「活動」事象であることが最も頻繁であるし，ひょっとしたらそれがプロトタイプかもしれない。しかし，他の事象タイプも現れることは現れる。そのため，従属事象をそれだけ単独で考えて，ある1つの意味的概念だけで特徴づけることはできない。しかし相対的な役割

に関して言えば，従属事象は全体事象に対して「**状況**」（**circumstance**）を表す事象を形成し，主要部事象に対して「**サポート**」（**support**）をする様々な機能を遂行する，と捉えることができる。これらのサポートをする機能において，従属事象は，主要部事象にとって必要な情報を埋めたり，主要部事象を詳しく延べたり，主要部事象に付け加えたり，主要部事象を動機づけたりする，と見なすことができる。従属事象が主要部事象とどのぐらい対等であるかは，様々である。全体事象の概念構造を決定する能力が主要部事象より小さいという点では，単に補助的と言える。しかし情報内容に貢献するという点では，従属事象は主要部事象と対等になることもある。機能上このように幅があることを強調するために，従属事象を「**共起事象**（**co-event**）」と呼ぶことにする（英語で接頭辞の"co-"（共起の）は，"co-pilot"（副操縦士）のように「副次的な補助をする」という意味から，"co-author"（共著者）のように「同等のもの」までを意味するからである）。「「共起」事象」という用語が，既に9章で導入されているが，そこではもっと特化して，「移動/位置づけ」事象との関係でのみ考察されていた。ここでは，「共起」から括弧をはずして単に「共起事象」とし，いかなる種類の主要部事象にも関わる，ということにしよう。

　総じて，共起事象は主要部事象に対してサポートする関係を持っている。しかし，どんな用法をとっても，この一般的なサポート関係は，幾つかの特定の関係の中のいずれかの関係に具体化される。これらには，「先行」・「可能化」・「原因」・「様態」・「付随」・「目的」・「構成」が含まれる。これらの中で最も頻繁に現れるのは，「原因」と「様態」だ。

　勿論，主要部事象が共起事象に対して果たす特定の機能と，共起事象が主要部事象に対して持つ特定のサポート関係の間には，互いに対応関係がある。例えば，主要部事象が，共起事象に対して，土台の層を形成するものとして働く時，共起事象は，概して主要部事象に対して，「構成」の関係を持つだろう。また主要部事象が，その枠組みの中に共起事象をしっかり固定する役割を果たす時，たいてい共起事象は，主要部事象に対して「様態」か「付随」の関係を持つ。

### 2.2.4　全体事象の構成要素のまとめ

まとめると，全体事象は複合的な事象であるが，概念的にひとまとまりの事象に統合することができ，言語によっては1つの節で表すことができる。全体事象は，共起事象・主要部事象・共起事象の主要部事象に対するサポート関係，から成り立っている。主要部事象は，概念領域をスキーマ化する役割を担っており，以下の4つの要素から成り立つ：「図」となるモノ・動性を決定

するプロセス・関連づけ機能・「地」となるモノ，だ．「動性を決定するプロセス」は，「推移」か「固定」のいずれかを構成する．「関連づけ機能」は，それ自体で，または「地」となるモノと一緒になって，「中核スキーマ」を形成する．加えて，全体事象には，動作主が引き起こす，事象の使役連鎖が含まれていて，この使役連鎖が，次に主要部事象と共起事象のいずれか一方もしくは両方を引き起こす．以下の 2 つの図は，これらの構成要素や構成要素間の関係を図式化して示している．これらの図は，主要部事象がスキーマ化できることが分かっている概念的領域と，さらにサポート関係の幾つかの特定の形式を示している．

**全体事象の概念構造**

**主要部事象の概念構造**

## 2.3 全体事象から統語構造への写像
全体事象を意味的に特徴づけたので，次にそれがどのように統語的に具現化されるかを調べてみよう．

### 2.3.1 「動詞主導」言語と「衛星要素主導」言語の類型論
全体事象が 1 つの認知的な単位として存在し，それが特定の概念的な構造化をされることは，言語の構成の普遍的な性質かもしれない．しかし世界中の言語は，全体事象の概念構造が統語構造に写像される典型的なパターンに基づいて，一般的に 2 つのカテゴリーから成る類型に分けられるようだ．手始めに

おおまかな特徴づけをすると，中核スキーマが主動詞で表されるか，衛星要素で表されるか，で分類される。

9 章で扱ったように，**動詞の衛星要素**（satellite to the verb），あるいはもっと簡単に**衛星要素**（satellite）（略して Sat）とは，名詞句や前置詞句補部以外で，動詞の語根と統語的に姉妹関係にある，全ての構成素の文法範疇のことである。衛星要素は束縛接辞でも語でもよく，以下の全ての文法形式を含むことを意図している。英語の動詞不変化詞・ドイツ語複合動詞の分離前綴りと非分離前綴り・ラテン語やロシア語の動詞の接頭辞・中国語の動詞補部・ラフ語の「万能動詞」・カド語の融合名詞・アツゲウィ語の動詞の語根の前後に付く抱合接辞，である。衛星要素を文法範疇として認める理由は，これらの全ての形式に渡って見られる，統語的・意味的な類似性を捉えられるからだ。例えば，一方の類型論的カテゴリーの言語全てに渡って，中核スキーマは典型的に衛星要素で表される。

典型的に中核スキーマを動詞に写像する言語は，**主導的役割を果たす動詞**（framing verb）を持ち，**動詞主導**（verb-framed）言語である，と言うことにする。そのような言語に含まれるのは，ロマンス諸語，セミ語族，日本語，タミル語，ポリネシア語，バンツー語，マヤ語の幾つかの系統，ネズ・パース語，カド語だ。一方で，典型的に中核スキーマを衛星要素に写像する言語は，**主導的役割を果たす衛星要素**（framing satellite）を持ち，**衛星要素主導**（satellite framed）言語である，と言うことにする。それらの言語に含まれるのは，ロマンス諸語を除いたほとんどのインド・ヨーロッパ語，フィン・ウゴル諸語，中国語，ジブワ語，ワルピリ語だ。「衛星要素主導」言語では，中核スキーマが衛星要素だけで表されることが多いが，衛星要素に前置詞を組み合わせて表すこともよくあるし，時には，前置詞だけで表すこともある。なおここでそのような「前置詞」と言っているものには，前/後置詞だけで成り立っているものだけでなく，名詞の屈折や，時には場所を表す名詞を含む構造から成り立っているものもある。注意すべきは，「衛星要素主導」言語では，中核スキーマは，一般的に衛星要素（あるいは関連づけられた構成素）に単独で現れるが，「動詞主導」言語では，「動性を決定するプロセス」と共に動詞に融合されて現れることだ。

主要部事象のスキーマ的な中核は動詞か衛星要素のいずれかにあるので，それぞれの場合にどこに共起事象が現れるかを観察しなければならない。衛星要素が主導的役割を果たす言語では，規則的に共起事象を主動詞に写像する。そのためその主動詞を，**共起事象を表す動詞**（co-event verb）と呼ぶことができる。他方で，動詞が主導的役割を果たす言語では，共起事象を衛星要素か付

加詞（典型的に，前/後置詞句か分詞構文）に写像する。したがってそのような形式は，**共起事象を表す衛星要素**（**co-event satellite**）や**共起事象を表す分詞構文**（**co-event gerundive**）などと呼ばれる。以下に挙げた図では，これらの関係を図示している。

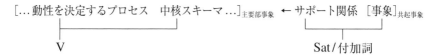

**動詞主導言語における全体事象の統語的写像**

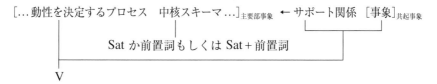

**衛星要素主導言語における全体事象の統語的写像**

### 2.3.2　導入的例示

これらの関係を導入的に例示するために，英語（＝基本的に衛星要素主導の言語，ただし最も完全な例というわけではない）とスペイン語（＝動詞主導の言語）の例を挙げて，比較する。まず，移動タイプの主要部事象を伴う非動作主的文を見てみよう。英語の The bottle floated out.（その瓶は，ぷかぷか浮かびながら，外に出た）では，衛星要素の out が中核スキーマ（ここでは「経路」）を表す。一方，動詞の float は共起事象を表し，ここでは主要部事象に対して「様態」のサポート関係を持っている。対照的に，スペイン語の対応する文 La botella salió flotando 'The bottle exited floating'（その瓶は，ぷかぷか浮かびながら，外に出た）では，動詞の salir（出る）が中核スキーマ（やはり「経路」）を表し，一方で分詞構文の flotando（浮かぶ）は「様態」の共起事象を表す。

　主要部事象が状態変化タイプである動作主的文についても同様で，英語の I blew out the candle.（私は，ろうそくを吹き消した）では，衛星要素の out が主要部事象の中核スキーマ（「消えている」という新しい状態への推移）を表している。一方で動詞の blow は，主要部事象に対して「原因」の関係を持つ共起事象を表している。しかし，スペイン語の対応する文で最も意味が近い Apagué la vela de un soplido/soplándola 'I extinguished the candle with a blow/blowing-it'（私は，ろうそくを{ひと吹きで/息を吹きかけて}消した）では，

主動詞が新しい状態への推移を表し，一方で付加詞は，前置詞句か分詞構文で「原因」の共起事象を表している．

### 2.3.3 動詞主導の言語において共起事象を表す構成素

動詞主導の言語では，共起事象を表す構成素が，ある特徴を示す．共起事象が文の主節に統語的に統合される度合いが様々で，連続体を成しているのだ．最も統合の度合いが少ない極にあるのは，例えばスペイン語や日本語である．だから例えば，スペイン語で文末に生じる分詞構文や，日本語の「ーテ」構文（どちらの場合も共起事象を表している）は，統語的に副詞的な従属節として解釈できる．衛星要素としては，機能していない．このように解釈すると，文全体は，2つの節から成る複文であり，それゆえ1つの全体事象を表しているとは言えないことになる．スペイン語の例を（4a）に挙げておく．

しかしどちらの言語にも，共起事象を示す動詞（さらに別の構成素を伴うこともある）が，主動詞（つまり主要部動詞）と直接組み合わさるような構文が存在する（Aske 1989, Matsumoto 1991 を参照）．この統語パターンでは，文全体が1つの節として解釈され，それゆえ全体事象を表していることになる．スペイン語の例は（4b）だ．ただしこの文で分詞構文になっている動詞は，主要部節への統合はまだ中間段階であると考えてよいかもしれない．分詞構文という統語形式から，元は別の節だったことがまだ分かる形式だからである．

(4) a. La botella salió de la cueva flotando.
　　　'The bottle exited from the cave, floating.'
　　　（その瓶は，ぷかぷか浮かびながら洞窟から出た）
　　b. La botella salió flotando de la cueva.
　　　'The bottle exited floating from the cave.'
　　　（その瓶は，ぷかぷか浮かびながら洞窟から出た）

ネズ・パース語（9章参照）は，連続体上で最も統合された極に位置する．この言語では，共起事象を表す構成素は1音節の形態素で，主要部事象を表す動詞に接頭辞として付加される．つまり，それは間違いなく衛星要素であり，文全体も間違いなく1つの節なのだ．このタイプの衛星要素は，**共起事象を表す衛星要素（co-event satellite）** と呼ぶことができる．

### 2.4 相補的な2つの類型論的視点

この章で示している類型論の基盤は，9章で議論した類型論の基盤と相補的である．9章の「はじめに」で述べたように，意味要素と意味を表す要素の関係

は，2つの方法のいずれでも，効果的に辿ることができる．つまり，ある特定の構成素のタイプに関心を固定しておいて，どの意味要素がその構成素のタイプで表されるようになるかを，様々な言語で観察することができる．あるいは，ある特定の意味要素に注目して，どの構成素タイプでその意味要素が表されることになるのかを，様々な言語で観察することもできる．だから，9章ではある特定の表現の要素（＝動詞の語根）を一定にしておいて，その要素でどの意味要素が典型的に表されるかを，様々な言語で観察した．簡単に言うと，基本的に分かったことは次の通りである．動詞の語根で典型的に「共起事象」を表すか，「経路」を表すか，「図」を表すかに基づいて，言語は主に3つのカテゴリーに分類される．

　本章では，これと相補的な手順を採用している．つまり，特定の意味要素（＝「経路」または，より一般的に「中核スキーマ」）を固定しておいて，それがどのような形式要素で表されるかを，様々な言語で観察するのだ．基本的に分かったことは，「経路」または「中核スキーマ」が，典型的に動詞の語根か衛星要素のいずれかに現れるということだ．

　意味を形式に写像するこれらの2つの方法を相互に関連づける手助けとして，9章とこの章の両方で扱われている，幾つかの言語を調べることができる．スペイン語のような言語は，ただちにどちらの視点にも合う．一方で，この章の視点からは，スペイン語は「経路」の要素（または「中核スキーマ」）を衛星要素ではなく，動詞で表す．他方，9章の視点からは，動詞は「共起事象」や「図」でなく「経路」の構成要素を持つことになる．

　残りの2つの言語タイプに関して言えば，この章の視点から，英語とアツゲウィ語は似ていて（スペイン語と類型論的に異なって），どちらの言語でも「経路」要素（または中核スキーマ）を，動詞ではなく衛星要素で表す．しかしそうすると，9章の視点からは次の疑問が湧く．「経路」を衛星要素の中に持っていかれたら，他のどの意味要素が動詞の中に置かれることになるのだろうか？この疑問に関して，英語とアツゲウィ語は類型的に異なる．英語では，動詞は「共起事象」を表す．アツゲウィ語では，動詞は「図」を表す．そして勿論，両言語ともスペイン語とは類型論的に異なる．スペイン語では，動詞が「経路」を表すからだ．

## 2.5　本章の狙い

この章の1つ目の狙いは，9章で示した類型論を拡大することだ．9章では「移動/位置づけ」と幾つかの状態変化しか扱っていなかったが，本章ではさらに次のことを明らかにする．どんな言語でも，「経路」が典型的に表される統

語上の場所（＝動詞か衛星要素）は，アスペクト・状態変化・行為間の相関関係・実現化が，典型的に表される場所でもある，ということだ。そうすると，この類型論的な発見は，様々な言語がこれら5つのタイプの領域（互いにほとんど関連を持たないように思われるかもしれない）のスキーマ化を，1つの概念的な要素として扱っていることの明らかな証拠となる。この概念的な要素とは主要部事象のことであり，この研究ではさらに，主要部事象が認知的・言語的な構成において認められるべき，1つの構成要素であることを確立することを目指している。さらに観察すると，主要部事象は典型的に1つの節の中で表され，その節にはさらに他の種類の内容（共起事象と，共起事象の主要部事象に対する関係）が体系的に含まれていることが分かる。そのような1つの節は，様々な言語を通じて対応しており，同じタイプの事象複合体を表すことが分かる。つまり，概念的統合の過程により1つの事象として概念化された複合的事象である（ここでは全体事象と呼ばれる）。この研究では，この全体事象もやはり，認知的・言語的な構成において認められるべき，1つの構成要素であることを確立しようとしている。

　ここでの議論はまだ最初の段階を簡潔に述べたものに過ぎないので，さらに重要な幾つかの問題を取り扱うことはしない。そのような問題の中には，次のようなものがある。まず，言語において1つの統合された事象となるものが，知覚や一般的な認知において1つの事象となるものとどのような関係にあるか？という問題である。次に，言語で表すために事象複合体を概念的に統合するには，どのような要因を満たさなければならないか？　どのようなタイプの複合的事象が，そのように概念的に融合できるかに関して，言語間でどのような違いがあるか？　共起事象が主要部事象に対してどの関係を持てるかに関して，言語間でどのような違いがあるか？　最後に，ある言語内で概念的構成に一貫性があるのかないのか？　この問題に対しては，5つのタイプの主要部事象が同じ様に扱われていることが，関連があるかもしれない。

## 3　主要部事象としての「移動/位置づけ」事象

最初に考察する主要部事象のタイプ（主要部事象の概念的なプロトタイプかもしれない）は，物理的な移動または静止の事象だ。この両方を併せて「**移動/位置づけ（Motion）**」という用語で表す。

　前節で特徴づけを行った一般的な主要部事象を，「移動/位置づけ」事象に具体化することができる。「図」となるモノは，物理的な「物体」で，その経路や場所を特徴づける必要があり，事象全体に対して「図」（**Figure**）の役割を果

たす。「地」となるモノは、もう1つの物理的な「物体」で、参照点としての機能を果たし、それを基にして、「図」の経路や場所が決められ、事象全体に対して**「地」**（**Ground**）の役割を果たす。動性を決定するプロセスに関して言えば、「図」が「地」に対して推移する場合には、通常、「移動」として理解されるものになる。「図」が「地」に対して固定されてとどまる時は、「静止」となる。関連づけ機能は、**「経路/場所**（**Path**）」として現れる。つまり、「地」に対して「図」が辿る「経路」か、または「図」が占める「場所」のことである。

「移動/位置づけ」事象の中核スキーマは、例えば英語のように、一般的に「経路」のみの言語もある。しかし例えばアツゲウィ語のように、一般的に「経路」+「地」の組み合わせとなる言語もある（Talmy 1972 と9章を参照）。一般的な写像の類型論と一致して、中核スキーマは、典型的に動詞主導の言語では主動詞で表され、衛星要素主導の言語では衛星要素で表される。

具体的に示すと、(5) は4つの「移動/位置づけ」タイプの全体事象の概念構造を表している。4つのタイプは、動作主的使役連鎖が有るかないか、サポート関係が「様態」か「原因」か、によって区別される。移動の概念は、MOVE または $_A$MOVE（=「移動」が動作主的な使役連鎖によって起こる場合）という形式によって表示される。全体事象がそれぞれ、2つの類型的に対照的なパターンに従って、動詞主導の言語であるスペイン語の文と、衛星要素主導の言語である英語の文とに写像されることが分かる。

(5) a. 非動作主的
    i. サポート関係：「様態」
      [the bottle MOVED into the cave] WITH-THE-MANNER-OF [it floated]
      英語：The bottle floated in to the cave.
      スペイン語：La bottela entró　　　　flotando a la
                 the bottle entered (MOVED-in) floating to the
                 cueva.
                 cave
      （その瓶が、ぷかぷか浮かびながら洞窟の中に入った）
    ii. サポート関係：「原因」
      [the bone MOVED out from its socket] WITH-THE-CAUSE-OF [(something) pulled on it]
      英語：The bone pulled out of its socket.

スペイン語：El hueso se salió         de   su
          the bone   exited (MOVED-out) from its
          sitio     de     un tirón.
          location  from   a  pull
          (骨が引っ張られて，関節からはずれた)
   b. 動作主的
      i. サポート関係：「様態」
         [I $_A$MOVED the keg out of the storeroom] WITH-THE-MAN-NER-OF [I rolled it]
         英語：I rolled the keg out of the storeroom.
         スペイン語：Saqué              el barril de  la
                   I extruded ($_A$MOVE-out) the keg  from the
                   bodega      rodándolo.
                   storeroom,  rolling it.
                   (私は，樽を転がして，貯蔵庫から押し出した)
      ii. サポート関係：「原因」
         [I $_A$MOVED the ball in to the box] WITH-THE-CAUSE-OF [I kicked it]
         英語：I kicked the ball into the box.
         スペイン語：Metí               la pelota a  la caja
                   I inserted ($_A$MOVED -in) the ball  to the box
                   de       una patada.
                   from (by) a  kick
                   (私は，ボールを蹴って，箱の中に入れた)

　上の英語の翻訳が示すように，しばしば英語にはスペイン語の「経路/場所」動詞に直接対応する「経路/場所」動詞がある。だが，それらの英語の「経路/場所」動詞は一般的にあまり口語的でなく，大部分はロマンス諸語から借用されている。そして元のロマンス諸語では，「経路/場所」動詞が典型的である。例えば，次に挙げる自動詞の「経路/場所」動詞全てに，このことが当てはまる。enter（入る）・exit（出る）・ascend（上る）・descend（下がる）・pass（通り過ぎる）・cross（渡る）・traverse（横切る）・circle（回る）・return（戻る）・arrive（着く）・advance（進む）・join（加わる）・separate（離れる）だ。
　ここで扱っている様々な例は，全体事象の主事象を「主要部」事象と見なす理由の1つを，示してくれる。主事象は，ここでは移動事象だ。つまり，「図」

の物体が空間でのおよその位置を変化させていく motion である。そのような位置変化を伴う motion の事象は，空間において（典型的に直線的な）枠組みを別の事象と共に定める。そしてその中に，「様態」の共起事象の活動が固定されることになる。このことを理解するために，まず気づいて欲しいのは，私がこれまで「位置変化を伴わない motion」の事象と呼んできた，アスペクト的に境界づけられていない活動事象のクラスが，容易に「様態」タイプの共起事象としての役目を果たせる，ということだ。位置変化を伴わない motion とは，様々な要素の動きのことで，ある程度大まかに捉えた時に，空間におけるその位置が変化しない。このクラスには回転・上下動・ふらつき・拡張（膨張/収縮）・振動・静止，が含まれる。そのような位置変化を伴わない motion 事象は，それだけで表すことができる。例えば，The ball rolled over and over in the magnetic field.（回転）（ボールは，磁場でくるくる回った）や The ball bounced up and down on one spot.（上下動）（ボールは，同じ場所で，上下に跳ねた）のように。一方，The ball rolled/bounced down the hall.（ボールは，廊下を，{転がりながら/跳ねながら} 進んだ）のような全体事象の文では，位置変化を伴わない motion 事象が，位置変化を伴う motion 事象（ここでは，ボールが廊下を移動して行くこと）と同時並行で，かつ位置変化を伴う motion 事象を修飾する「様態」として起こっているのが分かる。このようにして，位置変化を伴わない motion の活動は，主事象が表す，位置変化を伴う motion の枠組みの中に固定されるようになる。したがって，これが主事象を「主要部」事象と呼ぶことを正当化する1つの理由となる。

　英語について既に述べたように，「移動/位置づけ」事象の中核スキーマは通常「経路/場所」のみで成り立つのだが，中核スキーマが「経路」＋「地」の組み合わせから成る場合も幾つか示したほうが良いだろう。こうすることで，アツゲウィ語のようなタイプの言語で「移動/位置づけ」の大半を占めるパターンを明らかにすることに役立つし，英語を含むほとんどの言語で，もう1つの主要部事象の幾つかのタイプの大半を占めるパターンのひな形を作ることにも役立つだろう。

　例えば英語では，「経路/場所」＋「地」という概念を表す 'to the home of entity$_1$/entity$_2$'（モノ1/モノ2の家へ）が，そっくり衛星要素の home に写像される。これは He drove her home.（彼は，彼女を家まで車に乗せて行った）に見られ，home は to his home（彼の家に）と to her home（彼女の家に）のどちらの意味にもなる。

　同じような事例で，「地」がもっと抽象的なもの（＝「経路/場所」と「地」が組み合わさった 'to a position across an opening'（ドア枠に収まる位置へ））

も，私たちの類型論に従っている。衛星要素主導の英語では，この概念は衛星要素の shut（閉じた）に写像することができる。しかし，動詞主導のスペイン語では，「動き」と一緒になって動詞に写像され，cerrar（閉める）のようにならなければならない。これは（6）で示される。この例は，motion とも，状態変化とも，その2つの間の中間的なものとも解釈することができるので，これらの2つの異なる主要部事象のタイプが関連している，または連続していることを示していることになる。

(6) [I $_A$MOVED the door TO POSITION-ACROSS-OPENING] WITH-THE-CAUSE-OF [I kicked it]
英語：I kicked the door shut.
スペイン語：Cerré　la　puerta　de　　　una　patada.
　　　　　　I closed the door　from (by) a　　kick
（私は，そのドアを蹴って閉めた）

2.1.3 節で，全体事象に先行して起こる動作主的使役連鎖が，どのようにその全体事象の内容に関わっているのだろうか，という問題を提起した。この問題がとりわけ重要なのは，全体事象が，主要部事象に対して「原因」の関係を持つ共起事象を含むことができるからだ。この問題をここでは「移動/位置づけ」の領域に関して取り扱うが，以下で議論するように，この取り扱い方は全ての領域（とりわけ状態変化の領域）に当てはまる。

最初に，全体事象が「動作主」を伴わない場合で，主要部事象に対して「原因」の関係を持つ共起事象について考えてみよう。そのような共起事象では，あるモノが主要部事象の「図」となるモノに働きかけて，その行為を行わせる。典型的に，共起事象は主要部事象の直前に起こるが（起動的使役），またそれが主要部事象と同時展開で，使役し続けることもできる（継続的使役）。この意味パターンの例となるのは複合的事象で，The pen moved across the table from the wind blowing on it.（ペンに風が吹きつけ，テーブルの端から端まで動いた）のように，複文で表すことができる。しかし統合された全体事象として概念化され，The pen blew across the table from the wind.（風で，ペンはテーブルの端から端まで吹き動かされた）のように，1つの節で表すこともできる。

対照的に，主要部事象に対して「様態」の関係を持つ共起事象は，「図」となるモノが，典型的に主要部事象の活動と同時並行して，さらに行っていると捉えられる活動だ。このパターンを示す複合的な形式は The pen moved across the table, rolling as it went.（ペンは，転がりながら，テーブルを端から端まで移動した），統合された形式は The pen rolled across the table.（ペンは，テーブルを

第 11 章　事象統合の類型論

端から端まで転がった）となる。

　さて，ここに「動作主」を付け加えてみよう。この「動作主」が使役連鎖を開始し，その使役連鎖が全体事象に影響を与える（「連鎖」であるが，1つのつながりだけであってもよい）。共起事象が主要部事象に対して「原因」の関係を持つ場合は，実際に「動作主」の使役連鎖は共起事象まで繋がり，共起事象を引き起こさなければならない。そして，それが今度は主要部事象を引き起こす。だから，ここでは「動作主」から主要部事象まで，使役連鎖が途切れることなく続いている。このパターンの複合的な例は I blew on the pen and made it move across the table.（私は，ペンに息を吹きかけて，テーブルの端から端まで動かした），統合された例は I blew the pen across the table.（私は，テーブルの端から端までペンを息で吹き動かした）である。したがって，この後者の1つの節から成る形式は，「動作主」を増幅した全体事象を表している。

　しかし，共起事象が主要部事象に対して「様態」の関係を持つ場合は，「動作主」の使役連鎖は主要部事象まで繋がり，主要部事象そのものを引き起こすと解釈されなければならない。共起事象は，「図」となるモノが主要部事象の行為を実行させられている間に，同時に行っている活動に過ぎない。このパターンの複合的な形式（英語では，堅苦しい言い方）の例は，I acted on the pen and made it move across the table, rolling as it went.（私は，ペンに働きかけ，テーブルの端から端までペンを移動させた。その際，ペンは転がっていた）であり，統合された形式は I rolled the pen across the table.（私は，テーブルの端から端までペンを転がした）である。

　この最後に挙げた意味パターンを表示する際に，動詞主導の言語の中には，スペイン語のように，主導的役割を果す動詞だけではなく，「様態」を表す共起事象の動詞の分詞構文にも，形態的に動作主的な形式を使うものがある。例えば（5bi）で，これは明らかだ。その例には，"I extruded the keg from the storeroom, rolling it."（私は，樽を転がして，貯蔵庫から押し出した）と注釈を付けておいた。しかし「様態」という共起事象の動詞を表すためには，そのような文法パターンでは，正確に意味を反映していない。というのは，私が転がし続けなくても，「図」となるモノ（＝樽）は，その付随的な活動（＝転がる）をそのまま勝手に続けるからだ。

## 4　主要部事象としての，時間的な展開パターン（アスペクト）

次に検討する主要部事象の2つ目のタイプは，**時間的な展開パターン（temporal contouring）** という事象である。「時間的な展開パターン」とは言語のア

スペクトのことであり，そこではそのようなアスペクトがそれ自体1つの事象として概念化される。主要部事象の一般的な構造が「時間的な展開のパターン」に当てはまるのは，次の2つの方法のいずれかである。まず1つ目では，「図」となるモノは，事象が**具現化する度合い**（**degree of manifestation**）である。この特性は，事象が完全に具現化しているか，具現化していないか，途中まで具現化しているか，に言及する。さらにそのような具現化の状態が移り変わっていくことにも言及する。そのような具現化の度合いは，特定の時間の点や幅としっかり関連づけられているので，そのような時間の点・幅が「地」として機能することになる。だから，もし時間をX軸とし，具現化の度合いをY軸としたグラフに描いたら，反復される完結事象は，Uを逆さまにした記号をさらに平らにつぶしたものが連続する，という時間的な展開のパターンを持つことになるだろう。このように具現化の度合いを表すタイプの時間的展開パターンの例としては，"start"（始める）・"stop"（止める）・"continue"（続ける）・"remain unmanifested"（具現化されないままでいる）・"iterate"（繰り返す）・"intensify"（強まる）・"taper off"（徐々に弱まる），がある。

　主要部事象の構造が時間的な展開のパターンに当てはまる方法には，もう1つある。ある過程が，ある特定の決まった量を持つものに対して，より多くの部分に影響を及ぼしていくのだが，その際に一定の時間的なパターンを辿るのである。ここで，「図」となるモノは影響を受ける物体そのものである。動性を決定するプロセスは，時間を通してのこの物体の変化であり，以下では"MOVE"と表される。ここで二重引用符（" "）を付けたのは，時間的な変化が空間におけるmotionに対応するものとして，あるいは空間におけるmotionのメタファー的拡張として，概念化できることを示すためだ。関連づけ機能は，影響を受ける物体が時間的な展開パターンに対して持つ関係の方向性を示す（例：時間的な展開パターンを取り入れる，時間的な展開パターンをやめる）。そして「地」となるモノは，時間的な展開パターンそのものだ。その結果，中核スキーマはこれら最後の2つの要素（関連づけ機能と「地」となるモノ）を合わせたものから成り立つ。このタイプの時間的な展開パターンの最も一般的な例は，finish（終える）だ。

　この分析は，言語で表現するための概念化の構成は，時間的な展開パターンを「移動/位置づけ」になぞらえている，という証拠に基づいている。そしてそのようななぞらえ方は，時間の構造化が空間の構造化に平行して概念化されるという，もっと広い認知的ななぞらえ方の一部である。この概念的ななぞらえ方は，統語的・語彙的ななぞらえ方を動機づけている。つまり，かなりの程度まで，ある言語では，アスペクトが「経路」（+「地」）と同じ構成素タイプ

で表されるし，しかもしばしば同音の形式によって表される。だから，一般的な類型論に従って，時間的な展開パターンの事象の中核スキーマは，動詞主導言語では主動詞に現れるし，衛星要素主導言語では衛星要素に現れる。これについては，以下でスペイン語とドイツ語でそれぞれ例を示す。

　時間的な展開パターンという事象は，全体事象に対しての主要部事象という名に値する働きをする。というのも，全体事象が生じる全体的な時間的な枠組みを決定するからである。さらに共起事象に対しても，主導的な役目を果たす。既に述べたように，土台の層に対して形を与える構造として振る舞うからである。そして，既に述べた一般化の場合と同じく，共起事象がより具体的な性質を持つのとは対照的に，時間的な展開パターンの事象はより抽象的な性質を持っている。これと相関して，共起事象が時間的な展開パターンの事象に対して持つサポート関係は，「**構成的**」(**constitutive**) 関係である。要するに，時間的な展開パターンの事象によって概略が決まっている概念的な領域の中身を，共起事象が言わば「埋めて」いるのだ。

　さて，どうして活動事象の時間的な展開パターン（すなわち，活動が具現化する形）が，概念化や言語表現で，それ自体，別の事象あるいはプロセスとして扱われるべきなのだろうか？　時間的な展開パターンがそのように扱われていることは，英語の begin（始まる）・end（終わる）・continue（続く）・repeat（繰り返す）・finish（終える）に相当する語彙的動詞の形式が，様々な言語で，よく主動詞として現れていることから証拠づけられる。その主な認知的基盤には，チカラの力学（7章を参照）が関わっているのかもしれない。すなわち，チカラの行使・対立・抵抗・克服に関わっている，一般的で言語に基づく概念システムのことである。ここで特にチカラの力学が適用されているのは，以下のことかもしれない。時間的な展開パターンの事象（= Antagonist）が，土台層である活動事象の固有の時間的性格（= Agonist）を克服する。このように解釈すると，例えば，土台層である活動が，一定状態で継続する基本的傾向性を持っていると概念化される場合に，より強い時間的なチカラが押し付けられることにより，その基本的傾向性が克服されて，活動が停止したり，終了したりする。あるいは，活動が終了に向かう基本的な傾向を持っているが，それが克服されて，その活動が継続することもある。または，活動が一度起こってそれから停止するという基本的な傾向性を持っているが，それが克服されて，活動が反復することもある。このように，時間的なチカラが押し付けられて，活動の本来の時間的傾向を克服することは，別個のプロセスであり，その活動自体の理想化された形から区別可能なものとして概念化することができる。だから，主動詞で表すこともできるのだ。

このように動作主的に時間的なチカラを押し付ける形式については，さらに認知的な基盤として，個人が発達の過程で動作主性の行使を経験してきていることが挙げられるかもしれない。特に，ある活動の中に望むようなパターンを引き起こすために，個人が様々な努力をしてみた経験がこれに当たるかもしれない。例えば速度を上げる・速度を落とす・開始する・あきらめずに頑張る・やめる，等のことだ。

　しかし，アスペクトを事象とすることが妥当かどうか，またその認知的基盤が妥当かどうかは別にして，言語的事実としては，アスペクトはしばしば語彙的主動詞として表されているし，特に動詞主導型言語では典型的にそうである。

## 4.1　スペイン語とドイツ語での，アスペクト写像における対比

以下の (7) では，幾つかの異なる時間的な展開パターンの概念と，そのような概念のそれぞれの写像を示す例が示されている。それらを見れば，時間的な展開パターンの概念がスペイン語[2]では主動詞に，ドイツ語では衛星要素に写像されていることが分かる（ここで衛星要素とは，不変化詞だけの狭い意味と，副詞も含める広い意味の両方を表している）。両方の言語において（ひょっとしたら全ての言語において）アスペクトの諸概念を語彙動詞でも動詞に付加された構成素でも表しているが，ここで見られるように，たいていは，どちらか一方が，主に使用され，主に口語的な性質を持つ傾向がある。

　英語自体は，衛星要素寄りかもしれないが，かなりの数の口語的なアスペクト動詞を持っている。例えば，下記の例文の中から挙げると，finish（終える）・continue（続ける）・use(d to)（～したものだ）・wind up（終える）・be (-ing) がある。しかし，注意しなければならないのは，これらの動詞の中で最初の3つはロマンス諸語からの借用であり（ロマンス語ではこれらが本来のタイプである），また先に議論したように，このパターンはロマンス諸語からの「経路」動詞の借用と平行しているかもしれない，ということだ。だから，英語が類型論的に混合した姿を見せると言えるとしたら，「移動/位置づけ」と時間的な展開パターンの両方の領域で，同じようにそのような姿を見せることになる。

　(7a) で時間的な展開パターンのタイプを表示しているのは，ここで全体事象のために提案している概念構造だ。その中核スキーマは，TO の形式で表されるプラス方向の関連づけに，COMPLETION の形式で表される「終結」の時間的展開パターンを加えたものから成り立っている。I wrote the letter to

---

[2] このスペイン語のタイプは，Jon Aske が独自に気づいている。

completion.（私は，その手紙を書き上げた）における英語の to completion は，中核スキーマを形成する2つの構成要素（＝関連づけ機能と「地」となるモノ）を直接反映しており，そのために時間的な展開パターンと「経路」＋「地」が平行していることを，統語的に示していると考えることができる。しかしこのような場合を別にすれば，予測される類型論的パターンに従って，ドイツ語は中核スキーマの全体を，主導的役割を果たす衛星要素で表し，共起事象を動詞で表す。一方で，スペイン語は中核スキーマの全体を，主導的役割を果たす動詞の中で表し，共起事象を動詞の補部の中で表す。[3]

(7j) に進行のアスペクト形式を含めているが，これは，スペイン語とドイツ語で進行相は特別な統語的形式としてではなく，他の形式の時間的展開パターンと同じように扱われていることを示すためである。どちらの言語でも，英語と違ってそのような進行形が現在時制では随意的であり，単純現在形（それぞれ，Escribe una carta（彼女は，手紙を｛書く／書いている｝）と Sie schreibt einen Brief（彼女は，手紙を｛書く／書いている｝））に加えて存在するという事実からも，この解釈は支持される。

(7) a. 「V し終える」
　　　スペイン語：terminar de V-INF
　　　ドイツ語：fertig-V
　　　[I "$_A$MOVED" the letter TO COMPLETION] CONSTITUTED-BY [I was writing it]
　　　Terminé de escribir la carta.
　　　Ich habe den Brief fertiggeschrieben.
　　　（私は，その手紙を書き終えた）
　b. 「再び V する」
　　　スペイン語：volver a V-INF
　　　ドイツ語：wieder-V / noch mal V
　　　Volví a comer. / Lo volví a ver.
　　　Ich habe noch mal gegessen. / Ich habe ihn wiedergesehen.

---

[3] スペイン語の時間的展開パターンの統語形式は，共起事象の「被動者」を表す構成素に関して「移動／位置づけ」の統語形式と異なるが，これがどうしてなのかは，明らかになっていない。例えば，(7a) のスペイン語は以下のようにならない。
　(i) *Terminé la carta, escribiéndola.
　　　"I finished the letter, writing it"
　　　（私は，書きながら，手紙を終えた）

(私は，また食べた／私は，また彼に会った)
c.「ちょうど V した」
スペイン語：acabar de V-INF (acabar: 非完結形)
ドイツ語：gerade V（完了形）
Acabo de comer.／Acababa de comer cuando llegó.
Ich habe gerade gegessen.／Ich hatte gerade gegessen, als er kam.
(私は，食べたところだ／彼が着いた時，私はちょうど食べたところだった)
d.「V し続ける／まだ V する」
スペイン語：seguir V-GER
ドイツ語：(immer) noch V
Sigue durmiendo.／Seguía durmiendo cuando miré.
Er schläft noch.／Er hat noch geschlafen, als ich nachschaute.
(彼はまだ眠っている／彼は，私が見た時はまだ眠っていた)
e.「習慣的に V する」
スペイン語：soler V-INF
ドイツ語：normalerweise V（現在）／[früher／…] immer V（過去）
Suele comer carne.／Solía comer carne.
Normalerweise isst er Fleisch.／Früher hat er immer Fleisch gegessen.
(彼は，肉を食べる／彼は，以前は肉を食べたものだ)
f.「次々と累積的に V する」
スペイン語：ir V-GER (NP)
ドイツ語：(NP) nacheinander／eins nach dem anderen V
  i. Las vacas se fueron muriendo aquel año.
    Die Kühe sind in dem Jahr (kurz) nacheinander gestorben.
    (その年，牛は次から次へと死んだ（スペイン語：必ずしも全て死んだわけではない))
    比較：Las vacas se estaban muriendo aquel año.
        (牛たちは，(皆病気になり，同時に) その年死んで行った)
  ii. Juan fue aprendiendo las lecciones.
    Johann hat die Lektionen eine nach der anderen gelernt.
    (ジョンは，その各レッスンを次から次へと学んだ)
g.「ついに V する（肯定）／V するとまではいかない（否定）」
スペイン語：llegar a V-INF（結局，最後には V する）
       no llegar a V-INF（V するとまではいかない）

ドイツ語：schliesslich / dann doch V
　　　　　nicht ganz / dann doch nicht V
- i. El tiempo llegó a mejorar.
  Das Wetter ist schliesslich / dann doch besser geworden.
  （天候は，結局，最後には良くなった）
- ii. La botella no llegó a caer.
  （その瓶は［ゆらゆらしたけれど］実際に倒れるところまで行くことは，決してなかった）
  Die Flasche wackelte, aber fiel dann doch nicht um.
  （その瓶はゆらゆらしたが，倒れるところまではいかなかった）
- h. 「結局 V する」
  スペイン語：acabar V-GER [ perf ]（結局 V することになる）
  ドイツ語：am Schluss … dann doch V
  Acabamos yendo a la fiesta.
  Am Schluss sind wir dann doch zur Party gegangen.
  （私たちは，{迷った後で / 行かないと決めた後で}，結局パーティーに行くことになった）
- i. 「(… 以来, … 間) ずっと V している」
  スペイン語：llevar V-GER（ずっと V している）
  ドイツ語：schon V
  Lleva estudiando 8 horas. / Llevaba estudiando 8 horas cuando llegué.
  Er studiert schon 8 Stunden lang. / Als ich kam, hatte er schon 8 Stunden studiert.
  （彼は 8 時間ずっと勉強している / 私が着いた時，彼は 8 時間勉強していた）
- j. 「V している」
  スペイン語：estar V-GER
  ドイツ語：gerade V（非完了形）
  Está escribiendo una carta. / Estaba escribiendo una carta.
  Sie schreibt gerade einen Brief. / Sie schrieb gerade einen Brief.
  （彼女は，手紙を書いている / 彼女は，手紙を書いていた）

## 4.2　アスペクトの扱い方は，他の動詞カテゴリーと異なる

(7) のドイツ語の例は，ドイツ語がアスペクトを表すのに衛星要素を使うという明らかな証拠である。しかし，それでもまだ，これが独特のパターンである

ためには，衛星要素を使えば，ほぼどんな意味カテゴリーでも表せるというわけではないことをはっきりさせる必要がある。調べてみると，大体6つの動詞カテゴリーの中で，アスペクトは一貫して衛星要素で表される唯一のカテゴリーであり，他のカテゴリーは主に定形の屈折を持つ主動詞によって表される，ということが観察できる。このパターンは，現代ドイツ語の話し言葉でさらに顕著である。この言語では，かつては屈折形式であり，動詞の語幹に付く衛星要素の1つのタイプと見なすことができたものが，どんどん主動詞の形式で表されるようになってきている。

　例えば，時制は規則的に haben（過去）と werden（未来）によって表現される（現在時制と過去の残りの用法は，屈折で表される）。非能動態タイプは werden と kriegen で示される。条件法は大部分が würden で表される（ただし一部は仮定法の屈折で表される）。法は主に können（できる）・sollen（すべきだ）・müssen（しなければならない）のような法助動詞によって表される（ただし，仮定法の屈折形で表される法もある）。そして，証拠性，もしくは，少なくとも根源的意味と認識的意味の間の区別は，おおかた助動詞に主動詞を埋め込んで表される。例えば，Er hat es machen müssen（彼は，それをしなければならなかった）と Er muss es gemacht haben（彼は，それをしたに違いない）のように（やはり，仮定法の屈折でも一定の証拠性を示すことができる）。しかし，アスペクトは（一部，主動詞の形式でも表されるが），これら6つの動詞カテゴリーの中で唯一，圧倒的に衛星要素で表されるカテゴリーである。したがって，統語的に「経路」の表し方と一緒にして1つのクラスにまとめるべきである。

　これとちょうど逆の格好になるものが，スペイン語に見られる。スペイン語では，他の動詞カテゴリーとアスペクトの区別が，ドイツ語ほどはっきりしていない。それでもなお，アスペクトは一貫して主動詞の語幹で表され，その点では「経路」のクラスと同じクラスになるが，他の動詞カテゴリーの幾つかは，ほとんど動詞の語幹ではない構成素（＝主動詞の語幹に付く屈折辞や接語）によって表される，ということがはっきり言える。この記述に当てはまるのは，時制（2つの未来形のうちの1つである *ir a* V-INF 形は除く）・条件・再帰代名詞によって表される受動態である。

　アスペクトがそのように異なった扱い方をされる理由は，（上記に引用した）概念的ななぞらえ方にあるのかもしれない。すなわち，アスペクトとは，進行している時間の線を基にして，事象を時間的に構造化することであり，それゆえ motion の進行を空間的に構造化する「経路」と，仲間である。一方で，他の動詞カテゴリーに対しては，同じ様に概念的になぞらえることが容易でない。

## 5 主要部事象としての状態変化

次に我々が検討する3つ目の主要部事象のタイプは，**状態変化**（**state change**）の事象だ．ある特性が特定の物体や状況に関連づけられると捉えられる場合に，その主要部事象は，その特性における変化か，または，その特性が変わらずに続いていくことから成り立っている．

状態変化の領域は，幾つかの異なる概念化に従って構造化することができる．主要部事象で表すためには，まずこれらの概念化の中からどれかを選ばなければならない．例えば，ある特性と物体・状況の関連づけを伴う事象は，その特性そのものにおいて変化・不変化が起る，という観点から直接捉えて表すことができるだろう．様々な言語で，この種の概念化を反映している構文が時折見られるかもしれない．いずれにせよ，その概念化は次のような作例で表すことができる．Her (state of) health changed from well to ill.（彼女の健康（状態）は，良好から病気に変わった）（＝変化）や，Her (state of) health is illness.（彼女の健康（状態）は，病気だ）（＝不変化）である．

あるいは，特性を「図」として，物体や状況を「地」として，概念化することもできる．あたかも，その特性が物体や状況のもとにやって来たり，物体や状況の中で生じたりしているかのように．この概念化は Illness came to him.（病が，彼にやって来た）や Illness is in him.（彼の中に病がある）のような言い方に示される．Death came to him.（彼に，死が訪れた）や Madness is upon him.（狂気が，彼に覆い被さっている → 彼は狂っている）のような実際に存在する表現と比べてもらいたい．

あるいは逆に，物体や状況を「図」として，特性を「地」として，概念化することもできる．あたかも，物体や状況が特性のもとにやって来たり，特性の中で生じたりしているかのように．この概念化は，She entered (a state of) ill health / She became ill / She sickened. (cf. She went to sleep.)（彼女は，病んだ健康（の状態）に入った／彼女は，病気になった／彼女は，病気になった（参考：彼女は，眠りについた）），She is in ill health / She is ill / She is ailing.（彼女は，病んだ健康状態の中にいる／彼女は，病気だ／彼女は，病んでいる）のような言い方によって示される．

これらの3つのタイプの概念化の全て（さらに他の概念化もあるかもしれない）が言語や言語以外の認知の中で生じるかもしれないし，どれか1つのタイプが残りの2つのタイプより優勢であることを直ちに説明できるような要因も見当たらない．それにもかかわらず，3つ目のタイプの概念化が，見たところ普遍的であり，どの言語でも一番基本的で広く行き渡っている．状態変化の

主要部事象の表示は，この優先的な概念化を反映すべきである。

　したがって，優先される主要部事象の表示では，「図」がある特性と関連づけられた物体や状況であり，「地」がその特性である。動性を決定するプロセスは，その特性に関して物体か状況が推移する（つまり，通常なら**変化**（**change**）と理解されるもの）か，あるいはその特性に関して物体や状況がじっと動かずに，そのままである（つまり，**無変化**（**stasis**））か，のどちらかである。関連づけ機能は，物体や状況がその特性に関して持つ関係の方向性であり，「**推移タイプ**（**transition type**）」と名づけられる。推移タイプは，たいていその関連づけを持つようになることを伴っており，以下では TO のように表示するが，他の可能性もある。ここでのように，「地」として概念化される特性は，今や**状態**（**state**）と呼ぶことができる。もっと言えば実は，我々は「状態」という用語を，特性を「地」として概念化する場合にのみ使うことにする。既に概略を述べた，特性のそれ以外の概念化には，この用語を使わない。状態変化の事象の中核スキーマは，一般的に推移タイプとその状態の組み合わせであり，それゆえ，「移動/位置づけ」事象の「経路/場所」＋「地」に対応する。

　このように，言語で表すために概念化をどのように構成しているかを見てみると，状態変化が「移動/位置づけ」になぞらえられていることが分かる。特に，状態に関しての変化/無変化は，物体に関しての移動/静止に平行している。そして状態の推移タイプは，経路タイプに平行している。この概念的ななぞらえが，統語的・語彙的ななぞらえを動機づける。つまり，ある言語においてかなりの程度，状態変化は「経路/場所」（＋「地」）と同じ構成素タイプで表され，しばしば同音の形式で表される。だから，一般的な類型論に従って，状態変化の事象の中核スキーマは，動詞主導の言語では主動詞に現れ，衛星要素主導の言語では衛星要素に現れる。それぞれスペイン語と英語・ドイツ語の例は，以下に示す通りである。

　主要部事象には，共起事象と比べた場合にお決まりの特性が幾つかあるのだが，状態変化の事象も，主要部事象の1タイプとして，共起事象よりもその性格がおおかた抽象的で，純粋に個人の認知的な状態における変化を伴うことがよくある。例えば，以下の例に見られる状態変化の中には，to become awake / aware / familiar / in possession / existent / nonexistent / dead（目覚める/気が付く/馴染みになる/所有する/存在する/存在しなくなる/死ぬ）がある。他方，共起事象はおおかた具体的で物理的である。やはり以下の例から取り上げると，to battle / play / run / shake / jerk / rot / boil（戦う/演じる/走る/震える/ピクッとする/腐る/沸く）がある。

逆の方から見ると，状態変化の主要部事象に対する共起事象のサポート関係は，どうやら「移動/位置づけ」の場合とほぼ同じ範囲のタイプを示すことができるようだ。「移動/位置づけ」と同様，やはり「様態」と「原因」が，最も広く使われているタイプだ。このことを，英語について，まず非動作主的な例で示すことができる。The door swung/creaked/slammed shut.（ドアが，{さっと/ギーッと/バタンと}閉じた）や He jerked/started awake.（彼は，{ピクっとして/ビクッとして}目を覚ました）において，共起事象の動詞は，主導的な役割を果たす衛星要素に対して「様態」の関係を持っている。そして，The door blew shut.（ドアが，風で閉まった）においては「原因」の関係を持っている。

　動作主的な構文でも同様で，I swung/slammed the door shut.（私は，ドアを{サッと/バタンと}閉めた）や I eased him awake gently.（私は，彼を優しくそっと動かして目覚めさせた）のように，動詞から衛星要素へのサポート関係が「様態」の関係になることが可能である。あるいは，I kicked the door shut.（私は，ドアを蹴って閉めた）や I shook him awake.（私は，彼を揺り起こした）のように，「原因」の関係になることも可能である。

　既に「移動/位置づけ」の領域で議論したように，すぐ上で挙げた動作主的な「様態」の例では，動作主が一連の使役連鎖の事象を開始し，それが最終的に状態変化に終わる。この限りにおいては，その最後の事象は「引き起こされた」ものとして標示されている。しかしながら，動詞それ自体は，一連の使役連鎖を成す幾つかの事象のどれか1つの行為を表しているのではなく，むしろその状態変化に付随して起こり，「様態」としてその事象を修飾する過程を表している。だから例えば，I eased him awake gently.（私は，彼を優しくそっと動かして目覚めさせた）では，動詞の ease（そっと動かす）が表す過程は，目覚めへと至る使役連鎖上のある事象ではなく，むしろ，そのようなある事象（または，状態変化それ自体）が，どのように成し遂げられたか，という様態である。

　状態変化のサポート関係は「原因」だけではなく，「様態」や，さらに一定範囲内の他のタイプの関係から成り立つこともある。そのため，状態変化のカテゴリー全体を表すには，伝統的な用語の「結果」(result) や「結果を表す」(resultative) では誤った名称ということになるだろう。1つの文が意味する範囲内では，状態変化が結果であると言えるのは，状態変化が概念的に原因と対になっている場合だけである。しかしこれが，幾つかの可能性のうちの1つに過ぎないことは，既に見た通りである。そのように原因と結果が対になっていることは，実際の用法で多く見られるかもしれない。あるいは一定の統語的環境では必ずそうなっているかもしれない。しかし，状態変化のカテゴリー全体

を定義するようなものではない。したがって，我々はカテゴリー全体を表す際には「結果」や「結果を表す」という用語を使わないことにする。それらの用語を使うのは，「原因」と対になっていて，文字通りにあてはまる場合だけにする。

## 5.1 「経路/場所」＋「地」との平行性を示唆する形式

先の時間的展開のパターンと同様に，状態変化を実例で説明するには，取り敢えず英語で中核スキーマ（ここでは推移タイプ＋状態）を前置詞＋名詞で表すことができる例から始めるのが，一番良いだろう。こうすれば，「移動/位置づけ」事象で「経路/場所」＋「地」を表す通常のタイプの構文との類似性を明確に示すだろうからである。例えば，(8)で全体事象の概念構造がスキーマ化されているように，中核スキーマを表している TO DEATH という連続は，英語で to death（死へ）という句で表現することができる。この句は全体として，主導的役割を果たす衛星要素に対応すると解釈すべきかもしれない。スペイン語の対応する文では，中核スキーマが動性を活性化するプロセスと融合され（＝MOVE か動作主的な $_A$MOVE で表示される），その結合したものが，主導的役割を果す動詞に写像される。

(8) a. 非動作主的
[he "MOVED" TO DEATH] WITH-THE-CAUSE-OF [he choked on a bone]
英語：He choked to death on a bone.
（彼は，骨で喉を詰まらせて死んでしまった）
スペイン語：Murió atragantado por un hueso/porque se atragantó con un hueso.
'He died choked by a bone/because he choked himself with a bone.'
（彼は，骨で喉を詰まらせて死んだ/彼は，骨で喉を詰まらせたために死んだ）

b. 動作主的
[I "$_A$MOVED" him TO DEATH] WITH-THE-CAUSE-OF [I burned him]
英語：I burned him to death.
（私は，彼を焼き殺した）
スペイン語：Lo mataron con fuego/quemándolo.
'They killed him with fire/[by] burning him.'

(彼らは，彼を {火で／焼いて} 殺した)

　「移動/位置づけ」の領域については，英語は最も典型的なタイプとして衛星要素主導パターンを示すことを，既に見た。だが，状態変化の領域では，英語はどちらかと言えば，融合の「併用」システム (9章を参照) の性格を示す。特に，英語はしばしば衛星要素主導と動詞主導の両方の形式を持ち，そのどちらも口語的である。例えば，上記の (8) では，英語は状態変化を表す動詞の die や kill を容易に使うことができる。例えば，He died from choking on a bone. (彼は，骨を喉に詰まらせて死んでしまった) や I killed him by burning him. (私は，彼を焼いて殺した) のように。同様に，I kicked the door shut. (私は，ドアを蹴って閉めた) や I shook him awake. (私は，彼を揺り起こした) のような，状態変化を表す衛星要素の shut や awake を伴う構文を既に見ているが，同じ内容を，状態変化の動詞を用いて口語的に言い表すこともできる。例えば I shut the door with a kick. (私は，ドアを蹴って閉めた) や I awoke him with a shake. (私は，彼を揺すって，起こした) のように。もっと言えば実は，状態変化の概念の中には，英語で動詞主導の構文でしか，口語的に言い表せないものもある。例えば，英語では I broke the window with a kick. (私は，蹴って窓を割った) しか許されず，*I kicked the window broken. (私は，窓を蹴り割った) は不可である。

　対照的に，以下で議論するように，中国語北京方言は，衛星要素主導タイプをはるかに徹底している典型例である。英語と同じく，中国語北京方言は「移動/位置づけ」について強力に衛星要素が主導権を握っているが，さらに状態変化についてもそうである。例えば，中国語北京方言は，今挙げた「蹴って窓を割る」という例を，"I kicked the window broken" に相当する言い方で表現してしまうのだ。

　既に見た様に，中核スキーマの TO DEATH は，英語のように衛星要素に対応することも，スペイン語のように動詞に融合されることもある。しかしさらに第3の可能性がある。(9) に見られるように，ドイツ語では TO DEATH を1つに組み合わせて，単一形態素の衛星要素 (分離不可能な接頭辞の $er_1$-) に写像するのだ。この類いの意味を表す衛星要素は，英語の home のような「経路」+「地」を表す衛星要素と平行している。しかしそのような衛星要素は英語の「移動/位置づけ」事象では珍しいが，状態変化となると，英語タイプの言語では標準的である。

(9) 　ドイツ語：$er_1$-V NP-対格「NP を V して殺す」
　　　(er-) drücken/schlagen/würgen/stechen/schiessen

'to squeeze / beat / choke / stab / shoot (to death)'
（押しつけ／叩き／窒息させ／刺し／打ち（殺す））

ここで，もう一歩さらに進んでみよう。別のドイツ語の衛星要素 er$_2$-（〜の所有物となる）の意味を表そうとすると，英語には衛星要素と「前置詞＋名詞句」構文のいずれもない。代わりに，英語では get / obtain / win のような動詞で，その意味を表すしかない。これは正に動詞主導の言語に典型的な方法である。しかし，取り敢えず「前置詞＋名詞」句である into 〜 possession（[〜の]所有となる）としてみると（英語にこの言い方はないが），既存のパターンに十分に従っているので，ドイツ語の構文が表す意味を，(10) のように表すことができる。下記で扱う状態変化の概念の全てが，英語でこのように言い換えられるわけではない。だから，そのような概念の全体事象の表示は（結局は英語で表しているので），ぎこちなく思われるだろう。それでも，構成要素と構成要素の意味の相関関係を示す概略図としての役目は，果たせるだろう。

(10) ドイツ語：er$_2$-V NP-対格（再帰 - 与格）「V することによって NP を獲得する」

    a. [the army "$_A$MOVED" the peninsula INTO ITS POSSESSION] WITH-THE-CAUSE-OF [it battled]
Die Armee hat (sich) die Halbinsel erkämpft.
（その軍隊は，戦うことによって，その半島を得た）
英語に直訳すれば，"The army battled the peninsula into its possession."

    b. Die Arbeiter haben sich eine Lohnerhöhung erstreikt.
（労働者たちは，ストライキによって昇給を得た）
英語に直訳すれば，"The workers struck a pay raise into their possession."

    c. Wir haben uns Öl erbohrt.（私たちは，掘削して石油を得た）
英語に直訳すれば，"We drilled oil into our possession."

ここで注意してもらいたいのは，ここまでドイツ語の接頭辞の衛星要素 -er には，異なる意味で異なる下付き文字を付けていることだ。これはつまり，er- が複数の別々の意味を持つ，多義的な形態素であると見なしていることになる。例えば「完了的」のような，抽象的な1つの意味にまとめたがる人がいるかもしれないが，そのような意味を持つ1つの形態素ではない。ここで複数の意味を区別しているのは，例えば，erdrücken が "to squeeze to completion"（最後まで押し付ける）ではなく，"to squeeze to death"（押し付けて殺す）という意味にしかならない，という事実に基づいている．つまり，もしも er-が単に「完了的」という意味を表すのならば，「最後まで押しつける」となるはずであるが，あいにくとドイツ語で squeeze（押し付ける）に相当する概念には，そのような内在的な終着点，あるいは標準的に関連づけられる終着点が，ないのだ．

## 5.2 存在の状態における変化

死と所有に関する幾つかの例で状態変化のタイプを導入してきたが，ある領域を詳しく調べることにより，状態変化が関わる意味的な範囲を，引き続き考察することができる．すなわち，存在の状態に関する変化である．まず，存在する状態から存在しない状態（つまり，存在から不在）への推移について考察しよう．この概念的なタイプは，英語で go/put out of existence といった句によって総称的に表される．それらの句では，3 つの要素（= go/put・out of・existence）が，主要部事象の最後の 3 つの構成要素（= 動性を活性化するプロセス・関連づけ機能・「地」）を直接表している．しかし，もっと個別の意味が，融合されて表されることもある．最初の例は，非連続的な推移タイプを示している．炎や光が消えるという概念は，英語で単一形態素である衛星要素 out で表すことができる．スペイン語では，通常見られる対比と同じく（11）のように動詞で表される．

(11) V out (NP)「(NP を) V して消す」
    a. 様態を伴い非動作主的
       [the candle "MOVED" TO EXTINGUISHMENT] WITH-THE-MANNER-OF [it flickered/…]
       The candle flickered/sputtered out.
       （そのろうそくは，{ちらちらと/パチパチと} して消えた）
    b. 原因を伴い非動作主的
       [the candle "MOVED" TO EXTINGUISHMENT] WITH-THE-CAUSE-OF [SOMETHING blew on it]
       The candle blew out.
       （そのろうそくは，吹き消された）
    c. 原因を伴い動作主的
       [I "$_A$MOVED" the candle TO EXTINGUISHMENT] WITH-THE-CAUSE-OF [I blew on/… it]

I blew / waved / pinched the candle out.
（私は，そのろうそくを {吹き消した / 手で扇いで消した / つまんで消した}）
スペイン語：Apagué la vela soplándola / de un soplido.
'I extinguished the candle [by] blowing-on it / with a blow'
（私は，{息を吹きかけて / ひと吹きで}，そのろうそくを消した）

次の例は，「境界づけられた漸進的変化」を成す推移タイプである。つまり，その変化は，漸進的状態を徐々に進んでいき，最終的な状態に至るような推移である。ある物体が，何らかのたいていは有機的な過程を経て，徐々に少なくなっていき，終いには消失する，という概念は，英語では衛星要素の away によって表される。スペイン語では，(12) に見られるように，やはり主動詞によって表される。[4] 今述べている推移タイプかどうかを見分けるテストの1つは，異なるタイプの時間表現と共起した時に，各形式がどのように振る舞うかである。例えば，非連続的な推移タイプは瞬間を表す時間表現と相性がいいので，The candle blew out at exactly midnight.（そのろうそくは，夜中の12時きっかりに吹き消された）は良いが，*The meat rotted away at exactly midnight.（その肉は，夜中の12時きっかりに腐ってなくなった）は不可である。一方，境界づけられた漸進的変化の推移タイプは，時間的な幅を持ちかつ境界づけられている表現と相性がいいので，The meat rotted away in five days.（その肉は，5日で腐ってなくなった）は可である。

(12) V away 「V して徐々に消失する / V する結果として徐々に消失する」
[the meat "MOVED" GRADUALLY TO DISAPPEARANCE] WITH-THE-CAUSE-OF [it rotted]
The meat rotted away.（その肉は，腐ってなくなった）
さらに：The ice melted away. / The hinge rusted away. / The image faded away. / The jacket's elbows have worn away.（そのアイスクリームは，溶けてなくなった / そのちょうつがいは，錆びて，なくなった / その画像は，薄くなって消えた / そのジャケットの肘は，

---

[4] 一部の英語話者にとって，衛星要素の away は，完全に消滅してしまうことを意味する。だからこの話者たちにとって，The meat rotted away.（その肉は，腐ってなくなった）は，テーブルの上にせいぜい茶色の汚れしか残っていないことを意味する。しかし別の話者たちにとっては，この衛星要素を使っても，肉だったものの残りがある，ということになる。

擦り切れてなくなった)
英語：The leaves withered away.（その葉は，枯れてなくなった）
スペイン語：Las hojas se desintegraron al secarse.
　　　　　'The leaves disintegrated by withering.'
　　　　（その葉は，枯れて分解した）

「境界づけられた漸進的変化」の推移タイプの例として，さらに (13) の例に見られるような，英語の衛星要素 up がある。さらに解明する必要はあるが，away と up の意味的な違いには，少なくとも，速度と時間の尺度の概念的なカテゴリー化が関わっている。away はゆっくりした長い時間をかける推移で，up は素早く短い時間の推移である。加えて，up と共起するこれらの形式は，特にアスペクト的な性格を持っているようである。だから，アスペクトと状態変化の間には，はっきりとしたカテゴリーの境界線があるのではなく，おそらく概念的に連続体を成している，という可能性を示している。したがって，時間的な展開のパターンについて前節で述べたように，伝統的にアスペクトとして扱われている多くの形式には，状態変化も関わっている。だからアスペクトの議論で挙げておいた例の幾つかは，この節の議論にも同様に当てはまるだろう。さらに，個々の状態変化は全て，ある特定のアスペクトの展開のパターン（または，一連の可能な展開パターン）を持っていることも，指摘できる。

(13)　V up「使い果たすまで V する／V して使い果たす」
　　　V up NP「NP を使い果たすまで V する／NP を V して使い果たす」
　　a. [the log "MOVED" TO CONSUMEDNESS in 1 hour] WITH-THE-CAUSE-OF [it was burning]
　　　The log burned up in 1 hour.
　　　（その丸太は，1 時間で燃えてなくなった）
　　　burn のみと比較：The log burned (for 30 minutes before going
　　　　　　　　　　　　out by itself).
　　　　　　　　　　（その丸太は，(自然に消えるまで 30 分間) 燃えた）
　　b. [I "$_A$MOVED" the popcorn TO CONSUMEDNESS in 10 minutes] WITH-THE-CAUSE-OF [I was eating it]
　　　I ate up the popcorn in 10 minutes.
　　　（私は，そのポップコーンを 10 分で食べ切った）
　　　eat のみと比較：I ate the popcorn (for 5 minutes before I stopped
　　　　　　　　　　　　myself).
　　　　　　　　　　（私は，(自分で止めるまで 5 分間) そのポップコーンを

食べた)

　ドイツ語の接頭辞である衛星要素 ver- も，やはり漸進的な変化による最終状態への進行を表す。(14) の例のように，「動作主」がある物体に働きかけて，その物体全体を使い果たす，ということを示す。ただし，ここではその物体そのものが物理的に消える必要はなく，単に他の形に変容するだけかもしれない。物体が本来の様相にあれば，「動作主」はその物体に働きかける（＝使う）ことができるのだが，そのような本来の様相にある物体の「供給」こそが，本当に消えてなくなっているものだ。だからここでは，「存在」から「非存在」への状態変化は，物理的物体そのものには関わっていない（その物体は，物理的に存在し続けているかもしれない）。そうではなく，その「供給」という，抽象的で上位レベルの物体に関わっているのだ。

(14) 　ドイツ語：ver-V NP-対格「NP で V して，NP の供給を使い果たす/NP を使い果たすまで V する」
   a. [I "$_A$MOVED" all the ink TO EXHAUSTION] WITH-THE-CAUSE-OF [I wrote with it]
      Ich habe die ganze Tinte verschrieben.
      'I've written all the ink to exhaustion.'
      （私は，書いてそのインクを全て使い切った）
   b. Ich habe alle Wolle versponnen.
      （私は，糸に紡いでその羊毛を全て使い切った）
   c. Ich habe meine ganze Munition verschossen.
      （私は，私の弾薬を撃って使い切った）

　さらに存在の状態に関する変化の領域内で，先ほど見たものとは変化の方向が逆のものに移ろう。つまり，存在しない状態から存在する状態への推移（＝不在から存在への推移）である。ここでもやはり，英語には come/bring into existence（出現する/出現させる）という，主要部事象の最後の 3 つの構成要素を部分ごとに統語的・語彙的な構造に直接写像している表現がある。しかしさらに，英語の衛星要素 up も（先ほど見た例とは異なる用法で），(15) で示されるように，同じ総称的な概念を表す。ここでは，中核スキーマの INTO EXISTENCE 全体が，衛星要素を構成する単一の形態素に写像されている。この衛星要素は，文脈次第で，いきなりその状態に推移するという解釈も，漸進的に変化していってその状態に推移するという解釈も，可能である。このことは，at タイプと in タイプのどちらの時間句とも共起可能であることから，

証明される。動作主的な用法では，ここでの主要部事象のタイプ（非存在から存在への状態変化）は，「作り出される目的語」（＝「働きかけを受ける目的語」の反対）という伝統的な概念と同じことになる。だから，ここで使われるような英語の衛星要素 up や他の言語でそれに相当するものは，「作り出される目的語」構文の標識として理解することができる。[5]

(15) V up NP「V して NP を存在させる／V することで NP を作り出す」

    a. [I "$_A$MOVED" INTO EXISTENCE three copies of his original letter] WITH-THE-CAUSE-OF [I xeroxed it]
I xeroxed up (*xeroxed) three copies of his original letter.
（私は，コピーして彼の手紙の原本のコピーを 3 部作った（*原本のコピーを 3 部コピーした））
xerox のみと比較：I xeroxed (*up) his original letter.
（私は，彼の手紙の原本をコピーした（*コピーして原本を作成した））

    b. I boiled up (*boiled) some fresh coffee for breakfast at our camp-

---

[5] 英語では，衛星要素の out が，up と同じく，中核スキーマの INTO EXISTENCE（存在するようになる）も表すことができて，それゆえ「作り出される目的語」が存在することを標示できる：

(i) [I "$_A$MOVED" INTO EXISTENCE a message] WITH-THE-CAUSE-OF [I tapped on the radiator pipes]
I tapped out a message on the radiator pipes.
（私は，暖房機のパイプをとんとんと叩いてメッセージを送った）
tap のみと比較：?I tapped a message on the radiator pipes.
（? 私は，暖房機のパイプにとんとんメッセージを叩いた）

英語では，「存在するようになる」という状態変化を，衛星要素で明示的に表す必要がない。これは非動作主的用法 (ii) でも動作主的用法 (iii) でも変わらない。そのような場合は，全体事象の構造が，本文で記述したものに似ていると仮定することができる。だが，単に中核スキーマが衛星要素に現れないだけだ，と解釈することも可能である。また，中核スキーマが基本レベルの MOVE 動詞と融合して，中間レベル動詞（非動作主的用法では FORM，動作主的用法では MAKE）を形成し，そこに共起事象がそれから融合する，と解釈することも可能である。これが，9 章で採用した解釈だ。

(ii) [a hole "MOVED" INTO EXISTENCE in the table] WITH-THE-CAUSE-OF [a cigarette burned the table]
A hole burned in the table.（テーブルが焦げて穴が空いた）

(iii) [I "$_A$MOVED" a sweater INTO EXISTENCE] WITH-THE-CAUSE-OF [I knitted (yarn)]
I knitted a sweater.（私は，セーターを編んだ）

site.
(私は，野営地での朝食に新鮮なコーヒーを入れた（*沸かした））
boil のみと比較（up で容認される用法は，異なる意味を持つ）：
I boiled (*up) last night's coffee for breakfast / some water at our campsite.
(私は，野営地で朝食に｛昨夜のコーヒー／水を｝沸かした（*昨夜のコーヒーを入れた））

c. [I "$_A$MOVED" INTO EXISTENCE a plan] WITH-THE-CAUSE-OF [I thought (about the issues)]
I thought up (*thought) a plan.
(私は，ある計画を考え出した（*考えた））
think のみと比較：I thought *up / about the issues.
(私は，それらの問題｛を *考え出した／について考えた｝)

　上記では，ドイツ語の衛星要素 ver- が，抽象的で上位レベルの物体（つまり，供給）が徐々になくなることを表すことを見た。英語には，その逆方向の変化に相当するものがあり，やはり衛星要素の up によって表される（これで up には3つ目の意味があることになる）。この衛星要素は，(16) の例で示されるように，「蓄積」という抽象的な上位レベルの物体が徐々に現れることを表している。ここで動詞が指定する行為は，物体そのもの（＝金や資産）に影響は与えるが，作り出すわけではない。むしろ，その行為の繰り返しが，上位レベルのゲシュタルト的なモノとして，「蓄積」を作り出す。

(16)　V up NP「V することによって，NP を次第に蓄積する／集める」
　　a. [I "$_A$MOVED" INTO AN ACCUMULATION $5,000 in five years] WITH-THE-CAUSE-OF [I saved it]
I saved up $5,000 in five years.
(私は，5年で5000ドルを貯めた)
save のみと比較：I saved (*up) (the / my) $1,000 for two years.
(私は，2年間（その／私の）1000ドルを取っておいた)
　　b. Jane has bought up beachfront property in the county.—that is, has progressively amassed a good deal of property over time
(ジェーンは，その郡の海辺の不動産を買い占めた——つまり，時間をかけて多くの不動産をだんだんと集めた)
比較：Jane has bought beachfront property in the county.—possibly just a little on one occasion

（ジェーンは，その郡の海辺の不動産を買った——1度に少しの不動産を買っただけかもしれない）

2つのロシア語の衛星要素は，言及している物体の概念レベルに関して，対比を成す。経路を表す接頭辞の s-[V] [NP-複数]-対格は，複数の物体が空間的に並べられるようになる，移動の経路を指定するだけだ。だから，ちょうど英語の together に相当する。しかし，状態変化を表す接頭辞の na-[V] [NP-複数]-属格は，そのように並ぶことが，もっと上位レベルのゲシュタルトである「蓄積」を成すことを示している。(17) に見られる通りである。

(17)　ロシア語：na-V NP-属格「NP を V することによって NP の蓄積を作り出す」
　　　Ona nagrebla orexov v fartuk.
　　　'She accumulation-scraped nuts (GEN) into apron'
　　　（彼女は，木の実を一緒にしてエプロンに入れることにより，（沢山の）木の実を集めた）
　　　比較：Ona sgrebla orexi v fartuk.
　　　　　'She together-scraped nuts (ACC) into apron.'
　　　　　（彼女は，木の実を一緒にしてエプロンの中に入れた）

## 5.3　様相における変化

幾つかの簡単な例で示したように，状態変化のタイプは，存在の状態だけにとどまらない。今，一連の「様相における変化」を，「被動者」と「動作主」の両方における，物理的な変化と認知的な変化を表す例で，示してみよう。物理的な場合では，何も損なわれていない様相から，概念的にそうでない様相としてカテゴリー化できるものへと，物体を変化させる，という概念が考えられる。この概念を，英語ではやはり衛星要素 up で表すことができる（これで up の4つ目の意味ということになる）。同じ概念を，ドイツ語では衛星要素の ka-putt- を使って，もっと具体的に，もっと生産的に表すことができる。スペイン語では，例によって，主動詞で表す。例は，(18) の通りである。

(18) a.　英語：V up NP
　　　　ドイツ語：kaputt-V NP-対格「NP を V して，損なわれた状況にする」
　　　　[the dog "$_A$MOVED" TO NON-INTACTNESS the shoe in 30 minutes] WITH-THE-CAUSE-OF [he chewed on it]

The dog chewed the shoe up in 30 minutes.
(その犬は，30分でその靴を噛んでダメにした)
up なしと比較：The dog chewed on the shoe (for 15 minutes).
(その犬は，(15分間) その靴を噛んだ)

b. ドイツ語：Der Hund hat den Schuh in 30 Minuten kaputtgebissen.
(その犬は，30分でその靴を噛んでダメにした)
比較：Der Hund hat 15 Minuten an dem Schuh gekaut.
(その犬は，15分間その靴を噛んだ)

c. スペイン語：El perro destrozó el zapato a mordiscos / mordiéndolo en 30 minutos.
(その犬は，30分でその靴を噛んでダメにした)
比較：El perro mordisqueó el zapato (durante 15 minutos).
(その犬は，(15分間) その靴を噛み続けた)

　他の言語において状態変化を表す衛星要素の幾つかには，英語で対応するものがない。それらの意味を英語で表すには，動詞が主導的な役割を果たす構文を使わなければならない。また，それらの衛星要素が表す概念は非常に広範囲に渡り，英語話者の予想を越えている。物理的な変化から認知的な変化に渡る範囲を表せる例の1つとして，ドイツ語の衛星要素構文の ein-V NP/再帰-対格がある。その衛星要素の意味はざっくりと「用意できた状態に」と特徴づけることができる。その構文全体の意味は，もっと詳しく「V (することを練習) することにより，V するために (NP を) 温める」と特徴づけられる。例としては，die Maschine einfahren (運転するために，機械を温める) や sich einlaufen / -spielen / -singen (走る/演ずる/歌うことを練習して，そのウォーム・アップをする) がある。

　次に見るドイツ語の例は，前の例と多義的なつながりがあるかもしれないが，意味的には，はっきりと別である。衛星要素 ein- は，認知的な意味だけを表し，大まかに「よく知っている状態に」と特徴づけることができて，もっと細かくは (19) のようになる。

(19) ドイツ語：ein-V 再帰-対格 in NP-対格「NP を (NP の中で/で) V する際に，何とか徐々に NP の全てを隅々まで詳しくなった」
　　a. Ich habe mich in das Buch eingelesen.
　　　 'I have read myself into the book.'
　　　 (私は，全ての登場人物や筋に関わることを正確に説明できるぐらいに，そ

第 11 章　事象統合の類型論　　　　　　　　　　　　　　　　43

の本がよく分かるようになった）
- b. Der Schauspieler hat sich in seine Rolle eingespielt.
  'The actor has played himself into his role.'
  （その俳優は，役を演じるうちに，自分の役柄が簡単に分かるようになった）
- c. Ich habe mich in meinen Beruf eingearbeitet.
  'I have worked myself into my job.'
  （今，私は仕事のコツを知っている）

　これまで見てきた他動詞の例（再帰的な例も含む）では，様相における変化が現れるのは，直接目的語の名詞句が表す「被動者」だった。しかし他動詞の例の中には，この写像に当てはまらないものがある。さらに調べる必要があるのだが，主語の名詞句が表す「動作主」か「経験者」が，様相における変化を示すモノである。特に (20) で例示されるドイツ語の衛星要素の場合は，主語の「経験者」が認知的な変化を被る。大まかに「気づいた状態に」と特徴づけられ，もっと具体的には以下の通りである。

(20) 　ドイツ語：heraus-V NP-対格 [V: 感覚動詞]
　　　「五感覚のいずれかにより V することを通じて，他の同等な NP の中から NP を見つけて選び出す」
　　　Sie hat ihr Kind herausgehört.
　　　'She has heard out her child.'
　　　（彼女は，他の子供たちが話している中から，彼女の子供の声を聞き分けることができた）

　個々の衛星要素主導言語を調べてみると，他の言語からすれば，類を見ないと思われるような意味の状態変化を表す衛星要素が見つかることが，よくある。以下に，英語の視点からすれば珍しく思われるかもしれないような例を幾つか挙げる。

(21) a.　ロシア語：za-V -s'a （＝再起形）「V という活動に｛注意を引きつけられ/没入し｝，そのためその文脈で関連のある他の事象に注意を払わない」
　　　　V = čitat' （「読む」）の場合：za-čitat'-s'a 「読んでいるものに没頭する」（その結果，例えば，声を掛けられても聞き逃す）
　　　　V = smotret' （「見る」）の場合：za-smotret'-s'a「何かを見ることに没頭する」（例えば，歩いている時に，前方にいる人に気を取られて，目的地を素通りしてしまう）

b. オランダ語：bij- V NP「NP を V する時に，最後の仕上げをする／これをすれば NP を｛最適／完全／最新｝の様相にまで持っていけるような，あと少しの V する行為を行う」[Melissa Bowerman からの私信による例]
V＝knippen（「ハサミで切る」）の場合：bij-knippen（例えば，そのヘアスタイルから少しはみ出た髪を切る）
V＝betalen（「支払う」）の場合：bij-betalen「追加で必要な増額分を支払う」（例えば，間違いを訂正し，正しい額に金額を引き上げる，あるいは，もう一段上の席の券に格上げする）

c. イディッシュ語：tsu-V（$NP_1$）tsu $NP_2$「$NP_2$ に既に存在する同じかもしくは同等の材料に対して，$NP_1$ を V して加える，または V してできた（無形の）産物を加える」
Ikh hob tsugegosn milkh tsum teyg.
'I have ADD-poured milk to-the dough.'
（私は，ミルクを注いでその生地に加えた）
Ikh hob zikh tsugezetst tsu der khevre.
'I have REFL ADD-sat to the group.'
（私は，椅子を引き寄せてそのグループに参加した）

　状態変化の衛星要素についてのここでの見地からすれば，やってみる価値のある研究プロジェクトが，2つ考えられる。1つ目は，ある1つの衛星要素主導言語の中で，衛星要素で表される状態の集合を，可能な限り網羅的に列挙することだろう。そうすることによって，そのような衛星要素の形式が1つの言語内で表すことができる意味範囲を調べるのだ。もう1つは，2つ以上の衛星要素主導の言語の間で，衛星要素で表される状態の集合を比較することだろう。この点について，ドイツ語と中国語北京方言の状態変化の衛星要素をさっと調べてみれば，表される状態が類似していることが分かる。今し方，奇妙に思われる状態の意味の例を幾つか見たところだが，もっと体系的に調べれば，状態概念にはどのようなものがあるか，その目録のようなものに向けての，普遍的な傾向が存在することが明らかになるかもしれない。そのような発見は，もし正しければ，言語における認知的構成についての我々の理解に，大きく貢献することになるだろう。

## 5.4 その他の構文タイプ

　我々は，これまで2つの異なる構文が表す状態変化を見てきた。1つの構文で

は，英語の to death のように前置詞と名詞が組み合わさり，前置詞が推移タイプを表し名詞が状態を指定する。ここでの組み合わせは，おおかた凍結した連語で，特定の語彙形式しか取らず，それを自由に変えることはできない。もう1つの構文は，単一形態素のみから成る衛星要素であり，ドイツ語の er-（死へ）のように，推移タイプと状態の両方を融合して表す。次に，さらに他の構文の存在について述べよう。

1つ目の状態変化の構文では，状態が名詞の形式で表されるのだが，この名詞は自由に変化することができる。実は，この構文で名詞句（NP）はメトニミー的に使われており，「NP である状態」を表す。推移タイプは前置詞によって表される。ここに，さらに衛星要素が加わって，推移か状態のいずれかを修飾する。(22) と (23) の英語の形式が，このタイプの構文の例である。

(22) 英語：V into/to NP「V することによって NP になる」
[the water "MOVED" TO a STATE [BEING a solid block of ice] WITH-THE-CAUSE-OF [it froze]
The water froze into a solid block of ice.
（水が凍って，カチカチの氷の塊になった）

(23) 英語：V down to/into NP「V することによって，質的に（そして量的に）減少し，NP になる」
[the wood chips "MOVED" REDUCTIVELY TO a STATE [BEING a pulp]] WITH-THE-CAUSE-OF [they boiled]
The wood chips boiled down to a pulp.
（その木材チップが煮詰まって，パルプになった）

さらに別の状態変化の構文では，形容詞が状態を表す。推移のタイプを表すための形式は何も付かないが，構文的意味は典型的に，指定された状態に「入る」である（ただし別の可能性も存在し，以下で説明することになる）。この構文の英語の例は，(24) である。

(24) a. V Adj「V することによって，Adj になる」
[the shirt "MOVED" TO a STATE [BEING dry]] WITH-THE-CAUSE-OF [it flapped in the wind]
The shirt flapped dry in the wind.
（そのシャツは，風にはためいて乾いた）
比較：The tinman rusted stiff.（そのブリキの人形は，錆びて動かなくなった）/ The coat has worn thin in spots.（そのコートは，着古してと

ころどころ生地が薄くなっている)
  b. V NP Adj「V することによって，NP を Adj にする」
     [I "$_A$MOVED" the fence TO a STATE [BEING blue]] WITH-
     THE-CAUSE-OF [I painted it]
     I painted the fence blue. (私は，そのフェンスを青く塗った)

この構文では形容詞に何も付かないのに，TO の推移タイプを表すものとして扱っているわけだが，そのことを正当化する理由として，その形容詞のスロットに明示的な to 句が生じる構文と，意味的に平行していることが挙げられる。例えば，The shirt flapped dry. (そのシャツは，風にはためいて乾いた) と平行するのは，The man choked to death. (その男は，窒息して死んだ) という文である。

## 5.5 その他の推移タイプ

これまでの状態変化の全ての例において，推移タイプは，ある状態に「入る」(＝状態になる) というタイプであり，深層の動詞 "MOVE" に深層の前置詞 TO を組み合わせて表していた。しかし他の推移タイプを見つけることも，作例することもできる。

　そのような推移タイプの1つは，状態から「出る」であり，深層の前置詞 FROM を "MOVE" と組み合わせて表すことができる。このタイプは，ある状態から出ることを明示的に表す，前置詞＋名詞の組み合わせの基底にあるように見えるだろう。そのような組み合わせの例としては，out of existence (消滅して) があり，例えば The apparition blinked out of existence. (幽霊が，瞬くと消えた → 瞬く間に消えた) に見られる。さらに，例えば The candle blew out. (ろうそくが，吹き消された) における out のような状態変化の衛星要素を，先ほどは，状態に入る (＝火が消えた状態に入る) という概念を表すものと解釈しておいたが，代わりに，状態から出る (＝燃えている状態から出る) という概念を表していると解釈することもできる。

　他の推移タイプとして，実は推移がないことに関わるものもある。つまり，固定か無変化の例である。そのようなタイプの1つとして，ある状態に「ある」というタイプがあり，深層の前置詞 AT を深層の動詞 BE と組み合わせて表すことができる。もう1つのそのようなタイプは，状態の継続的な「維持」であり，AT を中間レベルの動詞 REMAIN と組み合わせて表すことができる。動作主的な例になると，AT を中間レベルの動詞 KEEP と組み合わせて表すことになる。例として (25) がある。ここで衛星要素は形容詞だが，構文の意

味は，先ほどのように「状態に入る」ではなく，「状態にある」と解釈される。この文で，ドアは既に閉じており，私がそこに釘を打ち込んで，そこから「ドアが閉じている状態の維持」が開始した，と解釈される。注意すべきことは，中国語北京方言における同じ形式の構文では，「状態の維持」の解釈が許されず，通常の「状態変化」の解釈のみにしかならない，という点である。だから，I nailed the door shut に対応する文は，単に開いているドアに釘を打ち付けて，そのドアを閉じた状態にした，という意味にしかならない。

(25) [I KEPT the door AT a STATE [BEING shut]] WITH-THE-CAUSE-OF [I nailed it]
I nailed the door shut.
（私は，閉まっているドアに釘を打ち付けて，開かないようにした）

ここで，さらに幾つかの英語の形式を挙げて，これまで組み立ててきた枠組みの適応範囲を広げることができる。一方で，これらの形式は衛星要素主導タイプの構文を示す。中核スキーマは衛星要素と前置詞，またはそのいずれかで表され，共起事象は動詞で表される。他方で，衛星要素と前置詞，またはそのいずれかで表される概念は，固定した状態でなく進行中の過程である。そのような形式は，概念領域の第6のタイプ（＝過程の進行）を表すものとして扱うべきかもしれない。しかし我々は，これらの形式を状態変化の領域が関わるものとして扱うことにする。ただし，推移タイプが「ある状態で進んで行く」ようなものであると見なすのだ。そのような推移タイプは，深層の前置詞 ALONG を "MOVE" と組み合わせて，表せるかもしれない。

そのような新しい形式の1つでは，「～を探して」という意味の前置詞 for が，探すことを実行するために行われる行為を表す動詞と組み合わされる。この議論が対象としている衛星要素主導の構文は，(26a) に示される。一方で，(26b) はそれに対応する動詞主導の構文を示している。英語には，こちらの構文も存在する。ここで，深層と中間レベルの形態素が組み合わされた ALONG IN-SEARCH-OF が，融合して前置詞 for になる，と考えている。

(26) 英語：V for NP「NPを探して V する／V することによって NP を探す」
a. [I "MOVED" ALONG IN-SEARCH-OF nails on the board] WITH-THE-MANNER-OF [I felt the board]
I felt for nails on the board.／I felt the board for nails.
（私は，板の上の釘を探して手探りした／私は，釘を探して，板を手探りし

た）

比較：I listened to the record for scratches. / I looked all over for the missing button.
(私は，レコードを聞いて，表面の傷を探した / 私は，失くしたボタンを探して，あちこち見た)

b. I searched for / sought nails on the board by feeling it.
(私は，手探りして，板の上の釘を探した)

比較：I searched for scratches on the record in listening to it.
(私はレコードを聞いて，レコードの傷を探した)
I sought the missing button by looking all over.
(私は，あちこち見て，失くしたボタンを探した)

　別の英語の形式では，衛星要素＋前置詞の off with という組み合わせが「ある物を盗んでそれを運ぶ」という意味を持ち，人が盗んだ場所からどんどん遠くへ移動する「様態」を表す動詞と組み合わせられる。先の例と同様に，ここでは，深層と中間レベルの形態素が組み合わさった ALONG IN-THEFTFUL-POSSESSION-OF が表層の表現 off with を生じさせる，と考えている。この形式の例は，(27) である。

(27)　英語：V off with NP「NP を盗むとそれを持ちながら，V することによって，どんどん遠くへ行く / 逃走する」
[I "MOVED" ALONG IN-THEFTFUL-POSSESSION-OF the money] WITH-THE-MANNER-OF [I walked / …]
I walked / ran / drove / sailed / flew off with the money.
(私は，その金を盗むと，{歩いて / 走って / 車で / 船で / 飛行機で} 逃げた)

　この構文の off with は，経路の衛星要素と付随の前置詞が組み合わさったものが，たまたま窃盗を推論できるような移動事象に適用されただけのように思えるかもしれない。しかしそのように考えることはできない。なぜなら，衛星要素と前置詞の同じ組み合わせを非移動動詞と共に使っても，やはり窃盗の解釈を持つからである。そのような 2 つの例として make off with と take off with がある（もっと言えば実は，make off with には「窃盗」解釈しかない）。

## 6　主要部事象としての行為間の相関関係

4 つ目の主要部事象は，私の知る限りこれまで認識されてこなかった。それは

もっと広い言語現象の一部であり，1つにまとめられたトピックとして注目されることも，あまりなかった。私はそれを，**共起性を伴う活動**（**coactivity**）と呼ぶことを提案する。ある共起性を伴う活動では，第一の動作主体が特定の活動を実行し，それと関連づけられる第二の動作主体の活動が，第一の動作主体の活動と相関関係を持つような活動を実行する。典型的に，第二の活動は第一の活動と同じか，第一の活動を補うか，のいずれかである。プロトタイプ的には，第一の動作主体は主語の名詞句によって表され，第二の動作主体は目的語の名詞句（直接目的語か斜格の名詞句）によって表される。プロトタイプ的に，様々な言語に渡って，このような**共起的活動に加わる**（**coactive**）目的語の名詞句が，対称的な関係を表す動詞・共格・与格・一定の統語範疇により必要とされる。だから例えば，I met John / *the mannequin.（私は，{ジョンに/*そのマネキン人形に}会った）では，John もまた私に会うという活動に従事しなければならない。I ate with Jane / *the mannequin.（私は，{ジェーンと/*マネキンと}食事をした）という文では，Jane もまた食べるという活動に従事しなければならない。I threw the ball to John / *the mannequin. または I threw John / *the mannequin the ball.（私は，そのボールを{ジョンに/*マネキンに}投げた）という文では，私がボールを投げることに対する相補的な行為として，John もそのボールを受け取ろうとする行為に従事しなければならない。I ran after Jane / *the building.（私は，{ジェーンを/*その建物を}追いかけた）では，Jane も素早く前方へ進んで行かなければならない。

　4つ目のタイプの主要部事象を，**行為間の相関関係**（**action correlating**）と呼ぶことにする。ここでは，意図的な動作主体が，自らが行う行為と別の動作主体（有生のことも，無生のこともある）が行う行為とが，特定の相関関係にあるようにする，もしくは特定の相関関係を維持するようにする。なお，最初のモノにだけ「動作主」という用語を使い，2つ目のモノには「准動作主」（Agency）という用語を使うことにする。主要部事象は，この相関関係それ自体を確立することから成り立っている。以下では，「協働」・「随伴」・「模倣」・「優越」・「実演」という相関関係のタイプを扱う。その共起事象は「動作主」が行う特定の行為から成り立つ。「実演」タイプ以外では，この行為は「准動作主」が行う行為と同じであるか，または同じカテゴリーの行為である。ここで「同じカテゴリーの行為」とは，語用論的な基準により理解されるもので，その基準がどのようなものかは，今後詰める必要があるだろう。

　言語で表現するために概念構造がどのように構成されているかという点から見れば，このような行為間の相関関係は，「移動/位置づけ」になぞらえられているようである。具体的には，ある行為と別の行為の相関関係は，ある物体の

別の物体に対する経路に平行している．特に，主要部事象の概念的な構造化において，(28)でスキーマ化してあるように，「動作主」は自らの行為（＝「行為」）を「図」として，「地」である「准動作主の同じカテゴリーの行為（＝行為’）と相関関係にあるようにしている．だからこの構造は，[「動作主」$_A$MOVE「図」「経路／場所」「地」]のタイプの動作主的移動の構造に匹敵する．そうすると，ここでの中核スキーマ（＝In-Correlation-With の箇所）は，はっきりと「経路／場所」に対応していることになる．

　全体事象の残りの部分は，やはりスキーマ化されて(28)で示されているが，共起事象（＝「動作主」が行う特定の行為で，[Agent PERFORM]と表示）と「構成的」というサポート関係から成り立っている．このサポート関係を「構成的」(constitutive) と特徴づけているのは，共起事象の表す特定の行為が，「動作主」が「准動作主」の行為と関連づけさせている行為を「構成」しているからである．また，「准動作主」の行為が，「動作主」の行為と単に同じカテゴリーであるだけでなく，同一である場合には，「准動作主」の行為も構成していることになる．

(28)　[Agent PUT Agent's Action In-Correlation-With Agency's Action']
　　　CONSTITUTED-BY [Agent PERFORM]

　(28)でスキーマ化されているような全体事象の構造は，概念的な構成要素同士の相互関係を，より密接に表しているように見える．しかしこの構造に，(29)のように手を加えてみると，この意味構造が，実際に生じている統語構造のパターンに近づくように思える（少なくとも，ここで考察している幾つかの言語では）．だから例えば，(29)を基にして，これまで見てきた類型論に従えば，衛星要素主導の言語では，中核スキーマが衛星要素（＋前／後置詞）に写像され，共起事象が主動詞に写像される．動詞主導の言語では，ACT の構成要素と中核スキーマを組み合わせたものが主動詞（＋前／後置詞）に写像され，共起事象は付加部に写像される．

(29)　[Agent ACT In-Correlation-With Agency] CONSTITUTED-BY
　　　[Agent PERFORM]

　ここで扱っているタイプの主要部事象の役割について言えば，この主要部事象が，2つの行為がお互いに相関関係になるような，全体的な枠組みを提供していることは明らかである．さらに，主要部事象は相対的に抽象的な性格を持ち，共起事象が典型的に具体的であるから，一般的なパターンを維持していることになる．だから，もしも行為間の相関関係という全体事象が表す状況に観

察者がいたなら，その観察者は，「動作主」が行う具体的な共起事象をまず知覚し，それから「准動作主」が行う同じ活動もしくは似たようなものを知覚するであろう。例えば以下の例にもあるように，そのような行為には，演奏する・歌う・飲むなど色々とあるだろう。しかし観察者は一般的に，ある行為が別の行為とどのような関係にあると意図されているかは，知覚できない。意図された関係を推論するか，他の何らかの方法で分かっているか，のいずれかでなければならないだろう。例えば観察者は，「動作主」がその行為を行うのは，「准動作主」の行為と協働するためであるとか，随伴するためであるとか，模倣するためであるとか，を推論するか，分かっているか，のいずれかでなければならないだろう。

　それでは，本節の始めで述べた，行為の相関関係の5つの異なる場合を考察することにする。最初の4つ（＝協働・随伴・模倣・優越）では，「動作主」と「准動作主」が同じ行為，もしくは同じカテゴリーの行為を行う。5つ目（＝実演）では，「動作主」と「准動作主」が異なるカテゴリーの行為を行う。

## 6.1　「准動作主」の行為が「動作主」の行為と同一（または同じカテゴリー）の場合

行為間の相関関係の最初の3つの事例（協働・随伴・模倣）は，その意味的な区別を見ると，「動作主」の行為と「准動作主」の行為の相関関係における概念的な距離が，この順でどんどんと大きくなっていくような，連続を形成すると捉えることができる。英語とドイツ語を例として用いると，この連続を衛星要素による表現という観点から表示するためには，どちらの言語も必要となる。英語には，最初の事例を衛星要素だけで表せるものがあるし，ドイツ語には，3番目を衛星要素だけで表せるものがあるからである。

　最初の2つの「協働」と「随伴」の間の概念的な違いは，示唆に富む。最初の事例は，(30) のように英語において together (with) で表されるが，[6]「動作主」が「准動作主」と協働して行為を行う。つまり，「動作主」の行為と「准動作主」の行為が，1つの共同のまとまりの中で同等の構成要素として概念化されている。全体が存在するためには，いずれの構成要素も同等に不可欠なものとして概念化されているのかもしれない。

---

[6] ここで問題にしている together の意味は，単に「一緒にいる（＝随伴）」だけでなく「一緒に行為を行う」という「協働」の意味である。「離れておらず，同じ場所にいる」という意味の together ではない。

(30) 英語：V together with NP「V することに NP と協働して行為する」
[I ACTed IN-CONCERT-WITH him] CONSTITUTED-BY [I played the melody]
I played the melody together with him.
（私は，彼と一緒にその旋律を演奏した）

　2番目の事例は，(31) に例示されるように，英語では along (with) で，ドイツ語では mit- (mit-与格) で表され，「動作主」が「准動作主」に随伴して，または追加で/補佐役として行為する。つまり，「准動作主」の行為が，「地」として機能し，それゆえ概念的な参照点として機能するのだが，その行為は独立したもの，または基本的なものとして扱われ，その状況に不可欠な，またはその状況に決定的な活動として扱われる。一方，「動作主」の行為は，「図」として，状況全体の従属的または付随的な側面として扱われる（この2番目の事例は，「主要」と「従属的」とを区別する，言語における広範に渡る意味論的なシステムの，1つの現れである）。

(31) 英語：V along (with NP)
ドイツ語：mit-V (mit NP-与格)
「V することにおいて，NP {に随伴して/の補佐役として/に添えて/に加わって}，行為する」
[I ACTed IN-ACCOMPANIMENT-OF him] CONSTITUTED BY [I played the melody]
英語：I played the melody along with him.
　　　（私は，彼に付いてその旋律を演奏した）
ドイツ語：Ich habe mit ihm die Melodie mitgespielt.
スペイン語：Yo lo acompañé cuando tocamos la melodía.
　　　（私たちがその旋律を演奏した時に，私は彼の伴奏をした（2人とも演奏している））
Yo lo acompañé tocando la melodía.
（私は，その旋律を演奏して，彼に付き添った（私だけが演奏した））

　例示された状況について，この概念的な違いを文脈化するために，「私」と「彼」がそれぞれ同じコンサートのステージでピアノを演奏していると仮定してみよう。そうすると，最初の事例では，彼と私はデュエットで演奏しているのかもしれない。それに対して2番目の事例では，彼が主役のソロ演奏者で

あり，私は彼を補助するために参加しているのかもしれない。同様に，I jog together with him.（私は，彼と一緒にジョギングする）では，私たちは一緒になって，活動の予定を立てて実行し，1人では行わないかもしれないことを示唆する。しかしながら，I jog along with him.（私は，彼に付いてジョギングする）では，私がいるかどうかにかかわらず，彼は一人でジョギングをするという日課があり，時々私もついでに加わる，ということを示唆する。

　ここで注意すべきことは，両方の事例について当該の状況は，物理的には区別できないぐらい同じになりうる，ということだ。例えば，もしそれらの状況を撮影したら，画面上でそのように見えるだろう。この理由から，最初の2つの「行為間の相関関係」である「協働」と「随伴」は，1つの土台の層に，上から重ね合わされた，もしくは押し付けられた概念構造として機能する，と理解できる。よってそれらは，概念主体がどう解釈するかが重要であり，精神（＝どう捉えているか）に対して現実世界が一致する，という考え方をする認知言語学の，非常に良い例となる。真理値志向の意味論では，現実世界に客観的に存在する物体の特性のみが，言語に反映されうる，という考え方をしばしばする。つまり，現実世界に対して精神（＝理解）を一致させる，という方向性を考えるのだが，それとちょうど逆である。

　行為間の相関関係における第2の参与者（「准動作主」という語で区別してきた）は有生にも無生にもなりうると規定しておいたが，これは観察される言語のパターンに合わせて，そうした。例えば，以下で見る，行為間の相関関係の最初の4事例では，例として用いている3つの言語の全てにおいて，「彼」に当たる語を「レコード」に当たる語で置き換えることができる。英語ではI played along with the phonograph record.（私は，そのレコードに合わせて伴奏した）となるように。同じ様に，「准動作主」の活動は「動作主」の活動と同じカテゴリーのものでありさえすればよいと規定したが，これは，英語とドイツ語の衛星要素の用法に合わせるためである。例えば Mary sang along with John.（メアリーは，ジョンに合わせて歌った）では，メアリーが歌う間にジョンは楽器を演奏しているかもしれないし，メアリーと異なるオクターブのパートを演奏しているかもしれない。同様に，ドイツ語の Ich trinke mit（私は，一緒に飲む）は，私が，飲まないで食事をしている人に合流した後に，食事をせずに飲んでいるだけ，ということを表せる。

　一般的な類型論に従って，以下に挙げるスペイン語の形式では，行為間の相関関係という概念を，主動詞で表している。英語やドイツ語ならば，おおかた衛星要素を使って表すところである。しかしここでもやはり，英語がロマンス諸語から借用した動詞では，写像のパターンが元の言語と同じである（例えば

accompany（伴う）・join（加わる）・imitate（模倣する）・copy（複製する））。2つのタイプの言語間で，さらにもう1つの違いを観察できる。ただしこの違いが，厳密に類型的な違いから生じているかどうかは，明らかでない。具体的に言うと，英語とドイツ語では，同じカテゴリーの行為であれば相関させることが許されるが，スペイン語ではこれが当てはまらないのだ。というのも，共起事象を付加詞で表す際に，「動作主」の行為と「准動作主」の行為が同一である場合と単に同じカテゴリーに属するだけの場合とでは，スペイン語は異なる構文を用いなければならない。

さらに幾つかの主導的役割を果たす衛星要素では，「随伴」の概念の特定の部分だけに言及するから，認識すべき「行為間の相関関係」のタイプの数をさらに増やすことになると考えることができるかもしれない。例えば，イディッシュ語の2つの衛星要素は，「随伴」のカテゴリーを実質的に2つに分けている。どちらの衛星要素も，「動作主」の行為が「准動作主」の行為を補助するものとして表しているのだが，それらの衛星要素はそのカテゴリー内で異なる概念位置に軸足を置いている。これらの位置は，「動作主」がどれくらい「准動作主」の行為に参与するか，が異なる。だから，一方の衛星要素である接頭辞 mit- は，「貢献的な随伴」という概念を軸としており，「動作主」の行為が「准動作主」の行為を増幅させて，全体をより大きくさせる，と理解される。もう1つの衛星要素である接頭辞 tsu- は，「周辺的な随伴」という概念を軸としており，「動作主」の行為が，全体にとって些細なもの・周辺的なものであり，それだけで独立して，しばしば個人的なこととして理解される。(32) の tsu- の例は，もっと参加の度合いが大きいタイプの随伴を表すこともできるが，ここでは，その意味の中心がより周辺的であることを強調するような文脈にしてある。

(32)　イディッシュ語：tsu-V「もう1つの行為に対する周辺的な随伴としてVする」
　　　V = krekhtsn（うめき声をあげる，しきりに愚痴をこぼす）の場合
　　　Er hot tsugekrekhtst.
　　　'he has TSU-griped';
　　　例えば「彼は骨の折れる作業をしながら，時々小さなうめき声をあげた」とか「私たちが愚痴り合っていると，彼も自分の愚痴で口を挟んだ/彼自身の愚痴をギャーギャー言った」
　　　V = tantsn（踊る）の場合
　　　Zi hot tsugetantst.

'she has TSU-danced';
例えば「彼女は，傍らでその音楽に合わせて少し踊った」

　英語にも「随伴」の下位分類タイプを標示していると考えられる形式がある。今し方見たイディッシュ語の形式と似ており，非貢献的でしばしば個人的な意味を持つ。ただし，その表す範囲は，はっきりと狭い。この形式とは前置詞の to のことであり，(33) の例で示される。ここで「准動作主」は，ある時間に渡るリズムのパターン（を生じさせるもの）であり，プロトタイプ的には耳から入ってくるものだ。「動作主」もリズムのパターンを生じさせて，「准動作主」のパターンに合わせる。

(33)　英語：V to NP「V する際に，V するリズムが NP のリズムと相関関係にあるようにする」
I swayed/tapped my foot/danced/hummed to the rhythm/beat/music/sound of the waves lapping against the shore.
（私は，{岸に波が打ち寄せるリズム/拍動/音楽/音}に合わせて{体を揺らした/足をトントン踏み鳴らした/踊った/鼻歌を歌った}）

　一連の「行為間の相関関係」の3つ目となる「模倣」では，「動作主」が，自らの活動が「准動作主」の活動の模倣かコピーとなるようにする。(34) で例が挙げられている通りである。ここでもやはり，「准動作主」の活動は「地」として参照点となり，それを基にして「動作主」が自らの行為を「図」として形成しようとする。特に，「准動作主」の活動を観察することから，「動作主」は自らの活動を，「准動作主」の活動の全て，またはその構造的な側面の一部，に対して，似ているようにするか，または同一にする。
　既に見た2つの事例（=「協働」と「随伴」）では，「動作主」の活動は「准動作主」の活動と同時に起こっていた。それに対して，ここでは「動作主」の活動が「准動作主」の活動の後で起こる。この点に関して，ドイツ語の nach- という衛星要素では，プロトタイプ的に，ある行為の部分に対して対応する行為の部分がほんの短い時間，遅れているだけである。しかし，「准動作主」の演奏が全て終わってから「動作主」の演奏が行われる，という解釈も可能である。またやはり，「准動作主」はレコードのように無生の機器でもよいし，「准動作主」の活動は「動作主」の活動と全く同じであってもよいし，単に同じカテゴリーの活動であるだけでもよい。だから (34) のドイツ語の文は，歌い手が歌っているのを録音したものを，私が楽器で真似していても，よいことになる。またここでも，スペイン語は行為間の相関関係を表すのに主動詞を使い，

付加詞が活動を指定する。また付加詞は，活動が同一か，単に同じカテゴリーのものに過ぎないか，の区別もする。

(34) ドイツ語：nach-V (NP-与格)「NP の真似をして V する／V して NP を{真似る／模倣する}」
[I ACTed IN-IMITATION-OF him] CONSTITUTED-BY [I played the melody]
ドイツ語：Ich habe ihm die Melodie nachgespielt.
英語：I played the melody in imitation of him.
　　　（私は，彼の真似をしてその旋律を演奏した）
スペイン語：Yo lo seguía cuando tocamos la melodía.
　　　　　　（私たちがその旋律を演奏した時，私は彼の後に続いた（2 人とも演奏した））
Yo lo seguía tocando la melodía.
　　　　　　（私は，彼が終えた後に，続いてその旋律を演奏した（私だけが演奏した））

「行為間の相関関係」の 4 番目は，「優越」である。(35) では，英語の接頭辞である衛星要素 out- を使って例示している。ここでは，「動作主」は，「准動作主」の活動を超えるために自らの活動を行うか，またはその活動がたまたま「准動作主」の活動を超えているだけ，のいずれかである。「准動作主」の活動は，やはり参照点として使われる。「競争」という特定の文脈では，「動作主」が「准動作主」を「打ち負かす」という意味になる。これまでと同じく，「准動作主」は無生物であってもよい。例えば，I outplayed the player piano.（私は，自動ピアノより上手に演奏した）に見られるように。しかし今度は，「准動作主」の活動は「動作主」の活動と同じでなければならず，単に同じカテゴリーであるだけではいけない。だから，*I outplayed the singer. で「私は，その歌手が歌うよりも上手く演奏した」という意味を表すことはできない。またスペイン語では，やはり主動詞を使って相関関係を表すことができる。ただし今度は，分詞構文の付加詞を使って，活動が同一であるという解釈をすることができる。もっとも，「単に同じカテゴリーの行為」という解釈も，どうやら可能らしい。[7]

---

[7] この場合に，スペイン語には，衛星要素主導の構造に似た構造もある。
(i) Toqué mejor/más que él.
　　'I-played better/more than he.'（私は，彼より{上手く／多く}演奏した）

(35) 英語：out-V NP「V して NP {を上回る/に勝つ/を負かす}」
[I ACTed IN-SURPASSMENT-OF him] CONSTITUTED-BY [I played (the melody)]
英語：I outplayed him.（私は，彼よりも上手く演奏した）
他にも：I outran/outcooked him.
（私は，彼よりも速く走った/彼よりも上手に料理をした）
スペイン語：Yo le gané tocando la melodía.
（私は，その旋律を演奏することで，彼を上回った）

## 6.2 「准動作主」の行為が固定され「動作主」の行為と別個である場合

5つ目の「行為間の相関関係」は，「実演」である。(36) の例が示すように，「実演」はドイツ語の衛星要素 vor- で表される。ここでは，「動作主」が，「准動作主」に対しての実演となるように何らかの活動をすると，「准動作主」が次に「動作主」の活動を観察する。ここでの「実演」という概念では，「動作主」にはある特定の活動を行うための知識や能力があるのだが，「准動作主」にはそのような知識や能力がない。「動作主」がこの活動を行うと，「准動作主」はその活動を，「動作主」についての情報として記憶に留めることも，あるいは同じ活動を実行できるようになるためのモデルとして記憶に留めることもある。そして状況全体は，メタファー的に「動作主」から「准動作主」へとその情報が受け渡される，という意味合いを持ちうる。この「実演」は，これまで見てきた場合と異なり，「准動作主」自身の活動が固定されている（特に「観察」として）。そのため，「動作主」の活動から規則的にはずれている。この違いのゆえに，当初は (28)・(29) としていた全体事象を，改訂する必要がある。改訂したスキーマ化は，(36) に示してある。

(36) ドイツ語：vor-V NP- 与格「NP に V して見せる」
[Agent PUT Agent's Action IN-DEMONSTRATION-TO Agency's OBSERVATION] CONSTITUTED-BY [Agent PERFORM]
[I ACTed IN-DEMONSTRATION-TO him] CONSTITUTED BY [I played the melody]
ドイツ語：Ich habe ihm die Melodie vorgespielt.
 'I played the melody in demonstration to him.'
（私は，彼にその旋律を演奏して見せた）
英語：I showed him how I/how to play the melody.
（私は，彼に {その旋律をどのように演奏するか/演奏の仕方} を見せた）

スペイン語：Yo le mostré como toco/tocar la melodía（英語と同じ）．

さらに，これまでは相関関係と言えば，同等の活動が相互に関係づけられることを意味していたのだが，この事例ではそれを拡大解釈して，相補的な活動を並べることへ当てはめている。具体的に言えば，「実演」の活動と「観察」の活動である。それでも，この事例では他の事例と同じく，あるモノによる活動を別のモノによる活動に関連づけている。また類型論的な写像パターンも，似ている。だから例えば，ドイツ語ではこの関係を衛星要素で表し，スペイン語では主動詞で表している。ただしこの場合に限っては，英語にはドイツ語のような衛星要素が欠けており，動詞主導の写像パターンに切り替わっている。

## 7 主要部事象としての実現化

主要部事象の5番目のタイプは，**実現化**（**realization**）の事象である。これ自体は，**達成**（**fulfillment**）と**確認**（**confirmation**）という2つの関連するタイプを包括するカテゴリーである。

### 7.1 実現化のタイプを含む漸増的な意味の系列

これらのタイプの意味的特性はあまり良く知られていないので，まず例を示すことから始めるのが良いかもしれない。これから示す例は，意味が漸増的に関わっている4つの動詞パターンで，そこに2つの「実現化」タイプ（「達成」と「確認」）が収まる。(37)に，衛星要素主導の言語である英語の，動作主的な例で示してある。

この4つの動詞パターンの連続では，動詞が語彙化する指示内容が，順にどんどん多くなっていく。4つの動詞タイプ全てに共通しているのは，「動作主」が行う特定の行為を表しているということだ。「動作主」の意図が及ぶ範囲は，最低でもこの行為が行われることには及んでいる。最初の動詞パターンでは，意図の及ぶ範囲が，この行われる行為と同じである。だから，この意図された行為が，その動詞の表す内容の全てとなる。第2の動詞パターンでは，意図の及ぶ範囲が行為だけにとどまらない。さらに目標と，その行為がその目標に至るという意図が含まれる。動詞は，ここまでの範囲しか表さないように語彙化されているので，目標に至るという意図が実現したかどうかは分からない。第3の動詞パターンでは，ここまでの範囲の全てに加え，意図した目標が達成されたという含意も表すように，語彙化されている。第4の動詞パターンでは，これまでの全てを動詞が表す。ただし，含意であったものが強められ

て，要するに，意図した目標が達成された，という断定になっている．それぞれのタイプの動詞は，異なるタイプの衛星要素と組み合わさるが，それらの衛星要素は互いに，意味的に相補的である．

(37) a. 「自己完結の達成」を表す動詞：行為
    事象を追加する衛星要素：その行為から生じる状態変化
    例
    動詞：kick「足を押し出して接触させ，衝撃を与える」
    衛星要素：flat「その結果，平らにさせる」
    I kicked the hubcap. / I kicked the hubcap flat.
    (私は，車のホイールキャップを蹴った / 私は，車のホイールキャップを蹴ってペシャンコにした)
  b. 「達成が未指定」な動詞：行為＋目標
    達成の衛星要素：目標の達成
    例
    動詞：hunt「発見して捕まえるという目標を持って，追跡する」
    衛星要素：down「目標を達成する」
    The police hunted the fugitive for / *in three days (but they didn't catch him).
    (警察は，逃亡者を｛3日間 / *3日で｝追跡した（が，逃亡者を捕まえられなかった）
    The police hunted the fugitive down in / *for five days (*but they didn't catch him).
    (警察は，逃亡者を追跡して，｛3日で / *3日間｝捕まえた（* が，逃亡者を捕まえられなかった)
  c. 「達成を含意する」動詞：行為＋目標＋目標を達成したという含意
    確認の衛星要素：含意の確認
    例
    動詞：wash「汚れを取り除くという目標を持って，水に浸けて揉む」＋「目標を成し遂げるという含意」
    衛星要素：clean「汚れを取り除くという目標を成し遂げるという含意の確認」
    I washed the shirt (but it came out dirty). / I washed the shirt clean (*but it came out dirty).
    (私は，シャツを洗った（が，却って汚れてしまった）/ 私は，シャツを洗っ

てきれいにした（*が，却って汚れてしまった））

   d.「達成を成就する」動詞：行為＋目標＋目標の達成
     冗語的な衛星要素：目標の達成（英語では，一般的に避けられる）
     例
     動詞：drown「殺すという目標を持って，水面下に押しやる」＋「目標の達成」
     衛星要素：dead/to death「殺すという目標に到達して」
     I drowned him (*but he wasn't dead)./*I drowned him dead/to death.
     （私は，彼を溺死させた（*が，彼は死ななかった）/*私は，彼を溺死させて死なせた）

## 7.1.1 「自己完結の達成」を表す動詞＋事象を追加する衛星要素

4つの動詞パターンの連続で意味的に最も単純な極では，(37a)で示されるように，動詞は，「動作主」が単一の行為と捉えられることを，意図して実行する状況を表す。このパターンの1つの決定的な特徴は，「動作主」の意図が及ぶ範囲が，その行為自体にとどまり，それを越えない，ということである（その動詞自体の意味に関する限りは）。2つ目の特徴は，その実行される行為が，質的に1つにまとまった，単一の行為として概念化できる，ということだ（目の粗い尺度で捉えた場合）。だから例えば，この概念化の下では，動詞 kick が表すのは，「動作主」が意思的に足を体に近い位置から急に押し出して，空中を通り，別の物体に接触して衝撃を与える，というひとまとまりの行為と見なされる。「動作主」はこの一連の動作全体を意図していたが，その後の結果については必ずしも意図していない。語彙化がこの意味的パターンに従っている動詞を，**「自己完結の達成」を表す動詞**（**intrinsic-fulfillment verb**）と呼ぶことにする。この用語は，「動作主」が何らかの結果を意図しているとしたなら，それは正に動詞自体が表す行為によって達成される，という考え方を伝えることを意図している。

この動詞パターンでは，衛星要素を加えると，その動詞の意味内容の内部にはないような意味が加えられる。例えば，(37a)のように kick（蹴る）に flat（平らな）を加えると，その衛星要素とその衛星要素構文の意味が，動詞の意味にそのまま付け加えられる。だから，蹴るという行為は同じなのだが，今度は明示的に述べられた状態への変化を，さらに引き起こすと理解される。動詞に対してこのような意味関係を持つ衛星要素を，**事象を追加する衛星要素**（**further-event satellite**）と呼ぶことにする。

4つの動詞パターンの連続に関して言えば，最初のものが「自己完結の達成」を表す動詞と「事象を追加する衛星要素」のペアから成る，ということが分かる。しかしこの章でこれまで用いてきたカテゴリーに関して言えば，このペアを成す構成要素とは要するに，共起事象を表す動詞が，状態変化タイプの，主導的役割を果たす衛星要素に対して，「原因」の関係を持っている，ということになる。

### 7.1.2 「達成が未指定」な動詞＋達成を表す衛星要素

次の動詞パターンは，「実現化」の達成タイプに関わるものである。ここでは，これまでと同じく，「動作主」が特定の行為を意図して実行し，その全体が起こることを，動詞が表す。しかしさらに，「動作主」の意図が及ぶ範囲は，この行為の実行だけにとどまらない。具体的に言うと，「動作主」は，その行為が特定の結果に至ることを，さらに意図している。その結果は，動詞が表す意味の範囲内では生じないもので，その結果の成否は未指定のままである。この語彙化のパターンを持つ動詞を，**達成が未指定な動詞**（**moot-fulfillment verb**）と呼ぶことにする。

この動詞パターンでは，衛星要素を加えると，特定の目標を引き起こすという意図が実際に達成され，目標が成し遂げられる。ここで，衛星要素を加えることにより加わる意味は，動詞の意味から独立しているのではなく，動詞の意味的複合体の内部構造のある箇所に対応し，それを埋める。このタイプの衛星要素を，**達成を表す衛星要素**（**fulfillment satellite**）と呼ぶことにする。

だから例えば（37b）の例で示されているように，他動詞の hunt は，「動作主」が，逃亡者を探し，尋ね，追跡等をする活動から成っている。「動作主」はこの活動を意図して行っているのだが，さらにこの活動が特定の有生のモノ（＝逃亡者）を見つけて捕らえることに至ることも意図している。衛星要素なしでは，この動詞は結果について未指定である。境界づけられていない（＝未完了の）アスペクトを持つから，for で始まるタイプの時間表現を取ることができる。しかし衛星要素の down を付けると，2 番目の意図が達成されたことを表す。つまり，逃亡者を見つけて捕まえる，ということが実際に起った，ということである。このようにして結合した事象の複合体は，今度は境界づけられた（＝完了の）アスペクトを持つから，in で始まるタイプの時間表現を取ることができる。[8]

---

[8] 英語における，その他の達成未指定動詞としては以下のものがある。I tried to open the window.（私は，窓を開けようとした）や I urged them to leave.（私は，彼らに出て行くよう

このタイプの衛星要素構文が表す達成の意味は，特別な種類の状態変化と見なすことができる。つまり，存在論に関わる状態変化である。動詞が表す状態変化の存在論的状態は，元々**潜在的**（**potential**）である。しかし衛星要素が，この状態変化を**現実のもの**（**actual**）であると示している。だから，達成を一種の状態変化（＝存在論における状態変化）と見なせば，**現実化**（**actualization**）と呼んでも同じだ，ということになる。つまり，動詞自体は望まれる結果についての**スキーマ**（**schema**）を表し，衛星要素はこのスキーマの値を満たす（＝現実化），と考えることができる。

### 7.1.3 達成の含みがある動詞＋確認を表す衛星要素

3つ目の動詞のパターンには，「実現化」の「確認」タイプが含まれる。このタイプでは，「達成が未指定なタイプ」と同じ2つの構成要素が，動詞に含まれる。これらの2つの構成要素とは，「動作主」がある行為を意図して実行することと，さらに「動作主」が，その行為はある望まれる結果に至ることを意図していることである。しかし，それに加えて，動詞にはある特定の含意がある。すなわち，その結果を引き起こすという意図が達成される，という含意である。そのような含意が存在する証拠として，このタイプの動詞を含む文は，たとえ衛星要素を伴っていなくても，とにかく望まれる結果が達成されたと通常は解釈されることを指摘できる。ただし，動詞の意味内でこの箇所は，あくまで含意に過ぎない。この解釈は，「もっとも〜だけどね」という主旨の句を続ければ，打ち消すことができてしまうからである。このパターンの語彙化を持つ動詞を，より正確には**達成を含意する動詞**（**implicated-fulfillment verb**）と呼ぶことができる。あるいはもっとゆるやかに，**達成の含みがある動詞**（**implied-fulfillment verb**）と呼ぶこともできる。[9]

ところが衛星要素を加えると，今度は，意図された結果が成し遂げられることが確実となり，単なる打ち消し可能な含意ではなくなる。したがって，「もっとも〜だけどね」という主旨の句を付けても容認されなくなる。つまり，衛星

---

促した）に見られるような try と urge，I beckoned to them.（私は，彼らに手招きした），I beckoned them toward me.（私は，こちらに来るようにと，彼らに手招きした），I waved them away from the building.（私は，建物から離れるようにと，彼らに手を振った）に見られるような，beckon と wave である。ただし，これらの動詞は，達成を表す衛星要素を取らない。

[9] このような動詞のパターンは，Ikegami（1985）が日本語に関して記述したのが最初である。私が中国語北京方言についてこのパターンに気づいたのは，Jian-Sheng Guo のお陰である。

要素を付け加えると，単に含意されていただけのものが，確かなものとして**確認**（**confirm**）されるのだ。そこでこのタイプの衛星要素を，**確認を表す衛星要素**（**confirmation satellite**）と呼ぶことにする。

　だから例えば，(37c) の I washed the shirt.（私は，シャツを洗った）という文は，私が意図的にシャツを液体に浸けて揉み，さらにその結果きれいになることも意図していたのだが，それだけでない。特に何もそれ以外に言われなければ，そのシャツが実際にきれいになったということを含意する。しかしこの含意は，... but it came out dirty.（でも却って，汚れてしまった）という句を付け加えると，打ち消すことができる。ところが I washed the shirt clean.（私は，シャツを洗ってきれいにした）のように衛星要素の clean を加えると，元々は動詞の含意に過ぎなかったものが，含意にとどまらずに，事実として主張されていることを保証している。

　英語には「達成の含みがある動詞」が多くないが，call という動詞が一例かもしれない。この動詞は，相手に電話がつながることを意図しながら，番号をダイヤルすることを示すのだが，その結果，実際に相手に電話がつながったことを含意する。だから例えば，I called her.（私は，彼女に電話をかけた）という文は，これだけで普通は，彼女に電話がつながったことを含意する。しかし，I called her three times but there was no answer.（私は彼女に 3 回電話したが，応答はなかった）のように，この含意は容易に打ち消される。さて，少なくとも一部の話者にとっては，衛星要素の up を付け加えると，電話がつながったことが確認され，その結果，I called her up (*but there was no answer).（私は，彼女に電話して彼女が出てくれた（*でも応答はなかった））のように，「でも ...」と打ち消すことができなくなる。英語では，この動詞パターンの例は散見されるだけだが，これが主要なタイプになっている言語も存在する。例えば中国語北京方言がそうで，以下で例を挙げる。

　英語でも中国語北京方言でも，「実現化」（＝「達成」か「確認」）を表す衛星要素には 2 種類ある。衛星要素が，動詞の意図された結果を明示的に述べる場合と，衛星要素が，動詞の意図された結果と関連していない意味を持つ場合とである（ただし，メタファー的には関連しているかもしれない）。前者の例が wash に対する clean であり，後者の例が hunt に対する down や call に対する up である。前者は状態変化を表す衛星要素で，動詞の意図された結果に到達することを，別個に指定することにより，「達成」や「確認」を二次的に表す。しかし後者では，衛星要素が，実現化の要因そのものの抽象的な標式として働き，動詞の意図された結果（それが何であれ）が実現したことを表す。このように，後者の種類の衛星要素は，「実現化」が独自の概念カテゴリーであ

ることの，よりはっきりとした証拠になる。

　達成を表す衛星要素で既に見たように，確認を表す衛星要素（特に後者の種類の衛星要素）の意味は，動詞の意味と無関係ではなく，その内部の意味構造のある箇所に対応して，それを埋める。ここでの場合には，動詞の中に組み込まれている含意を対象としてそれを確認することにより，それを行う。あるいは，要するに動詞の含意を，文の意味での「断定」に，語彙的意味で対応するものへと格上げしているのだ。

　また既に見たのと同じように，「確認」タイプの衛星要素構文が表す「確認」という意味は，特殊なタイプの状態変化と見なすことができる。ただし今度は存在論でなく，認識論に関わるのだが。ここで基本的に働いているのは，動詞の「意図された結果」という構成要素に対する，話者の認識的状態であり，さらに話者が伝達の相手の中に生み出そうとしている，対応した認識状態である。衛星要素がなければ，話者は「意図された結果」が生じていると「推測」する。しかし衛星要素があれば，話者は「意図された結果」が生じていると「確信」する。

　しかし，**客観化**（**objectivization**）と呼ぶことができるプロセスを用いれば，元々は話者の認識的状態であったものを，「意図された結果」という構成要素自体が持つ客観的な特性に変換することができる。だから，衛星要素がなければ，この構成要素が持つ「客観的な」状態に対応するものは，「どうやらそうらしい」ということになる。衛星要素があれば，「客観的な」状態に対応するものは，それが「確かである」ということになる。

　「客観化」という概念についてもっと詳しく述べると，これは一般的な認知プロセスであり，言語の概念的構成においても見られる。このプロセスにより，ある個人が自らの外部にあるモノに対して持っている主観的な認知状態が，そのモノへと投射されて，ある対応した形式を作り出す。この対応する形式が，次にそのモノ自体の客観的な特性として捉えられるのだ。このプロセスの言語における身近な例としては，The cliff is beautiful.（その崖は，美しい）のような言い方がある。この文は，ちょうど The cliff is white.（その崖は，白い）が，崖について客観的な白さを叙述しているのと同じように，崖が客観的な「美しさ」という特性を持っていると断定しているように見える。代わりに，The cliff is beautiful to me.（その崖は，私にとって美しい）や I find the cliff beautiful.（私は，その崖が美しいと思う）のような言い方をすれば，観察している経験者による，客観化されていない主観的な評価や感情を，直接的に表していることになる。

### 7.1.4 達成を成就する動詞（＋冗語的な衛星要素）

4番目の動詞パターンでは，2番目と3番目の動詞パターン（＝達成が未指定の動詞と達成の含みがある動詞）で既に見たのと同じ2つの構成要素を，動詞が含んでいる。繰り返しになるが，これら2つの構成要素とは，「動作主」がある行為を意図して実行することと，さらにその行為がある望まれる結果に至るという意図である。しかしさらに加えて，この動詞は未指定な結果を表しているわけでも，意図が達成されるという含意を表しているわけでもなく，その意図が実際に達成されることを表している。このタイプの動詞は，動詞の内部の意味構造のある箇所に対応してそれを埋めるような衛星要素（具体的に言うと，実現していないアスペクトが実現することを表すための衛星要素）を，付け加えられない。動詞が言及している概念的要素の全てが，実際に実現されているからである。もっと言えば実は，英語では，そのような動詞に対して，意味的に冗語的な衛星要素を付けることさえ，好まれない。

だから例えば，(37d) で見られるように，英語の drown（溺死させる）は，「動作主」が有生のモノを水面下に押しやるという行為を意図的に実行すること，その「動作主」はこの行為により，有生のモノが死ぬことを意図していること，死が実際に起ること，を表している。さらに，この動詞は意味が余剰的になってしまうような衛星要素（＝dead や to death）を付け加えることができない。I drowned him *dead/*to death.（*私は，彼を溺死させて死なせた）のように。

だから，このように特徴づけると，4つ目のパターンの動詞が表すものは，意味的に複合的で，2つの質的に異なる下位事象から成り，先に起る下位事象が，後に起る下位事象を引き起こすことを意図されていることになる。このように捉えられる動詞は，**達成を成就する動詞**（**attained-fulfillment verb**）と呼ぶことができる。

しかしながら，この「達成を成就する動詞」なるものが，7.1.1節で見た「自己完結の達成」を表す動詞とされるものと，体系的に区別できるかどうかは明らかでない。これは，形式的な統語上の基準によっても，実際に表されている内容から見ても，そうである。「達成を成就する動詞」とされるものと「自己完結の達成を表す動詞」とされるものが，実は，表している内容からすれば1つのタイプに過ぎず，そこに目の細かさが異なる2つの概念構造が上乗せされているだけ，なのかもしれない。

例えば，kick が表す内容を，以前は「自己完結の達成」タイプでひとまとまりの行為であると説明しておいたが，もっと目の細かい概念化をすれば，次のように，「達成を成就する」タイプの複合体と解釈することもできよう。「動作

主」が，足を前方に押し出す行為を意図的に行う＋「動作主」は，さらにこの行為が，足がある物体に勢いよく衝突することに至ることを意図している＋この衝突が起る（以下での，中国語北京方言に対する同じ様な分析を参照）。また方向を逆にすると，drown が表す内容を，もっと目の粗い概念化をして，ひとまとまりのゲシュタルト的行為と解釈することもできよう。そうすると，「自己完結の達成」タイプということになる。

「自己完結の達成」タイプと「達成を成就する」タイプは，捉え方の目の細かさが違うだけのようである。しかし共通の要因もある。いずれも，意図の及ぶ範囲が，達成の範囲と一致する。したがって，両方のタイプをまとめて，**達成動詞（fulfilled verb）**と呼ぶことにする。これと関連して，「達成が未指定」の動詞と「達成の含みがある」動詞は，達成が含意されているかどうかで違うことになる。しかし共通の要因もあり，いずれも意図の及ぶ範囲が，達成の範囲を超えている。したがって，両方のタイプをまとめて，**動能動詞（conative verb）**と呼ぶことにする。既に見た様に，2つの動詞タイプと共起する「達成」タイプと「確認」タイプの衛星要素は，どちらも「実現化」という1つの概念の事例である。

## 7.2 含意の強さの連続体

「達成の含みがある」動詞と結び付けられる含意は，どうやら「有るかないか」の2つに1つでなく，様々な度合いの強さから成る連続体上にあるようだ。このことは，「動作主」が結果をどれくらい強く意図しているか，と部分的に相関しているかもしれない。例えば (38) では，一部の話者に取って，最初の3つの動詞は，殺そうという意図が達成されるという含意が，この順で強くなっていく。それに対して，4番目の動詞は，殺すことを含意せずに，断定しており，最初の3つの動詞に対する参照点となる。

(38) The stranger choked / stabbed / strangled / drowned him.
（見知らぬ者が，彼を {窒息させた / 刺した / 首を絞めた / 溺死させた}）

動詞 choke については，「殺すという含意はなく，単に首を締める行為を表すだけ」という話者から，「殺すという含意がかすかにある」という話者まで，幅がある。後者の話者たちにとっては，(38) の choke の例の後に，… but he was still alive when the police arrived … （しかし警察が到着した時，彼はまだ生きていた）のように，含意を否定する節を続けても，かなり適切である。

動詞 stab は，殺すことをもっと強く含意するようで，より多くの話者がそのように感じるようだ。上記と同じ否定節を後に続けても，大丈夫なようで

ある。

　一部の話者にとって，strangle は，drown と同じぐらい完全に殺すことを論理的に含意する。もしこれらの話者が，choke と stab のいずれにも「殺す」という含意を感じなければ，この話者たちにとっては，(38) の連続が，含意の連続体を実証するための役に立たなくなってしまう。しかし，strangle（首を絞める）に「殺すことが実現しなかった」という余地を認めて，The stranger strangled him, but he was still alive when the police arrived.（見知らぬ者が彼の首を絞めたが，警察が到着した時，彼はまだ生きていた）のように，含意を否定する節を続けることができる話者もいる。これらの話者たちに，この文を drown で置き換えた文と比べてもらうと，特にそのような判断をする。この話者たちに取って，drown を含む文は，明らかに含意を否定できないからである。だからこのような話者たちに取って，strangle は，「強い含意があるが，あくまで含意に過ぎず，確定的ではない」という，優れた例になる。

　(39) で表されるように，4つの例示された動詞では，達成の含意がこの順に強くなっていくが，このことは，動詞が，この順で達成を確認する衛星要素を取れなくなっていくことと，相関する傾向がある。達成を確認することが，この順で余剰的になっていくためかもしれない。

(39)　The stranger choked / stabbed / ?strangled / *drowned him to death.
　　　（見知らぬ者が，彼を {窒息させて / 刺して / 首を絞めて / *溺死させて} 死なせた）

## 7.3　語彙化した含意

「達成の含みがある」タイプの動詞が持つ含意は，意味的・統語的現象を表している。この現象を適切に理解するためには，関連するが別個の現象と，次々に対比することで，絞り込んでいく必要がある。ここでは wash（洗う）を使って，そのような幾つもの対比をしてみる。まず最初に，wash の意味には，「動作主」による「被動者」をきれいにするという意図，が含まれる。これは，ほぼ同じ意味を表すと思える soak（浸ける）と，対比を成す。soak には，そのような意図がない。このことを支持する証拠として，(40) のように，きれいにすることが起こりえないような状況でも soak は適切に生じるが，wash は生じられない，という事実がある。

(40) I soaked / ??washed the shirt in dirty ink.
　　　（私は，シャツを汚れたインクに浸けた / ??シャツを汚れたインクで洗った）

次に，ある物をきれいにするという「動作主」の意図に加えて，wash を (41a) のように使うと，たとえ明示的にきれいになったと言わなくても，「被動者」がきれいになることを含意する。このことは，例えば soak を (41b) のように使っても，そのような示唆がないことと対照的である。

(41) a. I washed the shirt.　　　　［述べられている過程の結果として
　　　（私は，シャツを洗った）　　　「被動者」がきれいになることを示唆］
　　b. I soaked the shirt.　　　　［そのような示唆はない］
　　　（私は，シャツを浸けた）

第三に，「被動者」がきれいになるという概念は単なる含意に過ぎず，wash の意味の本質的な部分ではない。なぜなら，(42a) のようにその概念を否定できるからである。対照的に，動詞 clean の意味においては，「きれいになる」という概念は本質的で，それゆえ否定できない部分である。これは (42b) で見られる通りである（ここで clean は，「クリーニングに出す」という意味では使われていない）。

(42) a. I washed the shirt, but it came out dirty.
　　　（私はシャツを洗ったが，却って汚れてしまった）
　　b. *I cleaned the shirt, but it came out dirty.
　　　（私はシャツをきれいにしたが，却って汚れてしまった）

第四に，我々は wash に「きれいになる」という概念が結び付いていることを見たが，この概念をより大きなメトニミー的なフレームの一部であるとする分析が考えられるかもしれない。しかし，そういうわけにはいかない。例えば，wash が直接表しているのは「水に浸けて，揉む」という行為だけで，さらに加えて「きれいになる＋乾かす＋片付ける」を含むようなより大きなフレーム（＝要するに「洗濯」のフレーム）の全体をメトニミー的に表しているのだ，と提案する人がいるかもしれない。しかしこのような解釈に反する証拠がある。例えば，(43a) のように言って，そのより大きなフレームとされるものの「乾かす」という構成要素をキャンセルすることは，全く適切である。しかし (43b) のように言って「きれいにする」という構成要素をキャンセルすることは，適切でない。メトニミー説によれば，どちらの構成要素も，当該フレームの一部のはずなのだが。

(43) a. I washed the shirt and left it wet.
　　　（私はシャツを洗ったが，濡れたままにしておいた）
　　b.??I washed the shirt and left it dirty.
　　　（私はシャツを洗ったが，汚れたままにしておいた）

　第五に，語用論の理論では，「慣習的含意」という概念がある。これは，語彙項目と結び付いた含意のことで，例えば but という形態素と結び付いた「対照」という含意がそれである。この種の含意は，取り消すことができない (Levinson 1983 を参照)。対照的に，wash と結び付いている「きれいになる」という含意は，I washed the shirt, but it came out dirty.（= (42a)）に見られるように，取り消し可能である。だから，これは慣習的含意の例ではありえない。

　wash のような単語が示す含意的な現象をこのように詳しく調べてみると，これまで語用論で言われていたような現象とは別であると結論づけざるをえない。それは語彙項目に結び付けられた，取り消し可能な含意であり，語彙的な内容の一部であろう。この言語現象に対して，**語彙化した含意（lexicalized implicature）**という用語を提案する。

## 7.4　実現化の表し方における類型的な差異

体系的に実現化を表す言語は，実現化を主動詞で表すか，それとも衛星要素で表すか，に基づいて，これまで見てきたのと同じ 2 つの類型論的カテゴリーに分けられるようである。どちらに属するかは，他の 4 つの主要部事象の場合と同じようだ。すなわち衛星要素主導の言語では，衛星要素を使って，「経路/場所」・時間的な展開のパターン・状態変化・行為間の相関関係を表すが，ここにさらに実現化が加わる。一方，動詞主導の言語は，主動詞を使って，その 5 つのカテゴリー全てを表す傾向がある。どうやら，言語で言い表すための概念化の構成において，次のように，実現化は他の主要部事象になぞらえられているようだ。ちょうど空間領域ではある場所から別の場所への移動があり，状態の領域ではある特性がない状態からその特性がある状態へと変化するのと同じ様に，実現化の領域では潜在的な段階から現実化した段階へ推移する，または実現化が単に想定される程度から実際に確定した程度へ推移する。このなぞらえ方をさらに強めると，既に見た様に，実現化とはある種の状態変化であり，存在論的な状態と認識的な状態に関わる，と解釈することもできる。このなぞらえ方は，実現化タイプの全体事象のために仮定した概念構造で捉えることができる。(44a) では「達成」について，(44b) では「確認」について，それぞれスキーマ化してある。

(44) a. [Agent "$_A$MOVE" TO FULFILLMENT the INTENTION (to CAUSE X)] WITH-THE-SUBSTRATE-OF [Agent ACT+INTEND to CAUSE X THEREBY]
　　b. [Agent "$_A$MOVE" TO CONFIRMATION the IMPLICATURE of the FULFILLMENT of the INTENTION (to CAUSE X)] WITH-THE-SUBSTRATE-OF [Agent ACT+INTEND to CAUSE X THEREBY+IMPLICATURE of the FULFILLMENT of the INTENTION to CAUSE X]

「達成の含みがあるタイプ」の動詞は，英語やその他の多くの馴染みのある言語では少数しかないが，語彙化した含意とその確認を表すシステムをかなり発達させている言語も存在する。そのような言語の2つが中国語北京方言とタミル語で，それぞれ衛星要素主導の言語と動詞主導の言語という類型的なタイプを表している。

## 7.5　中国語北京方言：実現化を示す衛星要素主導言語

中国語北京方言は，強い衛星要素主導の言語であり，規則的に衛星要素を使って「経路/場所」・時間的な展開のパターン・状態変化・一部の行為間の相関関係・多くの実現化，を指定する。その動作主的な動詞の大部分は，達成が未指定なタイプか達成の含みがあるタイプのいずれかのようであり，実現化を表すためには衛星要素が必要となる。どうやら，後者のタイプの方が，例が多そうである。幾つかの例を，(45) から (47) に示すことにする。

(45) a. wǒ kāi　le　　mén (dàn-shì mén méi　　　kāi)
　　　　I　open PERF door (but　　door not-PAST open)
　　b. wǒ kāi　　　kāi　　le　　mén
　　　　I　open (V) open (Sat) PERF door
(46) a. wǒ shā le　　tā　(dàn-shì méi　　　shā sǐ)
　　　　I　kill PERF him (but　　not-PAST kill dead)
　　b. wǒ shā sǐ　　le　　tā
　　　　I　kill dead PERF him
(47) a. wǒ tī　le　　tā　(dàn-shì méi　　　tī　zháo)
　　　　I　kick PERF him (but　　not-PAST kick into-contact)
　　b. wǒ tī　zháo　　le　　tā
　　　　I　kick into-contact PERF him

これらの例の意味は，次のように詳しく説明することができる。(45a)は，括弧内の要素がなければ，私がドアを開けるために，ドアに働きかけたということであり，ドアが実際にドア枠から離れた，という含意を持つ。しかしながら，ドアをドア枠から動かすことができなかった，という解釈も可能であり，文脈次第で，聞き手の注意の中で強いことも弱いこともある。例えば，大人の話者は，子供の発話の含意が当てにならないことが多いことを報告している（子供：「ドアを開けたよ」，大人：「そう。でも開けて，ドアは開いたの？」）。(45a)で，括弧内の要素があると，私はドアを開けるために努力した（例えば，鍵を回そうとした・ドアノブを回した・ドアを押した，など）が，それでもドアはドア枠から決して動かなかったということである。しかし，(45b)のように確認を表す衛星要素があると，私はドアをドア枠から動かすことに成功した，という文句なしの断定となる。

同様に，(46a)の最初の節は，私は殺そうという意図を持ってある人物を襲い，それが成功したという含意（＝打ち消し可能）を伴った意味を表す。また(47a)の最初の節は，私は足が相手にぶつかることを意図して，足を蹴り出し，実際に相手に衝撃を与えたという含意（＝打ち消し可能）を持つ。

### 7.5.1 英語と中国語北京方言の動詞の語彙化の比較

勿論，ここで中国語北京方言の動詞を訳するために使っている英語の動詞 (open・kill・kick など) は，本当には意味が対応していないので，誤解を招くことがある。例えば，"I killed him but he didn't die."（私は彼を殺したが，彼は死ななかった）のように英語で訳をつけてみると，英語ではまるで矛盾しているので，元々の中国語北京方言では矛盾がないことを正確に表していない。元々の表現は，"I assaulted him with intent to kill (and with what would otherwise have been the presumption of killing), but he didn't die."（私は，彼を殺すつもりで（また実際に死ぬだろうと思って）彼を襲撃したが，彼は死ななかった）と訳した方が，近いだろう。何が違うかと言えば，英語の動詞が，一般的に「自己完結の達成」タイプの単一の行為を表すと解釈されることだ。特に，英語の動詞は一般的に，ある最終状態に到達することを指定しており，その最終状態へ至るまでにどのような特定の行為をしたかについては中立的である，と解釈される。したがって，上で述べたような言い方で英語の動詞を用いると，パラドックスになってしまう。動詞は特定の最終状態に到達した，と断定しているのに，2番目の節がそれと矛盾してしまうのだ。

それに対して中国語北京方言では，典型的な英語の動詞が表す意味内容を，概念的に2つの部分に分けており，「達成の含みがある」パターンと同じであ

る。その2つの部分とは、最終的な結果（＝衛星要素によって、疑いの余地なく確認される）と、その結果に至るという意図を持って行われる行為（＝動詞によって表される）である。

　したがって、英語の動詞では1つのまとまりとして表しているのが、中国語北京方言においては2つの部分から成るものとして概念化されて、動詞＋衛星要素により表されることが、よくある。この対応関係の例は、既に幾つか見てきた。例えば、'kick' に対応するのは、「衝撃を与えるように足を押し出す」＋「衝撃へ」である。'kill' に対応するのは、「殺すように襲撃する」＋「死へ」である。'open' に対応するのは、「開くよう働きかける」＋「開いている」である。同様に、'cure' に対応するのは、「治るように治療する」＋「健康に」であることを観察することができる。'break'（＝棒きれを2つに折る）に対応するのは、「棒きれが折れるように、折り曲げる」＋「折れている」である。'select' に対応するのは、「複数の中から1つを選ぶようによく考える」＋「選択へ」である。

　英語と中国語北京方言のこの対比をさらに考えていくと、2つの言語の相補性が明らかとなる。中国語北京方言の動詞は、典型的に、「達成が未指定」か「達成の含みがある」を表すように語彙化されており、「達成を成就」タイプに格上げするためには、さらに別の形式（＝典型的には衛星要素）が必要となることを見た。しかし今や、英語の動詞は実質上これと逆に働くことが分かる。英語の動詞は、典型的に、「達成を成就」を表すように語彙化されている（「自己完結の達成」動詞も、「達成を成就」動詞として概念化できることを思い出して欲しい）。そして、さらに別の形式を加えてそれを切り詰め、「達成が未指定」か「達成の含みがある」を表すことができる。動能動詞のスキーマ内で達成されていない箇所を埋める、という典型的に中国語北京方言のパターンについては、「達成」と「確認」（合わせれば「実現化」）という用語を用いてきた。動詞が達成までを含む全体を表しているのを切り詰める、という英語のプロセスについて、新たな用語を導入することができる。それは**切除（resection）**であり、通常の意味（＝臓器の一部を手術で取り除く）から採用している。

　英語で切除を行う1つの言語形式は、進行形である。達成動詞 open が、例えば (48a) のように、ドアを開けるという文脈で使われる場合を考えてみよう。もし「達成を成就」する動詞として概念化されたなら、open は「動作主」が、自らの行為によりドアがドア枠から離れて開きができることを意図しながら、ドアに働きかける（＝例えば、錠を開け、ドアノブを回し、ドアを押す）ことを表し、さらにその意図が達成されたことも示す。しかし、もしもこの動詞が進行形の形式 be-ing と組み合わされれば、その全体が表すのは動詞の意

味の前半の部分だけ（＝「動作主」の行為＋目標）になる。(48b) では，私が，最終的にドアを動かして開きができたのかどうか，分からない。だから，進行形が動詞の意味の最後の部分（＝目標の達成）を切除し，そのため動詞の表す内容を切り詰めて「達成が未指定」なタイプにしたことになる。（話者によっては，(48b) の door を wine bottle に置き換えた方が，より自然な例となる。）

(48) a. I opened the door. (私は，ドアを開けた)
　　 b. I was opening the door when I heard a scream.
　　　　（私がドアを開けていたら，金切り声が聞こえた）

　英語で切除を行うもう1つの形式は at であり，衛星要素を伴うこともある。例えば，kick や grasp は普通「達成動詞」で，特に (49a) のように「達成が成就される」動詞として概念化することができる。だから既に述べたように，kick が表す内容は，「動作主」が自らの行為が，ある物体に衝撃を与えることに至るという意図を持って，足を押し出すという行為を行い，さらにその意図が達成される，ということである。ところが (49b) のように at を加えると，達成の概念が切除され，表す内容は「達成が未指定」へと格下げされてしまう。

(49) a. I kicked him. / I grasped the rope.
　　　　（私は，彼を蹴った / 私は，ロープをつかんだ）
　　 b. I kicked (out) at him. / I grasped at the rope.
　　　　（私は，彼をめがけて蹴った / 私は，ロープをつかもうとした）

　もっと言えば実は，英語の kick と中国語北京方言の tī は，ほぼ完璧な相補的なペアを成すかもしれない。動能動詞の tī は，英語の kick at でほぼ同じ意味を表すことができる。つまり，達成動詞が切除されていることになる。それに対して，達成動詞の kick は，中国語北京方言の tī zháo 'kick into-contact'（蹴って，足を当てる）でほぼ同じ意味を表すことができる。つまり，動能動詞に実現化が加わっていることになる。

### 7.5.2　中国語北京方言における動詞と衛星要素のその他の意味関係

　中国語北京方言の動詞 - 衛星要素システムが表せる意味は，英語よりもっと広範囲に渡る。それは 7.1 節で見た一連の「実現化」タイプで記述したものにとどまらない。特に，中国語北京方言の動能動詞は，「達成」や「確認」を表す衛星要素だけではなく，「過小達成」・「過剰達成」・「反達成」・「想定外の事象」を表す衛星要素とも，組み合わさる。ここで，これらの関係の概略を述べよう。

まず中国語北京方言の2つの「達成の含みがある」動詞を紹介しよう。これらの動詞は，棒のような幾分固めの線的な物体を折る（特に2つにポキっと折る）ことと，そのような物体を曲げることを，それぞれ表している。1つ目の動詞 zhé は，「2つに折ることを意図して，（線的な物体）を折り曲げる＋折れたという含意」と注釈することができる。2つ目の動詞 wān は，同じように注釈を付けられるが，ただし「折る」という概念が「曲げる」という概念に置き換わる。(50a) で見られるように，これらの動詞はそれぞれ「確認」を表す衛星要素を取って，含意を確認することができる。

(50) a. wǒ bǎ    gùn-zi zhé    shé/duàn       le
        I   OBJ  stick   break  broken/snapped PERF
     'I broke the stick broken/snapped.'
     （私は，その棒を折った）
   b. wǒ bǎ    gùn-zi wān    wān le
        I   OBJ  stick   bend   bent PERF
     'I bent the stick bent.'
     （私は，その棒を曲げた）

しかし (50b) のように，「折る」を表す動詞は代わりに，「曲がった」状態を表すような，状態変化を表す衛星要素を取ることもできる。このような文の1つの解釈は，私が棒を折ろうとして力を加えたのだが，曲げるところまでしかいかなかった，というものである（棒が強すぎたからかもしれない）。[10] zhé が表す意図を実行しようとすれば，「被動者」が曲がった状態は，「被動者」が折れた状態へと至る途上にあることに注意してもらいたい。だから衛星要素は，意図の及ぶ範囲の全てを不十分にしか達成していないことを標示していることになる。したがって，この衛星要素は，**過小達成を表す衛星要素（underfulfillment satellite）** と名づけることができる。

(51) wǒ bǎ    gùn-zi zhé    wān le
      I   OBJ  stick   break  bent PERF
     'I broke the stick bent.'
     （私は，その棒を折ろうと力を加えたが，何とか曲げただけだった）

---

[10] 動詞の zhé には，「達成の含みがある」という意味だけでなく，「力を加える」という行為のみからなる「自己完結の達成」の意味もある。この後者の意味に基づけば，(51) の別の解釈は単に「私は，その棒を曲げた」となる。

これと相補的に,「曲げる」を表す動詞は,(52)のように「折れた」状態を表す状態変化の衛星要素を取ることができる。この文は,私が竹の皮を「曲がった」状態にしようとして,強く押したのだが,力が強すぎて,折ってしまった(竹の皮が脆すぎたのかもしれない),という意味である。ここで「折る」という概念は「曲げる」という概念と連続体を成しており,「曲げる」を越えたところにあると考えられるので,このやり過ぎを表す衛星要素は,**過剰達成を表す衛星要素** (**over-fulfillment satellite**) と名づけることができる。

(52) wǒ wān shé le zhú pī
I bend broken PERF bamboo skin
'I bent the bamboo bark broken.'
(私は,竹の皮を曲げようと力を加えたが,結局折ってしまった)

中国語北京方言ではさらに,動能動詞(=ある特定の結果に至ることを意図された行為を表す)が,意図されたのとは反対の結果が起こることを表す衛星要素を取ることもできる。だから例えば,「達成の含みがある動詞」xǐ は,英語の wash とほぼ同じ意味で,「汚れを取り除こうとして,水に浸けて揉む」という意味である。しかし(53)で例示したように,この動詞は状態変化の衛星要素 zāng(=汚い)を取って,全体で「きれいにしようという意図を持って,水に浸けて揉んだのだが,却って前よりも汚くしてしまう」という意味を生じさせる。動詞に対してこのような意味効果をもたらす衛星要素を,**反達成を表す衛星要素** (**antifulfillment satellite**) と名づけることができる。

(53) wǒ bǎ chèn-yī xǐ zāng le
I OBJ shirt wash dirty PERF
'I washed the shirt dirty.'
(私は,シャツを(例えば川で)洗ったが,却って前よりも汚くなってしまった)

中国語北京方言には,意図された結果が達成されなかったことを示す「非達成」の衛星要素の構文はない。もしあれば,上の例には「私はシャツを洗ったが,洗い始めた時と同じくらい汚れたままだった」という意味があるかもしれない。この意味を表すには,I washed the shirt not clean. (私は,シャツを洗ったが,きれいでない状態に終わった)というタイプの構文を使う。この構文は,達成が成されなかったことを明示的に示している。

これまでに見た動詞と衛星要素の関係では全て,衛星要素の表す状態が,動詞の表す目標へと至る概念的な尺度のどこかに当たっていた。だから,衛星要

素の表す状態は，開始時点の前・開始時点・ほとんど目標・目標を超えている，のいずれかであった。しかし中国語北京方言のある衛星要素では，動能動詞の行為から生じる結果でありながら，意図された結果へと至る尺度上には位置していないような状態も表せる。例えば (54) で示すように，「洗う」を意味する動詞は，「破れた」を意味する衛星要素を取ることが可能である。この文は，私がシャツをきれいにしようと意図して，水に浸けて揉んだりゴシゴシしたりしたのだが，意図に反してシャツが破れてしまった，という意味を表す。このような衛星要素は，7.1.1 節で述べた「事象を追加する衛星要素」として働いているのだ，と言って済ませられるかもしれない。しかしそこでは動詞が「自己完結の達成」タイプだったが，ここでは動詞が「達成の含みがある」タイプである。この事実からすれば，動詞と衛星要素の関係がかなり異なっていることになるので，新しい用語を使う必要があるかもしれない。**想定外の事象を加える衛星要素（other-event satellite）**と呼ぶことにする。

(54) wǒ xī　　può le　　chèn-yī
　　 I　wash　torn PERF shirt
　　 'I washed the shirt torn.'
　　（私はシャツを洗ったが，その過程でそのシャツは破れた）

## 7.6　タミル語：実現化を表す動詞主導の言語

タミル語は体系的に実現化を表す言語だが，類型論的には中国語北京方言と相補関係にある。タミル語は動詞主導の言語であり，定形の屈折を持つ動詞を使って，少なくとも「経路/場所」とアスペクトを表すのだが，実現化もそのようにして表す。中国語北京方言では，語彙動詞が取れる衛星要素が多数あるのだが，そのうちのどれを使っても，実現化を表せる。ところがタミル語では，特定の動詞を使って実現化そのものを表すのだ（もっとも，他の動詞は主に別の機能を果たすのだが，やはり実現化を表せるようだ）。(55) が，その例である。

(55) a. Nāṉ avaṉai koṉṟēṉ.
　　　 I　he-ACC kill (FINITE)-PAST-1S
　　　（私は，彼を「殺し」た）
　　　 Āṉāl avaṉ cāka-villai.
　　　 but　he　die-NEG
　　　（しかし彼は死ななかった）

b. Nān avanai konru-(vi)ṭṭēṉ.
   I   he-ACC kill (NON-FINITE)-leave (FINITE)-PAST-1S
   （私は，彼を殺した）
   *Āṉāl avaṉ cāka-villai.
   but   he   die-NEG
   （しかし彼は死ななかった）

## 8 主導的役割を果たす衛星要素が主事象を表す証拠

概念的なレベルで，主要部事象は，それを含んでいる全体事象の中で，様々な点で決定力を持つことを示してきた。例えば，全体の枠組みを提供したり，様々な要素をつなぎ留める役割を果たしたり，構造を課したりする。しかし表現のレベルでは，主導的役割を果たす構成素（動詞であろうと衛星要素であろうと）が，実際に主要部事象を表していることは，まだ実証していない。このことは，その構成素を含む節の中で，その構成素が，上記に対応する一連の意味的および統語的な要因に決定力を持っていれば，それが証拠となる。本節では，そのような実証を行う。2つの構成素のうち，衛星要素がこの決定的な役割を持っているという考えの方が，より議論の余地があるから，衛星要素の例に集中して実証を行う。しかし，主導的役割を果たす動詞にも，ほとんど同じ議論が当てはまるだろう。

### 8.1 補部構造と項の意味的性格を決定

主導的役割を果たす衛星要素は，その節の補部構造のほとんどもしくは全てを決定するし，さらにその補部で表される項の意味的性格も決定する。衛星要素がない例と，衛星要素がある例のペアを用いて，このことを実証することができる。

最初の例では，主導的役割を果たす衛星要素を加えても項の意味的性格は変わらないが，節が自動詞タイプから他動詞タイプの補部構造に変化する。さらにアスペクト特性も変化する。例として，blow は，衛星要素が付いていなければ，本来的に自動詞で活動を表し，I blew on the flame.（私は，炎に息を吹きかけた）のように on 前置詞句と組み合わさる。しかし状態変化を表す衛星要素の out（消える）を加えると，I blew the flame out.（私は，炎を吹き消した）のように直接目的語が必要となる（なおこの文は，I extinguished the flame by blowing on it. が融合を受けた形式である）。ここでどちらの構文も，同じ意味的性格の目的語（flame）を取ることができる。しかしそれ以外では色々な

違いがある。衛星要素がない構文は，自動詞文で，アスペクト的に境界づけられておらず，一定状態の活動を表す。しかし衛星要素を伴う構文は，他動詞文で，アスペクト的に瞬間を表し，ある特定の状態への推移を表す。

　2番目の例は1番目とほぼ同じであるが，ただし目的語の意味的性格も異なる。動詞のrunは，境界づけられていない一定状態の活動を表し，自動詞で常に前置詞句を取る (I ran along the street. (私は，道を走った))。しかし行為間の相関関係を表す接頭辞のout- (〜を越えて) を加えると，境界づけられた完結事象を表すようになり，直接目的語が必要となる (I outran him. (私は，彼より速く走った))。さらに意味的に言えば，runの後に生じる前置詞句は，「経路/場所」を表し，「地」の物体を指定することで，辿られる経路を示す。しかし，runにout-が付くと，直接目的語は有生物の「被動者」を表す。この「被動者」は，「優越」という共起的活動に加わるモノを表す。

　3番目の例では，衛星要素が目的語の内在的な意味的性格だけではなく，付随的な特性も決定できる。この場合には，定性のことである。例えばドイツ語の動詞schreiben 'write' は，前置詞句を取って，「道具」か「媒質」を表すことができるのだが，この「媒質」は「定」にも ( =mit der Tinte schreiben 'write with the ink')「不定」にも ( =mit Tinte schreiben 'write with ink') なる。しかし状態変化を表す衛星要素のver- 'to exhaustion' (使い果たす) が付くと，直接目的語が必要になるだけでなく，この直接目的語が「定」であることも要求する。だから例えば，die (ganze) Tinte verschreiben 'exhaust (all) the ink in writing' (書いてそのインクを (全て) 使い果たす) と言うのは容認される。しかし，*Tinte verschreiben '*exhaust ink in writing' (書いて (不特定の量の) インクを使い果たす) と言うのは容認されない。

　最後に，主導的役割を果たす衛星要素が統語的具現化を決定できるのは，先ほどの例のように1つの項だけではない。2つの項の統語的具現化も決定できるし，さらに補部の階層において「図」と「地」がどのように現れるかも決定できる (9章で詳しく扱っている通りである)。例えば，pourが単に「様態」を表す動詞として使われる場合に，pourと組み合わさる「経路/場所」の衛星要素は，「図」の項と「地」の項がどのような補部で表されるかを決定する。例えば，「経路/場所」の衛星要素inが前置詞toと共に使われると，「図」が直接目的語になり「地」が前置詞の目的語になることが必要である。例えばI poured the water [Figure] into the glass [Ground]. (私は，グラス (「地」) に水 (「図」) を注いだ) のように。しかし，「経路/場所」を表す衛星要素fullが前置詞ofと組み合わされると，「地」が直接目的語に，「図」が前置詞の目的語になる。例えばI poured the glass [Ground] full of water [Figure]. (私は，グ

ラス（「地」）に水（「図」）を注いで一杯にした）のように.

　我々は，主導的役割を果たす衛星要素が，主要部事象のある特徴を，全体事象を表す節全体の項構造と補部構造に移譲することを見た．しかし主導的役割を果たす衛星要素が，常にこれら全ての特徴を決定するわけではない．具体的に言うと，共起事象は特定の特徴を節に移譲することができるのだが，そのような移譲は，特定の言語・特定の構文・特定の衛星要素・特定の動詞に関わる制約と，それらの相互作用が複合体となったものにより決定される．1つの例として，英語の行為間の相関関係を表す衛星要素である along（～と一緒に）は，共起事象の「被動者」を節の中で直接目的語として表すことを許す．I played the melody along with him.（私は，彼に付いてその旋律を演奏した）のように．ところがやはり行為間の相関関係を表す衛星要素である out-（～を越えて）では，I outplayed him *the melody.（*私は，その旋律を彼より上手に演奏をした）に見られるように，これが許されない．

　同じ様に，主導的役割を果たす衛星要素が，典型的に全体事象の外側で生じる補部構造の特徴を決めることがないのは，勿論である．例えば，「動作主」が節の主語に，「図」が直接目的語になるのは，典型的に動作主から始まる使役連鎖によるものであり，主要部事象によるものではない．

## 8.2　全体のアスペクトを決定

語彙動詞は，主導的役割を果たす衛星要素を伴わなければ，典型的に特定のタイプの内在的アスペクト（= Aktionsart）を示す．しかし主導的役割を果たす衛星要素を伴うと，動詞の内在的アスペクトにかかわらず，その衛星要素＋動詞が，節全体が表すもののアスペクトを決定する．その場合，動詞は共起事象として働くが，一般的に言ってその内在的アスペクトは，境界づけられていない，一定状態のタイプである（状態か活動）．ただし他のアスペクトタイプもあることはあるが．主導的役割を果たす衛星要素のアスペクトは，幅を持ちながら境界づけられていることが，もっとも多いかもしれない．ただし瞬間的タイプと境界づけられていないタイプも，やはり可能である．主導的役割を果たす衛星要素がアスペクトを決定することを，「移動/位置づけ」から実現化までの様々な主要部事象を通して，実証してみよう．アスペクトタイプの用語と，in 句・for 句を使ったテストについては，1章で説明している（1章では，「境界づけられた」・「境界づけられていない」・「一定状態」などのアスペクト用語を説明しており，Vendler 1967 に基づく用語は使っていない）．

　まず「移動/位置づけ」の領域について考えてみよう．動詞 float の内在的アスペクトは，単一の事象を表す節で観察できるが，「境界づけられていない」

タイプである。このことは、The bottle floated on the water for an hour/*in an hour (before finally sinking). (その瓶は、(最終的に沈む前に) 水の上を {1 時間/*1 時間で} 浮かんでいた) に見られる通りである。しかし float が共起事象として機能する場合は、節が表す全体事象のアスペクトを決定するのは、「経路/場所」衛星要素と結び付いた時間の展開パターンである。だから、The bottle floated across (the entire canal) in 10 minutes/*for 10 minutes. (その瓶は、ぷかぷか浮かんで運河全体を {10 分で/*10 分間}、渡った) において、「経路/場所」の衛星要素の across と結び付けることができる「幅を持ち、境界づけられた」アスペクトが、全体のアスペクトを決定している。The bottle floated in(-to the cleft)/past (the rock) at exactly 3:00/*for an hour. (その瓶は、ぷかぷかと浮かんで、{3 時きっかりに/*1 時間}、{岩の割れ目に入っていった/岩を通り過ぎた}) において、瞬間的なアスペクトを表す in や past が、全体のアスペクトを決定する。さらに The bottle floated along (the canal) for one hour/*in an hour. (その瓶は、(運河を) {1 時間/*1 時間で} 浮かんでいた) では、along の「境界づけられていない」アスペクトが、文全体に現れている。ここで、「境界づけられていない」アスペクトは、動詞の内在的なアスペクト的性格でなく、衛星要素によるものである。

次に「時間の展開パターン」の領域では、定義上、主導的役割を果たす衛星要素がアスペクトを決定する。このことは、4 節の関連する全ての例が示している通りである。ここでは、衛星要素が動詞に付け加えられた時のアスペクトの変化を例証してみよう。例えば、動詞 sigh (ため息をつく) は本来的に「瞬間的」なアスペクトを持つ。これは、瞬間的な句と整合することで示される (She sighed at exactly 3:00. (彼女は、3 時きっかりにため息をついた))。しかし複合的な衛星要素 on and on は境界づけられていないアスペクトを表すから、この衛星要素を付け加えると、節全体が瞬間的なアスペクトを表すことができなくなり、「境界づけられていない」解釈のみが許される。She sighed on and on *at exactly 3:00/for hours. (彼女は、{*3 時きっかりに/何時間も} ため息をつき続けた)

既に見たように「時間の展開パターン」と「状態変化」の中間的な衛星要素が存在するが、そのような衛星要素も、全体のアスペクトを決定する。だから例えば、動詞だけでは境界づけられていないアスペクトを表すところに、「使い果たす」や「十全でなくなる」を表す up を付け加えると、境界づけられたアスペクトを持つことになる。このことは、The log burned for hours/?in one hour. (その丸太は、{何時間も/?1 時間で} 燃え続けた) と The log burned up in one hour/*for hours. (その丸太は、{1 時間で/?何時間も} 燃えてなくなった)

との対比に見られる。また，The dog chewed on the shoe for hours / *in one hour.（犬は，靴を {何時間も / *1 時間で} 噛み続けた）と The dog chewed the shoe up in one hour / *for hours.（犬は，靴を {1 時間で / *何時間も} 噛みちぎった）の対比にも見られる。

　完全に「状態変化」の領域内の例でも，似たような対比が見られる。例えば，flicker（揺らめく）だけなら，「境界づけられていない」か「瞬間的」のいずれかのアスペクトを持つことができるが，「幅を持ち，境界づけられた」というアスペクトを持つことはできない。このことは，The candle flickered for minutes / at exactly midnight / *in 5 minutes.（そのろうそくは，{数分間 / 夜中の 12 時きっかりに / *5 分で}，揺らめいた）に見られる通りである。しかしながら，「状態変化」を表す衛星要素 out（消える）が付くと，「瞬間的」か「幅を持ち，境界づけられた」のいずれかでなければならない。このことは，The candle flickered out *for minutes / at exactly midnight / in 5 minutes.（そのろうそくは，揺らめいて {*数分間 / 夜中の 12 時きっかりに / 5 分で}，消えた）に見られる通りである。

　同様に，他動詞の boil は，それだけでは「境界づけられていない」アスペクトを持つが，「作り出される目的語」を合図する up を加えると，「幅を持ち，境界づけられた」アスペクトでなければならなくなる。このことは，I boiled some coffee for 10 minutes / *in 10 minutes.（私は，コーヒーを {10 分間 / *10 分間で}，沸かした）と I boiled up some coffee in 20 minutes / *for 10 minutes.（私は，コーヒーを {20 分間で / *10 分間}，入れた）の対比に見られる通りである。

　行為間の相関関係の領域では，「優越」を表す衛星要素 out- は，動詞が「境界づけられていない」アスペクトを持っていても，「幅を持ち，境界づけられた」アスペクトを上書きすることができる。1 つの例として，I sawed wood for hours / *in 15 minutes.（私は，{何時間も / *15 分で}，木をのこぎりで切った）に対して，He had a head start in the wood-sawing contest, but I outsawed him in just 15 minutes.（彼は，伐木コンテストで出足は好調だったが，私はわずか 15 分で彼を追い越した）となることが，挙げられる。

　最後に，実現化の領域で，他動詞の hunt だけでは，「境界づけられていない」活動を表す。しかし「達成」を表す衛星要素 down を加えると，「幅を持ち，境界づけられた」アスペクトが上書きされる。このことは，The police hunted the fugitive for days / *in one week.（警察は，逃亡者を {何日も / *1 週間で} 追跡した）と The police hunted the fugitive down in one week / *for days.（警察は，逃亡者を追跡して，{1 週間で / *何日も} 捕らえた）の対比に見られる通りである。

先ほど述べた注意と同様に，主導的役割を果たす衛星要素は，その領域外に生じるアスペクト的特徴を決定しないことに，注意しなければならない。したがって，「状態変化」を表す衛星要素 out は，The candle blew out. (そのろうそくは，吹き消された) のように，ろうそくの炎が消えるという1つの事象の領域内で，「瞬間的」か「境界づけられた」にアスペクトを固定するかもしれない。しかし，主語が複数である場合や事象が反復される場合のように，良く知られた，上位レベルでアスペクトに影響を及ぼす現象には，かなわない。このことは，Candles blew out for hours. (ろうそくが，何時間もの間，次々と吹き消されていった) に見られる通りである。

## 8.3 ドイツ語で助動詞を決定

ドイツ語で主導的役割を果たす衛星要素は，項構造とアスペクトの両方を決定するだけでなく，過去時制を標示するのに必要な助動詞 haben 'have' と sein 'be' のどちらを取るかも，決定する。例えば，主導的役割を果たす衛星要素がなければ，(56a) のように，動詞の laufen 'run' は基本的に自動詞で，「境界づけられていない」アスペクトを表し，方向を表す前置詞句を取る。そして助動詞は sein になる。しかし，「状態変化」を表す衛星要素 wund 'to soreness' (痛くなる) を加えると，(56b) のように，他動詞になり「幅を持ち，境界づけられた」アスペクトを持つようになり，助動詞は haben になる。

(56) a. Ich bin/*habe um die ganze Stadt gelaufen.
 'I ran around the whole city.' (私は，市中全てを走り回った)
 b. Ich habe/*bin die Füsse (*um die ganze Stadt) wundgelaufen.
 'I ran my feet sore (*around the whole city).'
 (私は，(*市中全てを回って) 走って足が痛くなった)

## 8.4 「要点」を決定

主導的役割を果たす衛星要素は，主事象を表す際に，全体事象の「要点」を表す。つまり (既に 2.2.2 節で示したように)，肯定の平叙文で断定され，否定文で否定され，疑問文で尋ねられ，命令文で要求される，中核部を表している。主導的役割を果たす衛星要素がなければ，普通は主動詞となる語彙動詞が，「要点」を伝える構成要素なのだが，主導的役割を果たす衛星要素があれば，その機能を引き継ぐ。

「否定」の要点について，この現象を例示してみよう。動詞 eat に主導的役割を果たす衛星要素が付かなければ，その否定文は，(57a) のように「食べる」

行為が起っていないことを表す。しかしここで (57b) の文を考えてみよう。こちらには不変化詞 up が付いているが，これはアスペクト特性を持った，状態変化を表す衛星要素で，「使い果たす」を意味する。この文は，「食べる」行為は確かに起っているのだが，その過程で「被動者」が全部なくなってはいないことを示している。つまり，否定の not は衛星要素が表すものだけを否定している。このことは，衛星要素の表すものが，状況全体の中での主要部事象に当たる，という我々の主張と整合している。動詞が表すものは否定されておらず，今や共起事象に過ぎない。

(57) a. I didn't eat the popcorn.
（私は，そのポップコーンを食べなかった）
b. I didn't eat up the popcorn.
（私は，そのポップコーンを食べ切らなかった）

同じように，他動詞 hunt は「達成未指定」の動詞であるが，(58a) のように否定してみると，追跡する行為が行われなかったことを意味する。しかし (58b) のように，さらに「達成」を表す衛星要素 down があると，追跡はしたが，逃亡者を発見することも捕えることもなかった，ということになる。つまり，ここで否定されているのは，主導的役割を果す衛星要素の「達成」という意味であり，追跡するという活動ではない。こちらは，今や共起事象に過ぎない。

(58) a. The police didn't hunt the fugitive.
（警察は，逃亡者を追跡しなかった）
b. The police didn't hunt down the fugitive.
（警察は，逃亡者を追跡して捕らえなかった）

どの構成素が否定によって影響を受けるかに関して，このパターンからずれる一定のタイプが存在する。次の例を考えてみよう。動詞の run（走る）だけに否定がかかると，I didn't run when the alarm sounded.（その警報が鳴った時，私は走らなかった）のように，走ることは起こっていない。私は歩いていたのかもしれないし，じっと立っていたのかもしれない。「経路/場所」の衛星要素 out を付け加えると，I didn't run out when the alarm sounded.（その警報が鳴った時，私は走って外に出なかった）のように，衛星要素が表す内容を否定することになる。これは先述のパターンと同じである。したがって，外に出ることがなかったことになる。しかし先ほどのパターンでは，動詞の表す内容が起こったことが前提となっていた。今度のパターンでは，そのようなことが起

こったどうかは未指定である。ここでは，私は走ったかもしれないし，走らなかったかもしれない。

　なぜこのようなことになるのか，以下のような説明が考えられる。予想通りに走ったという解釈になるのは，run out を先ほどのパターンに合わせて解釈した結果である。このパターンでは，2つの事象が組み合わされている。衛星要素が表す主要部事象は要点であり，動詞が表す共起事象は前提とされている。これに対して，走っていないという解釈は，英語で run out をひとまとまりの概念を表すものとして扱うことが可能であるために，生じるのかもしれない。ここでひとまとまりの概念は，統合された行為の複合体から成ることになるだろう。このように扱うと，否定が行為の複合体の全てに及ぶことになる。このような説明は，turn in（寝る）のような連語を扱うためにどのみち必要であるから，根拠があることになる。だから，He didn't turn in.（彼は寝なかった）のような文では，in の表す内容だけが否定されて，turn の表す内容は否定されない，という可能性はない。否定されているのは，語彙的複合体が全体で表している，ひとまとまりの内容なのである。

## 8.5　総称的（軽）動詞を認可

これまで見てきたように，衛星要素主導の言語の一般的なパターンでは，主導的役割を果す衛星要素が文の要点を表し，共起事象を表す動詞が特定の補助的な事象を表す。したがって話者は，状況全体の中で，特定の語彙動詞で表すための何らかの適切な補助的事象を決めなければならない。たとえ，その事象が目下の意思伝達の文脈において特に関連性がなくても。このように考察してみると，衛星要素主導の言語では，一般的なパターンを統語的には維持しながらも，意味的には不必要に具体的な関係を表すことを回避するようなシステムを発達させているのでないか，と思えるかもしれない。案の定，多くのそのような言語では，**総称的（generic）** 動詞または軽動詞のシステムを発達させており，この機能を果している。このような動詞は要するに，統語的には動詞の位置を埋めるだけの役目を果しながら，相対的に総称的・中立的な意味内容を伝えることにより，動詞の意味を通過して衛星要素へと向かわせる。だから衛星要素の意味内容こそが，重要な要因になる。

　英語にはこの種のシステムがあり，go・put・do・make のような総称的に機能する動詞を用いている。例を示すと，非動作主的文の The candle blew out.（ろうそくが吹き消された）と動作主的文の I blew the candle out.（私は，ろうそくを吹き消した）において，炎が消えた原因を，blowing（吹く，息を吹きかける）で表している。しかし，総称的動詞と状態変化の衛星要素を使うことに

より，何ら特定の原因も示さずに，炎が消えたことだけを表現することもできる。例は，非動作主的な The candle went out.（ろうそくが消えた）と動作主的な I put the candle out.（私は，ろうそくを消した）である。

同じ様に，「継続」という時間の展開パターンは，主導的役割を果す衛星要素 on で表すことができる。この衛星要素は，具体的な共起事象を表す動詞と共に生じることができて，例えば They talked on. は，「彼らは話し続けた」という意味になる。しかし具体的な動詞を総称的動詞の go で置き換えると They went on. となり，単に「彼らは続けた」という意味になる。同様に，「優越」という行為間の相関関係は，主導的役割を果す衛星要素 out- で表すことができる。この衛星要素は，具体的な共起事象を表す動詞と共に生じて，例えば I outcooked him. のようにすることができる。しかし総称的な動詞 do と共に生じて，I outdid him. のようにすることもできる。すると，単に「～を越える」という意味の，語彙的な複合動詞となる。同じ様なやり方で，衛星要素と前置詞を組み合わせた off with が，「ある状態で進んで行く」タイプ（＝窃盗と逃亡に関わる状態変化）を表すことができることを見た。この形式は，具体的な動詞と共に用いることができる。例えば I ran off with the money.（私は，その金を持って，走って逃げた）は，どのように逃げたか，という「様態」を表している。しかしこの形式を総称的動詞の make と共に使うこともできる。I made off with the money.（私は，その金を持って，逃げた）では，窃盗と逃亡を表しながら，どのように逃げたかの「様態」を示さずに済む。

ドイツ語では，主導的役割を果す衛星要素のしっかりとしたシステムと併せて，おおかた machen と gehen を総称的動詞として用いる。例としては，fertigmachen（～を仕上げる）・weitermachen（続ける）・kaputtmachen（壊す）・mitmachen（参加する）・nachmachen（真似る）・vormachen（やって見せる）がある。これら全ての例は，既にこの章で論じた主導的役割を果す衛星要素を用いている。ただし先に論じた例では，具体的な共起事象を表す動詞と組み合わさっていたが。

衛星要素主導の言語において，総称的な動詞と主導的役割を果す衛星要素から成る構造は，動詞主導言語の特徴である，主導的役割を果す動詞と，実質上は意味的に等価である。この類推をさらに推し進められる場合もある。そのような場合では，ある特定の共起事象を詳しく指定する必要が生じると，その指定を動詞で表す（＝衛星要素主導言語に典型的なパターン）だけでなく，付加詞によって表す（＝動詞主導言語に典型的なパターン）こともできるのだ。例えば，今述べたように，英語で行為間の相関関係を表す衛星要素 out- は，総称的な動詞 do と共に生じると，「～を越える」に相当するひとまとまりの意

味を表せる（I outdid him.）。そうすると，特定の共起事象を指定するには，例によって，総称的な動詞を具体的な動詞で置き換えればよい（I outcooked him.（私は，彼より上手く料理した））。あるいは，付加詞を付け加えても良い（I outdid him at cooking.（私は，料理で彼に勝った））。

同様に，時間の展開パターンを表す衛星要素 on（〜を続ける）は，語彙的に特定の共起事象を表す動詞と共に生じることができる（They talked on.（彼らは，話し続けた））。しかし総称的な動詞 go と共に生じて，「〜を続ける」という意味の構造を形成することもできる。そしてこの構造が，今度は具体的な共起事象を表す補部を取ることもできる（They went on talking.（彼らは，話し続けた））。

## 8.6　冗語的な動詞とプロトタイプから拡張された動詞を認可

我々は，衛星要素主導の言語でも，総称的な動詞を使えば，特定の共起事象を動詞で表さずに，衛星要素で主要部事象を表すことが可能であることを見た。しかしそのような言語は，別の動詞タイプを使っても，同じ目的を果すことができる。1つの方法は，主導的役割を果す動詞を冗語的に用いて，主導的役割を果す衛星要素と近い意味になるようにするのである。ここで主要部事象は，衛星要素と動詞とで2回言及されている。だから動詞は，共起事象を表すという役目から解放されている。動詞と衛星要素の組み合わせは，総称的な場合と同じく，主導的役割を果す動詞が句の形式を取っているものとして扱うことができる。

このような**冗語的な動詞（pleonastic verb）**の英語の例として，search（探す）が主導的役割を果す前置詞 for（〜を探して）と共に使われて，search for となった場合が挙げられる。この search for という形式は，句の形式をした，主導的役割を果す動詞（= seek に相当）と見なすことができる。このような句の形式になると，共起事象を表すためにはさらに付加詞を付け加えて，I searched for nails on the board by feeling it.（私は，手探りして，板の上の釘を探した）のようにしなければならなくなる。冗語的な動詞を使わない I felt for nails on the board.（私は，手探りして，板の上の釘を探した）と比べてみてほしい。同じ様に，イディッシュ語の衛星要素 tsu- は「さらに」という意味だが，動詞 gebn（与える）と共に使った場合とまあまあ上手く合う。だから両者を組み合わせた tsugebn という形式は，そのまま「加える」と注釈を付けることができる。ドイツ語の衛星要素 ver- は「使い果たす」という意味だが，似た意味を表す動詞 brauchen（使う）と組み合わせることができる。すると，両者を組み合わせた verbrauchen は，「使い果たす/使い切る」と注釈を付けること

ができる。

　衛星要素主導の言語では，さらにもう１つの仕組みが見られる。元々は具体的な意味を表す，共起事象動詞の用法を一般化してしまうのだ。この動詞が表す共起事象は，たいていは，衛星要素が表す主要部事象を実行するために行うプロトタイプ的行為である。このような関係は，ある英語の例で明らかである。「探す」という主要部事象の活動は，主導的役割を果す前置詞 for（～を探して）で表すことができる。「探す」ことは，プロトタイプ的には視覚を使う。だから for が，具体的な共起事象を表す動詞 look と組み合わさって，look for となることが頻繁に起る。しかしそのうち，この組み合わせが，視覚を使うか否かに関わらずに，どのような種類の「探す」でも表すようになった。だから例えば，I looked for nails on the board by feeling it. という文は，I felt for nails on the board. とほぼ同じ意味を持つ。したがって，ここでの look は，**プロトタイプから拡張された動詞（extended prototype verb）**と名づけることができる。

## 9　結論

理論的・認知的な枠組みをさらに拡大し，分析をさらに進めていくための言語による例を示すための題材が，まだまだあるのだが，本章に含めることはできなかった。しかしながら，現状の形であっても，この章は，ある基本的な概念的要素には心理的な実在性があり，どの言語でも普遍的に表されるのでないか，ということを示してくれたと，私は思っている。この要素は，複合的な事象（＝主要な事象と関連する副次的な事象から成る）として概念化することも，１つの融合した事象として概念化することもできる。この後者の選択肢が，どの言語においても中核的な構造によって容易に表すことができるという事実は，相当な量とかなりの種類に渡る概念的な素材を単一体に統合できる強力な認知能力が，我々にはあるのだという証拠になる。この章の本文は主として，そのような単一体を形成することに寄与する，個々のパターンや概念的素材の構造化を述べることに費やしてきた。しかしこの章は，全体として，人間の思考の基礎としての，概念的統合と一体化についての貢献となることを意図している。

# 第12章
# 意味空間の借入：通時的ハイブリッド化

## 1 はじめに

本章では，ある言語の意味システムが別の言語の意味システムの影響下にある（ただしその言語の形態素そのものを借り入れてはいない）場合に，どのようなことが起こるかについて論じる。[1] 特に，影響を与える側の言語とも，そこから借入をする側の言語の元々のパターンとも異なるような，中間的あるいはハイブリッド的な意味パターンの発達について扱う。

この研究の幾つかの側面については，全く前例がないわけではない。ここで焦点を当てる事例（イディッシュ語の動詞接尾辞に対するスラヴ語派言語の影

---

[1] 本章は Talmy (1982) にわずかな改訂を加えたものである。元の論文の準備に協力していただいた，数名の友人と同僚に感謝の意を表したい。Anna Schwartz, Malka Tussman, Rose Cohen はイディッシュ語，Simon Karlinsky と Esther Talmy はロシア語，Karin Vanderspek はドイツ語，Henryka Yakushev はポーランド語と，それぞれ母語である言語に関する専門的意見を提供してくれた。Dan Brink と Tom Shannon は中期高地ドイツ語に熟達しており，Martin Schwartz はイディッシュ語におけるヘブライ語から来た要素について熟知していた。Yakov Malkiel と Elizabeth Traugott は関連する文献について詳しく教えてくれた。Jennifer Lowood は編集において鋭い洞察力を発揮してくれた。加えて，次の参考文献は極めて高い価値があることが判明した。U. Weinreich (1968) はイディッシュ語について，Ozhegov (1968) はロシア語について，Lexers (1966) は中期高地ドイツ語について。言うまでもなく，これらの親切な方々や価値ある文献から情報を得た後の，事実の提示，分析，主張における誤りについての責任は私に帰すものである。様々なイディッシュ語の話者や文献を調査した結果，私の観察では，ここで報告した現象は方言によって差があるようだ。もっと言うと実は，ここで提示するイディッシュ語におけるスラヴ語派言語の影響を受けた特徴に関する観察は，様々な方言から代表的な事例を収集したものに基づいたものであり，方言によってはその特徴の全てを持っていないかもしれない。

響）は，その存在が気づかれてから久しく，幾つかの特徴も記述されている（例えば U. Weinreich 1952, M. Weinreich 1980: 527-530)。またここでの分析の観点，つまりある言語の全体的な意味的構成は，Whorf (1956) の主要なテーマとして馴染みのものである。しかし本研究には，独自の貢献となる部分がある。

第一に，この研究は単に意味的な借入の実例としてどのようなものがあるかを列挙するのみにとどまらず，説明力のある理論を展開することを目指す。この目標を達成するために，様々な実例を**意味空間**（**semantic space**）の一般的枠組みで考察する。意味空間とは，どの言語においても，様々な意味領域がさらに細かく下位分類され，その結果様々な概念が生じるのだが，それが表層の形態素によって表示される際のパターンのことである。意味空間を特徴づける素性については，2 節で述べる。さらにこの目的を達成するために，イディッシュ語の例からの具体的観察を一般化した 9 つの原理を結論として述べるが，これらの原理は意味的借入のプロセス一般を統率している可能性がある。

第二に，この大きな枠組みのお陰で，これまで認識されなかった意味的借入の形式が明らかになる。イディッシュ語がスラブ諸語から借入をする際に幾つかのタイプの適応/非適応が起こっているが，その中にはそのような例が幾つか見られる。これについては 5 節と 6 節で説明する。

第三に，この研究において全体的に見て最も貢献度の高い発見は，ここで取り上げた言語が，単純に別の言語の意味システムをそっくりそのまま受け入れることはせず，それを自らの既存のシステムに創造的に適合させた，ということである。その結果，ハイブリッド形成・交わり・非多義化・拡張使用・その他の新しい意味的パターン化，が生じている。したがって，この言語は**通時的ハイブリッド化**（**diachronic hybridization**）を経たことになる。さらに結論では，このプロセスが，言語接触を起こしている言語において，かなり一般的に起こる可能性があることを示唆する。

形態素の借入を伴わない意味的な借入についての研究文献は，これまで相対的に少なかった。その文献が増えることが，この研究の貢献として最後に挙げられる点である。翻訳借入の議論あるいは個々の実例の提示は他にもあるが，それ以外でこのテーマについて U. Weinreich (1953) の 2 章を超える研究は未だに成されていない。

## 2 意味空間の切り分け

意味空間の一般的な特徴について詳細に述べる前に，2 つの異なる言語グルー

プからの例を対比させながら，その性格を説明しておく。インド・ヨーロッパ語族に属する言語やその近隣の言語は全て，ある特定の意味パターンを示すように思われる。それらの言語には，動作主が身体の一部を用いて物体を動かしたり，どこかに置いたりするような「物体操作」の意味を表す一連の動詞語根がある。英語の幾つかの例を (1) に示す。

(1) 　英語の「物体操作」動詞
　　　a. 位置変化等を伴うもの：hold / put (in) / take (out)
　　　b. 所有（とその変化）を伴うもの：have / give (to) / take (from)
　　　c. 運搬を伴うもの：carry / bring / take (to)
　　　d. 推進を伴うもの：throw / kick / bat (away)
　　　e. 一定の力を及ぼし続けることを伴うもの：push / pull (along)

このような動詞を含む文においては，動作主と物体はどちらも名詞句によって表される。活動の残りの部分は，動詞語根が表す。ここには，幾つもの区別可能な意味的パラメーターが含まれており，(2) のようなものがある。

(2) 　動詞によって表される，「物体操作」活動における意味的パラメーター
　　　a. 使役のタイプ
　　　　例：kick における起動的（発射型）使役，put における継続的（コントロールされた）使役
　　　b. 第二動作主の有無
　　　　例：put には第二動作主がない，give には第二動作主が有る
　　　c. 動きの方向のベクトル
　　　　例：put における「〜へ」の意味，take における「〜から」の意味
　　　d. 直示性
　　　　例：bring における「こちらへ」の意味，take (to) における「ここから」の意味
　　　e. 行使される力のタイプ
　　　　例：push における押す力，pull における引っ張る力
　　　f. 道具として機能する身体部位あるいはその他の物体
　　　　例：throw における腕，kick における脚，bat における硬い線的な物体

さらにそれらの言語の大部分には，英語の up (上に)・out (外に)・back (後ろに)・apart (離れて) などのように，概ね空間における経路の形状を表す一連の形式もある。これらは不変化詞，複合動詞の動詞前要素，複合動詞の分離前

綴り／非分離前綴り，など様々な名前で呼ばれているが，私はそれらをまとめて動詞の「衛星要素」（9章を参照）と呼ぶことにする。さらに，これら両方の形式（「物体操作」動詞の語根と「経路／場所」を表す衛星要素）を持つ言語は，物体を経路に沿って動かすという具体的な意味を表す構文だけでなく，より抽象的な（しばしば心理的な）意味を表す構文でも，それらの形式を組み合わせることができる。

　ここで注目に値するのは，このタイプの特定の構文は，様々な言語間でしばしば平行しており，たとえ対応する形態素が同語源のものでなかったとしても，意味的な構成や結果として得られる意味が同等である，ということである。例えば「つかむ」を意味する英語，ロシア語，ラテン語の動詞語根は，語源は異なるが，それぞれ（やはり同語源とは言い難い）経路を表す衛星要素と組み合わさると，よく似た抽象的な（しばしば心理的な）意味を表す形式になる。[2]

(3)　　　英語　　　　　　　　ロシア語　　　　ラテン語　　　共通の意味
　a.　hold　　　　　　　　　deržat'　　　　　tenere　　　　保持する
　b.　hold up　　　　　　　　pod-deržat'　　　sus-tinere　　　支える
　c.　hold back（他動詞）　　u-deržat'　　　　re-tinere　　　制止する
　d.　hold back（自動詞）　　s-deržat'-s'a　　abs-tinere　　　自制する
　e.　hold out　　　　　　　 vy-deržat'　　　 sus-tinere　　　耐える

　このような平行性は，ヨーロッパ言語の話者にとっては自然に思えるかもしれないが，実のところ，それは決して普遍的ではない。アメリカでも北部ホカ語族やその近隣の言語では，全く事情が異なり，これはアツゲウィ語によって例証される通りである（9章と10章を参照）。まず，この言語には hold（つかむ）・put（置く）・give（与える）・throw（投げる）などの意味をそのまま表す動詞語根が全く存在しない。代わりにこの言語の動詞語根は，様々な種類の物体や物質が移動したり，ある場所に位置づけられたりすることを表す。幾つか例を挙げると，-qput-（ほぐされた土が{移動する／ある場所にある}）・-caq-（ぬるぬるした塊のような物体（例：ヒキガエル，牛糞）が{移動する／ある場所にある}）・-pʰup-（束状の物体が{移動する／ある場所にある}）のようなものがある。2つ目の

---

　[2] Johanna Nichols は，ロシア語の幾つかの形式（おそらく pod-deržat' がそうだろうし，もしかしたら u-deržat' も）が，実はラテン語からの翻訳借用かもしれないと指摘してくれた。それが事実であれば，このように表にする意味合いは半減するのだが，それでも全体としては完全に平行している点を認める必要がある。

形態素グループとして，方向を表す約50の接尾辞が，経路あるいは場所に参照物体（「地」）を組み合わせた意味を表す。例としては -ak·（地面の上に）・-wam（重力によって物が入る容器（例：篭・ポケット・丸めた手のひら・湖盆）の中へ）・-ta:（囲われた範囲の外へ）・-wi·s$^u$（隣人のところへ）が挙げられる。特に注目すべきなのは，「持つ，つかむ」という動作にもこのパターンの意味解釈が適用され，「持っている」は -ahn（手の中に），「与える，持たせる」は -ay（誰かの手の中へ），「取り上げる，持っていたのをやめさせる」は -tip -ay（誰かの手の中から外へ）のように，接尾辞を使って表されることである。次に，3つ目の形態素グループは道具を表す約20の接頭辞から成り，動詞語根が表す行為を引き起こす事象を表す。例えば，ca-（風が（それに）吹きつけることによって）・ru-（（それを）引っ張ることによって）・ci-（手で（それに）働きかけることによって）・uh-（線的な物体を振り回して（それに）働きかけることによって）が挙げられる。線的な物体を振り回して働きかける行為とは，例えば鈍器で叩く・バットで打つ・（線的な物体である）腕を使って投げる，などである。最後に，4つ目の形態素グループは，2つの直示的な意味を表す接尾辞 -ik·（ここへ）と -im（ここから）で構成される。これら4つの形態素グループを組み合わせることにより，インド・ヨーロッパ語族タイプの put（置く）や give（与える）などの表現にほぼ相当する言い方ができる。例えば：

(4) a. uh-caq-ta:
　　　文字通りの意味：線的な物を振り回し，働きかけることによって，ぬるぬるした塊のような物体を，囲われた範囲の外へ移動させる
　　　具体例：ヒキガエルを家の外へ投げる
　　b. ci-p$^h$up-ay
　　　文字通りの意味：手で働きかけることによって，束状の物体を，誰かの手の中へ移動させる
　　　具体例：誰かに何かの束を渡す
　　c. ru-qput-wi·s$^u$-ik·
　　　文字通りの意味：引っ張ることによって，土を隣人のいるところへ移動させる
　　　具体例：土を鍬などで掻いて隣人のところへ持ってくる

このように，インド・ヨーロッパ語族ならば「物体操作」動詞やその動詞が取る名詞句の中に組み込まれている様々な意味的パラメーターが，アツゲウィ語では異なる文法範疇に割り当てられ，この言語が意味空間を切り分ける方法

第 12 章　意味空間の借入：通時的ハイブリッド化　　　　　　　　93

に従って概念化されている。操作される物体は，英語なら直接目的語の名詞句で表されるところだが，アツゲウィ語では動詞語根で表され，静的な物体でなく，物体を動かしたり位置づけたりする過程として概念化される。物体を操作する際にどのような力が行使されるか，また身体部位やその他の道具がどのように使われるかが，事象から抽出され，道具を表す接頭辞の集合で表される。そして物体を動かしたり位置づけたりという主要な事象を引き起こす，別の事象として解釈されるのだ。「つかむ」・「所有する」・「入手する」・「手放す」のような概念は，もっと典型的な「経路/場所」+「地（参照物体）」の概念と同じく，方向を表す接尾辞で表される。おそらく方向を表すものとして概念化されているのだろう。直示性は，独自の形態素で別に表される。

　アツゲウィ語におけるこの意味構成パターンは，さらにその他の「物体操作」カテゴリーにも適用される。ただし共起する接辞の自由度は落ちるが。例えば衣類に関しては，ある特定の動詞語根が，特定の種類の衣類を{動かす/位置づける} ことを表すのに対して，接辞はその衣類を身に着けている・着る/脱ぐ・他人に着せる/脱がせる，を示す。例えば，hi-:-pun（着脱に関してエプロンが{移動する/ある場所にある}）という動詞語根に位置を表す接尾辞 -asẃ が付くと，sẃhe·punásẃa（私は，エプロンをしている）のようにエプロンを身に着けていることを表す。接頭辞 p-（後ろ向きに）と接尾辞 -ik·（ここへ）を取ると，sp'he·puník·a（私は，エプロンを着けた）のように，エプロンを身に着けることを表す。接尾辞 -tip（液体から外へ/元の状態へ）を取ると，sẃhe·púnʰpa（私は，エプロンをはずした）のように，エプロンを取りはずすことを表す。同様に，体の内部の筋肉をコントロールすることによって身体部位を位置づけるカテゴリーに関しては，独自の動詞語根が特定の身体部位を動かすことや位置づけることを表し，方向や指示性を表す接辞がその身体部位の動く経路や占める場所を表す。例えば，動詞語根 ismak（耳が {移動する/ある場所にある}）が接尾辞 -ik's（横に動かして垂直なものの表面へ触れるように/ぶつかるように）を取って，「耳をドアにくっつける（例えばドアの向こう側の声を聞くために）」という意味を表すことができる。動詞語根 ipÍ（舌が {移動する/ある場所にある}）が接尾辞を 2 つつなげた -hiy -ik·（格納場所から外へ）を取って，「舌を突き出す（例えば誰かに向かって）」という意味を表すことができる。動詞語根 pu-q̇ᵃ（口が {移動する/ある場所にある}）が接尾辞を 2 つつなげた -ikn -iw（口の表面へ/中へ）を取って，「誰かにキスする」（文字通りには「自分の口を誰かの口の表面に置く」）という意味を表すことができる。動詞語根 rahẏ（頭が {移動する/ある場所にある}）が接尾辞 -ay（誰かの（または何かの）手の中へ）を取って，「枕の上に頭を乗せる」という意味を表すことができる（この -ay は「誰かに何かを与える」場合と同

じ接尾辞である）。「何もない」という概念でさえ，このアツゲウィ語の意味空間の構成にある程度合致した形で表される。raps（無が{移動する/ある場所にある}）という動詞語根があり，接尾辞 -ak·（大地の上に（＝存在して））を取って，wrapsak·a（無がある）のように，「何も存在しない」ことを表す。あるいは接尾辞 -ahn（ある人の手の中に（＝ある人に所有されて））を取って, swrapsáhna（私は，無を持っている）のように，「何も所有していない」ことを表せる。

　上記の2つの言語グループ間では「物体操作」の意味を異なる仕方で表しているわけだが，これをさらに広範囲に渡って比較すると，それらの意味的構成が幾つもの点で異なりうることが示唆される。それらを以下のリストで述べておこう。

「物体操作」を表す際の，英語とアツゲウィ語の意味的構成の相違
1. 異なる概念を表している。一例として，アツゲウィ語には「重力によって物体が入る容器」という概念があるが，英語には直接それに対応するものがない。
2. 対応する概念が，異なる文法範疇で表される。例えば dirt（土）は，英語なら名詞で表されるが，アツゲウィ語では動詞語根で表される。
3. 対応する概念が，異なる方法で分解されて，異なる文法範疇で表される。例えば, give（与える）と throw（投げる）は，英語なら人間が物体に対して行う行為として一緒に分類され，両方とも動詞によって表される。しかしアツゲウィ語では，「与える」は方向を表す概念として分類されるので，方向を表す接尾辞によって表されるが，「投げる」は使役連鎖において結果に先行する行為として分類されるので，道具を表す接頭辞によって表される。
4. 対応する概念が，形態素内で異なる姉妹概念と結合される。例えば，ある経路の参照物体（「地」）が，英語では名詞句として表される（例：into a *container*）が，アツゲウィ語では，接尾辞内で経路を表すものと結合して方向を表す（例：-wam（容器の中へ））。
5. 対応する概念が，事象のどこまでを含むか，が異なる。例えば, 英語の throw（投げる）は物体を飛ばすために腕を振り回す動きのみを表す。しかしアツゲウィ語の道具を表す接頭辞 uh- は，振り回す動きならば，いかなる線的な物体によって行われるものでも（例：腕や斧など），いかなる結果行動を伴うものでも（例：物体を飛ばす，切り刻むなど），表すことができる。
6. 対応する概念が，義務的に明示されなければならないかどうか，が異

なる。例えば，当該の状況で事象を引き起こす道具が，アツゲウィ語ではほとんどの場合明示されなければならないが，英語では明示されなくてもよい。

7. 形態素の集合が異なり，表す意味がそれぞれ異なる。例えば，英語には物体を操作する際にどのように動かすかを表す動詞語根の集合があるのに対し，アツゲウィ語にはそのような集合がない。代わりに，アツゲウィ語には，「移動/位置づけ」状態にある物体がどのような種類のものかを表す動詞語根の集合がある。

8. 形態素を組み合わせる方法が異なる。英語では動詞・衛星要素/前置詞・名詞を組み合わせるが，アツゲウィ語では動詞語根・道具を表す接頭辞・方向を表す接尾辞を組み合わせたものがこれに対応する。

9. 対応する構文が，構文として表せる意味の範囲が異なる。例えば，上記 8 で挙げた英語とアツゲウィ語の構文は，「物体操作」の意味を表す点では対応している。しかし英語のこの構文はしばしば意味拡張されて抽象的で心理的な概念を表すのに対し，アツゲウィ語のものはたいていそうはならない（代わりに，直接そのような意味を表す別の形態素の集合を用いる）。

Pinker（1994）は，異なる言語の形態素が実際にはかなり似た概念を表しており，これらの形態素にぎこちない逐語注釈がつけられるために，似ていることが分かりにくくなっているだけだ，という見解を持っている。しかしここで示した証拠は，言語によって本当に意味的構成が異なることを示している。注釈が下手だというだけでは，英語の動詞 have・give・take・hold・put・carry・bring・throw・kick・push・pull のような意味を持つ動詞語根がアツゲウィ語に全くない，という事実を説明できない。同様に，上記で確認されたその他のタイプの言語間差異のどれについても，この考え方では説明がつかない。

　これら及びその他の観察（次に議論するイディッシュ語とスラヴ語派言語のものを含む）に基づくと，どの言語の意味空間でもその特徴を捉えられるような，幾つかの要因をまとめることが，できるかもしれない。ある言語の意味的構成が別の言語の意味的構成と異なる大きな理由は，これらの要因における違いである。以下に要因をまとめたが，ここでの「上位レベルの」という言い方は，ある文法範疇または形態素の集合や多義の集合全体に結び付く，包括的な概念あるいは意味のことを指す。

(5) 異なる意味空間の意味構造を特徴づける要因
    a. 形態素が表す特定の概念（及びその成分構成と事象のどこまでを含

めるか），そしてその形態素の集合が表す上位レベルの概念
b. 多義の場合，1つの形態素の下にまとめられる概念の特定の集合，そしてそれらに共通する上位レベルの意味
c. 個々の形態素や形態素の集合の文法範疇[3]
d. 形態素がどのように組み合わされるか，そしてその上位レベルの意味
e. 各概念や上位レベルの概念が，義務的に明示されなければならないかどうか，どれくらいの頻度で用いられるか
f. 各上位レベルの概念がどのように小区分されるか，つまりどれくらいの区別を伴うか，どれくらい構成が複雑か，どこまで適用されるか，など

歴史的に見ると，インド・ヨーロッパ語族，あるいはアツゲウィ語とその同族言語など，各語族の祖先を同じくする言語間で，ある通時的なプロセスが働いていて，そのため同じ意味空間の構成を維持するようになっているのかもしれない。もしそうだとすれば，そのようなプロセスは特定の形態素レベルよりもさらに抽象的な言語レベルで働いているに違いない。というのも，先ほどインド・ヨーロッパ語族の言語間で平行性が見られることを述べたが，そこで挙げられた形式は，語源が同じでないものばかりだったからである。(3) で見られるような，あるパターンの個々の「スロット」を満たす形態素は時代が変われば次々に変わっていくが，その形態素の語源とは関係なしにこのスロット自体は維持されていると考えられる。この意味的なスロットを維持するようなプロセスを仮定する必要があるかもしれない。そのようなプロセスは，十分に想像できる。これは，言語がその内部では構造的に，緊密に相互につながっていることの帰結かもしれない。例えば，アツゲウィ語で take（取る）を接尾辞で表し続けているのは，have（持つ）と give（与える）も接尾辞で表されることが理由の1つかもしれない。さらに，仮に動詞語根がその意味を引き継いだとしたら，take の目的語に当たるものを別の形で表す必要が生じ，そしてその役目を既存の何らかの構成素に負わせなければならなくなる。このように，構

---

[3] 意味的要因の中に「文法範疇」を含めるのは一見奇妙に思えるかもしれないが，各文法範疇は実際，その文法範疇で表現されるいかなる概念にもその意味的な「型」を押し付けている。例えば，電話をかけるという行為を動詞 (He called me.) ではなく名詞 (He gave me a *call*.) で表現すると，境界を区切られた「モノ」に具体化される，という意味を持つようになる。また，血 (blood) のような物質を動詞で表現すると (I'm *bleeding*.)，その物質性の意味が幾らか失われて「行為化」されていると思われる (1章を参照)。

造を全面的に組み直す必要が生じるので，そのことが変化に対する抵抗として働くのかもしれない。

その一方で，意味空間の構造には，地域的現象のようなところもある。お互いに系統的につながっていない言語でも，すぐ近くの地域で話されていれば，全体的な意味的構成の多くを共有していることが，よくあるからである。それらの言語が典型的に，言語接触が起こる前には同じ意味的構成を持っていなかったと考えると，他言語の構造に触れることは，幾つかの点で非常に強力であり，全面的な変化に対する抵抗に打ち克ったに違いない。本章の残りの部分では，そのような外部からの影響による変化についての理論や，具体的な変化の形式について説明する。

これまで，通時的な言語の構造やプロセスの観点から説明してきたが，これらの事をゆくゆくは現在進行中の認知的構造やプロセスの観点から説明する必要がある。今概略として言えることは，次の通りである。個人においては，認知的構成の中で，その人が習得した言語の全体的な意味構造を支えている部分は，特定の形態素とその指示対象の結び付きを担っている部分よりも，一般的に安定している（あるいは，変化をもたらす要因に影響されにくい）。しかし新しいタイプの意味構造に触れた際にそれを処理する，その次の段階の認知的構成は，言語接触がなければ元の意味構造を維持するであろう部分に影響を与えることがありうる，ということである。

## 3 イディッシュ語の動詞接頭辞

インド・ヨーロッパ語族内に目を向けると，ドイツ語とスラヴ語派の意味システムは，確かに異なる（2節で見たインド・ヨーロッパ語族とアツゲウィ語ほど極端ではないが）。ここでは2つの言語においてそれぞれ確立されたお互いに無関係なシステムを比較する段階から，一方のシステムが他方のシステムの影響によってどのように変化するかを観察する段階へと移りたい。イディッシュ語は，そのような観察に特に適した例である。というのも，話者が移住することによって，地理的に近接した言語の影響を受けるようになったためである。この言語は西暦800年頃の中期高地ドイツ語を話すライン地方にその端を発し，その後西暦1200年頃スラヴ語派言語を話す地域に徐々に進出し始めた。スラヴ語派言語の影響を受け，イディッシュ語の意味システムは，幾つかの適応を見せた。その多くは，動詞の接頭辞システムとそれに関連した構文に見られる。

このシステムの主な接頭辞を以下に挙げる。各接頭辞は多義であるが，その

うちの幾つかの意味のみを選んで注釈としてある。本来接頭辞の前に置かれた hin-/her- という形式が，ar- という区別のない短い形になり，それぞれの「ここから/ここへ」という意味の差もなくなっている点に注意していただきたい（現代口語ドイツ語の runter- のような形式に関しても，現在同様のことが起こっている）。そして ar- の有無によって，対立する接頭辞の二重語が，幾つも生じた。これらの接頭辞は，現在では主に「具体的/抽象的」の差を標示している。ar- が付いた接頭辞はそれぞれの中核的な意味である具体的な移動経路（例：arayn-（中へ））を表すが，ar- のないものは一般性の低い具体的な経路（例：oyf-（開けた場所へ），ayn-（放射線状に内側に向かって））や，特に経路から派生された，より抽象的でメタファー的な概念を表す。[4]

(6) 主なイディッシュ語の動詞接頭辞
    a. 分離可能な（強勢が置かれる）接頭辞
        i. 二重語の接頭辞

| 長形 | | 短形 | |
|---|---|---|---|
| arayn- | 中へ | ayn- | 中へ，内側に向かって |
| aroys- | 外へ | oys- | 外へ，使い果たして |
| aroyf- | 上へ | oyf- | 開けた場所へ，〈完結相〉 |
| arop- | （〜から）下へ | op- | 離れて，反対方向へ，徹底的に |
| ariber- | 横切って/越えて | iber- | 移動中で，間を行ったり来たり |
| arunter- | （〜を通って）下へ，〜の下へ | unter- | 再び，過度に，〜まで，少しずつ |
| arum- | 周囲に | um- | 〜の周囲一帯に |

        ii. 二重語でない接頭辞

| on- | 積み重なって，容量いっぱいに，最大限に | tsunoyf- | （幾つかずつ）まとまって |
|---|---|---|---|
| durkh- | 通り抜けて | tsuzamen- | （2つずつ）まとまって |
| avek- | 離れて，（〜の上に） | funander- | ばらばらに |

---

[4]（通常はヘブライ文字で表記される）イディッシュ語を表現するためにここで使用している綴字法は，YIVO ユダヤ調査研究所によって承認され，イディッシュ語辞典の標準を確立した U. Weinreich (1968) の猶英辞典でも採用されたものである。この綴字法では，より標準的な言語学的表記 "x" "š" "c" "č" の代わりに "kh" "sh" "ts" "ch" を用いる。

|        |              |         |               |
|--------|--------------|---------|---------------|
|        | 下りて        |         |               |
| tsu-   | 〜まで，速く，| antkegn-| 反対に，逆に， |
|        | 追加で        |         | 出くわして    |
| farbay-| 通り過ぎて    | faroys- | 進んで，      |
|        |              |         | 前もって      |
| anider-| （〜まで）下って | mit-   | （〜と）一緒に |
| nokh-  | 〜の後ずっと，| afer-   | 前方に        |
|        | 〜に対抗して  |         |               |
| tsurik-| 戻って        | fir-    | （〜の下から） |
|        |              |         | 出てきて      |
| kapoyer-| 上下逆さまに|         |               |

b. 分離不可能な（強勢が置かれない）接頭辞

|       |                    |      |              |
|-------|--------------------|------|--------------|
| tse-  | 放射状に外へ，四方八方へ | ba-  | <使役>       |
| ant-  | 離れて，非〜        | far- | 誤って，<使役> |
| der-  | 〜まで届いて        | ge-  | —            |

## 4 借入パターン

他言語から意味論的な影響を受けた言語がどのような適応を起こすのか，その上位レベルのパターンを見定めるためには，影響を与えた側の言語の意味空間のうち，借入された一次的（具体的あるいは表層的）側面に加えて，借入されなかった側面も突き止めることから始める必要がある。ここでの「側面」は，単純に文法範疇の相違（例えば，元の言語では名詞だったものが，借入先の言語では動詞になる）のような特徴だけでなく，もっと主要なタイプの構造的変化も指す。

### 4.1 スラヴ語派言語の意味空間のうちイディッシュ語に借入された側面

特に動詞の接頭辞に関しては，スラヴ語派言語の意味空間のうち，5つの側面がイディッシュ語の意味空間に取り入れられたと言える。

#### 4.1.1 形態素の個々の意味

1つのタイプの意味的な借入では，影響を与える側の言語の，ある形態素が持つ1つの意味が，借り入れをする側の言語の形態素に取り込まれる。その場合，音声形式・文法範疇・元々の意味内容，の点でよく似た形態素に，優先的に取り込まれる。このようにして，イディッシュ語は幾つかのスラヴ語派言語

の接頭辞が表す意味を借入し，それぞれをイディッシュ語に元からあった接頭辞を用いて表すことにした．例えば，ロシア語の na- は，動詞 V に接頭辞として付き，名詞 N の属格を取って，「V することによって，N が蓄積したものを作り出す」という意味を持つ．[5] そのため例えば，「ちぎる/摘む」という意味の動詞と「花」という意味の名詞を組み合わせた na-rvat' cvetov は，文字通りには「花を摘む際に，花が蓄積したものを作る」，意訳すると「(束にできるくらいの量の) 花を摘む」という意味になる．

　イディッシュ語は，正にこの na- の意味を，音声的にも近く意味的にも矛盾しない，元々イディッシュ語にあった接頭辞 on- に取り込んだ (この on- はドイツ語の an- に相当するが，その an- にはこの na- のような意味がないため，イディッシュ語が独自に na- の意味を取り込んだと言える)．実際イディッシュ語には，前述のロシア語表現に類似した表現形があり (ただし目的語名詞が属格ではなく対格になる)，on-raysn blumen ((一束分の) 花を摘む) と表現する．この意味での on- という接頭辞は，現在イディッシュ語で，かなり自由に使用でき，元々のスラヴ語派言語での用法に縛られない．例えば，Di kats hot ongehat ketslekh は，文字通りには「その猫は，子猫を産むことによって，子猫が蓄積したものを形成した」を意味し，かなり意訳すると「その猫は，一生のうちにかなり多くの子猫を産んだ」となる．

　この接頭辞用法を表にし，さらに用例を加える．[6]

(7) 　　　ロシア語　　　　　　　イディッシュ語　　　　共通の意味
　　a.　na-V NP-属格　　　　　on-V NP-対格　　　　V することで NP の蓄積を作る
　　b.　raz-V 再帰代名詞　　　 tse-V 再帰代名詞　　　 突然 V し始める
　　c.　pro-V NP-対格　　　　　op-V NP-対格　　　　 V しながら {NP の距離を進む/NP の時間を費やす}

---

　[5] M. Weinreich (1980: 539) が指摘するように，様々なスラヴ語派言語はお互いに非常に似ているので，ここで取り扱う現象のほとんどについて，スラヴ語派言語全体としてイディッシュ語に影響を与えたものと見なせる．本章全体を通じて，スラヴ語派言語の代表として，ロシア語が用いられている (が，例えばポーランド語を少し調査してみると，この言語も観察される借入パターンと一致している)．

　[6] イディッシュ語の前置詞は全て与格を取るので，前置詞の後の格表示はしていない (as やそれに類する意味を表す前置詞は主格を取るが，ここにはその例は出てこない)．ロシア語動詞の -it'・-et'・-at' の語尾は不定詞接尾辞であり，-s'a は再帰代名詞である．イディッシュ語でそれらに相当するのは -n と zikh である．

第 12 章　意味空間の借入：通時的ハイブリッド化　　　　　　　　　　101

  a′. na-rvat' cvetov  on-raysn blumen  （一束分の）花を摘む
  b′. ras-plakat'-s'a  tse-veynen zikh  突然泣き出す
  c′. pro-žit' god v  op-voynen a yor  モスクワに住んで 1 年
    Moskve    tsayt in moskve   過ごす

## 4.1.2　1 つの形態素の中での意味のグループ化

言語借入においては，影響を与える側の言語の 1 つの形態素から 1 つの意味を採用して取り入れるだけでなく，その形態素が多義の場合，幾つかの意味をまとめて取り入れることもある。複数の意味がまとまりを成すということ自体が，一種の意味的側面であり，それを借入することができる，と言ってよいかもしれない。イディッシュ語がスラヴ語派言語から接頭辞の意味を借入した例でも，この種のものが幾つか見られる。例えばロシア語の na- は「V することによって蓄積させる」という意味だけでなく，「V することによって満たす」という意味や，再帰動詞を用いて「できる範囲内でとことん V する」という意味を表すが，同じ 3 つの意味がイディッシュ語の on- にもある。しかし，この 3 つの意味にはつながりがあって，自然な集合あるいは連続体を成すため，どんな言語でもこのうちの 1 つの意味を表す形態素があればそれが同時に他の 2 つの意味も表す，というだけのことだろう，と考えられるかもしれない。しかしそう考えるべきではない。もっと言えば実は，ドイツ語ほどイディッシュ語に近い言語でも，この 3 つの意味には異なる表現方法が割り当てられている。「蓄積」の意味には対応する接頭辞がなく，「満たす」の意味は接頭辞 voll- で表現され，「とことん」の意味は接頭辞 satt- が受け持つ。

(8)　　　ロシア語　　　　　イディッシュ語　　ドイツ語　　　　共通の意味
 a. na-V     on-V           V して NP が蓄
   NP-属格    NP-対格          積したものを作
                             る
 b. na-V     on-V      voll-V    V して NP を満
   NP-対格    NP-対格    NP-対格  たす
   NP-具格    mit NP     mit NP-与格
 c. na-V     on-V      satt-V    できる範囲内で
   再帰代名詞   再帰代名詞   再帰代名詞  とことん V する
   NP-属格    mit NP     an NP-与格
 b′. na-lit' stakan  on-gisn a gloz  ein Glas mit  グラスに水を注

| | | | |
|---|---|---|---|
| | vodoj | mit vaser | Wasser voll-giessen | いで満たす |
| c′. | na-smotret'-s'a kartin | on-zen zikh mit bilder | sich an Bildern satt-sehen | 写真を心ゆくまで見る |

### 4.1.3　1つの形態素が持つ複数の意味間の使用頻度

1つの形態素の中に幾つかの異なる意味がまとめられた場合，意味によってその使用頻度に差がある場合がある。そしてその意味をまとめて借入した場合，借入先の言語においてもその使用頻度の差が保たれる場合がある。この点について私が調査したイディッシュ語の接頭辞では，はっきりとそのような形式の借入は示されてはいない。しかし他に同様の事例があった場合に当てはめられるよう，それに近い例を紹介して説明しておこう。ロシア語の接頭辞 raz- は様々な動詞語根と組み合わさって様々な意味を表すが，その発生頻度は高いものから低いものへ，おおよそ次のような順序になっている：「放射状に外へ」>「散り散りに」>「1つのものをたくさんのものに」>「粉々に/破壊された状態に」。それぞれの実例を挙げると，raz-dut'（(頰などが) ぷくっと膨れる），raz-bežat'-s'a（(多くの人が) 四方八方に散り散りに走る），raz-rubit'（(木材などを) 幾つかに割る），raz-gryzt'（かじって細かく砕く）である。イディッシュ語の接頭辞 tse- もこれらと同じ意味を表すが，その発生頻度はロシア語の場合とほぼ同じで，またロシア語の動詞によく似た動詞と組み合わさって使用される。一方，それと同語源の現代ドイツ語の接頭辞 zer- はこれとほぼ逆の分布を示し，「放射状の動き」の意味は1つか2つしか例がなく（zer-streuen（散らす）），「破壊」の意味を表す例が大半である（例：zer-rühren（かき混ぜてぐちゃぐちゃにする））。実はたまたま中期高地ドイツ語の zer- がロシア語に近い分布をしており，「放射状に外へ」と「散らす」の意味を表す用法が幾つかあり（zer-blasen（ぷくっと膨らませる/吹くことによって散らす）），その結果，ここから発生したイディッシュ語はスラヴ語派言語の影響を受けてもほとんど変化しなかった。むしろ現代ドイツ語へと向かう道筋において，「放射状」の用法の大部分が消失し，分布の仕方に変化が起きたのである。しかし，もしイディッシュ語がスラヴ語派言語とは異なるタイプの分布を持った状態から始まってその後変化した，という状況を想像できれば，ある種の意味借入のモデルとなる。他の言語接触で，そのような事例が観察できるかもしれない。

### 4.1.4　ある形態素クラスの上位レベルの意味

ある形態素クラスの上位レベルの意味を取り入れるタイプの言語借入もある。

元のスラブ語派言語では経路を表す接頭辞を使ってアスペクトを表すが，イディッシュ語は，このシステム自体を丸ごと借入している。つまりこのクラスの接頭辞が表す空間上の経路を，メタファー的に拡張して，時間的なアスペクトをも表すようになっているのだ。経路を衛星要素で表す多くの言語と同じく，実際イディッシュ語にも，接頭辞によってアスペクトを表す例が，既に幾つか存在していた。そのため，実際に借入したのは，どのようなアスペクトをどの経路接頭辞を用いて表すかという区分の仕方と，アスペクトを必ずそのように表さなければならないことだ，と言う方がより正確だろう。とりあえず簡潔にその特徴を述べると，この借入されたシステムでは，当該の状況のアスペクト的性格が完結的である場合には，それぞれの動詞に対応したある特定の接頭辞を義務的に付加しなければならない。ロシア語とイディッシュ語を比較した例を (9) に挙げておこう。

(9) 　　　ロシア語　　　イディッシュ語　　　共通の意味
　　a.　pro-čitat'　　iber-leyenen　　読み通す <完結相>
　　b.　na-pisat'　　on-shraybn　　書きつける <完結相>
　　c.　s-jest'　　　oyf-esn　　　食べ尽くす <完結相>
　　d.　vy-pit'　　　oys-trinken　　飲み干す <完結相>
　　e.　za-platit'　　ba-tsoln　　　払い終える <完結相>
　　f.　raz-rezat'　　tse-shnaydn　　切り裂く <完結相>

## 4.1.5　ある形態素クラスの義務的使用

ある上位レベルの概念を表すのに，ある特定の種類の形態素クラスを必ず使用しなければならないような言語がある。このような特徴をそのまま取り入れる意味借入もある。衛星要素と前置詞の両方の形態素グループを持つインド・ヨーロッパ語族の言語では，「経路/場所」という上位レベルの概念を，衛星要素でも前置詞でも表す。また，ある特定の衛星要素と前置詞を組み合わせることによって「経路/場所」を表すことも多い。幾つかの言語，例えば中期高地ドイツ語から現代にかけてのドイツ語では，前置詞があれば衛星要素は必ずしも必要でなく，もっと言えば実は，省略した方が文体的に良い。例えば，新高地ドイツ語の Er ging ins Haus（彼は，家に入っていった）という文は，このように前置詞だけでも完結しているのだが，意味的に対応する衛星要素 hinein をさらに文末に追加することも可能である。もっとも口語用法では，ない方が好まれるかもしれない。しかし同じ状況で，イディッシュ語でもロシア語でも，前置詞に加えて衛星要素が必要である。そのためこれらの言語では，経路

を表す接頭辞も含めて，Er iz arayn-gegangen in hoyz や On vo-šël v dom（彼は，家に入っていった）と言わなければならない。前置詞に加えて接頭辞も生じなければならない，というこのパターンは，スラヴ語派言語において十分に確立しており，イディッシュ語は，スラヴ語派言語からの影響によってこれを獲得したようである。

## 4.2 スラヴ語派言語の意味空間のうちイディッシュ語に借入されなかった側面

影響を与える側の言語において，各形態素が表す概念や，様々な形態素クラスが表す上位レベルの概念の中には，借入先の言語に取り入れられないものもある。このように取り入れられなかったものの幾つかは，より広範な回避パターンの一部のように思われる。4.1節で紹介したような借入「タイプ」の1つを丸ごと拒絶するような一般的な原則ではないだろうが，それでもある種の原則に基づいているようだ。イディッシュ語でも，スラヴ語派言語に関して，幾つかの種類の意味借入は行われなかった。そのうちの幾つかを説明する原則を後で提案するが，ここでは単にそれらを指摘するだけにとどめておく。

第一に，スラヴ語派言語の接頭辞を利用する構文が表す個々の概念のうち，あるものをイディッシュ語は借入していない。例えば，ロシア語の za-V za NP-対格「何かの向こうに/後ろ側に」(za-plyt' za mol（防波堤の向こうへ泳いでいく）)，s-V na NP-対格「ある場所へ行って戻ってくる」(s-letat' na počtu（郵便局へ急いで行って戻ってくる）)，pro-V NP-対格「何かの端から端まで進む」(pro-bežat' vs'u ulicu（通りの端から端まで走った）)）などである。

第二に，スラヴ語派言語のアスペクトの区別のうち幾つかを，イディッシュ語は借入していない。その1つは，たいていの移動動詞が標示している，いわゆる定動詞 (determinative) /不定動詞 (indeterminative) の区別である。とりわけ，移動が1つの真っ直ぐな経路に沿ったものか，もっと複雑な経路を取るのか，の違いである。ロシア語はこの区別を動詞の補充形 (idti/xodit'（歩いていく）) を使うか，または動詞語根の直後に接尾辞的要素を付加する (let-e-t'/let-a-t'（飛ぶ）) ことで標示している。しかしイディッシュ語は，そのいずれのやり方も模倣していない。

スラヴ語派言語のアスペクトにはもう1つ，接尾辞を加えて標示する「二次的不完了体」があり，次のように働く。まず，動詞語根にある接頭辞が付くと，完結相の意味になるだけでなく，しばしば何らかのニュアンスが加わったり，基本的な意味が大きく変わったりする。この新しく生み出された意味はこの時点で完結相なのだが，その非完結相を表す姉妹形が必要となり，ある種の語根

を作る接尾辞が付加される。例えば，この派生順に並べたロシア語の例 pis-at'（書く（非完結相））> za-pisat'（書き留める（完結相））> za-pis-yv-at'（書き留める（非完結相））の 3 つ目で付加されている -yv が，この接尾辞にあたる。イディッシュ語には，これを真似たような形跡が見当たらない。

　最後に，スラヴ系言語は単一相（semelfactive），つまり瞬間的な事象が 1 回起こることを接尾辞によって示す。例えばロシア語の -nu がそうで，čix-nu-t'（1 回くしゃみをする）となる（čix-at'（何度もくしゃみをする）を参照のこと）。イディッシュ語にも単一相の表示があり，これを表示するという考え方自体はスラヴ語派言語から借入したかもしれないが，この目的のために接尾辞を使うという考え方は借り入れていない。代わりにイディッシュ語では特別な迂言的構文，つまり接辞ではなく単語を組み合わせてそれを表現する方法を用いる（これについては後で扱う）。

## 5　借入先言語による借入元言語の意味システムへの適応タイプ

前節では言語借入がされたりされなかったりする実例を提示したが，それだけ見ると，まるでそれらがおおよそ自己完結しており，より大きな言語システムとは全くつながりがないかのような印象を受けるかもしれない。しかし実際には，借入される全ての意味要素は，元々ある統合された言語的枠組みの中に位置づけられており，それが今度は別の言語の枠組みの中に組み込まれなければならないのだ。借入をする側の言語は，この状況が引き起こす問題に対して創造的な解決策を見つけなければならない。イディッシュ語がスラヴ語派言語から借入を行った際にも，本来イディッシュ語の意味空間には適合しないスラヴ語派言語の意味空間から要素を受け入れる必要があった。その際に，次の 4 つのタイプの適応があったと考えられる。ハイブリッド形成・交わり・非多義化・拡張使用，である。

### 5.1　ハイブリッド形成

適応の 1 つのタイプは，借入元言語の意味システムの一部のみを借入し，これを受け入れ側のシステムの一部のみになるように組み込むことである。このような部分から部分への借入の結果，**ハイブリッドシステム**（**hybrid system**）になる。つまり影響を与えた側の言語に元々あった形にも，影響を受けた側の言語に元々あった形にも全く似ていない，独自の性格を持つ新しい構成のことである。イディッシュ語のスラヴ語派言語からの借入に関して，この種の事例を 3 つ挙げることができる。

### 5.1.1　接頭辞＋前置詞システムにおける重複形

多くのスラヴ語派言語の接頭辞は，意味的に対応する前置詞と同じ音韻形式を持っている。そして，経路を表す際に必ずそれらを使用しなければならない（4.1.5節）ために，全く同じ音韻形式を繰り返す**正確な重複形**（**exact reduplication**）が生じることになる。例えば，ロシア語では v-V v NP-対格（〜の中へ）・na-V na NP-対格（〜の上へ（乗る））・s-V s NP-属格（〜から（接している状態から）離れて）・ot-V ot NP-属格（〜から遠く離れて）・iz-V iz NP-属格（〜から広がるように）のようになる。イディッシュ語は，必ず接頭辞を使わなければならない，というこのパターンを借入した。しかしイディッシュ語に元からある接頭辞の二重語システムでは，具体的な経路を表す場合には長形接頭辞の使用が必須だったのだが，前置詞と音韻的に同一なのはその短形接頭辞のみであった。その結果，新しいハイブリッドシステムでは，音韻形式の一部分のみが重複する**不正確な重複形**（**inexact reduplication**）が生じた。例えば aroyf-V oyf NP-与格（〜の上へ（乗る））・ariber-V iber NP-与格（〜を横切って）・arunter-V unter NP-与格（〜の下へ）・farbay-V far NP-与格（〜を通り過ぎて）のようになる（この最後の形式については，後で詳しく扱う）。

### 5.1.2　ある接頭辞の多義の範囲とその全体的意味

ある多義的な形態素が持つ意味の幾つかが，まとまって別の言語の1つの形態素に借入されることがあることを示したが，そのような借入は必ずしも完全な複製（あらゆる細かい意味までモデルとなる形態素とそっくりな形態素）を生み出すわけではない。元になる形態素の意味の幾つかだけが借入され，影響を受ける形態素がその元の意味の幾つかを保持する，ということは起こりうる。そのような場合，結果としてハイブリッド的多義という状況が生じる。つまり作り変えられた形態素が表す意味の範囲は，借入元のものとも，以前のそれ自身のものとも，異なるのだ。ある形式の全体的な意味的性格により，どのような範囲の多義的意味を表せるかが決まってくるのだが，その限りにおいて次のように言えるだろう。影響を受けた形態素はその意味に追加や消失が生じたのだから，その意味範囲が元々の位置からずれていってハイブリッド化した，と。

　スラヴ語派言語の影響を受けたイディッシュ語の接頭辞においては，ハイブリッド的多義は例外的ではなく標準的なことに思える。例えば 4.1.1 節で見た，ロシア語の na- が持つ一群の意味を借入したイディッシュ語の接頭辞 on- について考えて欲しい。第一に，このイディッシュ語の接頭辞は，ロシア語の接頭辞の全ての意味を取り入れていない。on- に取り入れられなかった意味は，

他の複数の接頭辞に借入された。第二に，このイディッシュ語の接頭辞は，元々持っていたドイツ語の流れをくむ意味を，幾つか保持している。そのせいでこの接頭辞は，na- 以外のロシア語の接頭辞とも意味的に関係がある。第三に，このイディッシュ語の接頭辞は，元々持っていた意味を，少なくとも 1 つほぼ失っている（ドイツ語の an- の持つ「動作の開始」の意味で，例えば anschneiden（（パンなどに）入刀する）に見られる）。これはひょっとすると，新たに獲得した意味が増えたことによる，意味の「詰め込み過ぎ」のためかもしれない。その結果，イディッシュ語とロシア語（スラヴ語派言語の一例）の接頭辞は，意味的にきちんと対応しておらず，(10) に見られるように部分的に重なり合っている（ここでは，イディッシュ語の接頭辞の各意味の起源，つまりドイツ語かスラヴ語派かも示してある）。

| (10) | ロシア語 | イディッシュ語 | イディッシュ語の意味の起源 | 共通の意味 |
|---|---|---|---|---|
| a. | ob-V / NP-対格 | arum-V arum NP | ドイツ語 | V して NP の周囲を回る |
| b. | ob-V ob / NP-対格 | on-V on/in NP | ドイツ語 | NP にぶつかる位置まで V する |
| c. | pri-V k / NP-与格 | on-V in/oyf NP | ドイツ語 | V して NP に到着する |
| d. | na-V / NP-属格 | on-V / NP-対格 | スラヴ語派 | V して NP の集合体を作る |
| e. | na-V / NP-対格 / NP-具格 | on-V / NP-対格 / mit NP | スラヴ語派 | V して NP を満たす |
| f. | na-V / 再帰代名詞 / NP-具格 | on-V / 再帰代名詞 / mit NP | スラヴ語派 | 飽きるまでとことん NP を V する |
| g. | na-V na / NP-対格 | aroyf-V oyf NP | スラヴ語派 | NP の上に V する |
| h. | voz-V | aroyf-V | ドイツ語 | 上へ向かって V する |

(10) で新たに紹介した形式の実例を (11) に挙げる。

(11) a′. o-bežat' dom　　　　arum-loyfn arum a hoyz　（家の周囲を走り回る）
　　 b′. ob-lokotit's'a o　　　on-shparn zikh on a tir　（ドアに対して寄りか
　　　　 dver'　　　　　　　　　　　　　　　　　　　　　かる）
　　 c′. pri-exat'　　　　　　on-forn　　　　　　　　　（車で到着する）
　　 g′. na-stupit' na zmeju　aroyf-trern oyf a shlang　（ヘビを踏んづける）
　　 h′. vz-letet'　　　　　　aroyf-flien　　　　　　　（飛び立つ，舞い上が
　　　　　　　　　　　　　　　　　　　　　　　　　　　　る）

　このような意味範囲の変化については，イディッシュ語の別の接頭辞 op-を見ればその特徴がさらによく分かる。これは中期高地ドイツ語の abe/ab/ap や新高地ドイツ語の ab- と同語源であり，スラヴ語派言語の 2 つの異なる接頭辞（pro- と ot-）の意味を，全てではないが幾つかずつ借入し，かつ元々持っていた独自の意味も幾つか保持している（それ以外の元々持っていた意味には，スラヴ語派言語に対応するものがあった）。この関係を (12) に示す。

(12)　　　　　ロシア語　　　　イディッシュ語　　イディッシュ語　　共通の意味
　　　　　　　　　　　　　　　　　　　　　　　　の意味の起源
　　a.　｛pro-V mimo　　　　｛farbay-V (far)　　ドイツ語　　　　NP を通り過ぎる
　　　　　NP-対格　　　　　　 NP-対格　　　　　　　　　　　　ように V する
　　b.　｛pro-V čerez　　　　｛durkh-V durkh　　ドイツ語　　　　NP（の開口部）を
　　　　　NP-対格　　　　　　 NP　　　　　　　　　　　　　　 通り抜けるように
　　　　　　　　　　　　　　　　　　　　　　　　　　　　　　 V する
　　c.　｛pro-V　　　　　　　　　　　　　　　　　　　　　　　NP を端から端ま
　　　　　NP-対格　　　　　　　　　　　　　　　　　　　　　　で V する
　　d.　｛pro-V　　　　　　　 op-V NP-対格　　　スラヴ語派　　V して {NP の距
　　　　　NP-対格　　　　　　　　　　　　　　　　　　　　　　離を進む/NP の
　　　　　　　　　　　　　　　　　　　　　　　　　　　　　　 時間を費やす}

| | | | | |
|---|---|---|---|---|
| e. | ot-V | op-V | スラヴ語派 | V し終える |
| f. | ot-V<br>NP-与格 | op-V<br>NP-与格 | スラヴ語派 | NP へ V し返す |
| g. | ot-V ot<br>NP-属格 | op-V fun NP | ドイツ語 | V しながら NP から出発する |
| h. | ot-V ot<br>NP-属格 | op-V fun NP | ドイツ語 | V して NP の表面から{移動する/取り除く} |
| i. | ot-V ot<br>NP-属格 | op-V fun NP | ドイツ語 | V して NP の一方の端を残りの部分から切り離す |
| j. | ot-V | op-V | ドイツ語 | V して追い払う |
| k. | ot-V<br>再帰代名詞 | | | V して（義務）を逃れる |
| l. | | op-V | | V して取り決める，合意する |

　ある形態素の多義の範囲を正確に分析するには，実際に生じる全ての意味を扱う必要がある（英語において非常に広範囲の例を分析したものとしては，Lindner 1981 と Brugman 1988 を参照）。上記の各接頭辞には，ここに挙げられていない意味がさらに幾つか存在するが，それでも以下のような分析がある程度成立するかもしれない。(12g) から (12j) にある op- の元々の意味は，物体がある参照地点から徐々に遠ざかっていく，という一般的概念を中心にしてまとまりを成している。これは (13a) でスキーマ的に示している通りである（このような空間的特徴づけについては，3 章を参照）。しかし (12d) から (12f) で pro- や ot- から op- に取り込まれた意味は，(13b) のスキーマで表されているように，何らかの境界づけられた幅全体を含み込むことを含意している（その端がはっきりと確定している場合もあれば，単に暗示されるだけの場合もある）。このことから，op- の全体的な意味は，元々は起点から遠ざかる移動のみを含んでいたのだが，拡張してその移動から生じる軌道や終点の意味をも含むようになったと言える。ある意味で，op- が元々持っていた (12g) の「出発」の意味が，この変移の軸として機能している。かつては，「出発」という意味は「起点からの移動」という性格のゆえに，この意味のまとまりの適切なメンバーだった。しかし「出発」とは，さらに目的地に向かうことも含意するので，今やこの拡張された意味にも合っている。

ロシア語の pro- は，その全体的な意味的性格が，イディッシュ語の op- とかなり異なる。前者は，直線的な経路に沿った移動を含んでいる。(13c) に示したように，それが，ある参照地点を通り過ぎるだけでも，2つの地点に挟まれた区間全体を進むのでもよい。したがって pro- と op- に共通する (12d)「距離を進む / ある時間に渡る」の意味は，それら2つの形態素それぞれのより大きなスキーマに適合するが，それを可能にしている意味的特徴はそれぞれ異なる。つまり「(進む距離や時間のイメージが) 直線的に延びている」という素性によって「経路が直線的である」という pro- の意味に適合し，また「(進む距離や時間のイメージの) 両端に境界がある」という素性によって「境界づけられた幅を含み込む」という op- の意味に適合するのだ。ロシア語の ot- については，その多義の範囲がイディッシュ語の op- の範囲内にほぼ収まる。しかし op- にはさらに「距離を進む / ある時間に渡る」の意味があるため，ot- よりもこちらの方が「境界づけられた幅」のスキーマに，より適合すると言える。そのためこの op- は，ハイブリッド的な特徴を持っていると言うことができる。影響を与える側の形態素 pro- や ot- とも，影響を受ける前の op- 自身とも異なるのだ。

(13)

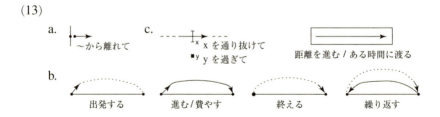

### 5.1.3 接頭辞を利用したアスペクトシステム

イディッシュ語は，接頭辞が表すアスペクト・システムの性格においても，ハイブリッドを形成している。この状況を説明するためには，(14) に挙げた4つのアスペクトの概念について考える必要がある。ここでは，英語の例を挙げて説明する。

(14) a.　一度限りの行為の完結　　　I drank up my milk.
　　　　　　　　　　　　　　　　　（私は，牛乳を全部飲み干した）
　　　b.　習慣的な行為の完結　　　　I drink up my milk every time I'm given some.
　　　　　　　　　　　　　　　　　（私は，牛乳をもらうといつも全部飲み干す）

c. 行為の完結に向かって進行中　　I'm drinking up my milk.
（私は，牛乳を全部飲み干そうとしているところだ）
d. 行為の最中　　I'm drinking my milk.
（私は，牛乳を飲んでいる最中だ）

スラヴ語派言語とイディッシュ語の動詞の語形は，上記4つ全てのアスペクトを区別するわけではない。しかし，それぞれ別の方法でそれらを下位グループに分ける。ロシア語の動詞語根で，完了体を作る接頭辞は取るが二次的不完了体を作る接尾辞は取らないもの（例えばある方言における točit' と na-točit'（鋭くさせる））は，上記4つのアスペクト概念を (15A) のようにグループ分けする。接頭辞が付いた形式は，一度限り実行され完結した行為のみ，つまり (a) 型のアスペクト（例えば，ナイフを研いで刃を鋭くさせた）のみを指す。それに対して (b) 型のアスペクト（例えば，毎日ナイフを研いで刃を鋭くさせる）と (c) 型のアスペクト（例えば，今ナイフを研いで鋭くさせようとしている）には，特にそれだけを示す形式がなく，実は (d) 型のアスペクト（現在ナイフをどんどん研いでいる最中である）と同じように表現される。

ロシア語で，二次的不完了体を作る接尾辞も取れる動詞語根は，(15B) に示すように，また異なるグループ化のパターンを示す。例えば uč-it'-s'a（学ぶ）がそうで，接頭辞 vy- と接尾辞 -iv を取る。この例で接頭辞のみが付いている形式は，先ほど見た例と同様に (a) 型のアスペクトのみを表す。しかしさらに接尾辞も付いた形式は，(b) 型あるいは (c) 型のアスペクトのいずれかを表せるが，ただしこの2つしか表せない。そのため，この形式により (b) 型と (c) 型が，(d) 型のアスペクトから区別される。(d) 型のアスペクトは，先ほどの例と同様，接辞が付かない形式で表される。[7]

---

[7] 動詞によって，そして話者によって，(c) 型のアスペクトは1語で表せないことがある。例えば，pro-čit-yv-at' は (b) 型のアスペクト（＝毎日，新聞を最後まで読む）を表すのには使えるが，(c) 型のアスペクト（＝現在，新聞を最後まで読もうとしているところだ）は表せない。この後者のアスペクト概念がどうしても必要な場合には，それに近いものとして，接辞の付かない動詞形で表される (d) 型のアスペクトで代用する。

(15) A. 鋭くさせる　　　　B. 学ぶ　　　　　　　C. 鋭くさせる
　　a. na-točit'　　　　　vy-uč-it'-s'a　　　　on-sharfn
　　b. točit'　　　　　　vy-uč-iv-at'-s'a　　　on-sharfn
　　c. točit'　　　　　　?vy-uč-iv-at'-s'a　　on-sharfn
　　d. točit'　　　　　　uč-it'-s'a　　　　　　sharfn

イディッシュ語の動詞語根は，sharfn/on-sharfn（鋭くさせる）のように，接頭辞を取って完了相を表すが，接尾辞を取って二次的不完了体を作ることはない。にもかかわらず，これらのイディッシュ語の動詞は，接尾辞の付かないロシア語の動詞（15A）のような振る舞いはせず，接尾辞が付くもの（15B）と，ある点で似た振る舞いをする。(15C) に示したイディッシュ語のアスペクトのグループ化パターンでは，接頭辞が付く形式が最初の3つのタイプを受け持つ。これは（15B）で（接尾辞の有無にかかわらず）接頭辞が付いているロシア語の動詞に対応している。この見かけ上の平行性を見ると，より細分化されているロシア語の（15B）のパターンの方が基本的で，イディッシュ語の接頭辞の付いた形式は完了体と二次的不完了体の両方を担う（おそらく後者は「ゼロ形態素」による派生による）のだと結論づける人がいるかもしれない。しかしそれは外部のシステム（つまりロシア語のシステム）からのものを無理に押し付けているだけであり，イディッシュ語のシステムにはそぐわないように思われる。というのもイディッシュ語においては，接頭辞が付く形式の3つのアスペクトを表す用法が，1つの意味概念の下に収まるからである。スラヴ語派言語の接頭辞は真の完了相，つまりプロセスの終点に実際に到達していることを表している（ただし，さらに接尾辞が付いて取り消される場合は別であるが）。しかしイディッシュ語の接頭辞はむしろ，プロセスの終点が「視野に入っている」ことを表している。このアスペクトの示し方はハイブリッドシステムであり，スラヴ語派言語のシステム内の要素を，元のものとは異なる形で借入した結果である。

## 5.2 交わり

ある言語のシステムが別の言語のシステムを借入し適応する際のもう1つのパターンは，借入先の言語がある意味領域において元々行っていた区別を全て維持し，影響を与える側の言語における，これとは全く違う区別をさらに加えるというものである。集合論に喩えれば，2つの集合がお互いに干渉することなく，**交わり**（**intersection**）を成していることになる。イディッシュ語には，スラヴ語派言語とのこのような交わりが幾つも見られ，例えば以下で紹介する

接頭辞あるいは動詞に関する 5 種類の交わりがある。

### 5.2.1 分離可能/不可能の区別＋接頭辞による完結相の標示

イディッシュ語は，ドイツ語の分離可能/不可能な接頭辞の区別を維持しながら，スラヴ語派言語からは接頭辞を用いて完結相を表すことを借入している。そのため例えば，分離可能な on- は過去分詞では ge- を要求し，分離不可能な tse- は ge- が付くことを阻止するが，Ikh hob ongesharft dem meser（私は，ナイフを研いで鋭くさせた）と Ikh hob tserisn mayn hemd（私は，シャツを引き裂いた）のように，両方とも完結相を表す。

### 5.2.2 長形/短形の接頭辞による要素の優先性の標示＋接頭辞の意味の借入

イディッシュ語で対になっている長形/短形の接頭辞は，文中のある種の名詞要素の「優先性」に対する相補的な標示をするというドイツ語的な特徴を保持している。移動事象において動いている物体を「図」(Figure)，静止している参照物体を「地」(Ground) という用語で呼ぶ (5 章を参照) とすると，次のようなおおよその一般化が得られる。長形の接頭辞は，格の階層において「図」が「地」より上位に来る（この違いは，例えば直接目的語と斜格目的語の区別で表される）ことを標示するが，短形の接頭辞はそれとは逆の優先関係を標示する。それを示したのが (16) の例である。

(16) a.　arayn-shtekhn a nodl (F) in orem (G)　　（針を腕に突き刺す）
　　 b.　ayn-shtekhn dem orem (G) mit a nodl (F)　（腕を針で突き刺す
　　　　　　　　　　　　　　　　　　　　　　　　　　＝傷つける））

イディッシュ語とは対照的に，ロシア語の動詞接頭辞には，「図」/「地」のどちらを優先してもかまわないものもあり，また「図」/「地」のどちらかを優先することを要求するものもあるが，いずれにしてもその優先関係に応じて別個の形式を示すことはない。よって，イディッシュ語は，この素性をその起源からずっと保持していて，ロシア語のパターンに影響されなかったことが分かる。にもかかわらず，イディッシュ語の長形/短形の接頭辞二重語のそれぞれは，対応するスラヴ語派言語の接頭辞が持つ意味の幾つかを，自由に取り入れてきたのである。

### 5.2.3 助動詞の使い分け＋構文の借入

スラヴ語派言語には対応するものがないが，イディッシュ語は過去時制を作るのに 2 種類の助動詞を使い分ける，というドイツ語のシステムを維持してい

る。それらは zayn（英語の be に相当）と hobn（英語の have に相当）で，前者は（大まかに一般化すると）移動・位置・「～である」・「～になる」を表す動詞に対して用いられ，後者はそれ以外の場合に用いられる。この使い分けは，スラヴ語派言語から借入した構文でも行われている。

(17) a. Oni raz-bežali-s'. Zey zaynen zikh tse-lofn.
（彼らは，四方八方へ走って散った）
b. Oni raz-legli-s'. Zey hobn zikh tse-leygt.
（そこに寝そべって，彼らは（四方八方へ）手足を伸ばした）

### 5.2.4 移動動詞の省略と衛星要素の重複パターン

イディッシュ語は，経路を指定する衛星要素または前置詞句を含む文では非定形の移動動詞を省略できる，というドイツ語の特徴を保持している。動詞をこのように省略するのは，スラヴ語派言語にはないパターンである。しかしイディッシュ語は，このパターンを，スラヴ語派言語から借入した，衛星要素と前置詞とを組み合わせて重複形を作るパターン（5.1.1節）と共に使っている。そのため，ドイツ語では経路を表す前置詞句しかなくても移動動詞を省略できるが，イディッシュ語では (18) のように，経路を表す衛星要素も必要である。

(18) Bald vi er iz aroyf [getrotn] oyf dem tretar, iz er arayn [gegangen/gekumen] in der kretshme.
（彼は歩道の上に上［り歩を進め］るやいなや，居酒屋の中へ入っ［て行っ/て来］た）

### 5.2.5 直示性＋様態

イディッシュ語は，直示性（特に話者の視点を取る地点に向かっての移動）を，移動の様態（徒歩か，乗り物か）と合わせて示す独特の構文を発展させてきた。これは，(19) の例にある通りである。この構文は，ドイツ語の要因とスラヴ語派言語の要因の交わりとして生じたのかもしれない。ドイツ語は，しばしば come/bring に相当する形式において動詞内で直示性を表すのだが，このようなものはスラヴ語派言語にはほぼない。一方でスラヴ語派言語は，多くの場合，移動の様態を動詞の中で表すことにこだわるが，ドイツ語が動詞の中で「話者の方へ向かう」タイプの直示性を表す際には，そういうことはできない。どちらの性質も受け継ぐイディッシュ語は，(19) の例で示されるように，両方を同時に表す構造を作り出した。

(19) a.  kumen tsu geyn / forn （{歩いて / 乗って}（話者の方へ）来る）
　　 b.  brengen tsu trogn / firn
　　　　（{（歩いて）運んで /（車で）運搬して}（話者の方へ）持って来る）

## 5.3　借入先言語のシステムにゆとりがある場合に，借入元言語のシステムを非多義化して取り込む可能性について

　ロシア語には 22 ほどの接頭辞があるが，イディッシュ語には約 36 もあり，それらを，スラヴ語派言語の接頭辞の意味を取り入れるのに有効に利用している。スラヴ語派言語で 1 つの接頭辞に対してグループ化された幾つかの意味がある場合には，イディッシュ語はしばしばそれらを分割し別々の接頭辞に振り分けている。しかもたいていの場合，このプロセスは意味的に一定の原則に基づいている。例えばイディッシュ語の接頭辞二重語については，長形がより一般的で具体的な意味を担っているのに対し，短形は具体的意味でも比較的特殊なものや，アスペクトの区別などのより抽象的な意味を受け持つ。

　例えばロシア語では，pod-katat'-s'a pod NP-対格（～の下へ転がっていく）と pod-exat' k NP-与格（～まで運転していく）のように，同じ pod- という接頭辞を使って「～の下へ」と「～まで」の両方の概念を表す。イディッシュ語はその両方の意味を借入したが，arunter-kayklen zikh unter（～の下へ転がっていく）と（一部の方言で）unter-forn tsu（～まで運転していく）のように，それらを同じ接頭辞二重語の別々の形式に割り当てた。

　同様に，長形の接頭辞 ariber- はロシア語の pere- から，英語の across（～を横切って，～の向こう側へ）に当たる全ての意味を借入しているが，短形の iber- は pere- のうちあまり一般的でない移動の意味やメタファー的な意味を取り入れている。その 1 つは「～して移転させる」というもので，iber-shraybn NP（NP（何か書かれたもの）を書き写す）（ロシア語では pere-pisat'）や iber-ton zikh（着替える）（ロシア語では pere-odet'-s'a）のようになる。さらに「～の間を行ったり来たり」という意味もあり，iber-varfn zikh mit NP（NP をお互いに投げて往復させる）（ロシア語では pere-brosit'-s'a NP-具格）や iber-vinken zikh（お互いにウィンクを交わす）（ロシア語では pere-mignut'-s'a）のようになる。

　アスペクトに関しては，例えばロシア語の vy- は，vy-bežat'（走って外へ出る）や vy-pit'（飲み干す）のように，空間的な「外へ」とアスペクトの「完結相」の両方を表す，という二重の働きをしている。イディッシュ語では aroys-loyfn（走って外へ出る）と oys-trinken（飲み干す）のように，その 2 つの意味を接頭辞二重語に分けている。同様に，これ以外にも二重語を用いてアスペクトを

表す場合には，iber-leyenen（読む）・op-vegn（重さを量る）・ayn-zinken（沈む）・oyf-esn（食べる）のように，完了体の動詞に使用されるのは常に短形の接頭辞である。

　これらのイディッシュ語の例は，どうやらこれまで観察されてこなかった現象を示している。借り入れをする言語は，影響を与える側の言語が行う区別に忠実に従えばまだよい方で，実際にはその一部を消し去ってしまうことの方が多い，と普通は思われている。ところが，ここで見た例では元々の区別をさらに精密化している。これは次のようにまとめられるだろう。ある言語の下位システムが別の言語の対応する下位システムよりも多くの構成要素を持っている場合，前者が後者から借入を行う際には，後者のある1つの形式が持つ多数の意味を，意味的に原理立った方法で別々の語に担わせる，つまり**非多義化**（**depolysemize**）する，ことがあるのだと。

## 5.4　借入先の言語が取り入れた要素を元の言語よりもさらに拡張

借入のある事例においては，元の言語の要素が借入先の言語に非常に上手く定着して，そこで本来の意味の範囲を超えて広がることがある。これは単一相（＝出来事が1回のみ起こる）という意味概念が，スラヴ語派言語からイディッシュ語に取り入れられた場合に当てはまると思われる。ロシア語で単一相を表す接尾辞 -nu を適用できるのは主に，その非完了形の意味が，「動作の開始から終了までをひとまとまりとした」行為を連続して行うことを表すような動詞（例えば jump や breathe）に限られる。-nu が付加されると，そのひとまとまりの行為を1回行うことを表し，例えば pryg-at'（ジャンプしながら進む）に対して pryg-nu-t'（1回ジャンプする）となる。イディッシュ語は，おそらくスラヴ語派言語の一般的なアスペクトの表し方（特に単一相の表し方）に触発され，そこから受け継いだ gebn a kush（1回キスする）のような，時折単一相を表す構文をモデルとして採用することにした。そしてそれを「精緻化」して，どのタイプの動詞に対しても，一回起こった，もしくは瞬間的に起こったことを示すことができるような，広範囲に及ぶ，時には義務的に使用されるシステムへと発展させた。このシステムで使われる迂言的な構文は，基本的に gebn や ton（それぞれ英語の give と do に相当する）のような「形式上」の動詞と，実際の意味内容を表す動詞の名詞形で構成されるが，さらに衛星要素や再帰代名詞も含むことができる。これは，(20) が示す通りである。

第12章　意味空間の借入：通時的ハイブリッド化

(20) a. shmekn NP　（NPの匂いを　　gebn NP a shmek　（NPの匂いを一嗅ぎ
　　　　　　　　　　嗅ぐ）　　　　　　　　　　　　　　　　する）
　　 b. zogn　　　　（言う）　　　　gebn a zog　　　　（ひとこと言う）
　　 c. trakhtn　　　（考える）　　　gebn a trakht　　　（(立ち止まって)
　　　　　　　　　　　　　　　　　　　　　　　　　　　　一瞬考える）
　　 d. op-esn NP　　（NPを食べ終　　gebn NP an es op　（NPの残った最後の
　　　　　　　　　　　える）　　　　　　　　　　　　　　ひとかけらを（食べ）
　　　　　　　　　　　　　　　　　　　　　　　　　　　　終える）
　　 e. oyf-efenen　　（開く（自動詞））gebn zikh an efn　（突然開く）
　　　　zikh　　　　　　　　　　　　oyf

　なぜイディッシュ語が単一相の発達に寛容だったのかは，はっきりしない。しかしなぜ迂言的な構文がその表現手段になったのかは，もう少しはっきりしている。第一に，イディッシュ語はスラヴ語派言語から動詞の接尾辞を借入することを，一般的に拒んだのかもしれない。これは接尾辞による二次的不完了体を採用しなかったのを5.1.3節でも見た通りである。そのため接尾辞で単一相を表すことも避け，代わりにこの単一相に近い意味を持つ表現として既にイディッシュ語に存在していた構文に頼ったのかもしれない。第二に，この構文は別の言語接触の場面，すなわちヘブライ語の動詞を取り込む際に，既に広く利用されていた。例えば，khasene hobn（結婚する）と moyde zayn zikh（告白する）は，この形式によって表されている。[8]

　弟子（借入する側の言語）が師（借入の元になる言語）を越えてしまったもう1つの例として，前置詞に加えて，音声的に重複する動詞接頭辞を使用する場合が挙げられる（5.1.1節）。イディッシュ語は，動詞接頭辞と前置詞とで似た音声を必ず繰り返すという方法を取り入れて，それをスラヴ語派言語で見られる場合以外にも拡張した。そのため例えば，ロシア語では重複形を用いないような場合にも，durkh-V durkh NP（～を通って）・arum-V arum NP（～の周囲を回って）・nokh-V nokh NP（～の後にずっとついて）・mit-V mit NP（～を伴って）・ariber-V iber NP（～を越えて/～を横切って）・farbay-V far NP（～を通り過ぎて）のようになる。最後の例は，特に注目に値する。farbay-V NP-与格は，元からあった形式で現在も存在するのだが，（一部の方言で）意味的動

---

　[8] Martin Schwartz は，ヘブライ語の動詞の活用が複雑なために，ここで選択されたような迂言的構文内の固定化された形式に取り込んだ方が，都合が良かったのではないか，と示唆してくれた。

機づけのない前置詞 far を加えている。これはおそらく音声的な理由からであろう。つまり，何らかの音声的な重複を生じさせる必要性が感じられて，それに屈したことになる。

## 6 借入先言語が借入元言語に適応しない幾つかのタイプ

前節では，実際にある言語から別の言語へ素性が借入された例を扱い，受け入れ側のシステムによって行われた適応のタイプに従って分類を行った。しかしある素性を受け入れた言語が，別の素性に対しては受け入れを拒むことがある。イディッシュ語は，スラヴ語派言語の影響を受けながら，2つの形式の非適応を示しているのが観察できる。

### 6.1 借入元言語の素性を拒絶

前節では，4.1 節で最初に触れた借入の例が，より大きなシステムの一部として振る舞うことを見た。同様に 4.2 節で最初に触れた借入を拒絶する例も，その動機づけとなる，より大きな要因を反映しているのが観察できる。そのような要因の1つを一般的に述べると，別の言語のある構造が，借入しようとする側の言語に上手く適合しないため，その構造も，時にはそれによって表される意味さえも，受け入れられないことがある，というものである。正にこのように，イディッシュ語は，統語関係以外の情報を示す動詞の屈折語尾を借入することを嫌悪しているようだ。ドイツ語から受け継がれた接尾辞が担うのは，不定詞・分詞・人称や数の一致などの統語関係を表す機能だけである。そのためイディッシュ語には，アスペクトの概念のような，意味を付け加える動詞の屈折の前例がなく，[9] 正にこれを行うスラヴ語派言語の屈折接尾辞を拒んでいるのだ。形式的には，これを完全に拒絶しており，接尾辞の形式に実際に現れるようなものは，何ひとつ借入されていない。意味的にも，イディッシュ語はスラヴ語派言語のある接尾辞グループが表す意味，具体的には移動動詞の定/不定の区別に関するもの（4.2 節参照）を，丸ごと拒絶している。勿論，イディッシュ語でも二次的不完了体を表す接尾辞の機能は借入している。ただしあくまで接頭辞がそのアスペクト指示機能を拡張し，その機能をカバーするようになっただけである。スラヴ語派言語の接尾辞から意味借入を行った唯一の強力

---

[9] イディッシュ語はそのような屈折接尾辞を拒絶しているが，意味を加えるような派生的接尾辞，例えば shraybeven（下手くそな文章を書く）にあるように軽蔑的な意味を付加する -eve（参照：ロシア語の -ov-a）は借入している（M. Weinreich 1980: 531）。

な事例は単一相の表し方であるが，既に見たように，これは全く別の構文が表している。

　もう1つの要因は，ひょっとしたらよくあることかもしれないが，借入先言語と比較して借入元言語が細かい区別を行っていなかったら，借入先言語はどうやらそれを無視する傾向がある，ということだ。つまり，ある言語が元々何らかの区別を行っているならば，借入元の言語にその区別がないからといってその区別を失うことはない，という傾向があるのかもしれない（それ以外の点では，借入元の言語からの影響に従ったとしても）。そのような要因は，要するに，「後ろ向きな」借入（別のシステムが表現できないのを見てそれに倣う）ではなく，むしろ「前向きな」借入（新しい要素や区別を取り入れる）の方を好む偏り，ということになる。この文脈で1つ例を挙げるなら，「下に」という経路概念を接頭辞で表すものである。ロシア語がこのために持っている接頭辞は，非生産的な niz- のみであり，主に副詞的表現に頼ってこの概念を表している。ロシア語のこのような接頭辞表現の乏しさにもかかわらず，イディッシュ語は元々持っていた基本的に4種類の区分を維持している。arop-V fun NP（～から離れて下へ）・arunter-V（fun/durkh/oyf NP）（～の空間を通って下へ）・anider-V（oyf NP）（～へ向かって下へ）・avek-V oyf NP（下って～の上へ）のように。

## 6.2　影響に（そして継承にも）抗う変化

ある言語が，本来の構造を借入元の言語のパターンに同化させずに維持することがあるだけでなく，逆の方向に変化させることもある。以下に挙げるイディッシュ語のこのタイプの3つの事例では，避けられるスラヴ語派言語のモデルは継承されるドイツ語のものとほぼ同じである。イディッシュ語はここで，スラブ語派言語の影響も，ドイツ語のシステムの継承も，ものともしていない。このような展開を説明するためには，システムに内在する強い圧力，例えば「駆流（Edward Sapir が提唱した，言語が時代と共に一定の方向へ変化しようとする傾向）」のような概念を持ち出す必要があるかもしれない。

### 6.2.1　「移動」対「位置」を格標示しない

1つ目の事例は，ドイツ語とスラヴ語派言語に共通の，2種類の異なる名詞の格標示の使用に関するものである。つまり，同じ前置詞の後に与格と対格を使用すると，それぞれ位置（その位置に）と移動（その位置へ）を示す，というものだ。両方の言語からのそのような入力に反して，イディッシュ語は全ての前置詞の後に与格のみを用いるようになった（ただし主格を取る「～として」

「~のような」の意味の前置詞を除く）。それ以外の場合には，名詞と代名詞の両方で与格/対格の区別をおおむね維持しているのだが，イディッシュ語はこのように格標示によって「移動」対「位置」を表すことをやめてしまったが，それを新しい構文で標示することができる（ひょっとしたら，この区別をさせるような圧力が，スラヴ語派言語から引き続きあったために，この構文が生じたのかもしれない）。この構文では，移動を表す場合には経路を表す動詞接頭辞が前置詞の目的語名詞句の後で繰り返されるが，位置を表す場合にはそれが起こらない。例を挙げると，arayn-krikhn in kastn arayn（箱の中へ這って入る）に対して zitsn in kastn（*arayn）（箱の中に座っている）となる。

## 6.2.2　前置詞により様々なタイプの 'from' を標示しない

次に，やはりドイツ語とスラヴ語派の両方の言語に共通の素性として，様々なタイプの「~からの移動」という意味を異なる前置詞で表す，というものがある。例えば，ドイツ語の aus NP-与格（~の外へ）・von NP-与格（~から遠ざかって），ロシア語の iz NP-属格（~の外へ）・s NP-属格（~（と接触していた状態）から離れて）・ot NP-属格（~から遠ざかって）がある。イディッシュ語は前置詞でそのような区別を維持しておらず，この意味範囲全体を1つの前置詞 fun（~から）で表すようになっている。

## 6.2.3　衛星要素により経路の境界づけの有無を標示しない

ドイツ語とスラヴ語派の言語に共通する3つ目の素性は，ある種のアスペクトの区別とそれを表す手段についてである。境界づけられた直線的な経路を，端から端まで一定の時間をかけて移動する場合は，ドイツ語でもロシア語でも対格と動詞接頭辞で表す（ドイツ語の場合は，分離不可能な接頭辞が用いられる）。これは，(21a) の通りである。しかし境界づけられていない経路に沿って一定時間進み続ける場合は，動詞接頭辞を使わずに前置詞のみの形式で表す（ただしドイツ語では，さらに分離可能な接頭辞が付くこともある）。これは，(21b) の通りである（ドイツ語で，後者の構文は，経路が境界づけられている場合でも，どんどん使われるようになっている。ただし，前者の構文は，経路が境界づけられていなければ，やはり使用されない）。

(21) a.　Der Satellit hat die Erde in 3 Stunden *um*flogen.
　　　　Satelit *obletel* zeml'u v 3 časa.
　　　　（その人工衛星は，3時間で地球の周りを飛んだ（つまり1周した））
　　 b.　Der Satellit ist 3 Tage (lang) *um* die Erde geflogen.

Satelit letel *vokrug* zemli 3 dn'a.
（その人工衛星は，3 日間地球の周りを飛び続けた）

イディッシュ語は，このドイツ語とスラヴ語派言語に共通の意味的・統語的素性にずっと接触する環境にあったが，それを失うようになった。上記の両方の場合とも同じように表現し，Der satelit iz arumgefloygn arum der erd in 3 sho/3 teg. となる。この区別がなくなったのは，イディッシュ語で (a) のタイプの構文が衰退したためかもしれない。そしてこの衰退は，um-・durkh-・iber- などの元々分離可能/不可能の 2 つの機能を持っていた接頭辞について，イディッシュ語で分離不可能な用法がなくなり分離可能な用法のみが残った結果かもしれない。

## 7 意味借入を統率している一般的原則

この結びの節では，本章で見てきた，スラヴ語派言語の影響のもとで，イディッシュ語の接頭辞が示してきた意味変化の素性を抽出して，9 項目からなる原則にまとめたい。これらの原則は，ある言語の意味空間の切り分けが，別の言語に適応される他の事例にも，さらに広く適用できるだろう。そのため以下の原則は用語を一般化させて述べてあり，影響を与える側の言語を D (donor)，それに対応して影響を受ける側の言語を B (borrower) としてある。このような述べ方をしたからと言って，全ての言語が実際にこの原則に従った振る舞いをする，と主張するつもりはない。そうではなくて，そのような振る舞いをする言語が他にもあるかもしれないという提案をすること，そして意味的な影響について十分に信頼できる原則を打ち立てることを目標に，他の言語接触の状況を調査する際の枠組みとなることを意図している。

(22) D（借入元）言語から B（借入先）言語への意味空間借入を生じさせる要因
  a. 上位レベルの意味は一般的に，D 言語のある形態素クラスから，B 言語のそれと似た形態素クラスへと借入される。ここで「似た形態素クラス」とは，統語範疇が似ており，D 言語の形態素クラスが表す上位レベルの意味に合うような事例を既に持っているような，形態素クラスのことである。
    例えば，スラヴ語派言語において動詞接頭辞でアスペクトを表すというやり方は，イディッシュ語の動詞接頭辞に取り入れられた。イディッシュ語の動詞接頭辞には，既にアスペクトを表している

ものが幾つかあったからである。
b. 一般的に，そのような対応する形態素クラス内で，ある意味が，D言語のある形態素からB言語のそれと似た形態素へと借入される。ここで「似た形態素」とは，音声形式が似ており，D言語の形態素が表せる範囲の意味に合うような意味を，既に幾つか持っている形態素のことである。

　例えば，イディッシュ語のop-はロシア語のot-と同じ様に聞こえ，それと共通する「～から離れて」という意味を，それ以外の意味を借入する以前から既に持っていた。

c. そのようなD言語とB言語の対応する形態素について，幾つかの意味が借入されて，両者の間で意味が一致する部分が増大する。

　例えば，イディッシュ語のop-はスラヴ語派言語（ロシア語）のot-から「～し終える」と「～し返す」の意味を借入し，イディッシュ語のon-はスラヴ語派言語（ロシア語）のna-から「～が蓄積する」・「～して満たす」・「飽きるまでとことん～する」の意味を借入した。

d. (a)の帰結として，一般的にB言語は，平行した要素を持たないD言語の形態素クラスからは，統語範疇も意味も借入せず，それらを不相応あるいは異質なものとして扱うようである。

　例えば，スラブ語派言語の動詞では，ある種の屈折接尾辞は意味内容を付加するが，イディッシュ語では統語関係しか示さない。イディッシュ語は，それらスラブ語派言語の接尾辞に似た接尾辞を発達させておらず，さらにそれらが表す意味を取り込むことすら，おおかた避けている。

e. それでも，もしB言語が平行していないD言語の形態素クラスから借入するとしたら，一般的にその統語範疇ではなく，上位レベル的意味またはその成員の意味，だけを借入する。そして元々B言語に存在していた構文で，その意味と調和するものを使って，その意味を表す。

　例えばイディッシュ語は，スラブ語派言語が接尾辞を使って表す単一相アスペクトを借入するにはしたが，その意味を表すには，イディッシュ語に元からあり，既にそのような意味を表す幾つかの例があった迂言的構文を用いた。

f. B言語は，元々持っている意味空間の素性（祖語から受け継がれた意味的・統語的な素性や区別）を維持する傾向がある。そのためB

第 12 章　意味空間の借入：通時的ハイブリッド化　　　　　　　　123

　　　言語は一般的に，D 言語から借入する際に，元々持っていた素性を
　　新しく受け入れたもので置き換えるようなことはしない。そうでは
　　なく，新しい素性を元々持っていた素性に付加し，その 2 つのパ
　　ターンの間で様々な種類の適応をする。そのような適応には，ハイ
　　ブリッド形成・交わり・非多義化・拡張使用，が含まれる。
　　　例については 5 節を参照。
g. 同様に，そのように元々の意味空間の素性を維持する傾向により，
　　一般的に B 言語は，D 言語が平行する素性を欠いているからといっ
　　て，元々持っている素性を失ったりはしない。
　　　例えばイディッシュ語にある，接頭辞で表される 4 種類の「下に」
　　の意味の区別や，on- などの接頭辞の最も本来的な意味に対応する
　　ものが，スラヴ語派言語にはない。しかしイディッシュ語は，
　　それらを保持し続けた。
h. B 言語が D 言語の意味システムの全てを借入することはなく，一
　　部のみを借入する。そのため B 言語に元々ある幾つかの素性は，B
　　言語のシステム内で揺らぐことはなく，D 言語の方式とは逆の方向
　　へ発展することさえある。
　　　例えば，イディッシュ語は，スラヴ語派言語の接頭辞で表される
　　意味の一部，例えばロシア語の pro- が持つ「端から端まで」の意
　　味などを借入しなかった。また，元々のドイツ語流の方式ともス
　　ラヴ語派流の方式とも違って，対格/与格による「移動/位置」の
　　区別をなくしてしまった。
i. 借入を統率する前述の全ての要因は，B 言語が D 言語の影響下に
　　あり続ける限り，おそらく引き続き何度も繰り返し適用される。つ
　　まり B 言語は，最初から D 言語の意味空間をそっくり受け継ぐの
　　ではなく，「創造的に」適応することを絶えず続けていき，ほとんど
　　の場合それによって B 言語のシステムは D 言語のシステムにどん
　　どん近づくことになる。この過程が続いていくと，終いには B 言
　　語と D 言語の意味空間が完全に同一になり，形態素の形式が異な
　　るだけ，ということになるかもしれない。

　後半の原則の幾つかには，さらにコメントを加えた方がよいかもしれない。
(22f) の原則から，もし新しい素性を加えながらも古い素性を保持する傾向が
あるならば，意味素性が過剰になってしまうことを，言語はどのように拒むの
だろうか，という疑問が生じる。私の考えでは，言語は，影響を与える側の言

語に直ちに反応して，古い素性を新しいものに置き換える，というようなことはしない。新しく素材がまとめられた形状の全体に対して，余分なものを切り落としたり再編成したりというような過程が成されることにより，元々持っていた素性でも，借入したものでも，ハイブリッド化したものでも，削減するのだろう（これは二次的に行われることであり，各言語により，それにかかる時間もやり方もまちまちだろう）。

(22h) の原則では，影響を与える側の言語の全ての素性が借入されるわけではない，と述べている。しかし，どのような要因により，何が借入されて何が借入されないかのパターンが決まるのかは，((22d) 以外では) はっきりしない。しかし少なくとも次のことは言えるだろう。間違いなくこれに関係するのは，ある言語の母語話者がその言語の語彙項目や文法的特性の全体的な構成について，「まとまっている」という感覚を持っていることである。そしてそこから，別の言語のどの要素が自分の言語により上手く適合し，どの要素がより適合しないかという感覚を母語話者が持つことである。

また (22i) の原則では，2つの接触する言語が最終的には相同関係になると述べているが，Gumperz and Wilson (1971) はそのような最終状態が，インドのある共同体で話される，あるドラヴィダ語族言語とインドイラン語の間に成り立っている，と報告している。しかしある言語が，そのような完全な相同関係に至ることなく延々と続くことも，十分ありえるように思われる。もしイディッシュ語が，スラヴ語派言語が話される地域で話され続けていたら，その一例になっていたかもしれない。イディッシュ語は，外部とのつながりを2つ持っていたからである。すなわちドイツ語を話す世界と引き続き交流があり，また宗教的文書にあるヘブライ語と特別なつながりを持っている。特に後者の語彙や構造は，長期に渡ってイディッシュ語に影響を及ぼし続けた。

結論として，2節で提示した一般的な意味空間の切り分けに関する要因と，7節で提示した，ある言語の意味空間が他の言語の意味空間へどのように影響を及ぼすかに関する原則，さらにそのような要因や原則を例証するものとして，スラヴ語派言語の影響を受けたイディッシュ語についての上述の詳細な記述によって，意味システム同士の体系的な相互作用を理解するための，1つの枠組みが提供されると思われる。

# 第 6 部

## 意味的相互作用

第 13 章
# 意味的な矛盾と解消

## 1 はじめに

この章では，伝達の相手が耳にする談話の一部が，同一の指示対象物に対して2つ以上の指定を行うような通常の言語状況を扱う。[1] これらの指定は互いに整合することも，矛盾することもある。後者の場合，その矛盾を解消するために，伝達の相手の中で一連の認知操作が発動しうる。

もっと具体的に言うと，文やその他の談話の一部が，同じ指示対象物の特徴について，2つ以上の指定を行う状況に対して，**多重指定（multiple specification）** という用語を使う。主にここでは，そのような2つの指定を，文中のある閉じたクラスの形式とある開いたクラスの形式が行う場合を扱う。しかし，また，2つの指定を行うのがどちらも閉じたクラスの形式の場合，どちらも開いたクラスの形式の場合，開いたクラスか閉じたクラスの形式と文全体が表す内容の場合も，検討する。これらのどの場合でも，同じ1つのパラメーター（つまり指示対象物の特性）に対して，2つの形式がそれぞれ値を指定する。したがって，異なる指定が両立可能か，矛盾するか，いずれかの可能性がある。後者の**意味的な矛盾（semantic conflict）** の場合，**意味的な解消（se-**

---

[1] この章は Talmy (1977) を大幅に書き直したものである。Talmy (1977) の多くの部分は，ずっと発展した形になって，本書の1章に収録されている。繰り返しを避けるために，それらの箇所をここでは省略している。Talmy (1977) の残りの部分では，意味的矛盾とその解消のプロセスを扱っていた。その部分を，適宜改訂し，発展させたものが本章である。元の論文で扱われていた（そして本章でも扱われている）意味的解消のタイプの1つである「変移」のタイプは Pustejovsky (1993) の coercion という概念ととても類似しており，一方，もう1つのタイプの「混合 (blend)」は，blend という同じ名前を持つ Fauconnier and Turner (1998) の概念ととても類似している。

mantic resolution）という一般的な認知的手続きのもとで，伝達の相手の内部で概念的な解消のための様々なプロセスが発動しうる．

このようなプロセスは他にもあるのだが，ここでは5つのプロセスを見ることにする．1つのプロセスでは，一方の形式のある指定を「変移」させて，もう一方の形式の指定に合うようにさせる（2節）．2番目のプロセスは，2つの形式による指定の「混合」である（3節）．3番目のプロセスは2つの指定の「並置」である（4節）．4番目のプロセスでは，2つの指定に折り合いをつけさせる方法が直ちに明らかでなく，ゆえに，一番合うものを探すために色々な手段を次々と試してみる．その一方で，5番目のプロセスでは，2つの指定があまりにも整合しないので，どのような解消法も「阻止」される．これら解消のプロセスの1つである「変移」には，言語的に基本的である，という概念が極めて重要である．この概念は6節で議論する．どの特定の矛盾した指定でも，それらの解消のプロセスの中で，たった1つしか受け入れないというわけではなく，むしろ，伝達の相手は一般的に，一連のプロセスのどれでも使うことができると考えられる．

この章は，次章とペアを成している．次の14章では，複数の伝達目標や，概念を表示するために利用できる複数の表出手段が衝突を起こしている場合に，談話を行っている者の内部で，どのような認知処理過程がリアルタイムで起っているか，を問題とする．それを補完する形で，本章では，ある概念の複数の表示間で衝突が起っている場合に，伝達の相手の内部で，どのような認知処理過程がリアルタイムで起っているか，を問題とする．

## 2　変移

文中で2つの言語形式の指定が衝突する時に，折り合いをつけさせる1つの方法は，一方の形式の指定が変化して，もう一方の形式に合うようになることである．このように変化を伴うタイプの意味的な適応を，**変移**（**shift**）と呼ぶ．以下では，幾つかのタイプの変移の概略を述べる．最初の2つのタイプでは，閉じたクラスの形式が変移を示す．ここでは，閉じたクラスの形式が表す基本的なスキーマのある構成要素が，意味的に広く解釈されるか，または取り消される．そのような変移が起こると，閉じたクラスの形式の指定が，共起している開いたクラスの形式の指定か，当該の文脈と，合うようになる．しかし最もよく見られるのは，3つ目のタイプの変移である．そこでは，開いたクラスの形式の基本的な指定が置き換えられて，共起する閉じたクラスの形式の指定と合うようになる．

## 2.1 閉じたクラスのスキーマのある構成要素を広く解釈

英語の閉じたクラスの形式である前置詞 across が表すスキーマには，2つの直線の相対的な長さに関する素性がある。具体的に言うと，この前置詞では，「図」の経路の長さが，その経路と直交する「地」の物体が延びている長さと同じか，それよりも短くなくてはならない。だから例えば，もし私が桟橋を「歩いて across する」としよう。桟橋には，海へ延びていく縦の線と幅を成す横の線があるが，私は横の線に沿って移動しなければならない。そうすれば，私の通る経路は桟橋の縦の線より短くなるからである。もし私が桟橋の縦の線に沿って行ったなら，私の通る経路は，桟橋の横の線よりもはるかに長くなってしまう。もっと言えば，across は使えなくなってしまうだろう。むしろ，経路が直交する線よりも長い場合は，一般的に前置詞 along の領域になる。だから，私は桟橋を「歩いて along する」と言うだろう。

しかし今度は，across を色々な「地」の物体と組み合わせてみよう。(1) では，これらの物体が，「図」（＝話者）が通る「地」の物体の縦線が，それと直交する横線よりも，短いものから順に長いものになっている。

(1) I swam/walked across the  （私は，{泳いで/歩いて} ___ を across した）
 a. river. （川）
 b. square field. （正方形のグラウンド）
 c. ?rectangular swimming pool. （長方形のプール）
 d. *pier. （桟橋）
 〈私が｛プール/桟橋｝の狭い方の一方の端からもう一方の狭い方の端に行く場合〉

(1c) が部分的にだが容認できるのは，話者の辿る経路が，向かって横方向の線よりも，ほんのわずかしか長くないからである。これは，across スキーマの相対的な長さの素性が，その基本的な指定を，幾分か「広く」解釈してもよいことを示唆している。しかし (1d) が容認されないことから，あまりにもかけ離れた解釈はできないことが分かる。

## 2.2 閉じたクラスのスキーマのある構成要素を取り消す

もう一度 across スキーマを見てみると，基本的な素性として，「図」の経路と「地」の平面的な幾何的特性との間に，次の関係が含まれると考えることができる。つまり，「図」の経路は，「地」の区切られた平面の手前にある端から始まり，その表面上を通って，向こう側の端で終わる。この素性は，The shopping cart rolled across the street.（買い物カートが，通りを転がって渡った）や

The tumbleweed rolled across the field in one hour.（回転草（＝夏の終わりごろに枯れてちぎれて，軽い玉（球）のようになり，風に吹かれて転がる，乾燥地帯の植物）が，1時間で野原を転がりきった）のような文の通常の解釈に見られる。しかし，このスキーマ的素性のうちのある構成要素が文中の他の指定と相容れない時は，それらの構成要素が保留されたり，取り消されたりすることがある。そのような相容れない指定は，特定の語彙形式によりもたらされることもあるし，文全体が表す内容によりもたらされることもある。

　例えば(2)では，文全体が表す内容から，そのカートが通りの反対側まで辿り着かなかったことは明らかである。したがって，前述の across の素性の中の一部が保留されているか，または，取り消されている。つまり，最後の「（その「図」の経路は）向こう側の端で終わる」という構成要素のことである。ここには，特筆すべき言語の操作原理が働いている。すなわち，単語（ここでは across）が基本的に指し示す内容が文脈と完璧に合わないからと言って，その単語が使えないわけではない，ということだ。むしろ，その単語の指定のほとんどは同じまままで，たった1つ（または2つか3つ）の指定を認知的に変移するだけで，同じように使うことができる。

(2)　The shopping cart rolled across the street and was hit by an oncoming car.
　　　（その買い物カートは，通りを転がって渡り，そこにやって来た車に轢かれた）

　同様に，across スキーマでは始めと終わりが境界づけられているのだが，(3)では文中の他の要素は終わりがないことを表しており，矛盾している。とりわけ，for an hour の for が終わりのないことを示しているし（in an hour ならそうならない），さらに大草原は非常に広大なので，回転草が1時間転がり続けても，まだ大草原の端まで行かないだろうから，この解釈が成り立つ。したがって，前述の across の素性の最初と最後の構成要素（＝「手前の端で始まり」と「向こう側の端で終わる」）が取り消されている。

(3)　The tumbleweed rolled across the prairie for an hour.
　　　（回転草は，大草原を1時間転がり続けた）

## 2.3　開いたクラスの指定のある構成要素を置き換える

開いたクラスの形式はより豊かな意味内容を指定するが，しばしば，主に閉じたクラスの形式が表すような種類の構造的な指定を行うこともある。そのような構造的な指定が，文中の閉じたクラスの形式の指定と相容れないことがあ

る。その場合は，開いたクラスの形式の方が，元々の指定を閉じたクラスの形式の指定に置き換えるのが普通である。こうすることで，2つの形式が意味的に矛盾しなくなる。以下，2つの異なるカテゴリーの指定を例に，この過程を説明する。

### 2.3.1 拡がりと分布

閉じたクラスの形式と開いたクラスの形式のどちらも，ある量の「拡がりの程度」や「分布パターン」に関して，指定することができる。これらの2つの概念的カテゴリーは，1章の5.5節と5.6節で議論している。時間領域に限って拡がりの程度を考えると，出来事は「点的」（時間の1点だけで起こると理想化することができる）か，または，「継続的」（時間の拡がりに渡って起こる）になれる。その分布パターンについて言えば，例えば，出来事は，1つの状況から別の状況に推移し，元に戻らないなら，「一方向的」であるし，もし元に戻るなら，「一周期完結型」である。

さて，開かれたクラスの動詞 hit は，最も基本的な意味として，（推進させられた）物体が別の物体に向かって，スーっと素早く動き，ぶつかり，跳ね返るという，「点的」で「一周期完結型」の行為を表すと考えて差し支えない。(4a) では，これらの基本的な時間的指定が，閉じたクラスの形式と一致している。だから例えば，hit が時間的に「点的」である性質は at 時間句と一致するし，さらに and ... again 構文を続けても矛盾しない。この文に "removed the mallet from the gong"（「銅鑼（ドラ）から木槌を離した」）のような節を続けると適切でなくなるが，このことから hit がここでは既に一周期完結型と理解されていることが分かる。つまり hit には，動かされた物体が叩いた対象から離れるところまでが，既に含まれているのだ。次に (4b) を考えてみよう。この文は，出来事をスローモーション映画で見ている時になら，発されることがあるかもしれない。ここには閉じたクラスの形式の進行形 be -ing があり，その時間的な幅があり一方向的である，という解釈は，hit の元々の時間構造と相容れない。したがって，ここで，この動詞 hit の時間構造に変移が起こって，閉じたクラスの指定と一致するようになる。特に，動詞の「点的」性質が「時間的な幅」と置き換えられ，一周期完結型のパターンが一方向的パターンに置き換えられる。今や動詞 hit は，「継続的」で「一方向的」行為を表すようになり，動かされた物体が，その経路の先にある物体に向かって，スーッと素早く動いている最中で，おそらくその物体にぶつかるだろう。

(4) a.　She hit the gong with the mallet at exactly 3:00, (*removed the mallet from the gong,) and hit it again five seconds later.
　　　（彼女は3時きっかりに木槌でドラを叩き，(*ドラから木槌を離し)，5秒後に再び叩いた）
　　b.　And now she's hitting the gong with the mallet.
　　　（そして今彼女は木槌でドラを叩いているところだ）

### 2.3.2　連想される属性

動詞が bend（自動詞）で主語が色々な名詞句であるような，自然に読める文を幾つも作って調べてみると，主語の名詞句が指し示すものが，大雑把に言って，線的か平面状の硬い物体であることが分かるだろう。(5) がその例である。そこから次のように結論できる。動詞 bend は，対象となる物体がどのような行為を被るかを指定するだけでなく，その物体の性格（＝硬い物体）についても指定している，と。したがって，その物体は特徴を2つの開いたクラスの形式（＝主語の名詞句と動詞）により指定されていることになる。それゆえ，これは多重指定の事例である。

(5) a.　The cardboard bent in two.（厚紙が，2つに折れ曲がった）
　　b.　The handkerchief bent in two.（ハンカチが，2つに折れ曲がった）

しかしながら，(5b) の文とそれに対する伝達の相手の一連の反応がどのようなものか考えてみよう。(5b) の文は，指定が衝突している。つまり，普通「ハンカチ」は柔らかいが，「曲がる」のは，何か硬い物だ。これらの特徴は，同じ物体について両立しない。実際，(5b) を聞いたら，伝達の相手は，まず驚きや当惑という反応を示すかもしれない。こういった感情は，認知的な食い違いがあると，よく起こる。けれども，すぐに続いて，この食い違いは概念的に解消されるかもしれない。例えば，2つの指定の「混合」や「並置」によって解消されることもあるだろう（下記を参照）。あるいは，そのハンカチが前もって液体窒素に浸されていた状況などを想像して解消されることもある。この形式の解消（＝食い違いを取り除く文脈を，伝達の相手が思い付く）には，変移が関わっている。通常「ハンカチ」で連想される「柔らかさ」という属性が，「硬さ」に置き換えられ，その結果として，動詞の指定と一致することになる。ここで関与する認知パラメーターは，**連想される属性**（**associated attributes**）のパラメーターだ。すなわち，あるモノの概念に典型的に結び付けられる，付随的な属性である。ここではこれ以上議論しないが，あるモノに本質的であると理解される特徴と付随的と理解される特徴の区別については，さ

らに研究が必要だろう。そしてそれは，Fillmore (1975) が real/fake gun ({本物/偽物} の銃) と real/imitation coffee ({本物/代用品} のコーヒー) を分析した路線に沿うことになるだろう。

さらに2つの「連想される属性」に関する変移の例を見てみよう。(6) で，home は閉じたクラスの形式として，特に動詞の衛星要素 (9章を参照) として機能し，「経路」と「地」の物体との組み合わせを to one's/… home として指定する。(6) の (a) と (b) で「地」の物体は，開いたクラスの前置詞句の物体によっても指定される。(a) の場合，二重指定は，通常期待されることと調和している。しかし (b) の場合，2つの指定は衝突している。'hotel room' (ホテルの部屋) は，普通「一時的な客の宿泊所」を示唆する。一方 home (自宅へ) は，たいてい「定住場所」を示唆する。けれど，ここで伝達の相手は，1つの解消法として，開いたクラスの形式である hotel room の連想される属性を変移して，閉じたクラスの形式 home の属性に合うようにすることができるだろう。このようにして，ようやく，ジョンが行く場所は彼の自宅でもあり，ホテルの客室でもあると理解される。どうやらホテルの客室が長期的な住まいとして使われているのであろう。

(6) John went home　　　　　　　（ジョンは，帰宅した）
    a. to his cottage in the suburbs. （郊外の田舎屋に）
    b. to his hotel room.　　　　（ホテルの部屋に）

同様に，連想される属性という点に関して，(7) の2つの選択肢は，閉じたクラスの指定と開いたクラスの指定の間の一致と衝突をそれぞれ示している。ここでの閉じたクラスの形式は，「対応するものを釣り合わせる」構文とでも呼べるものであり，文の最後に表現された時間が，本来間に合うべき時間であると理解されるべきことを示している。実際の時間を表しているのは，開いたクラスの形式である。(7a) の 9:00 (9時) は，普通の勤務日の始まりの時間であるという，この社会での連想される属性を持つ。だが，(7b) の noon (正午) では，普通は遅いと見なされるだろう。それゆえ，この後者の属性は構文が表す内容と衝突する。伝達の相手は noon と聞いて，最初，驚きや当惑を覚えるかもしれない。しかし，それから，正午に勤務を始めるような珍しい仕事の状況を想像することによって，その「遅い」という連想属性を「時間に間に合っている」という属性に変移するかもしれない。そうすると，ここでもまた，開いたクラスの形式に変移が起こり，その連想される属性の1つを置き換えるという過程を通じて，閉じたクラスの形式に合わせるようにするだろう。

(7) Jane got to work late, and Bill didn't get there at
（ジェーンは職場に遅れて到着したが，ビルも職場に着かなかった）
   a. 9:00, （9時には）
   b. noon, （正午には）
      either.

## 3 混合

2つの指定が一致しない場合に，「変移」では，1つの指定に合わせるように，もう1つの指定を変更することによって，意味的な解消を行う。しかし，これとは別の認知プロセスに**混合（blend）**がある。ここで，伝達の相手はどちらの指定も満たせるような，拡充した認知表示を思い付く。典型的に，この表示は想像力を働かせた混成物であり，伝達の相手自身は，この表示が自分の内部のより客観的な表示に対応しないと考えるかもしれない。だから混合では，両方の元々の指定が何らかの形で保たれる。ここでは「重ね合わせ」と「個体内への投影」という2つのタイプの「混合」について考える。

### 3.1 重ね合わせ

(8)の文を考えてみよう。

(8) My sister wafted through the party.
（私の妹は，パーティーの中をふわりふわりと漂いながら歩いた）

ここでは2組の指定の間に衝突がある。一方で，動詞 waft は，おそらく木の葉のような物体が空中をあちこち緩やかに漂いながら移動していることを示している。他方で，文の残りの形式は，ある人が他の人々の集団の中を移動していることを指定している。これらの2組の指定は見たところ，あまりに異なるため，上で述べた「曲がったハンカチ」の例のように，変移タイプの過程によって折り合いを付けることはできない。例えば，女性が木の葉であるような，すぐに思い付く文脈は見当たらない。木の葉が女性であるような文脈も同様である。また，パーティーが風である文脈も，風がパーティーであることが可能な文脈も見当たらない。それにもかかわらず，このような不一致があるからと言って，さらに概念処理を進めることは何ら妨げられていない。むしろ，伝達の相手には，2組の指定された諸特性から構成される，概念の「混合」や「混在」が喚起される。例えば，私に取って，この文は次のような概念化を呼び起こす。私の妹はパーティーであてもなくさまよい，自分の周りの出来事に

はあまり気づいておらず，そして周囲のパーティーはどことなく，少しガヤガヤした音で満ちている，というものである．しかしながら，この混合には，ある構造がある．2組の指定の中で，文が本質的に表すこととして浮かび上がるのは，私の妹がパーティーの中を歩くことである．他方，木の葉のようなものが空中を漂うという指定は，その本質的に表している内容に一種の「色を付ける」働きをするだけで，そこに混合されていく．その2組の指定は(9)のように部分ごとに対応させて並べることができる．ここでは，実際に文に現れた要素を小文字に，連想される要素を大文字にしてある．このように2組の指定がどちらも全体の意味に貢献しているが，本質的に表す内容は，やはり(9b)の要素である（文に現れるもの，そうでないものの両方とも）．だが，(9a)の「色を付ける」要素を本質的な要素と並べて対応させることができるということからすれば，このタイプの混合には，**重ね合わせ（superimposition）**という用語がふさわしい．

(9) a. THE LEAF wafted through THE AIR.（木の葉が，空中を漂った）
b. My sister WALKED through the party.
（私の妹が，パーティの中を歩いた）

伝統的なメタファーという概念が当てはめられてきたプロトタイプ的状況は，実はこの「重ね合わせによる混合」の状況である．しかし，この章の分析の枠組みでは，そのようなメタファーは，多重指定の間の衝突を解消するという，より一般性のあるプロセスの中の1つのタイプに過ぎないことを，心に留めておくべきである．

### 3.2　個体内への投影
(10)の2つの文が，映画で撮影されるシーンの描写だとしよう．もし俳優たちが同じ様な衣装を着ていたら，どちらのシーンでも同じように見えるカット（＝手で膝を軽く叩いているカット）を撮ることができるだろう．したがって，少なくともこの限りにおいては，(10b)で再帰代名詞が使われても，指定された動きの基本的性質を変えることはないと言える．再帰代名詞は単に，両方のシーンで指定された2つのぶつかる物体（＝手と膝）について，それらがどちらも，別々の2人の身体部位でなく，同じ人物の身体部位であることを示しているだけである．

(10) a.  As the soldier and the sailor sat talking, the soldier patted the sailor on the knee.
（兵士と水兵が座って話しながら，兵士は水兵の膝を軽く叩いた）

b.  As the soldier and the sailor sat talking, the soldier patted himself on the knee.
（兵士と水兵が座って話しながら，兵士は自分の膝を軽く叩いた）

しかし（11a）と（11b）に従って演技されたシーンに対しては，同じように共通するカットを見つけることはできないだろう。(11a) の文では，2人の人物がおり，1人がもう1人を持ち上げ，前に放り投げるが，自分自身は同じ位置にいる。しかし（11b）の文では，1人の人物が身を投げるだけである。そして，後者のシーンのこの1人の人物の動きは，前者のシーンの2人のどちらの動きにも似ていない。つまり，(11b) で再帰代名詞を使うことにより，今度は動きの性質が著しく変わっているのだ。もっと言えば，その動きを jump (跳ぶ) が指定する動きに近づけたようだ。したがって，もし私たちが（11b）と（11c）を基にシーンを撮影するとしたら，その撮影結果は区別できないだろう。

(11)  As a military training exercise,（軍の訓練練習として）
a.  the soldier threw the sailor off the cliff into the ocean below.
（兵士は，水兵を崖から下の海に放り投げた）
b.  the soldier threw himself off the cliff into the ocean below.
（兵士は，崖から下の海に身を投げた）
c.  the soldier jumped off the cliff into the ocean below.
（兵士は，崖から下の海に飛び込んだ）

ここで関与する概念カテゴリーは，**シーンの分割**（**scene partitioning**）と呼ぶことができる。開いたクラスの動詞 throw は，基本的な意味において，2価のシーン分割を指定する。すなわち，「投げる主体」と「投げられる物体」という2つの役割を果たすモノを持つ，1つのシーンである。(11a) で，throw のこの2価指定は，主語と目的語の名詞によって指定される2つの異なる指示対象が現れることと一致している。しかし（11b）では，この2価動詞が，1価の閉じたクラスの形式と共に生じている。すなわち主語＋再帰形の構文で，この構文は1つの指示対象しか指定していない。したがって，開いたクラスの動詞 throw の2価指定と閉じたクラスの再帰構文の1価指定との間に意味の衝突が起こる。

すると，少なくとも1つのタイプの意味的な解消がここで起こる。それは，変移による解消である。throw の2価指定が再帰構文の1価指定に屈しており，そのため，今や文全体は間違えようもなく，1つの指示対象物しか表していない。しかし，認知的には，そこで止まらないようだ。もしそのような認知的変移しか起こっていないなら，今や1価となった (11b) は，シーン分割の問題に関しては，(11c) の基本的に1価である文と，意味的に区別が付かないはずである。しかし，2つの文は映画上では同じであるにもかかわらず，依然として異なる認知表示を喚起するようだ。(11c) と対照的に，(11b) は何らかの形式で2つの役割を指定しているようである。もっと言えば，2つの役割が，基本的には1つの役割として生じることと混合されている。したがって，このように2つが1つに混合する形式は，**個体内への投影**（**introjection**）と呼んでよいかもしれない。特に私に取って，(11b) の文は，兵士は1人しかいないが，2つの部分に細分されている，という感じがする。つまり，彼の意志・跳んでいる筋肉組織・チカラを行使することは，どうも「投げる主体」と理解され，一方，彼の人格の残りの部分と身体は「投げられる物体」と感じられる。

これと全く同じ結論が (12) の例にも当てはまるようだ。(12a) で，serve は基本的に2価の社会的行為を表すシーンを指定するが，その2つの役割である「もてなす人 (host)」と「客 (guest)」が，(12b) では1人の行為者へと圧縮され，重ね合わせられる。つまり，1つの個体内へ投影されている。(12b) のこのシーンは (12c) のシーンと映画上では同一である，両者が異なるのは，これらのメタファー的に混合された属性だけである。[2]

(12) a. The host served me some dessert from the kitchen.
(招待してくれた人は，台所から取って来たデザートを私に出してくれた)
b. I served myself some dessert from the kitchen.
(私は，台所からデザートを取って来て食べる用意をした)
c. I went and got some dessert from the kitchen.
(私は，台所に行きデザートを取って来た)

---

[2] (i) の文がおかしいことから，意味的におかしくない「個体内への投影」であれば全てが標準化されてきたわけではないことが分かる。

(i) ?I'll drop myself off and then let you have the car.
(私が降りて，それからあなたにその車をあげましょう)

## 4 並置

2つの文の指定が矛盾する時に，**並置**（**juxtaposition**）という認知プロセスでは，それらの矛盾する指定が並べられて，より広い認知的文脈の中で同時に考察できるようになる。前節で議論した「混合」の認知プロセスでは，新たに出現する概念的な混在物の中で，元々の指定は個別性を失うようである。そして，別々の指定が表示していた意味的矛盾が，新しい想像的な「混合」の中ではなくなる。しかし「並置」では，元の指定が一緒になって生み出す概念的矛盾を維持しながら，それぞれの個別性も維持する。もっと言えば実は，「並置」の重要な点は，正にこの矛盾を前景化する，あるいは利用するということだ。特に，「並置」のプロセスは，異なる指定の周りにグルっと1本の境界線を引いて，それら全てに一度に目を向けるような，高次レベルでの視点を取る地点を確立する。整合しない指定同士に，このように注意を向けると，**食い違い効果**（**incongruity effects**）とも言える経験が生まれる。そのような効果には，驚き・奇妙さ・アイロニー・ユーモアなどがある。「ユーモア」タイプの「食い違い」の例を幾つか示すことで，「並置」のプロセスがどのようなものかを見てみよう。

(13) の文を考えてみよう。ここでは2つの単語の間で，指定が矛盾している。slightly（わずかに）は漸増的尺度上の1点を表している。一方，pregnant（妊娠している）は基本的な構造的構成要素として「～であるか～でないかのいずれか一方」という意味を持つ。この矛盾に対する1つの解消法として，伝達の相手は「変移」を行うかもしれない。その伝達の相手は pregnant の「いずれか一方」という構成要素を，漸増的尺度という構成要素に変えてしまうかもしれない。その結果，今や pregnant は妊娠期間の1つの段階を指し示すということになる。だが，別の代替策として，伝達の相手は「並置」の過程を利用して，おどけた効果をもたらすことが可能だろう。とりわけ，妊娠は絶対的な事実であるのだが，否定的な連想を持つものと理解され（＝つわり），話者はつわりが大したことがないと言うことで，否定的な連想を押さえようとしている。

(13) She's slightly pregnant.
    (彼女は，ちょっと妊娠している → 妊娠の初期段階である/つわりが大したことない)

「並置」は，2つの文にまたがって行われることもある。(14) のやり取りがその例である。ここで話者 A の発話は，普通「個体内への投影」（＝前節で議

論済み）の意味で理解されるだろう．つまり，その文は1人の人物を指すが，その1人の中に2人という意味合いが，メタファー的に混合される．しかし，今，話者Bが複数の異なる個人がいることを指す表現を使って，(14)のBのように返事するかもしれない．この2つ目の発話により，最初の発話が形式上は主語と目的語があるために2人が関わっているような感じが少しするところを，それを強めて現実に2人がいるかのようにする効果が生じる．そしてそれが，実際には1人しかいないという，既に認識されている現実と並べられる．結果として，滑稽なバカバカしさになる．

(14)　A:　John likes himself.
　　　　　　（ジョンは，自分自身のことが好きだ）
　　　 B:　Yes, well, birds of a feather flock together.
　　　　　　（そうだね，えっと，類は友を呼ぶだね）

　食い違っているものの「並置」は，単語や表現だけではなく，文体や伝え方でも起こる．例えば，(15)に引用された路上生活者の語句・表現には，意味的・文法的複雑さがはっきりと見て取れ，この人物が教養があり明晰であることを示唆している．しかし，その話し方は路上生活で身に付いた，他者と交わりたくないというふうな態度を示している．この2組の特性が同時に解釈されると，その話者の性格について，滑稽なくらいに一貫しない印象を与える．

(15)　You couldn't help us out with any part of 22 cents …?
　　　　（22セントまでのどの金額でも頂けますと，誠に助かるのですが，いかがでしょうか …）
　　　　［抑揚のない早い不明瞭な言い方で話される］

## 5　取っ替え引っ替えと阻止

　談話の一部で指定が矛盾しているのを聞くと，すぐに伝達の相手は先述のタイプの意味的解消のいずれかを使うことができるかもしれない．しかしそれがあまりにも素早く自動的に起こるので，関与する認知プロセスを意識に出して理解することが，通常は難しいかもしれない．しかし矛盾の中には，目新しいまたは厄介なために，伝達の相手が次々と解消を試みて解釈しなければならない事例もあり，そのような解消の試みについて，伝達の相手はより容易に意識することができる．
　そのような連続した試みの1つの形式を，**スキーマを取っ替え引っ替えす**

ること (schema juggling) と呼ぶことができる。(16) の文を考えてみよう。ここでは次のような問題がある。across スキーマは，プロトタイプ的に 2 本の平行した境界線の間を直交する直線の経路を指す。だが，車の複雑な幾何的特性では，文脈的に関連のあるどの車体部分にも，明らかに across スキーマは合わないのである。私がこの文を発してみたところ，それを聞いた人たちはおおかた，車に対して across の経路を引く方法を幾つか素早く試してみて，上手くスキーマと合わなくても一番ましな経路になるようにする，と報告してくれた。そして，この人たちは，尋ねられればその連続処理をたやすく意識にのぼらせることができた。

(16) The snail crawled across the car.
(カタツムリが, 這って車を横切った)

回答してくれた人たちの最終的な解決策がまちまちであったことに，注目していいかもしれない。カタツムリが，車の屋根の上を端から端まで這っている，と答えた人たちがいた。この解決策の問題点は，その経路が曲線となり，物体の上面を通ることである。そのような特性は across よりも，前置詞 over にふさわしい。また，カタツムリが，車のボンネットの上を端から端まで這っている，と回答した人たちもいた。経路が車の高さの中ほどを通り，おそらくそれほど曲線にならないから，この解決策は，屋根の上を通るという解決策よりも良くなっている。しかし，車体の中央ではなく，車の端の部分を通るという欠点がある。別の回答者は，カタツムリが後部座席の開いた窓を通って中に入り，後部座席に沿って這い，反対側の窓から外に出たと考えた。この解決法の利点は，車の中央で平らな面に経路があることだが，欠点は，経路が車の内部を通るため，前置詞 through の方がふさわしくなってしまう，ということだ。

最後に，2 つの指定が大きく異なり，伝達の相手の言語能力ではどんな解消法も思い付かないように思われる場合もあるだろう。そのような場合には，阻止 (blockage) という言い方をしていいかもしれない。例えば，(17) の文を考えてみよう。ここでは，前置詞 through のスキーマ (= 3 次元で囲まれた媒質内を経路が通る) と，plateau (台地) がとりわけ walk (歩く) と共起するとてっぺんの 2 次元的平らな表面を表すという事実との間で食い違いが生じている。もし伝達の相手がこれらの 2 つのスキーマの指定を「変移」することも，「混合」することも，「並置」することもできなければ，その発話をそのままにしておいて，それ以上意味的に処理することができないかもしれない。そうすると，これは全く意味的な解消の事例ではなく，むしろ非解消の一形式ということになるだろう。

(17) *Jane walked through the plateau.
　　（ジェーンは，その台地の内部を歩いて通った）

## 6　意味的な解消における「基本的」という考え

意味的な解消の過程の1つである「変移」は，「基本的」という考えに決定的に依存している。その考えがなければ，別の認知プロセス「選択」が喚起されなければならなくなるだろう。

　「基本的」という考えの中心を成すのは，ある集合を形成する幾つかの形式のうちで，ある1つの形式が優先的地位を持ち，残りの形式は優先的な形式から逸脱している，ということである。優先という概念には色々なものがあり，最初に生じた形式が優先的であることも，最もよく使われる形式が優先的であることも，最も構造的に単純な形式が優先的であることも，最も独立した形式が優先的であることもある。そして，その基本から逸脱する，という概念は，基本を出発点としてそこから実際に時間と共に変化することを意味するかもしれないし，もっと静的な意味で単に両者がそのような関係でつながっていることを意味するかもしれない。このような領域構成の考え方は，**基本-逸脱モデル（basic-divergent model）**と呼ぶことができる。言語学の多くの理論的形式化はこのモデルに基づいており，語の派生・有標性理論・変形文法・プロトタイプ理論・メタファー的写像といった概念が含まれる。

　領域の構成について，もう1つの主要な考え方は，**均等配置モデル（even-array model）**と呼ぶことができる (Hockett (1954) の item and process モデルと item and arrangement モデルをそれぞれ参照のこと)。「均等配置モデル」は静的な構成の形式であり，ある領域の様々な形式は，対等な地位を持つ特性が一緒になったものであると理解されるか，あるいは，ある表現の幾つかの構成部分が静的なパターンの相互関係の中で同時に共存すると見なされるか，のいずれか（もしくはその両方）である。このモデルに基づいた言語学の理論的形式化には，語形変化・単一層文法・（放射構造を持たない）多義性，が含まれる。

　これらの2つのモデルの中で，ここで関連するのは「基本-逸脱モデル」である。なぜなら，ある言語形式が基本的な意味を持つことができると考えることによってのみ，「変移」のプロセスが，基本的意味に作用して何か非基本的な意味に変える，と見なすことができるからである。だから，この章の最初の across の例は，この前置詞には基本的な意味がある，という主張に基づいていた。具体的に言えば，この基本的な意味は，平面の2つの軸（短冊を横長に置いた平面の横軸と，縦軸）について，「図」の経路が「地」の物体の縦軸を完

全に横切り，この経路はその物体の横軸よりも長くない，という条件を含んでいる。したがって，across が他の意味を持つ場合は，基本的な意味から逸脱する過程の結果として生じると考えた。具体的には，ある意味成分を広く取ったり，取り消したりすることによって生じることになる。けれども，均等配列モデルでは，across のこれらの様々な意味は全て同等の地位を持ち，単に多義の範囲内から選び出された選択肢に過ぎない，と捉えられるだろう。「変移」のプロセス（つまり，「変化」のプロセス）が起こったのではなく，単に「選択」のプロセスが起こった，ということになる。

第 14 章

# 意思伝達目標と手段：その認知的相互作用

## 1　はじめに

本章では，意思伝達を行う者の内部で，瞬間・瞬間にどのような心理的状況が生じているか，という観点から意思伝達を考察する。[1] いかなる瞬間においても，ある意思伝達を行うことは，その伝達者の内部で，同時に働く一組の条件（何が伝達の目標であるか，伝えたいことを表出するための適切な手段があるかどうか）の結果である，と考えられる。

　脳の意思伝達を行うシステムは，しかるべく機能するために完全な首尾一貫性を要求してはいないようだ。というのは，達成しようとしている複数の目標が相容れないことはよくあるし，またそれを実現するどの手段にも，欠落や限界があるからである。その代償として，このシステムはそのような内部的「矛盾」に対処できるような構造上の特性を持っている。すなわち，互いにぶつかり合う目標の間に優先順位をつけて妥協点を見出し，その一方で全ての手段を必要とされるに応じて差をつけて利用する。そうすることにより，その瞬間・瞬間の目標を適切に実現したものを，つなぎ合わせていくのだ。実は，この最後の点に関して言えば，表出するための様々な手段の間の区別は，今述べた心理学的・機能論的な視点からすれば，通常考えられているような意義がほとんどなくなる。

　今概略を述べた見方は，意思伝達の全ての様式（話す，手話する，身振りで伝える，書くなど）に関わるものと，考えている。そのため，以下での分析は，これら様式間の相違に対して中立な概念と用語を使って行う。例えば，「話者」，「発話」，「聞き手」，「言語」のような用語の代わりに，本章では，「伝達を行う

---

[1] 本章は，Talmy (1976a) に若干の加筆修正を加えたものである。

第 14 章　意思伝達目標と手段：その認知的相互作用

者」，「意思伝達」，「伝達の相手」あるいは「意図された受信者」，「意思伝達システム」といった用語を使う。音声を用いる言語の場合は，「伝達の相手」という用語の方が「聞き手」よりさらに良い点がある。「伝達の相手」とは，伝達を行う者が伝達行為を向けようとしている相手のことだから，伝達を行う者の内部の視点を取っている。自分の相手の内部の視点（例えば，ある瞬間に，自分の言っていることを聞こうとしているか）については，何も含意しない。

　前章でも既に指摘したように，前章と本章はペアを成している。本章が問題としているのは，複数の伝達目標や，概念を標示するために利用できる複数の表出手段が衝突を起こしている場合に，談話を行っている者の内部で，どのような認知処理過程がリアルタイムで起っているか，である。前章で問題としていたものは，ある概念の複数の表示間で衝突が起っている場合に，伝達の相手の内部で，どのような認知処理過程がリアルタイムで起っているか，であった。他の章での試みと同様に，前章と本章は2つ併せて，次のことを目標としている。伝達を行うこととそれを理解することの両方の根底には，リアルタイムでの認知処理過程があり，その処理過程に言語素材の基盤を置く，ということだ。通常は，言語素材を扱う際に要素と構造を切り離しているが，このように処理過程に基盤を置くことで，そういった手法を補完することになる。

## 1.1　意思伝達の性質

人間の心的活動の中で，一見したところ，他の部分から切り離すことができるように思えるものがあったとして，そこに「意思伝達」という用語を当てはめたとしよう。そのようなものは何であっても，最終的に他からの影響を一切受けない独立した部門として取り扱うことはできない。というのは，意思伝達を構成する様々な心理的過程は必然的に，その過程同士の間だけで関係し合っているのではなく，様々な心理的機能の連続体の中に埋め込まれているからである。したがって，ここでは意思伝達を3つのレベルで捉えることとする。それは，狭く捉えた「中核部」，次にそれが置かれる，より大きな「コンテクスト」，これら2つが影響を受ける，さらにもっと一般性を持つ「修正プロセス（一部を欠落させる・変形させる・組み込む・無効にする・埋め込むなど）」の3つのレベルである。

### 1.1.1　意思伝達の中核部

一般に「意思伝達」と言われているものに対して，中核部として機能している心理的な過程があるのかもしれない。それは欲求として経験されるものであり，幼い時期から個人の中に存在している。つまり，自らの内部で主観的に立

ち現れてくる内容（何かを把握するのであれ、考えるのであれ、感じるのであれ、とにかく自分が経験すること全て）を、他者（たち）の内部にも再現したい、という衝動である。そのように他者の内に再現させることは、ある内容を言語化し、相手に伝え、相手がそれを受け取り、その内容を理解することを、必然的に意味する。これらの事柄は、6節で主に目標 (a)–(k) の議論の下で例証する。

### 1.1.2 より大きなコンテクスト

最初のレベルの中核部は、そこだけで自己完結してしまうということはあまりなく、意思伝達を行う者が自分や伝達の相手を取り巻いている状況がさらにどうなっているか、また状況のそれ以外の部分はどうなっているかといったことにどの程度気づいているかで、そのありようが変わってくる。さらに言えば、ある人が意思伝達で意図していることは、自分の言っていることがちゃんと理解されることだけではなく、何らかの対人的効果を生み出したり、ある種の効果を避けることにも及ぶ。つまり、意思伝達の機能の中核部は、より大きなコンテクストから影響を受けることもあるし、逆に、より大きなコンテクスト自体を作り出してもいる。要するに、前者は後者の中に統合されているのだ。これらの問題は、6節で主に目標 (f)–(p) を議論する際に、詳しく取り扱うことにする。また、16章（例えば、3.1.3節と4.4.3節）でも議論する。

### 1.1.3 修正プロセス

意思伝達の過程の「中核部」としたものを構成する幾つかの構成要素は、何ものにも影響されないようなまとまりを成していると見なすべきではない。というのは、日常的な人間の行動では、ある構成要素は保持しつつ別の構成要素を省略したり、ある構成要素を変形したり、ある構成要素をまとめてもっと大きなシステムに組み込んだり、他の機能のためにある構成要素を無効にしたり改変したりすることが観察されるからである。これらを**修正プロセス**(modificational process) と呼ぶことにする。以下で、それぞれのプロセスについて簡単に論じる。

　*構成要素の省略*：意思伝達の中核部の標準的な構成要素として、意図がある。つまり、ある内容を伝達しようと「意図」している。しかし一般的に、このように意図された内容に付随して、ほとんど自分でも気づかぬままに身体の動きや声の調子などによって、自分自身や自分の思考・感情についての情報も伝えている。また伝達しているメッセージ自体の意図せざる側面により、そうなってしまうこともある。この形式の意思伝達では、中核部の全ての構成要素

第 14 章　意思伝達目標と手段：その認知的相互作用　　　　　　　　　　　　　145

から意図の構成要素を省略したものが作用していることになる。

　*構成要素の変形*：中核部の構成要素の 1 つとして，伝達を行う者は伝達内容の中身を実際に経験していなければならない，という条件があるかもしれない。しかしこの条件は，しばしば変形を受けることになる。例えば，大人が子供に話しかける時がそうである。その大人は自分がある経験によりどんなことを感じたかを，かつては自分も子供であったことに基づいて，子供に伝えようとする。だが，そうするためには，自分の経験の細かいところを子供が理解できるようにと変形することになるだろう。

　*より大きなシステムへ含み込まれる*：厳密な意味での意思伝達を，その単なる一部として含み込む，より大きな（ひょっとしたらより基本的な）形式の人間活動と考えられるものがある。それは，お互いに波長を合わせる・相手に反応する・感情の交流をする，ことである。これは，例えば，2 人の人が一緒に公園を歩いて行く活動を考えればよく分かるかもしれない。この活動内では，時々やりとりされる会話は，1 つの構成要素に過ぎない。

　*ある構成要素を別の機能によって無効化/転用*：基本的な伝達の機能を，別の目標のために利用することができる。構成要素は一見すると同じままだが，実際には部分的に無効化させているのだ。例えば，伝達の相手に自分自身や自分の考えについてある印象を持たせたいと思って，そのように仕立て上げたイメージを相手の目の前に生じさせることで，それが自分の中に実際にあるものを伝達しているように見せようとすることがある（実際にはそうでなくても）。

　これを一般化して言えば，ほとんどどんな心理的能力も，それ自身の本来の機能を果たす際に，元々は異なった機能を持っていた他の心理的能力を，ある程度の調和も持たせつつ，都合よく転用して使うことができる，ということであろう。このプロセスは，幾らでも再帰的に精神の中で繰り返すことができるので，結果として，意図や機能の転用が複雑に何重にも埋め込まれることになる。例えば，「言い直し」とは本来，話者が自分の考えを上手く表現できなかった時に，それを修正しようと用いる様々な言語的手段のことである。しかし，例えば，(1)（Sacks, Schegloff and Jefferson 1974 に引用されている例）では，話者がこの言い直しという手段を本来の機能からズレさせて過剰なくらいに用いており，そうすることで相手の感情を気にしていることを示そうとしているようである。この元々の機能から結果的に生まれる機能は，話者が「私は，あなたの感情を考えています」ということを相手に合図することである。

(1) 《pause》I don' know of anybody—that—'cause anybody that I really didn't *di:g* I wouldn't have the *time*, uh: a:n: to waste I would say,

unh if I didn' ( )
(そういう人はいないんだけど ....　あの，というのは，あまり好きっていう感じじゃない人だったら，時間使いたくないっていうか，無駄な時間と言うのか，... 好きじゃない人には ...)

これとは対照的に，話者が相手の感情を傷つけたいと思っていたなら，きっぱりと何も躊躇しない伝え方をするかもしれない。例えば，"I wouldn't want to waste any time on anybody I didn't really dig."（私は，あまり好きでない人に無駄な時間を使いたくない）のように。

## 1.2　関連する様々な要因

意思伝達という認知システムは，他の様々な要因（進化・障害・文化的相違・発達・個人差・言語の類型と通時的変化）を必然的に伴う。本節では，このうち最後の3つについて簡単に触れる。

### 1.2.1　子供の発達

もっと観察が必要ではあるが，子供の意思伝達の発達は，徐々に多様な機能を心的機構の内に組み込んでいき，複雑になっていくという先ほどの概略に沿っていると思われる。様々な目標・手段・文脈の理解・操作といったものが，どのような順序で働いて，子供の中で統合されていくかに関して，多くの子供に共通するものもあれば，子供により異なるものもあるだろう。しかし，明らかにそれら全てが同時に始まるわけではない。また，ある発達段階においてそれぞれ単独で機能しているものであっても，子供がそれら全てを同時に操れるわけではない。

　子供がまだ意思伝達をあまりよく分かっていない段階にあることを示す例として，次のような母親とその4歳3ヶ月の娘とのやりとりがある（Ervin-Trip 1975 の Tea Party からの例）。

　　(2)　［子供がミルクをこぼしたのを見て］
　　　　Mother:　Do you think that was a good idea?
　　　　（母親：こんなことしていいのかな？）
　　　　Daughter:　Yeah.
　　　　（娘：うん）

ここで，どうやら娘は，母親が質問をしている穏やかな口調と文字面の意味だけを捉えており，母親が「こういうことをしてはダメでしょう！」ということ

をもう一段高いレベルで言い表すための仕組みとしてそのような口調と言葉を使っていることは分かっていないようだ。

もう1つの例としては，子供が見知らぬ人に最近の出来事を話し始めるが，その相手が話の中の人物や場面設定や背景について知識がないことを考慮していない場合が挙げられる。この場合，子供は話の内容をコントロールしているが，より大きな談話のコンテクストはコントロールできていない。

### 1.2.2 個人差

上記で概略を述べた，意思伝達システム内で様々な構成要素がバランスを取っている全体的なパターンは，人が違えば目標・手段・能力も違ってくるので，それに応じて変化する。

例えば，目標の強さや優先順位には，個人差がある。例を挙げれば，自分の心の中に今あることを言い表したいという欲求が強く（目標 (a)），かつ，他者の意思伝達したい欲求に気を配ること（目標 (m)）よりもこのことを優先する人は，そうでない人から見ると，会話において押しの強い人と思われるかも知れない。

さらに，こういった目標の強さや優先順位ばかりでなく，そのような種々の目標を実現する時の能力においても，個人差がある。この能力とは，例えば，どれくらい談話全体の内容を覚えていられるか，どれくらい相手の感情を考慮できるか，どれくらい自分の意思伝達上の望みを押し通せるか（それぞれ，後述の目標 (l), (m), (o) に関わる）に関係するだろう。例えば，ある考えをしっかりと伝えるという目標がある場合に，それまでの会話のポイントを見失わず，自分が話している最中でも他人の発話に耳を傾けることができる能力を備えている人ならば，自分だけでなく相手にもしっかり言いたいことを言わせるというやり方を積極的に受け入れて，目標を叶えようとするだろう。しかし，そういう能力を持たない人なら，まず自分の言いたいことを遮られずに言わせて欲しい，と思うかもしれない。[2]

同じように，様々な表現手段を使いこなす能力においても，個人差がある。

---

[2] どういう目標を優先させるかは，当然，個人の意思伝達システムの範囲内にとどまるものではなく，その人の個性の残りの部分にも影響を及ぼす。例えば，自己表現欲求は強いが，言葉を上手く操れない人は，結果として何も言わないでいることになる。すると，心理システムの他の部分に頼ってその状況に適応しなければならないだろう（これには次のような解決法もあるだろう。例えば，頻繁にダンスに出かけて行き，表現力豊かなダンスを踊ることで発散する場合などである）。

例えば、スピーチで自分の考えを言い表すという目標がある場合に、あるタイプの人は最も適切な語彙を素早く思い付くこと（目標 (c)）はできないが、平易な単語を組み合わせて複雑な構文を形成すること（目標 (f)）には長けているかも知れない。そういう人は、たいてい後者の能力で前者の能力を補うこととなり、それがその人の典型的なスピーチ・スタイルの主要な構成要素になるかもしれない。このスタイルは、くどくて、印象に残る気の利いた言葉もないが、それでも全体として内容を伝えることはできると見なされるかもしれない。対照的に、これとは逆の能力を持つ人は、ふさわしい語彙だけを適切に選択して自分の考えを伝えることはできるが、ぶっきらぼうな言い方になる。

### 1.2.3 言語比較，言語変化，観察的妥当性

上述したように、表現するための手段を誰でも同じように使えるわけではない。このことは、伝達を行う者に関する心理学的な問題ということになって、意思伝達を研究する心理学者が研究するのが一番よいかもしれない。しかしまた、表現のための手段が一様に利用できるわけでないということは、世界中の様々な言語を言語普遍論的な立場から比較する上でも見られる問題であり、これは記述言語学者が扱うべきことである。加えて、言語がもっと大きな意思伝達のシステム（そして、さらに心理的・社会文化的なシステム）の中に1つのシステムとして統合されているとすれば、ある言語が時間と共にどのように変化するかにも影響を与えるだろう。これは通時的言語学者の問題である。これらの問題については、7節でもっと詳しく論じる。

　本章の意思伝達の議論は、先に引用した例を含めて、かなりの量の観察に基づいているけれども、さらに多くのデータ・検証・実験が必要であることを示している（これはどの分析についても言えることだが）。本研究が、どのような観察をすればよいのかという今後の研究プログラムの方向を考えて行く上で、何らかの貢献となればと思っている。

## 2　意思伝達の目標

本節では、先述の意思伝達上の働きの分析に応じてグループ分けしながら、個々の意思伝達の目標を列挙する。いずれの目標も、別個の単体として心理的な実在性を持つとは考えていない。また、ここで挙げてある目標を全部合わせれば、過不足なく網羅的に、意図を持つ意思伝達を説明できると考えているわけでもない。むしろ、このリストは基本的に叩き台的なもので、意図的な意思伝達の領域の広がりやその輪郭を描き出す手助けになればよいと考えている。

今後この領域に関する心理的な構成の実体が，実は全く異なったものであることが判明し，これらの目標にはさらに下位区分があったり，目標間の階層関係があったり，本研究でほとんど考慮していないような別の関係があったりする可能性もある。

とはいえ，ここで意思伝達の領域に関連する若干の区別について述べておくことはできるだろう。まず，意思伝達上の働きの様々な部分は，個人の内部でどの程度，意識にのぼっているか，あるいは意識にのぼらせることができるか，が異なる。それと相関して，伝達を行う者が主体的に手段の操作をどの程度コントロールすることができるか，も異なる。もしどの機能も意識にのぼらないというのであれば，その限りにおいて，「目標」という用語よりも「過程」という用語の方がふさわしいだろう。

第二に，以下に挙げる目標は，意思伝達の最中においてどれくらい変動するか，あるいはどれくらい不変であるか，で大きな違いがある。確かなのは，伝達を行う者が瞬間・瞬間で目標の形状をゼロからその都度作り上げているのではない，ということだ。むしろ，目標の中には短い時間に素早く変動するもの（例えば，1つの考えを局所的に表現することに関する目標）もあれば，長い時間に渡り比較的一定しており，瞬間・瞬間の目標の組み合わせにおいて常に同一の関連性を持つもの（例えば，自分の気分や態度を伝えることに関する目標）もある。

以下に意思伝達の様々な目標を挙げるが，各項目の具体的な例を挙げて論じるのは，6節で行う。

(3) 意思伝達そのもの
自らの内部で主観的に立ち現れる内容（考え・感情・知覚など）を，伝達の相手の内側で再現させる。
*意思伝達の内容に関わる目標*
a. ある特定の命題内容，または命題内容の一部を成す概念を伝える。
b. 命題全体または命題内容の一部を成す概念を，どれくらい具体的にして，どれくらい際立たせるかを設定する。
c. 内容をどのような順に並べるかを決める（伝達の相手の内側で，概念実体的な内容がどのように展開していくかを導くように）。
d. 自らの性格・気分・（トピック・伝達の相手・状況などに対する）態度を，伝達の相手に分かるようにする（あるいは，そう見えるようにする）。
e. 現在行われている意思伝達がどのような性質/タイプか，を合図す

る。
*意思伝達の構造に関わる目標*
- f. 「文法的であること」に従う：意思伝達システムの，文をどのように組み立てるかに関する特性
- g. 「適切性」に従う：（ある特定の文体を基にして）意思伝達システムが，どの表現手段を優先させるか。
- h. 「美学」に従う：自分自身の感覚や規範では，ある意思伝達の形式において，何が心地よいか。

*意思伝達の伝え方，受け入れ方，理解のされ方に関わる目標*
- i. 意思伝達をどれくらいの時間をかけて，どのように表すかを，現実世界の時間的/物理的な制約に合わせる。あるいはどれくらい時間をかけて，どのように表すかに合わせて，時間的/物理的な条件を決める。
- j. 自分の意思伝達を，伝達の相手の受け入れ能力の特徴に合わせる。
- k. 伝達の相手の処理上の負担を軽減する（もっと一般的に言えば，「コントロール」する）。

(3′) より大きなコンテクストでの意思伝達

自分自身，伝達の相手，その他のコンテクスト的要因を査定し，それを基にして，意思伝達を行う前およびその最中において，意思伝達の性質を調整する。また，
その意思伝達を行うことで，ある対人関係的な効果を生んだり，ある対人関係的な効果を生まなかったりするようにする。
- l. 意思伝達の内容を，現下のコンテクストやより広い範囲のコンテクスト（及び「上位レベルの意思伝達」）に適切なものにする。
- m. 意思伝達が，伝達の相手に関する，より一般的な対人関係的意図やプログラムを満たすようにする。
- n. 伝達の当事者以外に対して，引き起こすかもしれない効果に配慮しながら，意思伝達を調整する。
- o. 意思伝達あるいはその一側面（トピックなど）を，開始する/維持する/終了する/回避する。
- p. 意思伝達により，伝達の相手（あるいは他者）の内部に，ある行為を起こさせる/ある状態を生じさせる。

第 14 章　意思伝達目標と手段：その認知的相互作用　　　　　　　151

(3″)　*最上位での管理*
　　　*生成性に関わる目標*
　　　q. 意思伝達の目標を実現するために，無意識な過程により，自らの内部で瞬間・瞬間に生じてくるスキーマに従う。
　　　*評価や修復に関わる目標*
　　　r. 自らの意思伝達の目標を実現する際に，リアルタイムでその適切性を観察しながら，自分の意思伝達を維持/修復する。

　これらの事例は 6 節で詳しく述べるが，(q) については，意思伝達の働きに関する従来の考え方にはなかったものなので，ここで先に触れておきたいと思う。

　私の内省的な観察では，意思伝達を行う時は，通常は 2 段階のプロセスを経ているように思われる。第 1 段階では，意思伝達を行う者の内部に，全体的な文法的構造並びに意味的構造について，大雑把なスキーマが生じる。このスキーマは無意識のプロセスによって生成されるが，それらのプロセスが，その瞬間の意思伝達上の目標や諸条件を統合する作業のほとんどを行っている。適切なスキーマを見つける際の作業は，幾つかの「ターゲット構造」をまずチェックすることで，楽になるのかもしれない。この「ターゲット構造」とは，今働いている当該伝達システムで好んで使われる構造や最も一般的に使われる構造として習得されている。[3] 適切なスキーマが現れることを意識的に経験することは，分かりやすく言えば，何を言おうとしているか，そして，どのように言えばよいか，が突然分かるようになることだと言える。

　第 2 段階では，スキーマ的な骨組みに沿いながら，具体的でない箇所や漠然とした箇所において適切な語彙項目や文型等を選んで指定していくことで，実際に発話が行われる。時には，本来この第 2 段階で作られる構成体が，第 1 段階でそのスキーマ自体の一部として生じたり，スキーマに挿入されていたりすることがあるだろう（これは個人や場面により差がある）。しかしながら，具体的な事柄の処理の大部分は，この第 2 段階で行われると思われる。

　第 1 段階スキーマに沿ってしばらく処理を進めた後，あるいは，そのスキーマが実行される直前になっても，意思伝達上の目標を実現する際の適切性を素早く再査定した結果（過程 (r) の操作），スキーマが破棄されて新しいスキー

---
　[3] またの話になるが，ここでいうターゲット構造は，1 つの統語的な枠組みだけでなく，意味内容がその枠組み全般に散りばめられたパターンからも成っていると理解される。会話者は，そういった構造に経験的に親しんでいるので，会話する際に適切なタイミングで話し始められるのだ（これは，Sacks, Schegloff and Jefferson 1974 で議論されている通りである）。

マで置き換えられることがよくあるようだ。そういう現象は，例えば，言い出しに失敗したり(あるスキーマが生じたかと思えばそれをすぐに止めてしまう，ということを繰り返していることを反映しているのかもしれない)，不意に会話の内容が違う方向へ進んで行ったり，前後とあまり関係がないようなことを言ったりする場合に起こっているようだ。音声を用いる言語において，スキーマ形成は，話す場合も書く場合も同じ様に働いているようである。ただ，身振りで何かが伝わったり，あるいは先天的な聾者が手話をしたり文を書くような場合にも，スキーマ形成もしくはそれと同等のことがやはり働いているかどうかについては，さらに研究が必要である。

## 3　意思伝達の手段

文法上の表現手段の幾つかを，以下に列挙する。この中には，後述の事例に関わるため挙げてあるものもある。いずれにせよ，これらの表現手段がそれぞれ1つのまとまったモノとなっているとか，これで網羅的であるとか言うつもりはない。つまり，先述の目標のリストの時と同じ但し書きが当てはまる。意思伝達システムの色々な区分は分析・検討の基準として設定したもので，それぞれの手段は最も関連するところで述べる。ただし，そのように分けて述べてあっても，多くの手段は複数の区分にまたがっている。

　というわけで，人の意思伝達の目標は，(4)に挙げた表現手段の中で様々な選択をすることにより実現される。

(4)　*システム的なもの*
　　a.　特定の言語/意思伝達システム
　　*概念実体的なもの*
　　b.　語句・表現
　　c.　語彙項目/他の形態素/語彙化
　　d.　語彙派生過程
　　e.　省略/消去
　　*構造的・関係的なもの*
　　f.　構成素もしくは文の統語構造
　　g.　語/句/節構造の順序
　　h.　繰り返し
　　i.　動詞の格フレーム構成
　　j.　名詞句の文法関係

*音声あるいは他の物理的な媒体*
  k.  分節的な「音」韻論
  l.  超分節的な「音」韻論
  m.  他の非分節的な特徴
*時間的なもの*
  n.  意思伝達の流れの管理
  o.  他の時間的な特徴
*動作学的なもの*
  p.  （非システム的な）身振り
  q.  物理的な動き

上述の手段の幾つかには，若干の解説が必要である。

(b) は，考えがどのような表現を使って表されるか，ということである。これには，概念実体的内容の全体をどのように分割するかと，その構成部分となる概念のどれを選んで明示的に言い表すか，の両方が関わってくる。

(h) は，テキストを通して何度も同じものを用いることを表す。例えば，文法的または意味的な手段として同じ語を何度も繰り返し用いたり，詩で同一音を繰り返したり，ある文体で同じ語の繰り返しを避けたりすることが挙げられる。

(k) と (l) は，意思伝達システムが物理的な媒体として用いるものが持つ，システム的に構成されている側面のことである。音声を媒体とする言語でこの部門を表すのは，「音声学」と対比される「音韻論」である。手話などにも同様に適用できる一般的な用語としては，「イーミック」という語があるくらいだろう。音声言語に関しては，(l) は伝統的にイントネーション・強勢・音調のことだった。だが手話においては，(k) と (l) の違いに相当するものが，手を使うことに依る場合とそうでない場合の間に見られるかどうかは，疑わしい（Baker 1976 の主張）。

(m) は，音声言語においては，声の質・ピッチ・イントネーションの幅・音量・音量幅・発音法（不明瞭と明瞭）のことであり，手話においては，それらに対応する特性（＝手の動きの大きさ・力強さ・明確さ）のことである。この (m) と (o) は，(p) と一緒にして，意思伝達の動作学的部門としてまとめることができる。これは非常に表現力のある部門で，より厳密にシステム的な部門と平行して働いていると言える。

(n) は，停止・後戻り・躊躇・再スタート・繰り返し・長伸ばしなどを含む。

(o) は，スピードとリズム的パターンを含む。
(p) は，顔・手・体全般の配置や動きのことである。手話では，(p) と (m) の区別が実質上ないかもしれない。

## 4 複数の目標が一致する時と衝突する時

時には，意思伝達の目標の全てが調和的に一致し，その結果生じた意思伝達が目標の全部を満たす，といったことがあるかもしれない。だが通常は，同時に持っていた複数の目標が衝突して，それらの目標を実現するために必要な手段が，一貫しなかったり，整合しなくなったりする。

手段が一貫しない例は，路上生活をする1人の若者による次の意思伝達に見られる。

(5) You couldn't help us out with any part of 22 cents …
(22セントまでのどの金額でも頂戴できますと，誠に助かるのですが，いかがでしょうか …)
［抑揚のない早い不明瞭な言い方で話される］

伝え方のスタイル（手段 (m) と (o)）は，一方で，話者が路上生活で身に付いた他者と交わりたくないというふうな態度を伝えている（目標 (d)）ように思われるが，他方で，この発話の意味的・文法的複雑さ（手段 (b) と (f)）は，明晰な言い回しで表現したい（目標 (b)）という欲求を示しているようでもある（持って生まれた才能を使うことが楽しいのかもしれない）。これらの目標を実現する手段は，この例では共起しうるが，一緒になると，話者の性格について矛盾した，しかも滑稽なくらい反対の印象を生み出すことになる。

手段同士が整合しない場合には，伝達を行う者はどちらか一方の目標を選ばなければならない（多分，自分にとっての重要性の違いに応じて）。あるいは，何とかして両者のバランスを取るかもしれない。話している場合と文章を書いている場合の両方で見られる例だが，伝達を行う者が，自分の談話全体の中で，特に伝達の相手の心をしっかりと捕らえる項目が1つしかないと，それを最後まで取っておくことで最大限に劇的にするか（目標 (c)），あるいは，最初に置いて伝達の相手の注意を引こうとするか（目標 (j)），どちらかを選択しなければならない。なぜなら，この両方を満たそうとすると，ある項目が冒頭部にのみ現れるべきであり，かつ最後にのみ現れるべきである，という不可能な要求を表層の語順に課すことになるからである。時には，伝達を行う者は，この項目の一部分だけを最初に置き（＝小出しにすることで，却って注意を引

く），残りの要の部分を後に置く，といった方法でバランスを取ることもできる。

　文章を書いている場合には，概念上の正確さ (a)，論理的な順序 (c)，満足できるスタイル (h) といった目標を全て満たすためにちょうどよい手段を見つける時間的余裕がある。しかし話している場合，大概は時間の制約 (i) が働くために，発話のスピードと質が衝突して，時間以外の目標が犠牲になる。例えば，心の中で適切な語を探したが見つからなくてあまりに長く沈黙してしまった後では，ぴったりの語でなくても心に浮かんだ語を使わなければならなくなるかもしれない。まだ自分が話している途中であることを表明することや，伝達の相手の注意を引きつけておくことを優先して，自分の考えを大雑把にしか表せていなくてもやむなし，とすることもある。同様に，発話中に何度もスキーマを破棄して何回か言い直しをしている人は，その段階で次に心に浮かんだスキーマをまず使い，その後にそのスキーマが持つ不適切な部分を改めていこうとするかも知れない。ここでは，時間で言えばコンマ数秒の間に，観察や修復のプロセス (r) が，色々な要因のバランスを変えながら，優先順位を評価し直している。

## 5　手段の限界

意思伝達システムのどの表現手段にも，規則性が読み取れない欠落部や限界がある。それゆえに，伝達を行う者は，程度の差はあれ全部の手段に頼って，様々な目標を全てそれなりに実現させていかなければならない。

　1つの例を挙げる。この例は Fillmore (1977) の「売買シーン」と同等のものである。ある窃盗シーンの諸要素を様々な程度に際立たせて組み合わせるためには，英語話者は (6) に挙げた形式の集合から選択しなければならない (T：泥棒，G：商品，V：被害者)。これらの形式は，それぞれ独自の方法で，次のような3つもしくは4つの手段を利用している：異なる語彙動詞 (手段 (c))，異なる省略／消去パターンあるいは格フレーム (手段 (e), (i))，異なる統語構造 (能動／受動：手段 (f))。

(6)　T steal　　　　T rob V　　　　G be stolen　　　　　　V be robbed
　　 T steal G　　　 T rob V of G　 G be stolen by T　　　 V be robbed by T
　　 T steal from V　　　　　　　　 G be stolen from V　　 V be robbed of G
　　 T steal G from V　　　　　　　 G be stolen from V by T　V be robbed of G by T

steal の縦列の真ん中の2つの形式では，省略／消去が，明示的に述べる要素

の数を減らすための手段として利用されている。しかし (7) が示すように，一番上の形式を除けば，この省略/消去の手段を使って，要素が1つしかない形式を得ることはできない。

(7) Sam stole (again tonight) / *Stole a necklace / *Stole from a dowager.

代わりに，異なる態や異なる動詞を使用しなければならない。例えば A necklace was stolen. (ネックレスが盗まれた) や The dowager was robbed. (未亡人は強盗に遭った) のように。

欠落している手段に対処するプロセスが意思伝達-産出システムに組み込まれているため，システムという観点から言えば，先述の例のように，手段に欠けているものがあったとしても，ほとんど問題にならない。また，メッセージ内容を伝達するという観点からも，手段間の相違は重要なことでない。例えば，上述の例の場合，(8) が示すように，音声言語と同等のものとして身振り (手段 (p)) の手段に頼ることで，メッセージの全部を表すことさえできる。

(8) She got robbed { of her necklace / ( +a gesture to one's neck as if grasping a necklace) } on the street.

(彼女は，通りでネックレスを奪われた/彼女は，通りで [ネックレスをひっつかむような身振りを，首に対してしてみせる] 奪われた)

手段の限界に関わる問題は，しばしばスキーマ形成過程 (q) の操作と一緒になって生じる。例えば，話者が，ある男性を charming (愛らしい) で observant (観察が鋭い) であるがゆえに好きだ，と伝えたい (目標 (a)) と思っているとする。そして，こういった好ましい特性があることを発話の冒頭部で前景化したい (目標 (b)) のだが，実際にその特性が何なのかを述べるのは発話の最後にしたい (目標 (c)) と感じているとする。この話者は，擬似分裂文のスキーマを第1段階で頭に浮かべるだろう。擬似分裂文なら，文末で名詞句を述べられるからである。しかし，このスキーマに沿っていざ発話のプロセスを進んでいくと，(9a) のように，最後になって語彙的な欠落に遭遇する (= 手段 (c) における欠落)。つまり，「observant である」という意味を表す名詞がないのだ。もしこの話者が，冒頭部でこの欠落を予見していたら，別のスキーマを思い付いたかもしれない。しかし今は，最初からやり直す時間がないので，他の手段に訴えて，一部だけを何とかするしかない。1つの解決策は，(9b) のように，語彙的派生の過程を創造的に使用することだろう (手段 (d)) (= 文法的

であることに従うという目標（f）を犠牲にしている）。もう1つの解決策は，(9c) のように，他の使えそうな語彙項目に頼ること（手段 (c)）であろう（= 元々言いたかった概念に忠実である，という目標 (a) を犠牲にすることになる）。3番目の解決策は，(9d) のように，observant が使えるように節にすることである（手段 (f)）。ただし，この場合，話者が印象づけたい自己イメージから見ると洗練された感じがしないかもしれない（目標 (d)）し，また名詞と節が並ぶために不格好かもしれない（目標 (h)）。

(9) a.　What I like about him is his charm and
　　　　　（私が彼の好きなところは，その愛らしさと）
　　b.　… his *observance / observations　　（*遵守 / 観察）
　　c.　… his perceptiveness.　　　　　　　（知覚が鋭いこと）
　　d.　… how he's observant.　　　　　　　（何て観察が鋭いか）

## 6　個別の目標と手段の議論と事例

本節では，2節で列挙した目標のほとんど（ここで，説明するまでもないと思える (h) と (o) は除く）を，別々の見出しの下で論じ，その例を挙げてみる。本節の小見出し名は2節での区分を思い出させるためだけのものなので，それらの目標を元々2節でどう言い表していたかを，もう一度見て欲しい。幾つかの小見出しの直後には「下位目標」が挙げてあるが，これはその小見出しで表している一般的な目標が特定の形式を取ったものに過ぎない。以下の事例はどれか1つの種類だけのものというより，1節で提案した，広範囲に及ぶ意思伝達上の諸問題に触れるものである。ある特定の事例が複数の異なった目標に関わることがよくあるので，以下でどの例をどの小見出しのもとで挙げているかには，若干恣意的なところがある。

### 6.1　命題内容（目標 (a)）

命題内容または命題内容の一部を成す概念を伝えることは，言語研究の領域で最も良く知られた意思伝達の側面かもしれない。その範囲内ではあるけれども，以下の事例は，これまであまり気づかれてこなかった現象を取り扱う。

　例：ある言語学者が，講義中に，(10) のような10個の歯擦音の組み合わせ（斜字体部）を伴う句を発しようとして，舌がもつれた。彼は何回か言い直してみた後で，突然やめてしまった。それから，角括弧で示したやり方でその句全体を繰り返した。

(10)　certain specific aspects of the speech situation
　　　［目を閉じながら，各強勢部で体を激しく下方に曲げて，強勢のあるリズムで話す］

こうしてようやく上手く言えたのだが，ここでは繰り返し（手段 (h)），音質とリズム（手段 (m), (o)），身体の動き（手段 (p)）が一緒になって，(11) のような複合的なメッセージを伝えているようだった．ここで大切なことは，ある1つの命題内容が，標準的な語彙形態素を伴わない意思伝達手段によって伝えられている，ということだ．

(11)　この句は大変だが，今度はちゃんとやるぞ．
　　　障害となっている発話をなんとかして乗り越えなきゃ．
　　　とちりまくったこのバツの悪さを，仰々しく敵に勝ったかのようにして笑いに変えよう．

　下位目標：自分が視点を取る地点を示す．すなわち，どこに心的な目を置いて，場面の残りを見るか，を示す．
　例：喫煙者が近所の住人に話しかける時 (12) と，タバコ屋を開業しようかと考えている者が近所の住人に話しかける時 (13) との視点の違いは，英語では2つの総称的な代名詞 you と they（手段 (c)）のどちらを選ぶかで表される．

(12)　Where can you buy cigarettes around here?
　　　（この辺りでは，どこでたばこを買えますか）
　　　Where do they sell cigarettes around here?
　　　（この辺りでは，どこでたばこを売っていますか）
(13)　Where do they buy cigarettes around here?
　　　（この辺りでは，みなさんはどこでたばこを買いますか）
　　　Where can you sell cigarettes around here?
　　　（この辺りでは，どこでたばこを売れますか）

　例：(14a) と (14b) の格フレームの違い（手段 (i)）は，話者が部屋の中を進んで行く煙の波の先端に乗っているような視点を取っているのか，それとも部屋の後方にいて，自分の方へ迫り来る煙の波を見ているような視点を取っているのか，の違いを反映している可能性がある．

(14) a. Smoke slowly filled the room. (煙が，ゆっくりとその部屋に充満した)
　　 b. The room slowly filled with smoke.
　　　 (その部屋は，ゆっくりと煙で充満した)

*下位目標*：ある要素をトピックとして示す（そのトピックについてコメントがある）

*例*：英語で指示対象をトピックとして標示する優先的な手段は，それを指し示す形式を文頭に置き，かつ文法的主語とする（手段 (g), (j)）ことである。この優先的な標示法は，位置づけ事象を表す文の (15a) で，the pen を指し示す形式において見られる。しかし，そのような標示法が不可能な文タイプ（例えば，所有事象を表す文）では，別の手段が使われる。つまり，(15b) のように，特別な音調パターンという手段（手段 (l)）である。

(15) 　*Where's the pen?*（ペンはどこにある？）に答えて
　　 a. (It's) on the table. (テーブルの上だよ)

　　 b. JOHN has it. (ジョンが持ってるよ)
　　　 [John に強強勢と高ピッチを置き，has it に若干低いピッチを置く]

## 6.2　特定性と際立ちの程度（目標 (b)）

*下位目標*：あまりに感情がこもっていたり，直接的過ぎたり，自分に都合よ過ぎるなどの理由から，ある要素を明示的に言及するのを避ける。

　*例*：男の子が女の子を森に行こうと誘うイディッシュ語のある物語では，女の子が (16a) のように I/you を使うと直接的で決まり悪くなるので，代わりに (16b) のように，女の子に特殊な非特定的代名詞（手段 (c)）で答えさせている。

(16) a. I can't go with you. You'll want to kiss me.
　　　 (私は，あなたと行けないわ。あなたが私にキスしたくなるでしょう)
　　 b. Me tor nisht geyn ahin. Me vet zikh veln kushn.
　　　 (One mustn't go there. One will want to kiss another（＝再帰代名詞））
　　　 (誰かさんは，そんなところに行けないわ。誰かさんが誰かさんとキスしたくなるでしょう)

　*例*：デンマーク語には，二人称単数代名詞の you にあたる語が2つあり，それぞれ「親しい相手・親しくない相手」という含みがある。ある大学院生が

先生に話しかける際に，どちらの語を使っても，堅苦し過ぎるかくだけ過ぎるかになり，不適切だと感じた。そこでその大学院生は，何も考えずに話していたら you にあたる語を含んでいたであろう (17a) のような文を言い換え (手段 (e)) て，(17b) のような you にあたる語がない文にした。

(17) a. Where are you going now?　　(あなたはどちらに行かれますか？／君はどこへ行くの？)
　　 b. Is there a class to go to now?　(これから授業ですか？)

例：ある学生が，free box (＝元の所有者がもはや要らなくなった物品を他の人のために置いておく施設) でマットレスを見つけて，大学寮の自分の部屋に持ってきた。そこへ母親が訪ねて来て，その新しいマットレスをどこで手に入れたのかと聞くので，学生は (18a) のように答えた。このような言い方は，(18b) のような明らかな虚偽の陳述はしていない。だが，(18c) のようなより十全な真実から気まずい要素を省略 (手段 (e)) していて，伝達の相手を誤った印象へと導いていると言える。

(18) a. Somebody didn't want it, so *I* took it.
　　　　(ある人が要らなかった，だから僕が取ってきた)
　　 b. Somebody I know didn't need it any more, so I took it from him.
　　　　(僕の知っているある人がもう要らなくなったので，その人のところから取ってきた)
　　 c. Somebody or other threw it away in the free box, and I found it and took it.
　　　　(誰か知らない人がそれを free box に捨て置いたので，僕はそれを見つけて取ってきた)

*下位目標*：あまり重要でない，関連性がない，既に分かっている等の理由から，ある要素を述べることを避ける，あるいは背景化する。

例：英語では，不必要な要素を避けるための手段 (e) として，ある要素を消失/消去する際には，しかるべき格フレームと組み合わせなければならない (手段 (i))。この理由は，そのように消失させることが，主語では滅多に起らず ((18) で見られる通り)，目的語でもたまにしかないのだが，(19) で見られるように，一般に斜格目的語では全く文法的に可能だからである。[4]

---

[4] ここでは，斜格構成素全体が「随伴的消去」を受けていると言える。というのは，前置詞がその目的語名詞句と連れだって消失しているからである。

(19) a. 「図」＝直接目的語／「地」＝斜格目的語：「地」だけが消失可能
　　　i. I sprinkled flour over the pan.（小麦粉を平鍋に振りかけた）
　　　ii. Then I sprinkled sugar.（次に砂糖を振りかけた）
　　　　　(Then I sprinkled sugar over the pan として理解される)
　　　iii. *Then I sprinkled over the board.
　　　　　(Then I sprinkled flour over the board という意味で)
　　b. 「地」＝直接目的語／「図」＝斜格目的語：「図」だけが消失可能
　　　i. I sprinkled the pan with flour.（小麦粉で平鍋を覆った）
　　　ii. Then I sprinkled the board.（次に板を覆った）
　　　　　(Then I sprinkled the board with flour として理解される)
　　　iii. *Then I sprinkled with sugar.
　　　　　(Then I sprinkled the pan with sugar という意味で)

例：飛行機により空を移動することそのものが，(20a) では際立ちを受けているが，(20b) のように，動詞との融合（手段 (c)）によって背景化できる（この融合は，Talmy 1975b で GO＋by-plane＝fly として表される語彙化の例である）。

(20) a. I went to Hawaii last month by plane.
　　　　(私は先月，飛行機でハワイへ行った)
　　b. I flew to Hawaii last month.（私は先月，ハワイへ飛んで行った）

## 6.3　順序（目標 (c)）

例：(21) で表されるような命題内容を伝えたい時，(21a) の文はおそらく最もスムーズな言い回しで，目標 (g) と (h) を満たしている。だが，伝達を行う者が，最もインパクトを持つ概念を最後に持ってきて，最大限に劇的な効果を出すこと（目標 (c)）の方が重要だと考え，そのため順序を変えて（手段 (b)），(21b) のように，その概念を最後に置くこともある。

(21) a. You're really a thief disguised as a philanthropist.
　　　　(君は本当は泥棒で，慈善家の格好をしているだけだ)
　　b. You act like a philanthropist, but you're really a thief.
　　　　(君は慈善家のように振る舞っているが，本当は泥棒だ)

例：事象 E1 が事象 E2 より先に起こっていて，伝達を行う者がその両方の事象に言及する時，2 つの事象が起こったのと同じ順序で伝達の相手に認知してもらいたくて，(22a) のような時間の流れと逆の並び方を避けたいと思うか

もしれない。英語において，この目標を実現する方法には，従属接続詞に別の語彙を使うこと（(22b)，手段 (c)），従属節を前置すること（(22c)，手段 (g)），「コピー分裂文」を使うこと（(22d)，手段 (f)）などがある（(d) については，6 章で論じている）。

(22) a. E2 after E1: She went home after she stopped at the store.
(彼女は店に立ち寄った後，家に帰った)
b. E1 before E2: She stopped at the store before she went home.
(彼女は家に帰る前に，店に立ち寄った)
c. After E1, E2: After she stopped at the store, she went home.
(店に立ち寄った後，彼女は家に帰った)
d. E1, and then E2: She stopped at the store, and then she went home.
(彼女は店に立ち寄った。それから家に帰った)

## 6.4 性格，気分，態度（目標 (d)）

目標 (d) は，自らの（伝達時の）言わば「スタイル」で主に実現される。ここでスタイルとは，どの方言・どの言語を使うか（手段 (a)），どの語彙・文構造・伝え方・身振り/手振りを使うか（手段 (c), (d), (m) / (o), (p)）から構成される。スタイルによって，例えば，自分は性格がマッチョだ，上流階級に属す，とか，自分の気分・状態が高ぶっている，落ち込んで弱っている，とかを表す。また，トピックに対して賛成か不賛成か，伝達の相手に対して友好的か，敬意を持っているか，軽蔑的であるか，場面状況に対して形式ばっている態度を取っているか，堅苦しくない態度を取っているかも表す。その一例は (5) との関連で既に論じた。さらに以下の例は，どの命題内容を選ぶかによって話者の性格を投影したり，特別な形態素を使って話者の気分を表したりできることを示す。

　例：教授が既に述べた事柄について分かりづらい点を明確にすると，ある大学院生が (23) のように応じた。

(23)　That's what I misunderst- had in mind as a question.
(それが，私がごか ... 質問しようと思ったところです)

学生が発話途中で修正したのは，命題内容を正確にする，という目標のためだけだったのかも知れない。しかし，自分はすぐに混乱する人間ではなく，理解する能力はある人間だと思われたかったからかもしれない。

第 14 章　意思伝達目標と手段：その認知的相互作用　　163

　例：田舎道を走行している時に，母親が子供にイディッシュ語で（24a）のように言うかもしれない。あるいは，いわゆる指小辞を使って，（24b）のように言うかもしれない。

(24) a.　Gib a kuk oyf di ki
　　　　"Give a look at the cows."（あの牛を見てごらん）
　　b.　Gib a kuk oyf di kielekh
　　　　"Give a look at the cows-指小辞."（あのモーモーを見てごらん）

（24a）では，母親は子供の注意を景色に向かせるだけである。しかし（24b）では，これに加えて，牛たちか我が子への温かい愛情が表されている。あるいは我が子が牛たちを見て楽しむかもしれないことに共感して，暖かい愛情を表しているのかもしれない。指小辞は命題内容に影響を与えない。というのは，牛たちが小さいとか，幼いとか，本来的にかわいらしいとかいった含意は全くなく，単に話者がその牛たちに対して，あるいはそこでの状況の別の何かに対して「かわいい」と感じているだけだからである。[5]

## 6.5　意思伝達のタイプ（目標（e））

ある発話の分節ごとの内容がどのように理解されるべきか（その発話内の力，やりとりでの役割など）を合図する，イントネーションのもたらす効果や伝え方のスタイル（手段 (l), (m), (o)）は広範囲に渡る。その範囲は通常考えられているよりも広く，かつ全く分類されていない。

　例：Cook-Gumperz and Gumperz (1976) には，教師が担当するクラスに話しかけている例がある。その一部が（25）である。

(25) a.　At ten o'clock we'll have assembly. We'll all go out together and go to the auditorium …. When he [the principal] comes in, sit quietly and listen carefully.
　　　　（10時に集会が開かれることになっています。みんな一緒に教室を出て，講堂に行きます。校長先生が入って来られたら，静かに着席して，よくお話を聞いてください）

---

　[5] ここで最後に述べたこと（指小辞形態素は一番近くにある名詞に付加しているが，もっと広い範囲に対する感情を表している）は，Es fun dayn shesele "Eat from your bowl-指小辞!"（「自分の茶碗ちゃんから食べてね」）という表現にはっきりと見て取れる。この例では，話者が愛おしそうに，猫に対して餌を食べるよう促している。ただし猫が日常的に使う茶碗には，何の感情も感じていない。

b. Don't wiggle your legs. Pay attention to what I'm saying.
(貧乏ゆすりなんかしないで，私の話をちゃんと聞きなさい)

Cook-Gumperz and Gumperz は，教師の伝え方のスタイルにおける違いの特徴を述べている。(25a)では，この伝え方が生徒たちに対して，後で行うことの指示として合図されており，(25b)では，個人に対して，その場で行うことの命令として合図されている。

例：発話の内容からも伝わってはいるが，(26b)に引用した4歳7ヶ月の男の子の発話（Ervin-Tripp 1975：ビデオ "Making Cookies" から引用）は，明らかに，その話しぶりから，自分が名前について信じていることを実際に述べているのではなく，その男性のことで遊ぼうよ，とからかい半分に誘っていることが合図されている。

(26) a. Woman investigator: No, you know what his name is.
(女の調査員：だめ，あの人の名前を知っているでしょ) [カメラマンのことで]
Boy: What? (男の子：え？)
Woman: Don't you remember? (女：覚えていないの？)
b. Boy: His name is poopoo kaka. (男の子：名前は，うんちさん)
[誇張した発音，特別なメロディー，唱えるようなリズムで，かつ笑いながら皮肉っぽい声質で話して]

一般に，内容と伝え方だけではある発言がどのように意図されているかがよく分からない場合（例えば，明らかにちゃかしている音調や，笑っているような音調なしで，「あなたって本当にバカね」などと言われた場合），伝達の相手はさらに手がかりを求めて，話者の表情を調べることになる。そして，英語の定型的な表現の I can't tell if you're serious or joking. (あなたが本気なのか冗談なのか分からない) や Smile when you say that. (そんなこと言う時は笑って言ってね) を使うのだ。[6]

---

[6] このような，発話の分節形式が表す命題内容と，発話の伝え方の談話的目的との区別に対するメタ言語的な気づきは，かつて小学生に流行ったある言葉遊びに見て取れる。この言葉遊びでは，自分か他の誰かが何か言った後で，それに対する注釈を言葉にして付け加えて，その発言のスタイルや意図を指定するのだ。一例として，"'We could go to the movies,' he suggested tentatively." (「一緒に映画に行けますね」という台詞に「と，彼はおずおずと提案する」を付け加える)

## 6.6 文法的であること（目標 (f)）

「文法的であること」とは，ここでは広義に捉えて，適格であるために従わなければならない，意思伝達システムの構造上の規範の全てを指すものとする。例えば，個別言語に関しては，その言語の語彙的・音韻的・統語的な諸特性がそれにあたる。認知的に言えば，文法的であることにこだわるのは，パターンをより規則的にしようと駆り立てる働きのような，他の認知的機能とは別個の機能であり，そのような他の機能と拮抗状態にあるのだろう。こう考えれば，ある言語において，簡単に埋められそうなギャップや，簡単に規則化できそうなパターンの不規則性が，何世代にも渡って続くことも説明できる。そのようななかなか無くならないギャップの例として，say to という言い方の語彙・統語的ギャップを挙げることができる。この表現は，(27a) のように受動態として生じるが，(27b) のように能動態では生じない。もう1つの例は，約20個のロシア語動詞の活用形に関するギャップである。これらの動詞は，通常の動詞と同じように用いられるのだが，(28a) のように一人称単数現在形を欠いており，(28b) のような言い方をしなければならない (Herzron 1975 が論じている)。さらにもう1つ例を挙げると，既に (9) で論じたように，形容詞 observant には対応する名詞形がない，という語彙派生上のギャップがある。

(27) a. He is said to have once been a sailor.
    （彼は，かつて船乗りだったと言われている）
  b. *They say him to have once been a sailor.
    （皆は，彼がかつて船乗りだったと言う）
(28) a. *Pobežu/Pobeždu  'I (will) win.'（私は勝つ）
  b. Oderuže pobedu  'I (will) sustain victory.'（私は勝利を維持する）

　文法的であることにこだわるように駆り立てる働きは，他にも観察される。例えば，ロシア語話者が，次に男性形名詞を使うつもりで，男性形と一致する一連の形容詞を既に発しているのだが，途中で別の名詞に切り替えることにした。ところがその名詞は女性名詞である。しばしば，そういう話者は，句全体を始めから言い直して，女性形語尾を持つ形容詞を発する。たとえ他の意思伝達目標（例えば，意思伝達の流れを止めないという目標）を犠牲にすることになっても。あるいは，またも会話分析で挙げられている例になるが，Jefferson (1972) で引用されている話者を考えてみよう。その話者は，話している相手が「モナリザ」を，「ママリサ」と間違えて発音した後で，皮肉を込めて，「ママリサだって？」と大きな声を上げる。この話者は（たとえ意図された形式が文脈上明らかであっても），自らの適格性の感覚が相手の誤った発音によって

乱され，驚きの言葉を発せざるを得なくなったのだろう。それが意思伝達の流れを犠牲にすることであっても。

　勿論，他の意思伝達目標が，文法的であることに従うという目標に優先する場合もある。例えば，先述のロシア語の例では，性一致の原則を破るけれども，そのまま女性形名詞で続けてしまう話者もいるだろう。また，次例も同様に考えられるかも知れない。

　例：銀行の顧客が，窓口係に口座残高を確認して欲しいと依頼していたのだが，(29a) のように言ってしまった。窓口係に答えようとして顧客の頭に浮かんだ第1段階スキーマでは，文法的に，にっちもさっちもいかなくなってしまったのだ（少し躊躇している時に，本人もそのことに気づいている）。この時点で顧客が決断したのは，そのまま続けて非文法的に発話を完結させることであり，(29b) のように新しい言い方で始めからやり直すことではなかった。

(29) a.　Teller:　Oh, if you have an automatic deposit …!
　　　　（窓口係：あっ，お客様，自動預金されるなら ...）
　　　　Customer:　Yeah, that's what I wanted to see … if it happened.
　　　　（顧客：ええ，それが，私が確認したかったこと ...，できているかどうか ...）
　　b.　What I wanted is to see if that happened.
　　　　（私がしたかったのは，それができているかどうかの確認です）

　機能論的見方で強調されるように，言語の多くの側面は，どうすれば意思伝達が何とかなるか，ということだけで規制されており，その規制も程度は様々で柔軟性のある連続体である。とはいえ，言語というものは，1つの「正しい」固定した形式と，そこから広がったり，ズレたりした可能な形式の2層の段取りで構築されているように思える。言語学習者にはこの「正しい」構造を確認しよう，言語使用者には「正しい構造」を遵守しよう，と駆り立てる働きがあるように見える。そしてこの働きは，意思伝達自体を行うという衝動とは独立して存在しており，生得的な心理的実在があるように思える。そういった生まれながらに組み込まれた働きを，直感的にはっきりと感じていることが要因の1つとなって，言語学者たちは語形変化のパターンや規則の抽出という歴史を経験して，ついには「言語運用」と対立する「言語能力」という発想に至ったのかもしれない。

## 6.7　適切性（目標 (g)）

語や構文は，辞書や参考書の項目のように「絶対的」な価のみを持って言語使

用者の頭の中に入っている（教科書で言語を学ぶ人や機械翻訳プログラマーはそう考えるかもしれないが），というのではなく，色々な性質や相対的な重みを伴っている。こういった性質や重みでの差違がある（＝目標（g）が働いている）ために，口語体の語・構文は書き言葉の散文で使われず，書き言葉の散文は会話で使われず，廃れた形式はいずれでも使われない，ということになる。構造的に可能である形式（例えば多重中央埋め込みなど）の範囲内でも，この差違によってぎこちないものとなめらかなものが，区別される。一般的に，この差違により，意思伝達システムの様々な手段間において優先性という尺度が生まれる。

例：話し言葉のイタリア語には，前置詞を取る動詞がある（英語で言えば，have need of に相当する）。(30a) のように主節で使われると全く普通だが，(30b) のように関係節にすると，英語の of which にあたる前置詞付き構造となり，ぎこちない感じがする。このぎこちなさを避けるために，しばしば話者は，have need of にあたる動詞を使わずに，(30c) のように be of use に相当する，異なった格フレーム（手段 (c)）を持つ全く別の動詞を使う。

(30) a. Ho bisogno del denaro.
 ('I have need of the money.' 私は，そのお金が必要である)
 b. Il denaro, di cui ho bisogno …
 ('The money, of which I have need …' 私が必要とするお金 …)
 c. Il denaro, che mi serve …
 ('The money that is of use to me …' 私には有用なお金 …)

例：先ほどの (15) の議論では，ある要素をトピックとして表す際に，英語の話し言葉で優先される手段は，それを文頭の主語とすることだが，この手段を使えない場合には，(15b) のように特殊な音調による手段が使われる，と述べた。前者の方が実際により好まれることは，(31) のように2つの手段が共に可能な例においても差があることから，はっきりと分かる。

(31) Where's the pen? (ペンはどこにある？)
 a. It's beside the ashtray. (それは，灰皿の横にあります)［優先される形式］
 b. The ASHTRAY is beside it. (灰皿が，その横にあります)

［優先されない形式］

## 6.8 タイミングと物理的な側面（目標 (i)）

この目標の関心事は，自分が発したものが伝達の相手に届くようにすることで

ある。それには，発信の仕方を時間的・物理的に調整して，伝達の媒体を通じてちゃんと伝わるようにするか，あるいは伝達の媒体を調整して，その媒体がちゃんと伝えるようにするか，の両方がある。

　この目標には，(1) 発言権を得るために，相手が話を中断している時に自分の意思伝達を始める，(2) 自分の発言権を失わないために，あまりにも長い中断はしない，(3) 相手側が譲ってくれない場合は，既に始めている意思伝達を完全停止する（全て手段 (n) に関わる），が含まれる。

　音声を使って話す場合は，その調整には，消防車が通りかかったら過ぎ去るのを待つ（手段 (n)），大きな背景音がある時はより大声で話す（手段 (m)），ラジオの音がうるさい時は音を小さくする（手段 (q)），といったことなども含まれる。

　手話の場合は，自分と伝達の相手の間を誰かが歩いていたら，その人が通過するまで待つ（手段 (n)）とか，暗くてよく見えない時には明るいところへ移動する（手段 (q)）とかが含まれる。

## 6.9　伝達の相手の受容性（目標 (j)）

この目標の中に入るとされるものは，自らの意思伝達を形成する時に，伝達の相手がちゃんと理解できるようにと，話者が考慮すべき伝達の相手側の特徴の全てであり，以下を含む。

- 内容と合図に関する伝達の相手の受容力
  例えば，子供もしくは当該意思伝達システムへの初心者に対しては，意味的に複雑でないようにする（手段 (b)）。また，手話を使う聾者には手話で伝えるし，非母語話者や難聴者には通常よりもはっきりと話しかける（手段 (a), (m)）。
- 伝達の相手が伝達を受け取る状態にあること
  伝達の相手の注意の焦点・注意力が続く時間・関心の度合いを推測しなければならない。例えば，聞き手がせっかちなら，短時間で考えを伝えねばならないので，速く話したり，細かい点を犠牲にしても簡潔にしたり（例えば，might be able to（できたかもしれない）に代えて，could（できた）を使う），一般的に伝えるべき事を1つにまとめて話したりしなければならないことがある（手段 (o), (c), (b)）。
- 伝達の相手の背景知識
  伝達の相手が意思伝達を意図された通りに解釈できるためには背景知識が必要であるから，話者は相手の背景知識がどれくらいあるかを査定

し，もし背景知識があまりに少ないようなら，メッセージを切り詰めたり，情報を補ったりしなければならない。(32) はこのような点を例証している。

例：ある人が，自宅にやってきた友人に対して (32a) のように言ったが，一瞬の間を置いてから (32b) を言った。

(32) a.　Would you like some music on?（音楽でもかけておきましょうか？）
　　　 b.　… because I'm going to the bathroom.（トイレに行きますんで …）

話者は (32a) を言った後になって，自分が思っていたことを聞き手が分かるはずがないこと，それゆえに意図された意味（つまり，自分が席をはずしている間，客は一人ぼっちに置かれるので，何か気を紛らわせるものが必要かもしれない）を理解できないことに気づいた。それで，(32b) によって，自分が前提として思っていたことを補った（手段 (b)）のである。

### 6.10　情報処理の負担（目標 (k)）

伝達の相手の情報処理の負担を軽減する試みには，曖昧になりそうな場合にはそれを回避する，関連する構成素同士は隣接させる，複雑な構文形は分解する，といったことがある。

　潜在的な曖昧性を回避する例：(33a) の deny は，「否定する」の意味にも「あげない」の意味にもなる。ただし，それぞれの意味で格フレームが異なる。(33b) や (33c) のように，形式上の要件を満たすためだけに，非特定的な名詞句を動詞の後に続けると（手段 (i)），この格フレームが喚起されて，曖昧性を除去することができる。

(33) a.　Then the child went through an imperious period of denying.
　　　　（それからその子供は，一時の間，横柄に deny していた）
　　　 b.　… denying things.（物事を否定していた）
　　　 c.　… denying people things.（人に物をあげなかった）

　構文形を分解する例：この操作は，相当な量の言語処理を必要とする複雑な構成素が，やはりかなりの処理を要求する別の複雑な文構造の中に埋め込まれている場合に適用される。この分解操作がないと，後者の処理を行っている真っ最中に，前者の処理をしなければならず，あまりにも厄介な作業になる。分解の1つの方法は「左方転移」，あるいは，それをもっと一般化した「コピー分裂文」である。コピー分裂文は6章で説明した（以下の例文もそこから取って

きている).この操作によって,元々は埋め込まれていた構成素を,別個に前もって処理することができる.そして,この処理の結果をひとまとまりにしたゲシュタルトを表す代用形を主節の構造に残し,次にそこで処理を行う.そのためこの後者の処理も簡単になる.

以下の例で示されるように,構文形分解のプロセスを,より基本的と思われる (a) の形式に適用すると,(b) の形式に変換する.このプロセスが,(34) では英語の名詞句の内部で,(35) では手話の文の名詞 (斜字体語は実際に行われた手話を示す) で,(36) では英語の複文全体で適用されている.

(34) a. Now we'll investigate the more general process of population stabilization.
（では,人口安定化のより一般的な過程を調べてみよう）
b. Now we'll investigate *a more general process, that of population stabilization.*
（では,より一般的な過程を調べてみよう.人口安定化のより一般的な過程である）

(35) a. Hank went-to Fresno. （ハンクは,フレズノに行った）
b. You know *Hank*? You know *Fresno*? Well, *he-went-there*.
（ハンクを知ってる？ フレズノは知ってるね,あのね,彼はそこへ行ったよ）

(36) a. We stayed home because it was raining.
（雨が降っていたので私たちは家にいた）
b. It was raining, so (< and because of that) we stayed home.
（雨が降っていた.それで,私たちは家にいた）

## 6.11 意味的コンテクスト（目標 (I)）

下位目標：意思伝達の内容を「上位レベルの意思伝達」に適合させる.

実際の語・句・文で明示的に表される意思伝達の内容は（それが 1 人の話者によるものであれ,2 人以上のやりとりであれ）,切れ目なく論理的につながっていく流れとしてみれば,ほとんどのところで情報の小さい単位が点々として非連続的に並んでいるようなものである.だが,伝達する者同士の心の中では,もっと完全で連続的な概念思考が存在していて,そこでは,知識と日常的に慣れ親しんだもの,前提とされることと期待されること,推定されることと演繹されることなどが,まるで糸が撚り合わさって絡まったように存在している.形を取って現れている意思伝達とこの上位レベルの間には,前者が後者のコンテクストの内部でのみ解釈可能な意義を持つ一方で,後者は前者の入力か

ら出現し，変化し，修正を受ける，といった相互作用的関係がある。[7]

この上位レベルは，「発話行為」（Searle 1969での「断定」・「命令」・「依頼」など）や「隣接ペア」（Sacks, Schegloff, and Jefferson 1974での「質問/回答」・「依頼/応諾」・「警告/従い」など）といった理論概念を一般化したものと見なすことができる。これらの理論的概念は，発話の時点で成り立つ1つの発話または2者間でのやり取りの伝達上の意義を取り出したものであると言える。だが，この上位レベルの意思伝達は，これらの要素がさらに他の要素と一緒になって，複雑に絡み合っている。

例：先ほどの (32b) の because は，(32) で言語化された意思伝達だけを見れば，その内部で解析しようがない。しかし，この because は，(37) の説明で表されるような，非明示的な（当然，口に出されていない）上位レベルの意思伝達に対する接続詞として，語用論的に存在しているのである。

(37) "*I ask you that* not because, as you might at first have thought, I felt you might like some background music as we talk, but because I'm going to the bathroom and you'll be left alone, possibly in need of entertainment."

（そんなことを聞いたのは，最初思われたかも知れないように，話していると，あなたはBGMが好きだと私が感じたからではなくて，私がトイレに行くとあなたが一人っきりになって，気を紛らわせるものが必要になるかもしれないからなんです）

例：ある暑い日に，ドラッグストアで，客とレジ係が (38) のような会話をした。

(38) a. Customer: Are you aware that these are melting? ((putting some candy bars on the counter))

---

[7] Garfinkel (1972: 78) は，同じ2つのレベルに気づいて（それぞれ「内容を表すもの」と「基底パターン」と呼んでいる），その間に同じ相互関係を認めている。「基底パターンは，個々の内容を表すものからただ派生するだけではなく，その内容を表すものの方が，今度は基底パターンについて既に知っていることや予想できることを根拠にして解釈される」
Fillmore (1975: 136-137) は，「テクスト」と「イメージ」という用語で，明らかに同様の概念を述べている。：「テクストは解釈者自身がイメージを作り出すように誘導し，…テクストの初期段階で解釈者が作り出したイメージは，後続のテクストの解釈を導く」
Cook-Gumperz and Gumperz (1976) でも，同じように，「会話による意思伝達」が「文脈」を生成する，そして文脈が会話の意思伝達の解釈を助ける，という言い方をしている。

(客：[カウンターにキャンディバーを載せて] これって溶けていますよね)
b. Checker: There's nothing we can do about it.
(レジ係：私らにはどうしようもありませんよ)
c. Customer: No, I mean ... hh ((breaking into a smile))
(客：いや，そういう意味じゃ... [にっこりする])
d. Checker: Oh, they really are! ((feeling a candy bar))
(レジ係：[キャンディバーを触りながら] あっ，ホント，そうですね)

(38b)のレジ係の応答から，(38a)での客の上位レベルの意思伝達を，次のように解釈したことが分かる。

"I want to complain about the poor quality you personnel keep your merchandize in."
(私は，あなた方従業員が管理していた商品の低品質について苦情を言いたい)

客は，この上位レベルでの誤った意思伝達に気づいて，(38c)で明示的に修正しようとする。

"*No,* I didn't mean that the way you took it, *I mean* that the melting is funny and I wanted to share the humor of it with you."
(いいえ，そういうつもりではありません。溶けているのが可笑しい，それで，あなたとその可笑しさを共有したかったんです)

それからレジ係は(38d)で，次のことを上位レベルで伝えようとしていると思われる。

"*Oh,* now I see what you meant. I'm sorry I reacted as if you were being surly, and let me make amends with a heightened response now to your original intent."
(ああ，そういうことだったんですね。まるであなたが不機嫌そうにしているかのように応じてしまい，済みませんでした。お詫びに，あなたの意図に対して，今度は同じノリで応えましょう)

## 6.12 対人関係のコンテクスト（目標 (m)）

人と人との間での意思伝達システム（例えば，話し言葉）を使うことは，系統発生的にも，個体発達的にも，リアルタイムの心理的な働きにおいても，対人関係の始まりではない。むしろ，そのような諸々の現象の中に，1つの部門（対人関係形成という部門）として収まるのだ。

第 14 章　意思伝達目標と手段：その認知的相互作用　　173

　例えば，言語行動におけるポライトネスは，その基盤において，人間が一般的に他者を思いやる傾向を持つことに対応する。すなわち，心くばりのある話し方は，他者の気分を良くして，いやな思いをさせることを避ける，という一般的な心理機構が，特定の形を取って現れたものである。同様に，他人と話す時に短くぶっきらぼうに言うことは，その人に対する一般的な気持ちが現れたものであろう（例えば，「その人を避けたい」）。

　例：(26) で引用したのと同じ男の子が，別の時に父親と次のようなやりとりをする。

(39)　Boy:　Daddy, how come you're here? ((father has just come in))
　　　（男の子：お父さん，なんでここにいるの？［父親がちょうど入ってきて］）
　　　Father:　Well, this is where I live.
　　　（父親：まー，ここが住みかだからね）
　　　Boy:　Uh-uh. You live someplace else. ((pulls on father's shirt))
　　　（男の子：違うよ，別のところでしょ［父親のシャツを引っ張って］）
　　　Father:　Where?
　　　（父親：どこのこと？）
　　　Boy:　You live in Colorado. ((said in teaseful singsong))
　　　（男の子：お父さんの住みかはコロラド …［からかうように歌の節（ふし）を付けて］）

この男の子と父親には，からかい遊びに基づいた，温かい心の交流がある。男の子から見れば，この関係は，言語を使わずに，身体的に少しちょっかいを出すこと（シャツを引っ張る行為）で具現化されているし，言語的にも，父親の実際の居所とは全く違う地名をふざけて言うことで具現化されている。

## 6.13　外部の効果に注意を向ける（目標 (n)）

意思伝達は，伝達を行う者から伝達の相手へ何かを伝えることを目的として意図されるが，意思伝達とはそもそも，現実世界に存在する物理的なモノであり，それゆえに現実世界に色々な影響を及ぼしうる。伝達を行う者は，これらの潜在的な効果を認識していて，その効果に関して何か変えてみたいと思い，それに応じて意思伝達の特徴を調整することがある。

　そういう調整には，周りの人に迷惑にならないように声を小さくしてしゃべる（手段 (m)），周りの人が分からないようにメッセージを遠回しに（手段 (b)），あるいは別の方言や言語で伝える（手段 (a)），自分が病気の時には，負担にならないように優しく話したり，手話を使ったりする（手段 (m)），といったこと

が含まれる。

## 6.14　さらなる効果を求める意図（目標 (p)）
人は，伝達の相手が単に文字通りの意味を理解することにとどまらずに，そこからの帰結や効果を意図していることが，しばしばある。そのような意図した効果の1つは，伝達の相手に何らかの行為をさせることである（＝質問に答える，依頼や命令を実行する）。もっと言えば実は，そういった次の行為への意図があるからこそ，単なる情報の伝達が質問，依頼，命令として解釈されるのだ。もう1つの種類の効果は，伝達の相手をある一定の心理状態や気分に誘導することである（例えば，うれしいことや気が紛れることを話して，その人に元気を出させる）。

さらに，伝達の相手以外の，周りにいる人たちへ何らかの影響を及ぼすことを意図することもある。例えば，明らかに伝達の相手に話しかけていながら，周りの人たちに向けて意図された要素をメッセージに含めることがある。例えば，その人たちに知っていて欲しい情報や，その人たちに気づいて欲しいこと（例えば，自分と伝達の相手を二人っきりにして欲しい）などである。[8]

## 6.15　観察と修復（目標 (r)）
理論的には，耳で聞いた自分の発話を査定する能力は，その発話を産み出す能力に発達上先行し，かつ部分的には別個のものだ，と言える。また，その査定能力は産み出された発話に働きかけ，その結果が発話を産み出す能力にまた帰るような循環を成すようになり，それが最初の段階の，個人内での言語的な自己観察システムを構成する。[9] さらに発達が進むと，発話が実際に発されるよ

---

[8] もう1つの解釈としてありえるのは，遠回しに発せられたメッセージのこの部分も，それなりに，伝達の相手（＝本当にメッセージを向けている人）に対して向けられた1つの意思伝達である，という可能性である。ただし，真の伝達の相手がここでは隠れているので，「意図された受信者」と呼ぶ方がよいかもしれない。

[9] この関連で，Zakharova (1958: 283-284) は，ロシアの就学前児童の言語獲得の調査から，次のことを報告している：「聞き慣れぬ語の格形を構築するプロセスで，子供たちはしばしば色々な末尾形にして，その語を大声で発音する。それはまるで，どの語形が今の場合正しいのかをこのようにして決めようとしているかのようで，自分の言った形式を修正し，その後にやっとその末尾形を決定するかのようである。」

同氏はさらに，次のように推測する：「語形の幾つかを何度も繰り返し言ってから，正しい語末形を選択することは，発話器官からさらに出される音や筋運動シグナルが，何回も繰り返されるうちに大脳皮質に入力されて，子供が発話行動をコントロールすることを容易にしている，という事実によって，たぶん説明できる …」

り以前の発話の形成過程をどんどんさかのぼって，観察のプロセスをさらに内在化する，ということになるかもしれない。このような観察プロセスが意識にのぼっていると，自分の発話が実際に発されたらどのように聞こえるかを，要するに「心の耳」で「聞く」ことになる。発話が発される前の段階であれ，発された後の段階であれ，この観察プロセスに基づいて，発話（あるいはどんな意思伝達でも）は，その瞬間での意思伝達目標を実現するうえでの妥当性のレベルについて査定を受けるのである。

特に修正されないまま意思伝達が継続されると，普通は，観察システムによる妥当性の要件を満たしているものとして，理解される（ただし，言葉遊びや言語障害の多くの場合で見られるように，そのシステムが作動していない場合は除く）。もしそうでない場合，そのシステムは次のような対策を取る。

1. 既に用いた非適格な要素をキャンセルして，適格な要素で置き換える。こうすることにより，文法的であること・適切性・美学の目標 (f, g, h) を満たす。
2. 既に用いた命題的な要素について，それをキャンセルし置き換える，但し書きを加える，訂正する，詳しく述べる。こうすることにより，正確に概念実体的内容を表すという目標 (a) を満たす。
3. 今しがた言ったばかりの話題を一旦停止して，代わりに補助的な情報を与える。この対策は，伝達の相手が理解するために必要な時に行われる（目標 (j)）。

2 の例：遊び友達に対して，4 歳 3 ヶ月の女の子が言う（ビデオ Playing Doctor から，Ervin-Tripp 1975）：

(40)　When I lie down — When I bend over my back hurts.
　　　（横になると──身をかがめると，背中が痛い）

女の子の発話の元々のスキーマでは，概念実体的内容をしっかりとコントロールしていなかったようで，より一般的な lie down という言い回しを選択した。この表現は「立っていない」という意味なら大体表せるからで，もっと正確な言い回しの bend over を使わなかった。ただし，女の子はこの言い回しを自分の耳で聞いてから，修正している。

3 の例：ある女の子が友達に次のように話をする（Keenan and Schieffelin 1975 から引用）：

(41)　My sister, when we were up in camp, when she was 12, and all the

guys were 16, ((pause)) and 15, they don' wanna go out with 12-year-olds. So I told everyone that she was 13 1/2, almost 14.
(妹はね，私たちキャンプに行ったんだけど，12歳の時にね，男の子たちはみんな16で［少し間を置く］，それか15で，12歳の子なんかと遊びたくないわけ．それで，私，みんなに，妹は13歳半，ほとんど14よ，って言ったの)

　多分，このエピソードは女の子の記憶の中で2層になって存在している：あまり意識にのぼっていない背景的文脈や子細な事項が関わる層と，意識にのぼりやすい要点の層である．ここで要点は，「妹は男の子たちに誘って欲しかった，それで，私は男の子たちに，妹は14歳だと言った」というところであろう．女の子自身の回想では，要点だけをはっきりと意識して，残りのところはこの要点が意味を成すような，暗黙の背景として経験していたのかもしれない．それで，その女の子は必要であれば，要点を基にして背景の層をはっきりと意識にのぼらせることができる，と思っているのかもしれない．話し始めた時，この女の子が最初に思い立ったのは，要点を表現することであったようだ．だがすぐに，伝達の相手が話の筋を辿っていけるように，まずさかのぼらなければならないことに気づく．実際にこの例では，そういう修正を立て続けに行っており，それぞれ修正をすると，背景のさらに前の段階にさかのぼっている．

## 7　言語比較と言語変化

ここまで概略を述べてきた目標と手段は，統合化されたシステムとしての特性を維持しながらも，その組み合わせ方や強さが様々な言語間で異なりうるし，同一言語であっても通時的に異なりうる．

### 7.1　言語比較

Gumperz and Hymes (1972) の流れを汲む幾つかの研究で調査されているように，異なる文化や下位文化では，意思伝達の目標が異なり，それらを異なった表現手段の組み合わせで実現する．我々は，この中でも特に，より言語的な問題に取り組むことにする．すなわち，同じ意思伝達の目的を実現するために，異なる言語では異なる手段を使い，時には類型論的または言語普遍論的な含意を伴う．

　例：先に (15) との関連で，"Where's the pen?" に対してどのように答えるかを議論したが，この例にまた戻ってみよう．単に場所を表す文の場合なら，

第14章　意思伝達目標と手段：その認知的相互作用　　　　177

トピックの要素を文主語として文頭に置いて標示するのが，英語だけでなくスペイン語やロシア語でも使われる手段である．(42a-c) がその例である．

(42)　英語：　　　　a.　(It's) on the table.　　d.　JOHN has it
　　　スペイン語：　b.　(Está) en la mesa.　　 e.　Lo tiene Juan.
　　　ロシア語：　　c.　(Ono) na stole.　　　　f.　(Ono) u Ivana.

しかし所有文の場合は，英語ではこの手段を使うことができない．これは，英語が厳格な SVO システムであるために，トピックを目的語として表さなければならないからである（代わりに，特殊な強勢とイントネーションの手段に訴えなければならない ((42d))．だが，他の 2 つの言語では別のやり方をする．スペイン語は語順が柔軟（手段 (g)）なので，直接目的語であってもトピックを文頭の位置に置くことができる ((42e))．またロシア語は，語彙的手段 (c) により，元々優先する形式をやはり使って，トピックを文の冒頭の位置に置く．つまり，前置詞 u (＝〜が所有している) を使うことにより，この言い方ができるのだ．だから，(42f) は「それはイヴァンナが持っている状態にある」というような意味になる．

　*例*：(25) と (26) の例を使って既に論じたように，発話が相手にどう捉えられるべきかを発話自体に標示することがある．この関連で言えば，英語話者は，(43a) のように，メッセージをふざけ半分の忠告として標示するために，特殊なイントネーションや伝え方のスタイル（手段 (l), (m)）を使うことがある．しかし，アツゲウィ語（ホカ・インディアン語の1つ）には，特別な動詞屈折モード（手段 (c)）がある．私はそれを「忠告詞」と名づけたが，通常それは「…しないように警戒した方がよい」と翻訳可能である．この屈折が正に，(43b) のように，警告（しばしば，ふざけて）を表すのだ．

(43)　英語：　　　　a.　I'm going to tickle you!（くすぐっちゃうぞー）
　　　アツゲウィ語：b.　Tamlawilcahki.
　　　　　　　　　　　　"you-better-watch-out-or-I'll-tickle-you"
　　　　　　　　　　　　（注意しないといけないよ，でないと，くすぐるからね）

　*例*：適切な文を作るための手段が複数ある場合に，どれを優先するかは，言語によって異なる．例えば，人間の主語を背景化するために受動態を使用（手段 (f)）することは，英語ではかなり自然である ((44a)) が，イディッシュ語ではひどくぎこちない ((44b))．イディッシュ語では，不特定の人を指す代名詞

を使用すること（手段 (c)）の方が好まれる。そして，(44c) のように，その手段と直接目的語の前置（手段 (g)）を組み合わせると，結果として英語の受動態と事実上同一の効果が得られる。

(44) 英語：　　　　　　a. That claim wasn't believed.
　　　　　　　　　　　　　（その主張は，信じられなかった）
　　　イディッシュ語： b. Di tayne iz nisht gegleybt gevorn.
　　　　　　　　　　　　　'That claim was not believed'
　　　　　　　　　　　　　（その主張は，信じられなかった）　　［ぎこちない］
　　　　　　　　　　　　c. Di tayne hot men nisht gegleybt.
　　　　　　　　　　　　　'That claim one didn't believe'
　　　　　　　　　　　　　（その主張を，人は信じなかった）　　［自然］

例：複数の手段の中でどれを優先するかには，全ての言語に渡って普遍的なものがあるかもしれない。しかし，そのような優先的手段を行使できるのは，その手段をそもそも利用できる言語においてのみである。その手段を欠いている言語では行使できない。

例えば，前置詞を関係節の直前に置くことは，普遍的に好まれないかもしれない。(30) で示されていたように，この手段は，イタリア語の関係節では別の動詞に切り替えることで避けるしかない。対照的に，英語話者では全く問題がない。(45b) のように前置詞を文末に残すことが可能なので，(45a) のような構文形を避けることができる。

(45) a. Any book on which I can get my hands ...
　　　b. Any book I can get my hands on ...
　　　　（私が手に入れられるいかなる本も ...）

同様に，ある手段が他の手段よりも情報処理上の要件で普遍的に容易なのだが，その手段はそれが利用できる言語でしか用いられないことがある。これは，ある品詞で語彙化された概念をほぼ等価に別の品詞で表現できるような，手軽な語彙派生的手段に当てはまるだろう。例えば英語では，-ness が形容詞を名詞に転換するように働く。しかし英語には，他の品詞を同じ様に形容詞に転換する手段がない（イディッシュ語ならば，-(d)ik という接辞でこれができる）。普通は，形容詞句を丸ごと作るか，あるいは全く別の語彙項目に訴えるか，しなければならない。

(46)　英語　　　　　　　　　　　　　　イディッシュ語
　　　他の形式　形容詞形　　　　　　他の形式　形容詞形
　　　uncle　　　av-uncular　　　　　feter　　　feterdik
　　　now　　　current　　　　　　　itst　　　　itstik
　　　enough　　sufficient　　　　　　genug　　　genugik
　　　soon　　　that will come soon　 bald　　　 baldik
　　　this year　for this year　　　　 di yor　　　di-yorik
　　　（例えば，a calendar for this year/*a this year('s) calendar: a di-yoriker calendar）

例：(42) と (43) では，ある要素をトピックとして標示したり，ある発話を警告として標示したりする手段について，それぞれ2言語間・3言語間で比較した。同様に，どのような単一要因でも（構造的であれ，意味的であれ，それ以外の意思伝達的なものであれ），それらがどのように現れうるかの範囲と形状について，意思伝達システムの全般に渡って調べ上げることができる（この方法論は，Greenberg（例えば，1961）が，音声言語の範囲内で完成させた）。

例えば，法（可能，必然など）を表す手段には，以下のものがある。古典ギリシア語の仮定法や希求法のような動詞屈折モード・英語の can や might のような助動詞・英語の perhaps や in all likelihood のような独立した（副詞的）不変化詞や句・Susan Steel がルイセーニョ語やアステカ語で発見したような，新しい文法範疇として認められる，法に特化した文の構成素など。さらに法を表す他の手段として，フランス語の il faut que（... であることは必然である）のような埋め込み主節や，ラテン語の必然を表す表現のような特殊な統語的構文（＝迂言形）（例えば，"I must go" は，「私にとって，行くべき」と表現される）がある。また手話では，ある種の首から上の動きと顔の表情を使う。例えば，「私は，そのパーティーに行くべきであった」は，「私は，そのパーティーに行った」と手で表現しつつ，しかめっ面で首を横に振ることで表す。これで「私が行かなかったことは，不幸なことである」の意味を持つ。

## 7.2　言語変化

言語は，それが使われている歴史上のどの時点においても包括的なシステムであり，利用可能な手段を総動員して，言い表す必要のあるものを全て扱わなければならない。すると，時間の経過と共に起こる言語変化では，ある手段を使わなくなることと別の手段が発達することの間に相関関係があることが示されるのでないかと，期待できるかもしれない。利用可能な手段のパターンは，移

り変わりながら適切さのバランスを維持しているからである。Li and Thompson (1976) は，このシステム的な視点に立って，(また8章でも触れたが) 中国語北京方言の使役の表現の仕方を，歴史を通じて考察している。

　もう1つのありえる例として，現代タガログ語に共存している，普遍的には尋常ではない3つの統語的手段（Schacter and Otanes 1972で扱われている）について，同じ観点から考察できるかもしれない。第1の手段は，動詞態のしっかりとしたシステムで，1つの語彙動詞に様々な形態論的な標示を付けて，多くの格フレームに合致させる。第2の手段は，名詞表現の（非）定性を表層格で表す方法であり，格フレームを決定させる第1のシステムが介在することになる。第3の手段は，動詞を分詞化することによる，節の関係詞化である。ここでも，第1のシステムが，ほとんど全ての基底格の名詞表現も主語にすることにより，この第3の手段の一般的な適用を可能にする。この3つの手段はお互いに相関して発達してきたと推測できるかもしれない。もし何かの理由で，その昔タガログ語の前駆的な言語が，3つの手段のうち，定性や関係詞であることを標示する独立した形態素（英語で言えば，a/the と which/that にあたる）を失うとか，あるいは，その発達が阻害されたとしたら，それがもっと変わった手段を発達させて，それを補強するように態システムをより精密にさせることになったかもしれない。

# 第7部

他の認知システム

# 第15章
# 認知文化システム

## 1 はじめに

この章では，文化を伝え維持することについての認知主義的な分析の概略を述べる。[1] **認知主義**（**cognitivism**）とは，文化のパターンは主として，社会を形成する個人・個人のそれぞれの中にある認知的構成ゆえに存在する，ということである。この分析によれば，様々な文化にまたがって何が普遍的で何が異なるか，何が生得的で何が経験によって習得されるのか，個人と集団がどのように関係しているのか，といった問題について，特定の立場に辿り着く。この認知主義的な見方は，他の幾つかの理論的立場に異議を唱える。例えば，文化は主にもしくは完全に個々の人間の認知を超えた自律的な存在である，と主張する立場である。本章の目的は，まず第一に，個人に基づく文化認知主義の立場を支持する議論や証拠を，この立場を強化するように整理することにある。第

---

[1] この章は，Talmy (1995a) を大幅に改訂し拡大したものである。

この章の初期のバージョンは，John Gumperz と Stephen Levinson が Wenner-Gren Foundation からの支援を受けて企画した「言語相対性再考」というトピックのワークショップ（1991年5月に開催）のために準備したものである。

この章を現在のバージョンに発展させるうえで，以下の方々との議論が助けとなった。Patricia Fox, Janet Keller, Donald Pollack, Naomi Quinn, Barry Smith, Claudia Strauss, Michael Tomasello, David Wilkins. ここで表明した見方の多くは，心理学者の Theodore Kompanetz (*olev hasholem*) の考えに触発されているのかもしれない。

この章で概略を示している枠組みは，例えば以下の研究のような，文化人類学・心理学・言語学において発展している様々な知見と，大まかに合致していると思われる。Boyer (1994), Hamill (1990), Jackendoff (1992), Keller and Lehman (1991), Minoura (1992), Quinn and Strauss (1993), Tomasello, Kruger and Ratner (1993)。

## 1.1 文化認知主義の概観

我々は，人間という種が，文化を習得し実践し伝えることを主な機能とするような，生得的に決定された脳のシステムを発達させてきている，という立場をとる。この文化認知のシステムには幾つもの認知能力や認知機能が含まれており，それらのうちのほとんどは，他の種では弱いかまたはそもそも存在していない。このシステムは，少数の単純なアルゴリズム的処理が大雑把に繰り返し適用されることによって働くのではない。むしろこのシステムは，文化を，高度に差異化され体系的で構造化された複合体として処理する。この複合体に含まれるカテゴリーの現象も，含まれないカテゴリーの現象もあるだろう。この構造化された文化複合体の内容は，概念的-感情的パターンと行動パターンの両方に関わっている。この認知文化システムの機能の中には意識にのぼらせることができる側面もあるが，おそらくこのシステムの働きの多くは，必ず意識が伴うわけでも自動的に意識が伴うわけでもないようである。

文化に特化した認知システムが発達してきたという考え方は，人間の文化は，ただ単に他の認知能力（＝一般的知能やことによると言語）に付随するものとして生じた，という一般的な考えとは対照的である（この後者の考え自体は，必ずしも明確にされているわけではないが）。さらには，文化は特に一貫性のある構造ではなく，より基本的な認知操作の副産物として生じる個別事例の集合である，と考える者もいる。しかしながら，本章で展開する考え方では，文化とは高度に構成された認知的構造体であり，認知においてこれほど複雑で体系的な性質を持つものが，それを支える具体的な脳神経的仕組みなしに，「とにかく生じている」ということは，ほとんどないだろう。

認知文化システムは，生得的に構造化されたプログラムに従って，それぞれの個人の内部で働く。上述のように，このシステムの機能は，文化を習得し，実践し，伝えることである。これら3つの機能は，以下のように簡単に概要を述べることができる。

文化を習得する機能では，個人内の認知文化システムが，他者が示す概念的-感情的パターンと行動パターンを査定し，これらのパターンについての指示に注意を払う。そしてこの査定と指示から抽出したものを，自分の中に内在化させる。査定の過程は，極めて構造化された方法で行う。この過程には，自分に対して最も関連のある外部集団を決定し，そのような集団の複数のメンバーに渡って共通する特性を抽出し，それらのメンバーによって示されたある特定

のカテゴリーの現象のみに注意を払い，異なる集団のパターン間に見られる矛盾を解消することが含まれる。この文化習得機能は，子供の時に最も多岐に渡って働き，パターンを最も深く内在化させるのかもしれないが，個人の生涯に渡って働き続けて，文化が変わったり自分が新たな文化へ入って行く時にも，処理を行うことがある。

2番目の文化を実践する機能では，認知文化システムは，既に習得した文化パターンを実践する。これには，自らがその文化パターンを行うためと，他者が行った新たな事例を理解するための，両方がある。自らが行う場合には，認知文化システムが，個人の内部に概念的-感情的パターンを生成し，個人が習得した文化構造に従って，行動を行うように個人を導く。他者の行為を理解する場合には，認知文化システムは，現在展開されている他者による文化的行為を知覚し解釈するように，個人を導く。この場合も，やはり個人が習得した文化構造に従っている。

3つ目の文化を伝える機能において，認知文化システムは，他者が文化を習得することを容易にするようなある種の行動（例えば教育）を行う際に，個人を導く。

我々の考えからすれば，文化的普遍性の問題も（さらに文化的差異の問題も）文化認知に関する理論の観点から取り組まねばならないことになる。条件付きではあるが，普遍的な要因の1つは，（以下で規定するような）認知文化システムそれ自体の，生得的に決定された処理プログラムである。このシステムでは確かに，個人間で一定の範囲内で変異がある。例えば，処理プログラムの詳細や，システムを意識にのぼらせられるかどうか，システムの適応可能性の程度などに関してである。しかし主なところでは，この認知文化システムの機能は均一である。したがって，それぞれの文化は多くの点で異なっているけれども，それらがどのように構造化されるかや，この構造化に関わる現象にどのようなタイプがあるかについて，様々な文化は共通性を持っているように見える。我々の考えでは，この共通性は，脳内にある遺伝的に継承された均一の認知文化システムに，その原因が求められるだろう。ここで，文化パターンの普遍性の中には，様々な人間の集団に影響を及ぼす条件が共通していることに起因するものや，文化認知以外の生得的な認知システムの働きに起因するものがあるではないか，という向きもおられるだろう。それはその通りかもしれない。しかしそれでもなお，認知文化システムにより，様々な文化にまたがる普遍的なものの多くを説明することができる，というのが本章の提案である。そしてこれと相補的に，文化間で異なるものの多くは，この認知文化システムに制約がかかっていないような現象に関わるものだということになる。

最初に文化的普遍性に向けての方向性を示すために，Murdock (1965) が挙げている 72 の文化の普遍的特性に関するリストを示そう。これは，彼が知っていた文化の全てに見られた現象のリストである。今日では，多くの文化人類学者が Murdock の研究の多くを時代遅れだと見なしている。しかしその一方で，文化の普遍的特性に関する調査は，Murdock (1965) 以降，文化人類学において活発に検討されてきたわけではない。それゆえ，新たな出発点としてこの古い研究にここで立ち戻ることは，適切だと言える。既に述べたように，文化的普遍性は幾つもの要因から生じうる。それゆえに，普遍的であるからと言って，ある現象が文化において構造的役割を担っているという証拠にはならない。このことから，我々は，さらに証拠がなければ，このリスト上のどんな特定項目に対しても，認知構造に対する意義を認めることはしない。とは言っても，このリスト上のかなりの項目が構造的地位を持つ傾向にあるから，文化構造の普遍的特性とは何かを示す 1 つの指標として機能する可能性は高いだろう。さらに，このリストは，後で述べる言語構造の普遍的特性と比較をする際に，その基盤の役目を果たすことになる (3.5.1 節を参照)。それでは，以下に Murdock (1965: 89) のリストを示そう。

> 年齢による階層化・陸上競技・身体装飾・暦・清潔感の訓練・共同体機構・料理・共同作業・宇宙論・求愛・ダンス・装飾芸術・占い・分業・夢判断・教育・終末思想・倫理・民族植物学・礼儀作法・信仰療法・家族・祝宴・火おこし・民間伝承・食のタブー・葬儀・ゲーム・ジェスチャー・贈答・政府・挨拶・髪型・接待・住居・衛生・近親相姦タブー・遺産相続の決まり・冗談・親族集団・親族用語・言語・法・運に関する迷信・魔術・結婚・食事の時間・医術・自然の作用に関する慎み深さ・喪・音楽・神話・数字・産科・刑法による制裁・個人名・人口政策・産後ケア・妊娠時の慣習・財産権・超自然的存在への捧げもの・思春期の風習・宗教的儀式・居住の決まり・性的制限・魂の概念・社会的地位の区別・手術・道具作り・取引のための訪問・離乳・天候の制御

## 1.2 文化認知と言語認知の平行性

ここで認知文化システムに対して提案した特徴の多くは，Chomsky 流の伝統が提案してきたような認知言語システムの特徴（＝いわゆる言語獲得装置 (Chomsky 1965)）と明らかに平行している。この平行的類似関係には以下のものがある。Chomsky 流の考えでは，言語システムもまた，生得的に決定された脳のシステムで，人間という種において現在の状態まで進化してきている。

このシステムは，言語の習得や，言語を発し理解することを導くが，さらにこのシステムが他者の言語習得を容易にする，と言う人までいるかもしれない。このシステムは，いわゆる「普遍文法」も含んでいる。これは，様々な言語間に見られる構造上の共通性の根底にある必要要件・制約・パラメーターから成る複合体のことである。

しかしながら，このような平行性を指摘したからといって，我々は，Chomsky 流の伝統における言語獲得装置に関する全ての仮定が，文化システムにも同様に適用されると主張するつもりはないし，そもそも，言語システムについてのこれらの仮定が全て正しいと主張するつもりもない。Chomsky 流・Fodor 流の伝統がこの言語システムの特徴であると主張している自律的なモジュール性に関しては，数多くの疑義がある。ここで想定している文化システムにも同様の自律的なモジュールを当てはめようとするならば，さらに大きな疑義を突き付けられることになるだろう。もっと言えば実は，ここでは，言語システムと文化システムはどちらも，言語獲得装置の概念と一般的に結び付けられている厳密なモジュール性の概念（Fodor 1983）によって考えられているよりも，はるかに他の認知システムと統合され，はるかに他の認知システムと相互に影響し合っている。それゆえ，この独特の考え方を表すために，本研究では文化認知を，認知文化システムと名づける。例えば「文化獲得装置」などという用語を使うことはしない。

言語認知と文化認知の間に見られる平行性の幾つかは，それらの進化の歴史から生じたのかもしれない。言語と文化の根底にある認知システムは，人類に至る系統において最後に発達した 2 つの認知システムであった，と我々は考えている。どちらの場合にも，それらのシステムが発達させた特徴は，既に使われていた他の認知システム（様々な器官を用いた知覚・運動制御・記憶・注意・推論など）によって条件づけられたのであろう。さらに，これら 2 つの認知システムは，おそらくほぼ同時期に発達した，つまり相互作用によってお互いの特性を発達させながら，共進化したのであろう。言語と文化の平行性については，上で述べたしこの章全体でも述べていくが，さらに次のことも述べておきたい。どの社会集団により具体化されるか（＝様々な個々の言語・文化）によって色々な差異が見られるが，その根底には普遍的な抽象的構造があるというパターンを広範囲に渡って示すのは，全ての認知システムの中で言語と文化だけである。このように幾つも平行性はあるが，言語と文化は別々の認知システムとして進化してきた。この点については 3.5 節で議論する。

## 1.3 認知的構成の「重複システム」モデル

モジュール性モデルとは対照的に，私の研究で明らかになった複数の証拠はいずれも，以下のような人間の認知的構成に対する見取り図へと収束していく。すなわち，人間の認知には，かなり広範囲に及ぶ，相対的に区別が可能な一定数の認知システムが含まれている，ということである。この研究では，言語とそれ以外の個別の認知システムとの間に見られる構造（特に概念構造）の類似点と相違点について考察してきた。ここで言う認知システムとは，（視覚的もしくは運動感覚的な）知覚・推論・感情・注意・記憶・計画・文化構造などのことである。大まかな発見としては，それぞれの認知システムには構造的特性があるが，その構造的特性は，そのシステムのみに固有のこともあれば，他の1つかもしくはごく少数の認知システムと共有していることも，全ての認知システムに共通する非常に基本的なものであることも，ある。我々はこのような見方を認知的構成の**重複システム**（**overlapping systems**）モデルと呼ぶことにする（詳細については，この本の序章を参照のこと）。

本章では，独立した認知文化システムがあることを主張するために，文化認知を他のタイプの心理的機能から区別する傾向がある諸要因を強調する。けれども，文化認知と他の認知システムの間に一定数の類似点があることも，明らかにする。その際には，文化システムと言語システムの間で繰り返し現れる平行性に，特に注目することになる。

## 2 認知文化システムの特徴

本節では，個人が文化を習得し，実践し，伝える際に，個人内で認知文化システムがどのように機能するのかを，より詳細に検討する。次いで，これらの機能において何が普遍的で何が異なりうるのかについて検討する。最後に，個人内のこれらの機能の働きから，集団レベルのパターンがどのように説明できるかについて探る。

### 2.1 文化の習得と実践

文化の習得と実践の機能において，個人内の認知文化システムは，異なる認知処理の集合体を幾つか含むか，あるいはこれらの集合体を導くのを補助する働きをしている。この章で主に強調する集合体は，概して，認知処理の**査定**（**assessment**）形式の集合体と名づけてよいかもしれない。本節では，査定プロセスについてまず論じ，それから他の集合体についても簡単に議論する。

査定プロセスの手短な概要を示すことにしよう。概して，この認知処理の集

合体は，体系的に分化した方法で，自己の注意を周りの人たちに向けさせる。具体的に言えば，この集合体は，自らを取り囲んでいる社会はどのような集団から成り立っているか，を査定する。そして自分がどの集団に属するか，を結論づける。一定の構造的な基準に従って，各集団のメンバーたちが見せた複数の行動から，スキーマ的なパターンを抽出する。そのようなスキーマ間に矛盾があれば，折り合いをつけさせる。そしてこれらの操作の結果を，個人が社会をどう理解しているかの主要な部分として内在化する。そして，自分が属していると考えている集団から抽出されたスキーマに比較的忠実に従った形で，自らの行動と概念・感情の表現方法を形成するのを助ける。

### 2.1.1　自分と関係のある集団を突き止め，そのパターンを査定

まとめると，ここでの分析では，以下のように仮定している。人間には文化の習得と維持に関わっている特定の認知システムが生得的に備わっており，次のように機能する。すなわち，個人（特に発達中の子供）に対し，その個人と最も直接的に相互に関わり合っている人々の行動の中から，ある側面に選択的に注意を向けて観察させる。そしてそれらの観察結果の中に，ある種の規則性・パターン・規範を見出させる。このように観察される行動の中には，他者の身体的な行為だけではなく，他者が言葉にした，あるいは言葉にしていないが顕在化させた，指示的内容・心理的内容（考えや感情など）も含まれる。この章全体を通して，「行動」という用語はこの広い意味で用いており，実践と談話の両方に当てはまる。そこには，はっきりと言語で表示されるか，または身振り等で顕在化される全ての思考や感情が含まれる。ここで使っている「行動」という用語は，行動主義心理学の伝統やそれを引き継ぐ学派との関連を，一切意図していない。

　既に述べたように，集団の行動を査定するこの認知システムは，同時に，周囲のどの集団の人たちから一般化を行えばよいか，も査定する。それゆえ，個人が非常に複雑な社会に接すると，この認知文化システムは，周囲を個人にとって関連性のある幾つかのグループへと分割するかもしれない。例えば，家族・性別・仲間・民族・宗教・階級や社会的地位・国家に基づいた集団である（後に議論するが，最も広いレベルでは，人間の集団を動物・物体の集団と区別している）。

　例えば，最近アメリカに移住して来たある中国人家族の少年では，彼の認知文化システムが働いて，次のような集団を自分に関連性があるものとして査定するだろう。家族としては自分のすぐ近い親族，性別では男性，仲間としては同年齢層の若者たち，民族としては中国人，宗教としては仏教徒，階級として

## 第 15 章　認知文化システム

は労働者，国籍としてはアメリカ人。

また，適切な環境が与えられれば，この認知文化システムは，同じ構成レベルにおける複数の集団（例えば 2 つの民族や 2 つの仲間集団）が，自分に関連性があると結論づけるかもしれない。例えば，ユダヤ人の父親とアフリカ系アメリカ人の母親を持つ女の子が，ユダヤ人とアフリカ系アメリカ人という 2 つの民族集団に属していると感じることがありうるし，フットボールチームと科学部に所属している男子高校生なら，2 つの異なった仲間集団のメンバーだと感じることもありうる。

この認知文化システムは，ある特定の個人集団が自分に関連性がある，という査定に基づいて，「自分は何ものか」に関連した何らかの認識上のカテゴリーを生成することができる。この集団を X と呼ぶことにしよう。そうすると例えば，この文化システムは，自分は X の「一員」であるという認識を生成できる。さらに，「自分は何ものか」の一部として，自分は X 「である」という認識を生成することもできる。そしてさらに，抽出可能な X らしさという性質があって，それを自分の中に「組み込む」，という感覚すら生成することができるかもしれない。

おそらく，個人の内部にある文化システムは，自分の周囲にある集団の中で自分が所属していないと査定した集団であっても，その集団に注意を向けて，そこからパターンを抽出するだろう。しかしそのようにパターンを抽出するのは，勿論自分がいずれはそれを実行することを意図してのものではない。むしろ，そのようにパターンを抽出することには，自分の周囲の社会構造に関する知識を増加させるという機能があり，また他の集団と現在接している場合，あるいは今後接する場合に，自分が属する集団の一員であるために取る行動パターンを，それに応じてより精密にする，という機能がある。さらに，このように他集団のパターンを抽出しておくことには，他の集団の行動を自分が真似をしてはいけない「否定的なモデル」であると明確にする機能があるかもしれない。その結果，自分の属する集団の一員であることを，よりはっきりと強固にして，周囲に合図することになる。自分が属する集団を見極めると直ちに，この認知文化システムは，自分が属しない集団よりも，属する集団の人たちが示す行動のパターンの方に，より強くより詳細に注意を向けさせるだろう（自分は今後，その人たちをしっかりと真似しなければならなくなるわけだから）。ことによると，自分が属しない集団の人たちに対して，はっきりと無視するようになるかもしれない。同時に「自分はこの集団の一員でないから，この集団

を知る必要はないし，知るべきでもない」という認識を感じながら。[2]

　これまでのところ，我々は認知文化システム内の査定の集合体における処理過程のうちの2つについて議論してきた。すなわち，自分に関連がある特定の集団を確定することと，それぞれの集団内に現れる特定の行動様式を確定することである。しかしながら，これらの処理の形式は互いに独立していないし，厳密に順序づけられているわけでもない。他の多くの認知的構成と同じように，それらは互いに作用し合い，互いに決定し合っているのだ。

### 2.1.2　互いに整合しないパターンに対する幾つかの調整のタイプ

認知文化システムは，自分に関連があると査定した複数の異なる集団において見出したパターンの間に，非整合性や矛盾があると結論づけることがありうる。これは，その複数の集団が構成の同じレベルのこともあるし，異なるレベルのこともある。例えば，前に取り上げた移民の家族の少年が，家庭での中国文化のパターンと，周囲のアメリカ文化のパターンの間に矛盾を認識する可能性がある。前に取り上げた女の子は両親の民族が違うことから生じる非整合性を経験するかもしれないし，高校生の少年は社会的に2つの集団に属することから生じる非整合性を経験するかもしれない。そのような環境においては，文化システムは，この非整合性に対する利用可能な一連の調整法や解消法の中から，どれかを選んで採用することができる。この種の調整には，1つのパターンに焦点を当て他のパターンを相対的に排除する・複数のパターンをそのいずれとも違うように混合させる・心理的に自分の中で仕切りを作って，複数のパターンのそれぞれを別々の場所に置いておく，という3つのタイプがある。これらの調整タイプを，それぞれ次節でより詳細に検討する。さらに認知文化システムは，これらの調整タイプを様々な比率で，様々に組み合わせることにより，矛盾に対処できることも，ここで指摘しておく。

#### 2.1.2.1　お互いに整合しないパターンの中から1つを選択することによる調整

調整の1つのタイプは，選択（selection）タイプの解消法とでも呼べるだろう。これは，競合するパターンのうちの1つに焦点を当ててそれを採用し，それ

---

[2] 状況によっては，自分が属しない集団に対して雑で，断片的で，歪んだ査定を行っていても，後になってそれを探り，あまり上手にはいかないが実行することがあるかもしれない。例えば，まだ娘が幼いのに，妻に先立たれた男性は，自分が子供だった頃，自分の母親がどのように自分の妹の面倒をみていたかに関する記憶を探るかもしれない。今度は，同じ行動を自分の娘に対して行うためである。

以外のパターンを相対的に除外するのである。文化システムがこの形式の解消に落ち着くのは，そのパターンが個人の他の認知的特徴とより調和するために，優先的に注意を向けることになるからかもしれない。さらには個人にとってより関連性があり，意味があると感じるからかもしれない。

　例えば，先ほどの移民の少年は，家族の中国文化パターンを採用するかもしれないが，それはこの少年が中国文化パターンを温かさ・親密さと結び付けており，それらが彼の特定の認知的形状において重要な現れ方をするからかもしれない。そして，この少年は周囲の優勢な文化に対処する際に，家庭内での世界観・価値・行動さらには言語までもそこに持ち込むかもしれない。あるいは，この少年は周囲のアメリカ文化のパターンを採用するかもしれない。それは，仲間に受け入れられる必要性やより広い世界を自由に行き来したいという欲求が，彼の認知的形状においてより重要な現れ方をするからかもしれない。その結果，彼は新しい世界観・価値・行動・言語を彼の家庭に持ち込むかもしれない。

### 2.1.2.2　整合しないパターン同士を混合することによる調整

非整合性があると査定された場合にそれを調整するもう1つの形式は，**混合**（**blending**）タイプの解消法とでも呼べるだろう。これは，複数の矛盾する文化パターンから部分・部分を取り出して，個人の中で独自の混合体を発展させる，もしくは新しい融合体を作り上げることである。例えば，先ほどの移民の少年は，中国とアメリカの世界観・価値・行動などの諸側面を混合して，単一のおおよそ均質的な個人的パターンを発達させ，それを家庭内でも家庭外でも等しく顕在化させるかもしれない。

### 2.1.2.3　整合しないパターンのそれぞれを，別々に仕切った場所に置くことによる調整

3つ目の調整の形式は，**仕切り**（**compartmentalization**）タイプの解消法とでも呼べるだろう。この解消法では，個人が互いに矛盾する全てのパターンを習得するが，それぞれのパターンは相対的に同じままの形式で元の性質に近い状態で，別々に維持される。そして主に，それぞれに対応する文脈で顕在化する。個人は，コンテクストが移り変わるにつれて，異なる文化パターンの間を行ったり来たりする。この調整は，仕切りをして別々の場所を作り，複数のパターンを並存させる，という我々のより一般的な心理的能力に依存している。

　先ほどの移民の少年の場合，このタイプの調整では，家庭内やその他の中国人に囲まれた環境にいる場合には，中国人の世界観・価値・行動などを経験

し，自らも顕在化させるが，優勢な文化のコンテクストにいる場合には，アメリカのパターンに切り替えることになる．

### 2.1.2.4 文化調整のタイプに平行した言語の調整タイプ
これらの異なった文化における矛盾の調整と平行したことが，言語においても生じる．個人が複数の異なる言語や方言に囲まれて生活している場合がそうである．例えば，選択による調整と平行した例として，テキサスからニューヨークに移り住んだ若い女性は，元々の方言をそのまま維持するかもしれない．または，その逆に，新しいニューヨーク方言をかなりの程度まで習得し，テキサスに戻った時でさえニューヨーク方言を使い続けるかもしれない．または，混合タイプの調整と同じように，2つの方言から独自の混合体を発展させて，テキサスの親戚を訪れる時にも，ニューヨークの友達といる時にも，それを使うかもしれない（テキサスの親戚は彼女がテキサス訛りを失ったと感じ，ニューヨークの友達は彼女がまだ元のテキサス訛りを維持していると感じるだろう）．または，仕切りタイプの調整と同じように，その女性は両方の方言を使いこなし，コンテクストが変化するのに伴って，切り替えを行うようになるかもしれない．

### 2.1.3 文化認知の構造的な性格
このシステムの実際の特性をより際立たせるために，敢えて他のものに喩えて比較してみると，まず集団と彼らの行動を査定する認知文化システムの働きは，集団が成立しているまっただ中に録画録音の装置を据え付けるようなことではない．また，子供が発達させる行動や認識の文化的パターンは，知覚したものを未分化のまま平均化したりそこから規範を形成したりするといったような，比較的単純なアルゴリズム的手続きで説明できるものでもない．むしろ，どのような観察をして認知的にどのようなものを作り出すかを統率するような，組織化された構造に依存していることが見て取れる．文化システムは生得的に設定されており，その結果，行動現象のある側面のみを分析して取り出し，さらにこれらの側面を処理して，単に統計的な平均を算出するだけでなく，特定の生得的に決定されている方法で明確にされ，合成されるような概念構造を生成するようになる．

　思うにその生得的な設計の働きとしてなのだろうが，認知文化システムは，外部から観察可能な現象の中にある特定の構造を見出して，その構造のある側面を選び出して内在化し，再現する．この構造には，以下のものが含まれる．まず周囲のモノを様々なレベルの目の細かさでカテゴリー化し，選択的にモデ

ル化できるようにする。次に，そのカテゴリーの中で別々の行動パターンを区別する。さらに様々な個人による一連のパターンの具体例から，行動パターンをスキーマにして抽出する。そして行動パターンを，特定の個人が示す癖から区別する。以下では，これらの構造化の形式を順に見て行く。そのような複雑で包括的な構造が存在することは，その構造にあつらえられた，特化した認知システムが存在することを支持する証拠の1つになる。

#### 2.1.3.1 選択してモデル化するために行う，周囲のモノのカテゴリー化

まずは個人が自らの外部にあるモノをカテゴリー化することから始めよう。最初により目の粗いレベルに注目すると，子供は，とりわけ人間・動物・物体に対して認知的カテゴリーを形成することが分かる。子供は，人間が示す行動を習得のために選択するが，動物・物体の活動は無視する。

例えば，子供は自分の周りの人間が，どのように食べ物を口に運んだり，トイレで用を足したり，自らの身を清潔に保ったり，ある部屋から別の部屋へと移動したりするかに関して，その人たちの動き方のパターンを身に付ける。だが，文化を習得中の子供は，例えば飼い犬や牛がこれらに相当する活動をしていても，その動きのパターンを内在化して自らも再現したりはしない（ユーモアなどのために真似しているのなら話は別だが）。だから例えば，子供は舌でピチャピチャ舐めながら水を飲むことも，手で食べ物を口に持っていく代わりに食べ物の方に口を寄せることも，片足を上げて木におしっこをかけることも，自分の身体を舐めて綺麗にすることも，水に浸かったら胴体をブルブルッと振るわせて身体の水気を切ることも，四つん這いになって隣の部屋に走って行くことも，しない。

同様に，子供は物体が同じ様な機能を果たすために一定の動きをしても，そのパターンを内在化して自ら再現したりはしない（やはり，ユーモアなどで真似するのなら話は別だが）。例えば，子供は，挽肉器の肉を入れる口から肉が吸い込まれていくパターンを真似ることはしないし，水を含んだスポンジが絞られるとそこから水が出てくるパターンを真似ることもしない。また洗濯機で洗われているシャツや洗濯機そのもののパターンを真似ることも，ボールがある場所から別の場所へ転がるパターンを真似ることもしない。これらの観察がどんなに明らかであっても，文化認知の基礎となる構造的特徴を描写しようとするなら，これらの観察を当たり前のこととして片づけることはできない。

より目の細かいレベルのカテゴリー化のプロセスは，既に議論してきた。例えば，子供は，先ほどの3つの大きなカテゴリー（人間・動物・物体）の中から1つを選ぶだけでなく，もっと細かく区切られた様々なカテゴリーの選択

肢（ジェンダー・仲間・民族・社会的地位に関係するものなど）の中から区別して，文化的習得のために選択をする，ということを既に見た。そこでのポイントは，認知文化システムが，どの集団に個人が所属しているか（大まかなものも細かいものもある）を査定するということであった。それに対してここでのポイントは，この構造化された査定を基にしながら，認知文化システムが，行動パターンを抽出するためのプロセスを行う対象領域として，これらの集団を設定するということである。

### 2.1.3.2 異なる行動パターンの差異化

子供の認知文化システムが確立した，どのカテゴリーの個人も，非常に広範囲の行動を示す。もしこの文化システムが，それらの行動をまず区別しないでその全範囲に渡って査定することによって機能するのだとしたら，その結果は様々な行動がどんどん重ね合わされて，区別が付かなくなってしまうだろう。そうではなく，文化システムは，個別の行動パターンをあらゆるレベルの目の細かさで区別し，これらのパターンが入れ子状や，あるいはその他の方法で関係し合っている方法をはっきりさせる。

例えば，ハシディズム（＝超正統派のユダヤ教の教派）のゲレ派では，エルサレムの本拠地において，安息日の行事で幾つかの独特な儀式をする。ある儀式では，この派の宗教的指導者であるレーベが壁を背にして座り，大人・子供の男たちが彼の前を時計回りに大きな円を作りながら回る。レーベの座っている場所から遠ざかっていく円の大部分では，男たちの間隔は狭く，後ろの者は前の者を押し，動きが遅い。しかしレーベの前を通過する際には，急に間隔が大きくなり，動きがとても素早くなる。また別の儀式では，レーベはテーブルに座っているが，その前には頑丈な手すりがあって男たちから隔てられている。大人・子供の男たちは，それまで着ていた衣服を新しい物に着替えると，突然一団となってその手すりにやってきて，大声を上げながら精一杯手すりを押す。手すりを押すことに参加してない者の何人かは，手すりを押している者たちが飲めるようにと水の入ったボトルを投げ渡す。またそれまでこの一団に加わっていなかった男たちは，後ろから勢いよく押していき一団の中に入り込んでいくが，ほどなくその勢いは吸収される。どちらの儀式でも，レーベに辿り着くために全力を出すことを表現することが，ヤハウェ（＝ユダヤ教の神）に辿り着こうとする努力の表象である，という考え方をしている。さらに別の儀式的活動では，小さなグループの成人男性たちが，礼拝の一部を歌うために聖歌隊を結成する。

ここでの我々のポイントは，このような状況における子供の認知文化システ

ムは，連続体を成している一連の活動に対して区分け作業を行わなければならず，その結果別々の儀式に対して別々のスキーマを持つようになるし，それぞれの儀式の構成部分に対しても別々のスキーマを持つようになる，ということである。つまり，文化システムは，出来事の流れを，その構造に大いに注意しながら分析しなければならない。もしそうでないのなら，子供の文化学習では幾つかの儀式が区別されずに，混ぜ合わされたものを身に付けてしまうかもしれない。この場合で言えば，人々が密集して歌を歌いながら古い衣裳と新しい衣裳を着ていて，時計方向に回り，その中をわずかな人数が動く，ということになるかもしれない。

### 2.1.3.3　ある行動パターンの幾つもの実例にまたがってスキーマを抽出

前の節では，認知文化システムが，一連の活動を分節する際の構造的な性質について扱った。しかしながら，それぞれの行動パターンは，同じ文化でも人物が異なれば異なる現れ方をするし，また同じ人物であっても，異なった機会には異なる現れ方をする。それゆえ，ここでの認知文化システムは，さらに，これらの異なる現れ方の中から，その文化に関連性のある構造を査定して（つまり，基底にあるスキーマが何かを決定して），それだけをそのモデルとして抽出しなければならない。

例として，西欧アシュケナージ系ユダヤ人のイディッシュ語話者の伝統である正統なシナゴーグ礼拝堂における安息日の礼拝について考えてみよう (Zborowski and Herzog 1952 を参照のこと)。男性たちは davenen という祈祷活動をする中で，ある程度の幅を見せる。祈祷書を読んでいる間，全員がリズムに乗って身体を揺り動かす (shoklen zikh) が，身体を前後に揺らす者もいれば，左右に揺らす者もいるし，その両方を交互に行う者もいる。身体を前後に揺らす際に，軽く頭を下げるだけの者もいれば，腰から元気よく折り曲げている者もいる。全員が祈祷の言葉を口にするが，唇をかすかに動かしてぶつぶつ言っている者もいれば，大きな声を出している者もいる。座っている者もいれば，立っている者もいるし，両方を交互に行う者もいる。ほとんどの者はおおむね身体を前方に向けているが，それぞれ異なった方向を向いている。シナゴーグ礼拝堂内の決まった場所にいつも身を置く者もいれば，動き回り，歩きながら祈りを捧げる者もいる。

子供は，このような davenen の様々な現れ方を観察する際に，その文化で認識されている，davenen 活動にとって重要である構造的な特徴を抽出しなければならない。子供は，様々な現れ方を「平均」するわけにはいかない。そんなことをすれば，わけの分からないものを身に付けることになってしまう。歩

くこと・座っていること・立っていることの平均などはあり得ないのだから。勿論，しかるべきところでは平均化のプロセスが行われなければならない。例えば，それぞれのシナゴーグ礼拝堂では，身体を揺らす際に，一定の範囲内でしか揺らさず，子供もこの範囲内でしか揺らさない，ということもあるだろう。しかしこの場合でも，子供は，どの程度身体を揺らすかが，年齢や性格と構造的に相関していることを観察するかもしれない。それゆえ，子供の認知文化システムがここで主に関わっているのは，構造的スキーマを決定して，様々な現れ方からスキーマを抽出することである。

### 2.1.3.4　行動パターンを，実際にそのパターンを行う際の個人的な癖から区別

どんな大人でも，文化的行動パターンを実際の行動に移す際には，必然的にその人の個人的な癖から逃れることができず，影響を受けている。そのような癖には，その人が身体の動きをきちっとコントロールしているかどうか，人格やその人に固有の特性，気分の移り変わり等が含まれる。文化を習得している最中の人が，他人の行動を査定する際に，その人の認知文化システムが果たす構造的な働きとして，行動パターンの抽象的なスキーマを個人的な癖から区別することが挙げられる。前者のみを内在化して，自ら再現するためである。

　例えば，あるメキシコ人の子供は，トルティーヤを一枚切り取り，特有の形に折り曲げ，それを使ってお皿から食べ物を掬い取り，口の中に持っていくことを学ぶだろう。しかしその子の祖母が，関節炎を患っているために，トルティーヤを食べる時に，のろのろとぎこちなく，痙攣するような動きをするかもしれないが，この子がそれを身に付けることはないだろう。また，母親が怒っていると，トルティーヤを切り取る際に，がさつで素早くむしり取るかもしれないが，それを身に付けることはないだろう。同様に，父親が夕食のためにテーブルにやって来る時に，足を引きずりながら身をかがめるかもしれないが，それを身に付けることもないだろう。

### 2.1.3.5　構造的選択性

前述の一連の観察は自明なことに見えるかもしれないが，それらを当然のこととして捉えるべきではない。このようにそれらの観察を一緒に並べてみると，なぜそうなのかと疑問が湧かざるを得ない。どうやら，認知文化システムは，周囲の環境を査定して構造的な特徴を探し出し，この特徴のある側面を選択して取り入れるが，残りは拒絶するようだ。システムのこの特徴を，**構造的選択性（structural selectivity）**と呼ぶことができる。

　だから例えば，認知文化システムは，特に，このシステムに関連性のあるモ

ノのカテゴリー（つまり，動物や物体ではなく，人間）を，行動を抽出するためのモデルとして査定するようになっている。そして人間というカテゴリー内でも，このシステムは，異なったグループを区別し，システムに関連性のあるグループを，モデルとして選択する。さらにそのようなグループが示す全ての行動の中から，その文化に関連性があるパターンを切り出し，それらのパターンを区別して自らの内部に取り入れるために保持しておくが，それ以外の行動は無視して取り入れることをしない。このシステムは，いかなる特定の行動パターンであっても，その様々な個々の実例の中から，抽象的なスキーマ的構造を抽出して，それだけを自らの内部に取り入れる。またこの認知システムは，行為の中でも個人の人格や特異性に因ると考えられるような側面を識別して，模倣のための題材としては採用しない。このシステムは，個人の全行動の複合体の中でも，個人を越えたレベルの文化パターンを表しうるような，抽象化されたものだけを探す。

### 2.1.4　認知文化プロセスのその他の集合体

ここまでのところ，個人の文化の習得と実践に関する議論では，査定タイプと呼ばれる認知プロセスの集合体だけを取り扱ってきた。しかしながらこの認知文化システムには，さらに幾つかのプロセスの集合体が含まれる。あるいは，認知文化システムがそれらの集合体を編成する助けをする。

### 2.1.4.1　教えられての学習

認知文化プロセスのさらにもう1つの集合体には，他者から教えてもらったことに対する積極的な反応も含まれるだろう。これは，単なる「学習」のことではない。「学習」とは，環境と出会うことにより個人の認知の中で起こる変化であれば，あらゆる形式のものを指してしまうからである。そうではなく，特に，**他者に教えられての学習**（**learning from teaching by others**）のことである。そのような他者からの教えは，正規の教育のように明示的なことも，物語を語って聞かせると，そこから道徳的な教えや情報価値のあるものに気づくように，非明示的なこともある。

　さらに，そのような朗読を聞いたら，発達中の子供はただ単にその概念を知的な記憶の貯蔵庫に並べておくのではない（大人であれば，他の文化に属する人から同じように朗読されたら，そうするかもしれないが）。そうではなく，子供は朗読の概念的内容を処理すると，それをさらに自分の内部の奥深くにある概念-感情パターンと実践の貯蔵庫へ送り，自分の認知文化構造の一部として吸収してしまうのである。これは，発達段階の子供の認知処理の注目すべき

点である。

　言語には，これらのプロセスに対応するものがほとんどないかもしれない。多くの文化において大人は，子供に対して，大人が母語をどう使っているかを教えて，それに合うように矯正をしようとするが，そのような努力は，子供がそれから実際にどのような言葉を口にするかには，（ほんの少数の用法を除けば）ほとんど効果がないようだ。

### 2.1.4.2　承認・不承認に対する反応

さらに認知文化プロセスの集合体であろうと思われるのが，**承認・不承認への反応**（**approval/disapproval response**）とでも呼べるものだ。子供は，概して，ほとんどの大人から承認されれば喜び，承認されなければ傷つく。身近な大人たちからは特にそうである。この集合体は，要するにフィードバックシステムということになる。発達段階において，子供は，その時点までに積み上げてきた認知文化構造に従って，ある行動を示す。他者から承認されれば，ある特定の行動パターンが子供の認知文化構造において固定されるようにと働く。しかし承認されないと，そのパターンが消去されて，認知文化システムにもっと適切なパターンを探させるようにと働く。

### 2.1.5　文化の習得と実践の相互作用

認知文化システムが集団の行動パターンを査定するのは，自らが後に他者の中にこれらのパターンを認識できるようになるためだけではない。今度は自らが同じ行動パターンを実行できるようにするためでもある。あるいは，パターン同士が相矛盾する場合には，それを解消するための調整を行うためでもある。

　さらに，これら2つの認知プロセス（すなわち，文化パターンの査定と実行）は，お互いに独立して起こるのでも，厳密に順序づけられて起こるのでもなく，むしろ相互に作用し合う。だから，ある子供が発達している間，文化システムのこの2つの機能は，おそらくどんどん精緻化され精密になり，一方の機能がもう一方の機能の変化に貢献したり，部分的にその変化を決定したりするだろう。それゆえ，パターン査定機能は，行動を実行する機能にどんどん最新の情報を知らせなければならない。同時に，発達中の子供が次々と行動パターンを実行するようになると，その子供の文化的に関連性のある認知技能が向上していく。そうすると，さらに多くのより細かい決定を行うための確認機能の感度を上げることになる。子供がこのように色々な行動をしていくと，それがグループ内の他のメンバーからの反応を引き起こすことにもなり，査定機能はそれらの反応を使って，スキーマをさらに精密にする。

## 2.2 文化を伝える

これまでは，文化の習得と実践に関する認知文化システムの機能が，議論のトピックであった。これらの機能は，特に障害を持っていない限りは誰にでも働いているし，それもかなり強力に働いている。しかしながら，この認知文化システムには，さらに3つ目の機能があるかもしれない。すなわち，他者に文化を伝える機能である。この文化を伝える機能は，幾つかのプロセスのいずれかを通して，他者が文化を習得することを容易にする。そのようなプロセスとしては，明瞭化・実地体験・教示がある。文化を伝える機能（おそらくこれもやはり生得的に与えられているのだろうが）は，相対的にあまり働かないままの人もいるだろうし，またあまり働かない時もあれば強力に働く時もあるかもしれない。

文化が伝えられる最も主たるやり方は，単純に，大人は当たり前のように自分の文化のパターンを実行し，子供は査定プロセスの集合体を使い，観察によりこれらのパターンを抽出する，ということかもしれない。しかしながら大人は，子供の認知文化システムの習得機能を発動させるようなやり方で，文化を伝える能力を使うかもしれない。これには幾つかの形式があるが，人間の認知文化システムが持つ文化を伝える機能と習得機能が一緒に進化してきて，そのためにこれら2つの機能の働きが上手く合うようになっているのかもしれない。我々はこれから，上で述べた文化を伝える機能の幾つかの形式と，これらが様々な形式の習得機能と上手くかみ合うような方法の特徴を述べる。今後さらに注意と調査をこの問題に向ける必要があるが，ここで述べる形式のほとんどは，人間以外の霊長類には現れないか，あるいは現れるとしても，弱い形式かもっとずっと原初的な形式でだろう。

第一に，文化を伝える者は，子供に対して，よりゆっくり，よりはっきりと，単純化された形式で，繰り返し，文化的行動を行うことができる。よりはっきりとさせるためには，行動を構成する要素と要素の間に間隔を置き，切れ目を分かりやすくし，大げさに実行する，という手がある。単純化させるには，微妙な要素やあまり基本的でない要素を省いてしまえばよい。文化を伝える機能の，このような**明瞭化**（**clarification**）の形式は，身体を使ってやってみせることと伝達内容の両方で働く。この特定の形式の文化を伝える機能は，子供の習得機能では対応する特定のものがないかもしれない。子供の方は，相変わらず通常の査定プロセスの集合体を使っているのだが，査定を実施するのがより簡単になる，というだけのことである。

文化を伝える機能のこのような明瞭化の形式に対して，言語にも平行するものがあるかもしれない。我々の言語システムは，言語を完全に使いこなせない

者の負担を軽減するような，何らかの異なった「使用域」の意思伝達を実行するようにと，生得的にプログラムされているようだ。「親語」とは，子供に話しかける際に大人が行う言語変移の集合体のことである（Gallaway and Richards 1994 を参照）。この親語には，文化を伝えることに関して述べてきたのと同じ特徴が全て含まれている。だから例えば，大人は，ゆっくりと，よりはっきりと言葉を発音し，イントネーションのパターンを大げさにし，統語形式や語彙や全体の内容をより単純にして，繰り返しながら話す（さらにピッチの高さを上げることもある）。大人の非母語話者と話すための使用域を採用する際にも，同様の変移がしばしば行われる。この場合もやはり，我々は生得的にこのような話し方に至るようだ。話している相手が，子供や，大人でもあまり自分の言語を上手く使いこなせない者だと分かっていると，それが引き金となる。[3]

また別の形式の文化を伝える機能は，子供が，習得する必要のある行動の場に居合わせるようにすることである。具体例としては，大人が子供を狩りや釣りに連れていくこと，または，篭を編んでいる間，子供を脇に座らせておくことが，そうだろう。子供は手伝い役としてこれらの活動に携わることができる。この**実地体験**（**exposure**）という形式の文化を伝える機能は，しばしば明示的な教示なしで行われ，やはり習得機能には特定の対応物がないかもしれない。しかし実地体験は，正に標準的な査定プロセスの集合体への直接的な入力となる。

しかし文化を伝えるためには，さらに，道徳的な教えを含む物語を聞かせたり，あるいは明示的に説明することで，教示することもできる。この**教示**（**instruction**）という形式の文化を伝える機能は，既に述べた「他者に教えられての学習」という形式の習得機能に直接対応するようであり，おそらく一緒に進化してきたのだろう。

最後に，大人は，子供が行動を形成するのを助けるように，子供に対して承認・不承認を示すことができる。この**承認・不承認**（**approval/disapproval**）という形式の文化を伝える機能は，明らかに，先に述べたような，「承認・不承認に対する反応」という形式の習得機能に対応している。やはり，両者は一緒に進化してきたのだろう。

---

[3] 幾つかの文化では，親語がほとんどまたは全く使われないようだ（Schieffelin 1979, Heath 1983 を参照）。しかし親語の特徴は，実際に親語が生じる文化間で大まかに類似しているから，少なくとも部分的には生得的に決定されており，例外的な文化では抑圧されているだけであって，親語を持つ言語でその都度新たに形成されるのではない，と結論づけられるかもしれない。

## 2.3 認知文化システムに見られる普遍性と差異

文化の普遍的性質には，2つの源がある。生得的に決定されており，どの個人においても共通しているような，認知文化システムによるものと，どの文化でも対処しなければならないような，環境条件による共通性とである。環境による要求ということで，具体的な形を取って現れる文化的普遍性（＝より触知可能であるもの，あるいは概念的に内容が豊かであるもの）のほとんどは説明できるかもしれない。例えば Murdock（1965）（前出）が挙げているものがそうである。また認知文化システムも，幾つかの具体的な形を取る普遍的性質については，その原因になっているかもしれない。しかしながら，認知文化システムにおける普遍性は，おおかた機能的であり，一定の形式を取って一定の対象を観察し，一定の形式でその観察の結果を査定し処理するような手続きを定める抽象的なプログラムから成るだろうと，我々は考えている。そうすると，このような認知文化システムの普遍性における働きは，具体的な形を取って現れる文化的な行いという明示的な普遍性よりも，抽象的な文化の構造化という，明示的には現れない普遍性へとつながっていく。つまり，様々な文化にまたがって共通している言わば「骨格」なのである。

　認知文化システムをこのように特徴づけると，言語における普遍性とかなり平行しているかもしれない。言語の普遍的性質が具体的な形を取って現れる個々の性質であることは，ほとんどない。たいていは，抽象的なパターンや関係，手続きや過程，原理や制約である。もっと言えば実は，言語の普遍性についての研究の歴史とは，ある理論的な一連の流れの繰り返しである。まずある研究者が具体的な形に現れている普遍性を仮定する。するとその仮定された定式化に合わないような言語があることを指摘される。その結果，もっと抽象的な原理や関係を仮定して，理論を変更する。文化的普遍性を調査し続けていっても，これと同じ流れを辿るかもしれない。しかし今のところは，様々な文化にまたがって共通していると思われる構造的特性の多くは，この章で説明した路線に沿って，認知文化システムの特徴にその源を求めることができると，我々は主張したい。

　これらの形式の普遍性を離れれば，各文化は幾らでも異なりうる。このような文化間の差異は，2つのタイプに分けることができる。1つ目のタイプは，認知文化システムが通常に働くことにより許可される差異，あるいは促進される差異である。もう一方のタイプは，認知文化システム自体の個人間に見られる差異である。つまり，比較的安定した中核的特徴以外で，遺伝子及び環境によって引き起こされる個人間の差異である。

### 2.3.1 認知文化システムが通常に働くことにより許される差異

認知文化システムが通常に働くと，文化の差異に関して2通りに機能するようである。文化の差異を確認することと，促進することである。確認機能においては，そもそも認知文化システムによる観察の主たる対象となるのは，子供たちが育つそれぞれの文化の違いである。そしてその違いの査定は，処理するシステムごとに異なって続けられる。そのような文化間の違いは大きいかもしれないし，行動のどの領域にも実質上影響を及ぼすかもしれない。また概念・感情構造の微細な仕組みや身体の使い方に関わるかもしれない。認知文化システムにおける査定プロセスやその他の処理上の集合体のお陰で，子供は，非常に広範囲に渡って差異がありうる中で，正に自分を取り巻く文化が取っている形式を，習得することができる。

認知文化システムの確認機能がこのような文化間の差異に対して働くと，重要な帰結をもたらすかもしれない。つまり，ある文化内における個人・個人の神経生理機能，さらには体性神経系の生理機能に対して，独自の影響を及ぼすのである。なぜそのような影響が出るかと言えば，ある文化で他の文化よりもある行為を多く行ったり，あるいはより細かく行ったりすると，脳や身体の柔軟性の能力を発動させて，その分の負荷に対応できるようにするからである。行動が体性神経系に及ぼす影響は，おそらく調査しやすいだろう。例えば，正座する習慣のある文化で育った人は，通常は，椅子に座る習慣の文化で育った人とは，膝の構造が違うことが判明するかもしれないし，またそのことを数値で示す手段があるかもしれない。

同様に，もしある文化が会話と慣習を通して，特定の形式の認知を強調するならば，そうでない文化と比べて，それらの形式の認知をもっぱら扱う脳のシステムの方が脳の他のシステムよりも大いに発達し（例えば，神経細胞の結合がより密に，より入り組んだものになる），より決定力を持つようになるだろう。そのように脳のシステムを大いに発達させる認知の形式としては，知覚に基づいたものがあるだろう。例えば，見つけるのが難しい獲物の狩りをする文化や，方位磁石で常に方角を確かめるような文化が挙げられる。あるいはそのような認知の形式が感情や価値観に関わるために，それらを補強するような脳のシステムがより精密になるかもしれない。そのように感情や価値観を強調する度合いが文化によって異なる例としては，以下のものがある。「個人の名誉という感覚や，やられたらやり返すという価値観」対「なるがままの態度」，「近所づきあいや友好」対「疑いや敵意」，「すぐに怒りを表すことをよしとする」対「礼節の尊重」，「知性や知識を尊重」対「知性や知識を無視し，疑う」，「地域社会主義的な感覚」対「個人主義的な感覚」。それゆえ，そのような文化

的差異に関して，ここでは次のように主張する。個人の認知文化システムは，その文化が強調している事柄を確認する。そして，認知文化システムが，個人をこれらの強調に従って行動するように導いた結果，そのような行為の根底にある脳と体性神経系は，脳と身体の全体において能力が増し，より精密になり，より決定力を増すことになる。

既に述べたように，認知文化システムが正常に働くと，文化の差異を確認するだけでなく，文化の差異を促進する。認知文化システムの働きと再利用現象（下記参照）の性質により，文化習得の最中にある程度の差異が促進されることになるが，そのように進化してきたのは，変化し続ける環境に対する文化的な調整を容易にするためかもしれない。これは，個人の文化システムが行動に現れたものは，他者に観察される行動パターンと足並みを揃えてはいない，ということになる。なぜこのように差異が生じるか，1つの理由は，個人における行動査定システムだけが，個人の行動の全てに対して統制権を持っているわけではなく，その個人内の他の複数の認知システム（その個人の人格に関する諸システムもここに含まれる）と相互に作用するから，ということである。もう1つの理由としては，査定システムは他の人々を対象として抽象化と一般化を行うわけだが，その人々自体が，そもそも様々な点でお互いに異なっていることが挙げられる。これは正に，その人々の内部で様々な認知システムが相互に作用し合っている結果である。

### 2.3.2 認知文化システム自体内での差異

文化習得プロセスにおいて，もう1つ差異が存在するのは，認知文化システムそれ自体についての，遺伝子上の青写真である。この青写真は，遺伝子的に制御された全ての構造と同様に，ある程度の個人的差異を示すからである。しかしながら，脳内のシステムが異なると，個人間で差異を許容する程度にも，差があるようだ。システムの中には，個人間でかなり一貫性の程度が高いものがある。つまり，個人間でとても似た特徴を持っている。具体例としては，人間における視覚の処理や，鳥類における飛行の仕組みがあるだろう。我々は，視覚的知覚の特徴は，一般的に認識されているよりも個人間での差が大きいと考えているが，知覚や飛行のようなシステムは，おそらく比較的狭い許容範囲内で十分に機能しければならないだろう。そうでないと，自然淘汰上の利点とならないからである。しかしながら，認知システムの中には，そのように狭い許容範囲の下にはなく，ある個体群内で差異を生じさせるような，自然淘汰的な圧力の影響をより受けるものもある。人間におけるこの種の事例としては，感情・記憶・全般的な運動制御のための認知システム，が挙げられるかもしれ

ない。文化のパターンを査定し実行するための認知システムも，同様に，個人間でかなりの差異を示すようだ。

認知文化システムにおける遺伝子的差異のパラメーターには，査定の正確さと，実行の忠実さが，含まれるだろう。また，同じ個人内において，異なった種類の査定を実施する他の認知システムに対しての，このシステムの強さや支配力も関わってくるだろう。これらに加えて，我々は以下の差異のパラメーターを，次に取り上げる。システムを意識にのぼらせる可能性・システムが全体の統合を生成する傾向性・システムが新しい文化の条件に適応する能力，である。

### 2.3.2.1　意識へののぼらせやすさ

メタ言語的もしくはメタ文化的能力には個人差があるが，それは認知文化システムもしくは認知言語システムが処理の過程で生み出したものを，その個人がどの程度まで意識にのぼらせることができるかと，そのように意識にのぼらせることをどれほど積極的に用いて生きてきたか，の違いのせいであると考えることができる。例えば，フィールドワークをする言語学者と文化人類学者たちは，出会った人たちの中には，インフォーマントとしてまるで役に立たない者から，極めて優秀で自らの言語の構造を示したり，自らの文化の構造を細かく述べたりできる者まで，様々な人がいることを知っている。私自身がアツゲウィ語（カルフォルニアの抱合型言語）をフィールド調査した経験では，私が最初に尋ねた話者は，動詞に付く多くの接辞の区別が付かず，その意味も分からなかった。しかしながら，2人目の話者は，ある特定の句をあなたの言語ではどのように言いますか，と尋ねられると直ちに，動詞に付く形態素のあるスロットだけを次々に変えて行って，様々な発話を自分からどんどん提供してくれた。こうすることで，彼女は，動詞の意味的・統語的構造の一部を，分析した配列にして示してくれたのである。この2人目の話者において，あるいは，文化を記述することに関して同じくらい長けているインフォーマントにおいては，言語または文化を分析するための認知システムが，これまでの人生で，一般的な人々よりも，より活発に，より意識にのぼらせることができる状態で機能してきたのだ，と説明できる可能性がある。

さらに言えば，才能に恵まれた言語学者や文化人類学者とは，これらの認知システムが生まれつきより活発で，これらの認知システムをより意識にのぼらせることができるような人たちである，という可能性もある。加えて，これらのシステムを，専門分野として発達させ実践することを許してくれる文化，あるいは促進してくれる文化に生きている人たちでもある（だから，2人目のア

ツゲウィ語話者は，しかるべき機会が与えられれば，優れた言語学者になっていたかもしれない)。さらに，正に言語学と文化人類学という学問分野が社会制度へと発展していったのは，個人・個人（特に，これらのシステムがとりわけ優勢な個人）の言語と文化を分析する脳システムの活動が，どんどん積み重なり大規模に表現されるようになったものだ，という可能性もある。

#### 2.3.2.2 統合
認知文化システムは，さらに幾つかの点において，個人間で遺伝子による違いを示すかもしれない。1つは，このシステムがどの程度，周囲の文化を査定したものの様々な側面を，1つの一貫した概念構造に統合するように機能するか，である。認知文化システムは，個人間でかなりの幅があるようだ。一方の端では，このシステムは，周囲の文化の異なる側面を別々に分析したものが，別々の区切られたチャンクになって共存することを容易に認めている。もう一方の端では，このシステムは，分析の様々な側面を，できるだけ多く相互に関連づけ，相矛盾する分析同士には折り合いをつけさせて，1つの包括的な概念的枠組みを形成しようと，骨を折る。後者の類の認知文化システムを持っている個人においては，処理のこの側面との関連で意識にのぼる感情は，統合を達成しようと努力する感覚であったり，それが達成されなかった場合には，苦痛の感覚であったりするかもしれない。

　文化全体でも，どの程度，そのパターンが統合されて，象徴・価値・実践の一貫したシステムを達成できるか，について文化間で差があるようだ。かつては1つにまとまっていたある文化内に一貫性のないパターンが発生した場合には，多くの歴史的要因がその原因かもしれない。しかしながら，その後，新しい統合へと向かうのだが，これはおそらく次のように説明される。ある文化のメンバーの一定数を越えた人たちが新たなパターンに従うようになった認知文化システムでは，統合に向けた駆動力が働くが，その結果だろう。

#### 2.3.2.3 順応可能性と思い入れ
認知文化システムが遺伝的に異なるかもしれないもう1つの点は，順応可能性である。これは，人生の中で，このシステムが周囲の文化において進行中の変化を処理してそれに合わせることができる期間と，このシステムがそのように対応できる変化の大きさに，関連している。このシステムは，明らかに，個人が若い間に新しい形状を受け入れることが最も容易で，その後は減退していくようである。しかしながら，この減退が早い段階で急激に起こるか，それとも，遅い段階で緩やかに起こるかは，個々人で異なる。またそのように減退す

ると，新しい文化への根本的な移行ができなくなるだけなのか，それとも，元々生まれ育った文化内で進行している変化を受け入れることもできなくなるのか，に関しても個々人で異なっている（3.2節を参照）。

関連して個人間で変動する要因として，認知文化システムの処理により生じたものに対する思い入れの強さがある。例えば，システムの継続に対する外的な脅威に対しては，死ぬまで自分たちの生活様式を守ろうといきり立つ人たちがいる。その一方で，自分たちが馴染んでいる生活様式に対してほとんど感情的な愛着を持たず，新しい文化的な環境を持つことをよしとする人たちもいる。

## 2.4 個人と集団の関係

文化は，個人の認知の中で表示され，それが基盤となっている，という我々の見方をとるならば，一個人よりも大きな集団によって示される文化のパターンに対して説明を与えなければならない。この課題はとりわけ重要である。なぜなら，文化に関する多くの理論は，集団レベルに完全に基盤を置いており，そして集団を，個人を越えた創発的現象としてしか扱っていないからである。この節では，個人に基づく認知文化システムでも，集団レベルのパターンが存在することを説明できるような4つの過程について概略を示す。これらの過程とは以下の通りである。(1) それぞれの個人が，おおよそ同じ一次パターンを習得し，それが個人・個人の集った中にも現れる。(2) それぞれの個人が，込み入った集団行事の構造に対するスキーマを習得する。(3) それぞれの個人が，発達途中の個人に，相手に応じて一次文化の素材を提示するための上位スキーマを習得する。(4) 文化を習得中のそれぞれの個人が，同じことをしている個人集団の一員となる。

社会のレベルでは，真に創発的な特徴が存在するかもしれない。しかしそのような特徴は，元を辿れば，個人に基づく認知構造へと行き着くような，大規模なパターンや集団レベルのパターンとは区別すべきである。

### 2.4.1 個人・個人が共有しているスキーマが，集団内で集積される

集団を構成する全ての個人がほぼ同じ行動を示す（例えば，ある社会の全てのメンバーが，食器をほぼ同じ方法で使う場合）ような類いの集団パターンに関しては，個人と集団の関係を辿ることはそれほど難しくない。単に，それぞれの個人が行動を習得し，それがそれから，個人・個人を足し合わせた複合体においても現れる，というだけのことである。この形式の個人・集団の関係は，**集積**（**the summary aggregate**）形式，もしくは，**個人・個人が共有している**

スキーマが，集団内で集積される（individually shared schema summated over the group）形式と呼ぶことができる。

## 2.4.2　集団協力のために個人間で共有されるスキーマ

しかしながら，異なる個人が異なる行動を行い，それらの行動が補完し合い，一緒になってひとまとまりのパターンを形成するような類いの集団パターン（例えば結婚式や戦争）を説明するためには，これだけでは足りない。

　ところが認知主義的な説明は，ここでもやはり単純明快である。発達途中の個人の認知文化システムは，次に挙げる2つの特性を持って組み立てられる（1つ目は，査定機能のもう1つの形式に過ぎない）。このシステムは，自らの周囲の集団の中に，異なる個人が相補的な行為を行うパターンがあるのを学んだり観察したりして，それを抽象的な概念構造やスキーマとして自らの内部に取り込むことができる。そして自らも，このスキーマに従って，ある特定の行動を行い，残りの行動は他の人たちに任せる，という考え方をするのだ。社会の中の個人は，おおよそ同じスキーマを獲得しているだろうし，そのスキーマ内のいずれかの役割を担うことができる。だからこのような個人が何人か一緒になって，そのパターンの複合体の全部を実行することができる。誰もが同じ全体のスキーマを共有しており，自分がスキーマの一部をやれば，残りは他のメンバーがやってくれるからである。スキーマ内のどの役割に対しても，個人により，どれくらい良く知っているかで差があるかもしれない。どのようにやれば良いかをかなり良く知っている者から，他の者がやるのは知っている者，この特定の役割のカテゴリーが存在することだけは知っている者まで。文化パターンの中には，個人が気づいていなかった役割さえあるかもしれない（そのような役割は，他のメンバーがやってくれるだろう）。しかしながら，それらを合わせると，個人内のこの理解により，そのスキーマ全体の比較的完全な見取り図を描き出せる。この形式の個人–集団の関係は，**集団協力のために個人間で共有されるスキーマ**（an individually shared schema for group cooperation）を持つ形式と呼ぶことができる。

　例を挙げてみると，結婚式が行われるためには，どの参加者も，あらゆるタイプの参加者の役割と行動についての概念スキーマを予め持っているだろう。例えば，東欧のイディッシュ語を話すアシュケナージ系ユダヤ人の伝統的な結婚式において（Zborowski and Herzog 1952 を参照），花婿は，花婿（khosn）としての自身の役割だけでなく，花嫁（kale）の役割，花嫁と花婿を結婚式用の天蓋までエスコートする者（unterfirer）（通常は彼らの親）の役割，結婚の儀式を執り行う者（mesader kedushin）（通常はラビ（＝ユダヤ教の指導者・聖職

者))の役割，結婚式用の天蓋の端を持ち上げている4人の男たち（特に呼び名はない）の役割，婚姻契約書にサインする証人（eydes）の役割，を知っているだろう。花婿は，さらに儀式の統率者・その場の感情を盛り上げるように持って行く者・痛々しい道化師の機能を併せ持った特別な人物（batkhn）の役割，新たに結婚した夫婦が断食を終えるために一緒にこもる部屋を見守る番人（shoymer）の役割，演奏家（klezmoyrim）の役割も知っている。これらの役割のうち，花婿はそれらの幾つかについて，自分でも以前にやったことがあるために，詳細な知識を持っているかもしれない（例えば，天蓋を支える者や演奏家）。また他の人がやっているのを見たことがあるために，馴染みがあるかもしれない（例えば，ラビや batkhn の役割）。それらがどのようなものであるかを聞いたことがあったり，その名前を聞いたことがあるために，そういうカテゴリーがあることと，おおよその性格を知っているかもしれない（例えば婚姻契約書の証人）。儀式の番人の役割については，良く知らないかもしれない。

　だから我々の見方は，「実践理論」（Lave 1988を参照）において主に主張されている見方とは対立する。この理論によれば，文化に基づく複数の個人による活動が進行する際の構造やパターンは，それらの個人たちが相互に作用し合う過程においてのみ生じる創発的現象で，実際に展開するまでは，その性質を見ることも把握することもできない，ということになるだろう。しかしそうではない。それどころか，その構造・その進行のパターン・その中で参与者が演じる役割のタイプ・それらの役割の内容は，予め理解されており，これからその出来事に参与する個人や出来事を目撃する個人の認知において，認知スキーマとして存在しているのだ。複数の個人が相互に関わる際には，どうしても何かしら目新しい効果が生じるものである。出来事の参与者や目撃者が，そのような効果に驚くことはあるかもしれない。しかし実践理論の捉え方からすれば，複合的な事象の全体が新たに出現することに対して，参与者や目撃者はビックリ仰天するはずだが，そんなことはありえない。社会のメンバーが全く予期していなかったような何らかの役割や要因があったとしても，その人物の理解や行為を混乱させるようなことはないだろう。というのも，そのような新しい要因は，既にしっかりとした中身を持っている概念構造の中に組み込まれることになるからである。協力的・協同的な活動は，そうでなければ起こりえない，と我々は主張したい。

　同様に，分散認知の研究（例えば Hutchins 1993）では，集合的活動においてどの参与者も，それぞれが違った部分を知っているだけで，全体の一部しか知っていないことを強調している（我々から見れば，これらの側面を正しく分

析している)。しかしここで我々は，それと相補的な考え方を強調する。すなわち，もしも参与者たちが，既に活動全体の概念的な鋳型をおおかた共有しているのでなければ，そのような協同活動は起こりえないだろう，ということだ。そのような鋳型は，たとえどれだけ大雑把であっても，活動の全体的な構造・その構成要素や構成過程・それらがどのように相互に関わるか，の輪郭を描いているのだから。

このように，個人が協力的活動のための文化的スキーマを内在化しているという考え方は，言語においても談話の分野で平行したものが見られる。会話の参与者は皆，話者の役割と聞き手の役割，これら2つの役割がどのように協調してやり取りをすべきか，を理解している。談話においてこのように発話順序が交代する構造は，会話分析者（例えば，Sacks, Schegloff, and Jefferson 1974）によって記述されている通りである。対話者が，話し出す前には，この構造がどのような性質を持っているか皆目見当が付かず，この構造が生じてくるのを見てビックリする，というような創発的現象ではない。それどころか，各参与者は話者と聞き手の役割を，完全に意識に出して，理解し操作できるのだ。

### 2.4.3 個人間で共有される集団内区別の上位レベルスキーマ

我々がこれまで発達中の個人の認知文化システムの働きを説明してきた際に，あたかもその文化システムが，周囲の社会全体の全ての行動パターンにアクセスできるかのような述べ方をしてきた。しかし現実には，発達中の個人にどの特定の文化パターンを体験させるかは，大人が（個人でも集団でも）様々な程度に統制することがありうる。例えば，大人の男は，男性の文化パターンを男の子には伝えるが，女の子には伝えない。トーテミズム（＝人間集団がある特定の動植物（トーテム）と特別な関係を持つと考える信仰）を持つ部族の大人のメンバーは，同じ部族の若者に儀式を見せるが，部族外の若者にはそうしない。専門知識を特定の個人に伝授する徒弟制度の仕組みを持った文化においては，例えばカヌー作りの師匠に弟子入りした子供は，その技術に関する詳細な知識を習得するだろうが，弟子入りしていない子供はそうならないだろう。階級のある社会においては，上位階級は子供に，より洗練された形式の教育と技術，さらには権力の維持における伝承を与えるだろう。これらは，一般的に下位の階級の子供では得られない。

これら全ての場合において，発達中の個人の認知文化システムの働きは，これまでの説明と同じである。つまり，観察した様々な行動に渡って査定し，そこからパターンを抽出するのだ。唯一の違いは，どのような行動を観察できるかが，誰に対して体験させ誰に対しては体験させないか，を確立している文化

的な上位レベルのパターン（**metapattern**）により決まる部分がある，ということだ．さらに，このような上位レベルのパターンのおおよその全体構造自体が，おおよそ同じ形式で，たいていの子供により，**上位レベルのスキーマ**（**metaschema**）として習得される．つまり，子供は，大人たちがわざわざ自分に体験させてくれた特定の部分の文化を習得するだけではない．上位レベルのパターンは，どの大人の集団が，どの一次的文化パターンを，どの子供に示すか，を確立しているのだが，子供はこのパターンも，スキーマ的な形式で習得する．例えば，上で述べたジェンダーを区別する社会では，男の子には見せられるが女の子には見せられないような慣習が存在するわけだが，この文化的な上位レベルのパターンを，男の子も女の子も習得する．また階級のある社会では，ある一次的形式の知識は，お金持ちの子供には伝えられるが貧乏人の子供には伝えられないのだが，この文化的な上位レベルのパターンを，お金持ちの子供も貧乏人の子供も習得する．勿論，そのように伝えられた子供が，今度は成長して大人の一員となり，他の大人と一緒に，自分たちが習得したものと一致するように，上位レベルのスキーマを設定する．この形式の個人-集団関係は，**個人間で共有される集団内区別の上位レベルスキーマ**（**individually shared metaschema of group differentiation**）を持つ形式と呼ぶことができる．

### 2.4.4　個人間で共有される，集団からのスキーマ習得

既に文化の伝達には幾つかの形式（明瞭化・個人の実地体験・明示的/非明示的な教示）があることを述べたが，これらは1人の伝える者から1人の習得する者へと，一対一で生じうる．しかしこの章でこれまで扱ってきた文化の伝達は，認知的に多対一の関係である．多くの大人が行う少しずつ違った行動にまたがって，発達中の一人一人の子供の認知が査定を行うわけだから．そうすると，最終的に出来上がるのが個人の認知ということならば，このように集団に依存する過程がどうやって長い時間に渡って続くことができるのか？という構造的な問題が生じる．多対一の関係がどのようにして，何世代にも渡って更新されていくかは，明白である．文化の習得は，それぞれの発達中の個体ごとに成されるが，同時に同じ習得の過程を行っている発達中の個体が，他にも多くいるからである．さらに，それらの発達中の個体は，少しずつ違った方法で習得過程を行うから，少しずつ違った文化的行動パターンを内在化することになる．そうすると，これらの子供たちが大人になっても，その大人の集団は少しずつ違った行動パターンを持つことになり，次の世代の子供たちはそれらの異なるパターンにまたがって査定をすることになる．この形式の個体-集団関係

は，個人間で共有される，集団からのスキーマ習得（**individually shared schema acquisition from a group**）を持った形式と呼ぶことができる。この形式で生じる過程は，おそらく文化伝達の主要な過程なのだろうが，**文化の再利用**（**recycling of culture**）と呼ぶこともできる。この過程では，文化の内部に変化が起こっても構わない。これまでに述べたあらゆる形式の変異や，均一性からの逸脱/ずれが，この過程で生じるからである。

## 3　認知的に別個の文化システムを支持する証拠

もしここで仮定してきた認知文化システムが，本当に独立した認知システムであり，別個の神経系に基づいているのならば，他の同じ様なシステムが示すような特徴を示す可能性が高い。例えば，発達の幾つかの段階や臨界期があったりするかもしれない。脳の障害やその他の機能不良があると，特定のシステムでのみ見られるような障害が起こるかもしれない。人間以外の種ではもっと弱い形式になったり，その前駆体にあたるものしかなかったり，そもそもなかったりするかもしれない。密接に関連していると思われた他の認知システムと，相対的にほとんど重複がないかもしれない。この章では，これらのカテゴリーのそれぞれについて順に，既に存在している証拠を挙げたり，さらに研究を進めるためにどのような種類の証拠を探すべきかを示唆したりしていく。これらの証拠がより強固になればなるほど，神経に基盤を置く，独立した認知文化システムを支持する証拠は，より説得力があるように見えるだろう。

### 3.1　文化習得における幾つかの発達段階

子供が文化を習得するパターンを決定できれば，その理論は，文化の認知的基盤について他の理論よりも優れていることになるだろう。1つの可能性としては，子供はかつて言語の習得について信じられていたのと同じように，文化を習得するのだ，ということが考えられる。つまり，子供は相対的に常に右肩上がりで習得していき，ついには大人の形式に至る，ということである。この習得は，主に模倣という一般的な過程で進み，明示的な教示により助けられるのかもしれない。子供は，まだ大人の形式を模倣して把握する能力が不十分だから，最初は行き当たりばったりに移行期の間違いを犯す。しかしどんどんと模倣が洗練されていくために，徐々に発する言葉に磨きがかかり，ついには目標としていた大人の言い方に辿り着くのだ，と。

　しかしながら，子供の言語習得についての何十年にも渡る研究（例えばSlobin 1985）により，子供の言語習得は全く異なる方法で起こることが分かっ

ている。子供の言語習得は一連の漸増的な幾つかの段階を経て進むのだが，各段階には独自の「文法」がある。この「文法」は，その段階の間ほぼ一貫しており，周囲が矯正しようとしても，子供は言うことを聞かない。それぞれの段階の最初には，構造の一般的な原理が見られる。そのような原理が見られると，システムの全体としての一貫性を維持するために，途中段階の文法が再構成されることになる。さらに，子供が進んで行く幾つかの段階のある側面は，普遍的であるように思われる。これは，そのような側面が依存している，認知的発達の他の側面が，それ自身普遍的なためかもしれない。あるいは，言語システムの生得的な特性の結果なのかもしれない。

　平行して，文化習得とは，間違いを修正しながら模倣が平板に続いていくだけなのか，それとも一貫性を持って構成された構造が幾つも法則を持って続いていくものなのか，にも注意を向ける必要がある。そして，もし後者であるなら，その連続のいずれかの側面が，構造変化の普遍性に従っているかどうかも見なければならない。Minoura (1992) は，大まかに9歳から15歳の間に，個人が仲間関係のための文化的パターンを内在化するような段階が存在することを示す証拠を提示している。しかしながら，この種の研究はほとんどない。もし今後の研究で，この種の文化習得の段階が確認されれば，人間には独立した認知文化システムが存在する，という主張をさらに支持する証拠となるだろう。

### 3.2　文化習得の臨界期

文化の習得にとって臨界期のようなものが存在するかもしれない。とは言っても，文化のない環境で育った子供は，その後いかなる文化も習得できなくなる，というようなことを考えて言っているのではない（それは，極めて異常な環境下でないと起こらない，不幸な状況であろう）。そうではなく，問題となるのは，子供の時にある文化パターンを習得した個人が，後に別の文化と出会うと，その特徴のある部分をあまり習得できなかったり，全く習得できなかったりする，ということである。臨界期の考え方をこのように当てはめると，個人は人生のある特定の早い期間に，文化現象に触れて，それらを実践するような期間を持たなければならず，さもなくば，それらの文化現象が身に付いて，生涯利用可能になることはない，ということになる。

　個人が特定の文化的現象を習得するとは，少なくとも以下の4つを含むものと，ここでは理解している。(1) その文化で他者がその現象を形に現した時に，それと分かること，(2) それにしかるべき反応ができること，(3) その現象の観点から考え・感じることができること，(4) 自らもその現象を形に現す

第 15 章　認知文化システム

こと。このような習得は，2 つの度合いの深さで起こるものと理解できる。つまり，特定の文化的特徴を一応は習得したかどうかと，完全に微妙なところまで，詳細に，他の特徴と統合された形で習得したかどうか，である。したがって，ある程度年を取ってからこのような文化現象に初めて出会った個人でも，その現象を見定め，理解し，ある程度適切に反応できるかもしれないが，これは既に知的能力が発達しているのでそれを使ってのことかもしれない。しかし臨界期という考え方の下では，そのような現象が認知的構成のより根本的なレベルで内在化されて相互に連結するためには，人生のもっと早い段階でそれらの現象を経験していなければならなかった，ということになるだろう。

ここで仮定している臨界期は，その開始・継続期間・進行曲線・厳格さについて，おそらく個人によっても差があるだろうし，その文化的特徴や領域によっても差があるだろう。ここで「進行曲線」とは，その期間の始まりや停止が比較的徐々に進むのか，それとも急激なのかのことであり，「厳格さ」とは文化的特徴や領域が臨界期以外でもどの程度内在化できるか（「全くダメ」から「かなり広範にできる」まで）に関わる。他の認知システム，例えば視覚的知覚ならば，特定の視覚的現象（例えば横縞の知覚）に対しての臨界期が，もっとはっきりと区切られてもっと厳格であるように見える。しかし認知文化システムに関しては，多くの現象の習得期間が，「これを逃せば絶対に無理」というよりは，「容易にする・強化する」という問題のようである。

異文化が関わる例としては，自分の国にやって来てしばらくになる移民との経験を考えることができるだろう。この移民たちは，この国でやっていける程度には新たな言語を習得している。しかしその振る舞い，やり取り，概念・感情表出の仕方が，「やはり外国人だな」という印象を与える。勿論，中には文化の違いをある程度認識していて，自分たちの元々の習慣・価値を意識的に維持している人たちもいるだろう。しかし文化的な臨界期という考え方が最もはっきりと当てはまるのは，本気で新しい国に同化したいと思っているのだが，結局は完全にはそうできない状態の人たちであろう。自分たちが文化的に足りないことに気づいているかどうか，に関わらず。

ここで関連があるのは，Minoura (1992) の研究であろう。彼女は，アメリカに渡って来て（その年齢はまちまち），その後日本に帰った日本人の子供たちについて研究している。Minoura が発見したことは，9 歳から 15 歳までの期間が，「対人関係についての文化的意味システムを内在化する」（Minoura 1992: 333）ことにとっての臨界期だ，というものである。この期間よりも前に日本に戻った子供たちは，容易に本来の文化に再適応する。しかしこの期間よりも後に戻った子供たちは，仲間との関係についてのアメリカの概念的・感情

的パターンをかなりの程度まで内在化しており，日本に戻っても日本のパターンに適応するのが困難であった。

　もう１つのタイプの例としては，同じ１つの文化が急速に変化している場合が挙げられる。そのような社会のある年配女性は，自分が若かった時（つまり，臨界期）に優勢だったが，最早広くは見られないような様々な慣習・価値観・世界観の側面を維持していることだろう。この年配女性と若者は，いずれもお互いの間の差異を意識しているかもしれない。その差異に至る変化をどう評価するかに応じて，若者はこの年配女性を優れていると見るかもしれないし，時代遅れと見るかもしれない。その一方で年配女性の方は，若者の振る舞いを社会が進んだ印と見なすかもしれないし，社会が衰退した印と見なすかもしれない。勿論この年配女性は，認知文化システム以外の認知の様々な側面を用いて，個人的な慣習・価値観・信念を確立し（3.6節を参照），それらを基にして自分の若い時のパターンを改訂することを拒否していた，という可能性もある（ちょうど，若者の中にも，現在のパターンを拒否して，昔のパターンに従おうとする者がいるように）。しかしそのようなことを除けば，この年配女性は，問題となっている幾つかの点において，古い文化パターンを新しいパターンに変えることはなかった。臨界期の理論ならば，この事実を次のように説明するだろう。そのようなパターンのある側面に関して，この年配女性がおおかた変われなかったのは，臨界期に順応したパターンにその認知文化システムが設定されてしまったからだ，と。

　臨界期が他の所では別個の認知システム（例えば視覚的知覚や言語）に当てはまることが分かっていることからすれば，臨界期が存在することは，認知文化システムの仮説を支持してくれる。文化的な臨界期という考えに言語で対応するものを考えてみよう。ある個人が，臨界期に習得した第１言語では，ある特徴や特徴のカテゴリーを習得するのだが，第２言語ではそれらに対応するものを全く獲得できないか，あるいは深くは習得できないかもしれない。

　このように習得ができないのは，音韻・文法・意味のいずれでも起こりうる。音韻的な例としては，フランス語の母語話者が英語の "th" や "r" の音を発音できないことや，音節に強勢があることの意味合いを理解できないことを挙げられるし，また英語の母語話者が中国語のトーンの現象を理解できないらしいこともそうであろう。つまり，臨界期に強勢やトーンに接することがなかった個人は，第２言語の習得において要するに「強勢が聞こえない」・「トーンが聞こえない」ことになるかもしれないのだ。文法の例としては，英語を母語として習得した話者が，その後ロシア語を学んでも，その文法的性と格を深く内在化できないことが挙げられる。このような個人は，名詞と形容詞の適切

な接尾辞を流暢に使うことができず，せいぜい暗記した教科書の活用表からこうなるだろう，と考えて口に出すことしかできないかもしれない。意味的な例としては，ドイツ語の母語話者は，英語の単純現在時制と現在進行形の違い（I teach here. 対 I'm teaching here.）を，決してマスターできないかもしれない。

## 3.3 文化機能障害

認知文化システムが何らかの特定の神経生理学的なシステムに根ざしていると仮定すると，その原因を神経系の機能不全まで辿れるような，文化システムに対する機能障害が存在するかどうかを調査することが必要になってくる。ここでもまた，言語で対応するものを考えてみると，様々な形式の，神経に基盤を持つ言語の機能障害がある（失語症や発語障害）という事実から，個人が文化を習得したり維持したりする能力に対して神経に基盤を持つ機能障害（「失文化症」や「文化障害」とでも呼べよう）があるかどうかを探ることになる。

　この可能性に関する研究として，Goffman (1956) では文化の行動規則と，精神科病棟に収容された患者がそれらの行動規則を様々な点で様々な度合いに破棄していることを，分析している。より不安定な患者を彼が観察してみると，この文化にある，相手を慮った「べからず集」の規則を，よく無視したり破ったりしていた。例えば，他人の外見や服装に対する好ましくない見解を，本人に面と向かって言ってしまう。その場にいる医者なら誰にでもずけずけと話しかける。他の人が食べ物を取ろうと手を伸ばしているのを邪魔して自分のために取ったり，他人の皿から食べ物を取ってしまう。他人を罵る。他人を触ったり，つかんだり，殴ったり，排泄物を投げつけたりする，といった具合である。またこのような患者は，個人的な行状の規範を無視したり破ったりする。例えば，汚らしい服装や不潔さを様々な形で示し，人前で大きな音を立ててゲップやおならをし，不意にディナー・テーブルによろよろしながら近づいたり，そこから離れたりした。

　Goffman はこの問題についてはっきりと述べていないが，彼の記述からすれば，知識と注意に関する一般的認知能力が全般的に損なわれていて，単にそれが他の諸々のことと共に文化の維持にも影響を及ぼした，ということではなさそうである。そうではなく，損なわれなかった機能もあれば，損なわれた機能もあったようだ。おそらくその障害は，患者の文化的な振る舞いだけに影響していたのではなく，少なくとも感情システムと認知システムを含んでいただろうが，文化的機能が選択的に損なわれていたという事実は，独立した文化システムが存在することを支持する議論の一部になりうるだろう。

　上述の程度にまで機能が損なわれていた精神病患者は，おそらく何らかの形

式の神経生理的機能の障害も持っていただろう（単に神経過敏な行動の場合には，連想的神経の相互連結が，通常の範囲内である）が，はっきりと立証できる脳障害が個人の文化的構造に対して，選択的に影響を及ぼすかどうかは，今後はっきりさせる必要がある．

### 3.4 人間以外の霊長類による文化の習得

もし子供が周囲の文化を習得するということが，単に，自分の周囲ではっきりと見える行動パターンを模倣できるようになるということに過ぎないのだとしたら，動物であってもそのような模倣をする能力を持っていて，そのように模倣する動機があり，同じ文化的環境で育てられれば，人間と似たような行動パターンを示すようになる（人間の場合よりも大雑把だったり，遅かったりするかもしれないが），と期待できそうである．他方で，人間の文化習得は，人間という種に固有の過程であり，生得的な認知システムが主導しているのかもしれない．そしてそのような認知システムには，人間という種にとって関連性があり構造的に区別可能な行動カテゴリーに注意を払って取り込むための，特定の能力が含まれるのかもしれない．その場合には，人間以外の動物が模倣する能力を持っていても，自らの周囲で現れる行為の幾つかの側面にしかその模倣する能力を行使できず，おおよそ同じレベルの能力を一律に行使はできない，ということになるだろう．

　Tomasello, Kruger, and Ratner (1993) は，カンジというボノボで正にそのような違いが見られると主張している．[4] このボノボは，人間により育てられ，絵文字の使い方を教わっている．カンジは，周囲で見られる行為の多くを習得することに成功した．例えば，コップから飲む・料理用のスプーンで鍋をかき混ぜる・ナイフで野菜を切る・ライターで火をつける・外出するためにリュックサックに荷物を詰める，等である．しかしカンジが習得した絵文字を使う際には，圧倒的に「命令文モード」で使って，自分がして欲しいことを人間にさせるように指示することが多かった．「平叙文モード」で使って，人間に新しい物体を示したり，自分が気づいた物体に人間の注意を向けたりして，あたかも自分の経験を共有するようなことは，ほとんどなかった．この点でカンジがしたことと言えば，せいぜいテレビでボールを見たら，ボールの絵文字が付いているキーボードを押したことくらいである．人間の幼児であれば行うよう

---

　[4] 訳者注：原書ではカンジをチンパンジーとしているが，厳密にはボノボである．ボノボはかつてチンパンジーの一種と考えられていたが，現在では別の種であることが分かっている．そのため，以下では原著の "chimpanzee" を全て「ボノボ」と訳してある．

な，物体をつかんで上げる・この物体とそれを見て欲しい人物とを交互に見る・プラスの感情を示す，といった平叙文モードの行為をすることはなかった。しかし正にこれらの行為を，カンジの周囲にいた人間たちは行っており，その人間たちが行う命令と同じくらいにはっきりと見えるものだった。にもかかわらず，カンジはそのカテゴリーの身振りの使い方を習得しなかった。

　カンジはその形式の表現を認識できなかったのだとか，認識はできたが自分でその形式の表現を行うことに関心がなかったのだとか，主張することはできよう。しかしいずれの場合でも，カンジの認知の中でその意思伝達のやり取りを主導した箇所は，人間の意思伝達システムとは構造的に異なっていた。というのも，カンジの行動は，人間の意思伝達の全てのカテゴリーに渡って一様に劣っていたのでなく，質的に良い部分と劣っている部分とがあったからである。人間の意思伝達のための認知的下位システムは認知文化システムの一部である，もしくは少なくとも認知文化システムにより部分的に形成されて導かれている，と仮定すると，ボノボで見られた特定の意思伝達上の欠陥は，人間の幼児の認知文化システムが，ボノボには行う能力もその動機もないような特定の機能を行えるように出来ていることを示唆していることになる。

　さらに，Tomasello, Kruger, and Ratner (1993) は，カンジが実際に示した形式の模倣が，本来はあまり模倣しようとしないのが人間との接触により増幅されたものだ，と主張している。だから Tomasello たちは，ボノボは本来の社会的環境において，ほとんど周囲のボノボの行動を模倣するように動機づけられていない，と論じている。どうやらボノボが行っているのは，別のボノボが望ましい状況を作るとそれに注意を引きつけられて，既に自分のレパートリーの中にある良く知っている行為を行ってその状況を引き起こそうとするか，その望ましい状況に至るかもしれないような行為を行き当たりばったりでするか，のいずれかである。ボノボは，他のボノボがその結果を達成するためにした行動を観察して，その行動を模倣する，という最小限のことをしているようだ。だから，ここで提案している文化習得のための人間の認知システムには，模倣をするための，進化の過程で増大した能力と動機づけが含まれるのかもしれない。

　ここでもまた，文化認知における，種によるこの違いには，言語で平行したものが存在する。人間には，本格的な構造的複雑さを持つ言語を習得できるように，生得的な仕組みがあるようだ。この複雑さのうちで，ボノボが容易に行えるもの，あるいは何とか行えるものは，特定の側面だけである。人間言語の研究を動物について解釈してみると，ボノボは人間と似たような概念を持っているのかもしれない。そしてボノボは，特定の記号をそれぞれの概念と結び付

けることができるのかもしれない（特に視覚的な記号で）。そのため記号を見ると概念が喚起され，概念を持っているので自らもその記号を使ってみようと思うのかもしれない。さらに，ボノボは人間と似たような理解と推論の形式で，概念を操れるのかもしれない。しかしボノボは，初歩的なやり方を越えて，構造化された複合体内で記号を操り，人間言語の構造の概念的複合体を形成して操作することに相当することを行うことは，できないようである。

### 3.5 他の認知システムからの，文化システムの独立：言語

さらに認知文化システムが独立していることの証拠となるものが，文化的な知識・行動と連続体を成していると思われていたかもしれない，他の認知システムとの違いを証明することにより，得られるであろう。そのような証明を，言語の認知システムに対して行うことができる。

第1章では，伝統的な言語における区分をさらに発達させて，言語による概念表示の役割は，機能の点から2つのタイプの言語形式に分けられるという証拠を提示している。すなわち，開いたクラスの形式（主に，名詞・動詞・形容詞の語根）と閉じたクラスの形式（屈折接辞・派生接辞，前置詞・接続詞・決定詞のような非拘束形式，語順，文法範疇・文法関係，文法構文などが含まれる）である。これらの2つのタイプの形式は，それぞれ，概念内容を表す機能と概念構造を付与する機能という，相補的な機能を果たしている。それゆえ，ある言語のどんな単一の文が喚起する概念の総体においても，その概念内容の大部分は開いたクラスの形式がもたらしているが，その概念構造の大部分は閉じたクラスの形式によって決定されている。

さらに，全ての言語の閉じたクラスの形式によって表される意味は，概念カテゴリーとそれらが表現できるカテゴリーのメンバーとなる概念の両方に関して，高度に制約を受けている。例えば，多くの言語は名詞の指示対象の数を示す名詞活用語尾を持っているが，名詞の指示対象の色を示す名詞活用語尾を持っている言語はない。したがって，「数」という概念カテゴリーは閉じたクラスの形式が表せるカテゴリーに含まれるが，「色」というカテゴリーは普遍的に閉じたクラスにより表せるカテゴリーから排除されている。さらに，数カテゴリー内のメンバー概念に関して言えば，名詞に数を持っている多くの言語は，「単数」・「両数」・「複数」のような概念のための活用語尾を持っているが，「偶数」・「奇数」・「ダース」・「数えられる」を示す活用語尾を持つような言語はない。

閉じたクラスで表されるためには厳しい意味的条件があるのだが，そのような閉じたクラスで表されることのある，全ての概念カテゴリーとそのメンバー

のカテゴリーを一緒にした全体が，言語の基本的な構造化システムを構成する，と理解することができる．もしもこの言語におけるシステムを，文化の概念的構造化システムと考えられるものと比較してみると，対応するのはほんの少数で，多くの違いが見つかる．この事実は，言語と文化が別々のシステムであることの証拠となるだろう．

　この区別を証明するために，以下で2つのタイプのこのような比較をしてみよう．複数の言語にまたがってのタイプと，1つの言語を深く掘り下げるタイプである．

### 3.5.1　概念構造を，異なる文化と異なる言語にまたがって比較

1つ目の証明として，既に1.1節で列挙したMurdock (1965) の文化の普遍的性質のリストを利用する．このリストに関する注目すべき観察結果が，72のどうやら普遍的な文化カテゴリーのうち，言語の閉じたクラスの概念構造化システムで表示されることがあるのは8つだけで，しかも詳しく表示されるのはそのうちで3つか4つのみだ，ということである．最も詳しく表示されているものの1つが，「社会的地位の区別」である．例えば多くのヨーロッパの言語で，二人称代名詞で「親」と「疎」の形式があるのがそうであり，さらに日本語の手の込んだ，代名詞と屈折の形式もそうだろう．関連するのが，Murdockの「礼儀作法」のカテゴリーで，これは様々な標式や構文を使って文法的に表示されている．例えば「命令」と「依頼」(Speak up! (大きな声で話しなさい) と Could you please speak up? (大きな声で話していただけますか?)), 「指示」と「提案」(You should go abroad. (君は，外国に行くべきだ) と Why not go abroad? (外国に行ったらどうですか)), のように．その他にも多くの形式のポライトネス (Brown and Levinson 1987を参照) を表すのに使われる．「財産権」は，所有と所有権の移譲を表す閉じたクラスの形式により，言語で表示されているのかもしれない．「個人名」が，固有名詞の一部として，独自の統語的特徴を示す言語も幾つかある．同様に，幾つかの言語では「親族名称」を表すのに幾分特殊な統語形式を用いる．さらに（全てではないが）ほとんどの言語では，「挨拶」・「数字」・「暦」を表すために特殊な統語形式を用いているのかもしれない．このように，言語の概念的構造化システムと文化の概念的構造化システムがまあまあ重なる形式はあるのだが，これら以外では，2つのシステム間にほとんど対応関係がないのは注目に値する．この発見は，言語と文化が別々の認知システムであることを支持する議論として使える．

### 3.5.2 概念構造を，同じ文化と同じ言語で比較

これと同じ論法を，1つの民族の言語と文化に対して推し進めることができる。ここでの比較は，サピア・ウォーフの仮説の領域に入ってくる。この仮説によれば，ある言語に現れる概念構造と，その言語を話す人たちの文化に現れる概念構造の間には，かなり平行性があることになる。Wilkins (1988, 1989, 1993) は，ムバーントゥワ・アルンダ (Mparntwe Arrernte) (=オーストラリアのアボリジニ集団) の言語と文化についての研究において，この言語の文法形式の中で，文化構造の側面を反映しているようだと気づいたものを全てまとめている。幾つかそのような形式があるが，それらのほとんどは親族名称と，人間・場所についてのトーテミズムに関わるものである。Heath, Merlan, and Rumsey (1982) が述べているように，トーテミズムは，アボリジニが強く文化的にこだわっているものである。それにもかかわらず，これらの形式の数とその及ぶ範囲は，その言語の文法システム全体と比べれば，わずかである。そしてそれらの形式でも，幾つかは新たな文法範疇を伴わずに，既にある範疇を援用しただけである。以下で，Wilkins がムバーントゥワ・アルンダに関して見つけた約6つの事例を説明する。このように示すことに意義がある（だからここで紙幅を割いている）のは，それが有名なサピア・ウォーフ仮説に異議を唱えるからであり，文化と言語に関わる認知理論に関連があるからである。[5]

ムバーントゥワ・アルンダ語には，「切り換え指示」システムがある。これは世界中の言語で見られるが，従属節の動詞が取る屈折により，従属節の主語が主節動詞の主語と同じか異なるか，が分かる。例えば，Location A defiled, when location B broke apart. (場所 A が汚れて，それから場所 B はバラバラになった) のような，2つの場所についての文を考えてみよう。たいていは，broke apart に相当する動詞が「主節とは別の主語」を示す屈折を取る。しかしもも2つの場所がトーテミズムからすれば同じものに属し，この事実が文の意味に取って重要であり，話者がその事実を前景化したいと願っているなら，動詞を「主節と同じ主語」を示す屈折で標示することができる。

同じ現象の別の例として，The little boy cried, as they walked along. (その男の子は，彼らが歩いて行った時，泣いた) と翻訳できるような文について考えてみよう。一般的に，男の子をその集団の一員と考えるか，それともその集団とは別と考えるか次第で，話者は walk along に相当する動詞に対して，「主節と同じ主語」を示す屈折を付けることも，「主節とは別の主語」を示す屈折を

---

[5] Wilkins の論文は，サピア・ウォーフ仮説に異議を唱えることを意図していない。彼の発見を，我々がそのように利用しているだけである。

付けることもできる。しかし後者の場合，もしも男の子が集団から別であると考える根拠が社会的関係に関わる場合には，男の子が集団の他のメンバーとは別の「調和世代」であるという解釈しか許されない（自己と祖父母と孫は同じ調和世代に属するが，両親と子供は異なった調和世代に属する）。だから例えば，男の子が別の家族の一員であるとか，別の友達の集団の一員であるとか，という解釈は許されない。したがって，切り換え指示の文法システムそれ自体は何らの文化パターンも反映していないが，この言語での適用の仕方には，この文化がトーテミズムと親族関係を強調していることと，それらの詳細が，確かに反映されている。

　別の事例として，ムバーントゥワ・アルンダ語では，3つの人称全てで両数と複数の代名詞は形式が違う。1つの形式は，複数の人々が異なる父系血縁集団の場合に使う。2番目の形式は同じ父系血族集団だが世代が違う場合に，3番目の形式は同じ父系血族集団で同じ世代の場合に，それぞれ使う。だから，英語であれば代名詞が表す集団の特徴に関係なく we・you・they を使うだけだが，このアボリジニの言語では，文化的に有意義な親族関係に基づいて，そのような集団を別々の代名詞で区別するのだ。

　さらに別の事例として，ムバーントゥワ・アルンダ語では，'my' や 'your' のような意味を表す単数・所有代名詞の接尾辞に2つの集合がある。たいていの名詞は1つ目の一般的な集合の接尾辞を取れるのだが，親族用語は2番目の集合の接尾辞しか取れない。だからこの2番目の集合の接尾辞は，ある個人が別の個人に対して「所有」の関係を持っていることだけでなく，その所有とは親族関係であることも表すのだ。この文法現象は，それだけを見れば親族関係が文化的に顕著であることを反映しているのかもしれない。しかしこの2番目の集合の接尾辞が2つの名詞とどのように使われるかを見ると，この文化では「親族関係」と「土地」と「トーテム」が同じであることが分かるのだ。pmere という名詞は，「場所」・「キャンプ」・「家」・「国」・「土地」・「避難所」・「（アボリジニ神話の）夢の時代の場所」の全てにまたがる意味を持っている。しかしこの名詞に2番目の集合の接尾辞が付くと，「夢の時代」の法により，その人が責任を持ち，縛り付けられている土地のことしか表せない。同様に，altyerre という名詞は，「夢」・「夢の時代」・「夢の時代の国」・「トーテミズムでの祖先」・「法律」という意味を，みな表せる。しかし2番目の集合の接尾辞が付くと，その人の「夢の時代の国」か，その人の「トーテム」しか表せない。だから，文法的屈折のこの特殊な集合をどのように適用できるかは，親族関係と，親族関係を土地・トーテムと同じものと見なすことが，文化的に重要であることを，反映しているのだ。

最後に，ムバーントゥワ・アルンダ語には文法的に別々の，名詞類別詞の集合が3つある。そのうちの1つは，「男の」・「女の」・「子供の」・「場所の」という意味を表す4つの類別詞から成る。例えば，これら4つの類別詞のそれぞれを「カンガルー」を表す名詞と組み合わせると，カンガルーをトーテムとする部族の男性・女性・子供・場所を表すことができる。文法的に，場所が人間と一緒にまとめられるという事実は，親族関係・土地・トーテムが文化的に関連し合っていることを，やはり反映している。

ここまで挙げてきた例や，さらに幾つかの事例は，確かにムバーントゥワ・アルンダ語の文法に文化が入り込んでいることを反映しているように思える。しかしそのように入り込んでいるのは，これで全てである。この言語の文法の圧倒的部分を占める残りでは，世界中の言語で広く見られるような概念カテゴリーが見られ，文化的なコンテクストは関わっていない。言語と文化が連続している形式が1つの民族に取って長く共存すればするほど，文化の概念構造が言語の概念的構造化システムの中に入っていくだろう，と思えたかもしれない。確かに，このオーストラリアの集団はそのような民族の一事例であろう。しかしその言語と文化は，お互いをほとんど反映していない。どうやら，2つの認知システムのいずれも，お互いからは独立した，構成の原理に従っているようだ（これは，生得的に決まっているからかもしれない）。だから，サピア・ウォーフの仮説は，少なくともここでの検証においては，裏づけられていないようだ。

### 3.6 他の認知システムからの，文化システムの独立：人格

文化的もしくは下位文化的に一貫した集団内においても，個人ごとに心理的な特徴は異なる。そのような特徴をまとめて，そこに焦点を当てたものが，一般的に「気質」とか「人格」と理解されているものである。一卵性双生児が別々に育てられたらどうなるかの研究など，研究がどんどん進んでいるが，そこで示唆されているように，人格の多くはどうやら個人の神経生理に生得的な基盤があるようだ。人格が独自の認知システムを構成すると結論すべきかどうかに関わらず，個人内の人格の諸側面を，その人物の認知文化システムの働きから区別する必要があるらしい。ある個人の個人的性向と，その個人が属する社会の文化パターンに，明らかな差異が観察されることがある。そのような差異が存在することは，ある個人の認知的構成全体の中で認知文化システムが独立していることを，さらに証拠づける。

この類いの差異は，以下の3つの事例（いずれも異なるタイプ）において働いているようだ。まず第一に，どうやら全ての社会が持っている法システムで

は，個人が文化パターンに違反すると，少なくとも部分的には制裁を課す。しかしもしも個人の行動が支配的な文化パターンのみで決まっているのならば，それらのパターンからの逸脱は全く起こりようがないはずである。そのような逸脱は現実に起こるし，もっと言えば実は当該の文化によって逸脱として認識され，その文化には法的に制裁を課すシステムもある。このような事実がそもそも，個人の行動が認知文化システム以外の形式の認知的構成により統率されている，という証拠になる。

　2番目の種類の差異に関しては，個人の生涯には，自分の考えが周囲の文化や家族の期待と食い違うことを経験する時期が，何度かあるかもしれないことを挙げることができる。現在のアメリカ文化にある「中年の危機」という概念は，この類いの葛藤の理解に基づいている。この概念において，中年の危機とは典型的に，次のようなことを意味する。ある人物が，文化によって価値があるとされているのとは異なる個人的な特徴を持っているのだが，これまでは外的な行動規則に自分を合わせようとしてきた。しかしその状況が終わることである。要するに，徐々にこの人物の個人的特徴が増大していって確固としたものになり，ついには周囲の期待に対して「違う！」と異議を唱えるのだ。この半学術的な概念は，認知的な構造・過程の純粋な現象を反映しているかもしれない。ただし我々としては，個人的な特徴と個人に内在化された文化的な期待とがこのように衝突することは，個人の生涯で多くの期間に起るだろうし（中年だけでない），その強さも様々である（単なる「危機」だけでない），と考えている。

　個人の人格と文化の第3の差異として，ある下位文化集団の人たちに面談をしてみると，異なるメンバーでは，その下位文化のパターンに対して異なる態度を持っていることが分かることがよくある。例えば，幾つかのイスラム文化に隔離された女性の中には，個人的にその習慣を楽しむ者もいるだろう。自分たちは特に気を遣ってもらっている，と感じてのことかもしれない。しかしその習慣が，社会の中で活発に活動したいという欲求を抑制する障壁であると感じる者もいるだろう。

　この最後の種類の差異は，人格タイプが異なれば，同じ文化内でも適合する度合いが異なる，ということに関わっていた。そこから当然推論されるのは，同じ人格タイプであっても，異なる文化においては適合する度合いが異なるだろう，ということである。例えば，内向的な傾向を持っている個人が，内向的な生活様式に対する敬意と，それを受け入れる制度を持つ社会に生まれれば，全般的に幸せな人生を過ごすだろう。しかし，もし積極的で外交的な行動を評価し内向性をけなすような社会に生まれたなら，困った人生を送ることになる

かもしれない。あるいは、すぐに人につっかかるような性格の人物は、戦闘における大胆さや勇敢さを重視する文化では尊敬されるかもしれない。しかし平和を好む文化においては、のけ者として見なされるかもしれない。

　今述べたような差異のパターンからすれば、文化的認知は、個人に基盤を持つ他の認知的活動から相対的に独立したシステムとして、区別されることになる。

　しかしながら、認知のこれら2つの部分は、互いに作用し合うこともある。まず、先ほどの議論のように、ある文化がある特定の人格タイプを理想的として掲げているかもしれないと考えてみよう。あるいは、その文化内の幾つかのカテゴリーに対して、それぞれ別々の理想を設定しているかもしれない。例えば、男性に対してはこれ、女性に対してはこれ、というように。しかしさらに、異なる人格タイプの集合があって、その集合が、個人がモデルとして採用するための選択肢になっているかもしれない。そのようなモデルの集合は、理想像に取って代わるかもしれないし、理想像の次に順位づけられるかもしれない（文化全体の理想であろうと、文化内のカテゴリーの理想であろうと）。そのような人格のモデルには、押しが強いタイプと呑気なタイプ、外交的なタイプと内向的なタイプ、が含まれるかもしれない。文化によって、認められている人格モデルの集合は違うし、同じモデルであってもどう具現化されるかが違う。だから例えば、静かでバランスの取れた人物が、ある文化では普通に受け入れられるが、別の文化ではそもそも認められないかもしれない。また内向的なタイプの人格という概念が2つの異なる文化で同じ程度に認められているが、一方の文化では「自分の内側を良く見つめて賢い」と思われ、もう一方の文化では「非社交的で内にこもる」と思われるかもしれない。このように、認められている人格タイプに幅がある文化で育った子供は、「自分はこういう人間なんだ」という経験に最も合うようなモデルを採用するのかもしれない。そうすると、これまでは認知文化システムと個人の人格という2つの認知的なシステムが別々であることを論じてきたのだが、この2つが相互に作用し合っていることになる。この相互作用は、2つの相反する方向に働く。一方で、文化で認められる人格モデルは、究極的に、個人・個人がどのような人格を示すか、その傾向から派生される。他方で、ある文化で育った子供は、その文化が示す具体的なモデルに合わせて、自分の人格的性向を形成するのかもしれない。

## 4 認知主義と他の文化論の比較

この章でこれまで見てきた認知主義の立場は，ある文化の伝承の一部を形成している信念とも，幾つかの学問分野の理論構造の一部を形成している信念とも，相容れないことがよくある。そのような信念では，文化の本質とは，個人を越えて集団内に遍く存在しているようなもの，ということになる（伝承の場合は，さらにこれが，その集団の領域内の空間に遍在していて，神や宇宙についてのより包括的な信念の中に統合される，と話しが続いていくかもしれない）。例えば，広く言えば社会学，狭く言えばエスノメソドロジー（例えば Garfinkel 1967）や会話分析（例えば Sacks, Schegloff, and Jefferson 1974）では，文化と意思伝達の原理が，個人・個人に同時に存在しているのではなく，集団全体に渡って存在しているとか，どうやら集団のメンバー間の空間に存在しているとかいう見方を，かなりの程度持っているようだ。だから例えば会話分析の伝統における研究からは，会話構造の諸原理が対話者と対話者の間の空間に存在していて，あたかも対話者は，その空間内で様々な情報を受け取る部位に差し込まれた二次的な要素であるかのように考えている，という印象を受ける。ヨーロッパのある思想における「文化学」や「文化批評論」は，これと似たような考え方をしており，文化とは抽象化された形式で自律的に存在している（一種のプラトン的なイデアかもしれない），という捉え方をしている。

　認知主義の観点からは，これらの見方は誤っていることになる。文化を引き起こしているものが，個人を越えたものであるとか，個人と個人の間に満ちているとか，プラトン的なイデアだとかの考え方には，実質的な現実性がないからである。それに対して，神経生理学と神経活動，及びそれらと意識の内容の間の因果関係には，実質的な現実性がある。このように認知的な基盤があるからと言って，幾つかの別々の神経系が相互に作用し合ったり，周囲の出来事と作用したりすることから生じる創発的な効果が存在しないと言っているわけではない。もっと言えば実は，もしもこの章の内容をもっと膨らませたなら，そのような創発的な効果を正面から取り上げて，そのような創発的効果は，最終的には個人の認知文化システムにより生じるような，大規模な文化パターンとは別である，と主張することになるだろう。しかしこの章で強調しているのは，そのような文化パターンが，かなりの程度，個人内の認知文化システムに因っている，という点である。

# 第16章
## 「語り/ストーリー」の構造を捉えるための認知的枠組み

## 1 はじめに

本章では，「語り/ストーリー」の構造とその文脈を表すための要因および関係性を捉えるための枠組みを提供する。[1] ここで「語り/ストーリー」とは，ある種の制作されたものであれば様々なものに及ぶと理解され，それが会話によるものでも，書かれたものでも，舞台でも，映画でも，写真でもよい。もっと広く解釈して，「語り/ストーリー」が，歴史や個人の生涯など，制作されたものではないものを含むと理解することもできる。最終的な目標は，全ての「語り/ストーリー」の構造（＝既に存在するものと，これから作ることが可能なものの両方を含む）と，「語り/ストーリー」が置かれているより大きな文脈を把握し特徴づけるための包括的枠組みを展開することである。このような包括的枠組みは，様々な「語り/ストーリー」と文脈がどのようなバリエーションを取りうるかについても説明できなければならないだろう。

本章で具体的に提示する枠組みは，こうした方向に向けての第一歩となる。この枠組みは，あくまで叩き台的なものである。多くのことをさらに加えなければならないし，ここで提案されることの多くは，多分今後の改訂が必要だろう。ここでの目的は，ある限られた領域だけを選んで徹底的に分析することで

---

[1] 本章は Talmy (1995b) を大幅に改訂・拡張したものである。
本章で取り上げている題材に関する議論については，元の論文が掲載された書籍の編者である Gail Bruder, Judy Duchan, Lynne Hewitt の3名と，Bill Rapaport, Erwin Segal, Stuart Shapiro, David Zubin を始めとするニューヨーク州立大学バッファロー校の「語り/ストーリー」研究グループのメンバーたちに負うところが大きい。また，この論文を後に書き直した原稿に対してコメントを寄せてくれた Emmy Goldknopf にも感謝する。

はないし，最終的な分析ではどのようなカテゴリーが重要かを列挙することでもない。むしろ，より広範な領域（ひょっとしたら際限がなくなるかもしれないが）に渡って見られる，幾つかの重要な構造を見分けていくのが目的である。このような構造の中からなるべく偏らないように選び出したものを示すことにより，包括的な枠組みの大枠を描き出すことに取り掛かって行きたい。[2]

## 1.1 「語り／ストーリー」の分析に対する認知的アプローチ

我々の「語り／ストーリー」の取り扱いは，認知科学・認知心理学・認知言語学で前提とされているものに基づいており，「語り／ストーリー」を制作する精神とそれを「語り／ストーリー」と認識する精神とが存在する，と仮定する。「語り／ストーリー」だけに注意の範囲を限定したり，個々の精神の存在を否定したりするアプローチもあるが，そのようなアプローチとは異なり，ここでは，生成的な精神活動と解釈的な精神活動の両方の存在を認める，より大きな射程を採用することによってしか気づけないような構造的相互関係を多く取り上げる。だから我々の理論的枠組みでは，時間的・空間的に区切られたあるまとまりが「語り／ストーリー」の「作品」たりえるには，それを組み立てた精神と，それを知覚して「語り／ストーリー」であると認識する精神の両方が，存在しなければならないと考える。そうでなければ，それは単なる物理的パターンに過ぎない。

　より正確に述べるなら，この解釈は狭い意味での「語り／ストーリー」にしか当てはまらない。つまり我々の「語り／ストーリー」についての普通の理解にしか当てはまらない。広い意味での「語り／ストーリー」を捉えるためには，次の2点で修正を施す必要がある。第一に，「語り／ストーリー」を知覚する者が，制作者と別である必要はない。つまり，制作者はそれを知覚する人物が他にいなくても，「語り／ストーリー」を作り出すことができる。そしてそのような場合は，制作者が知覚者としても機能するだろう。もっともそれは制作し

---

[2] この枠組みは，「語り／ストーリー」の文脈における通時的な構造変化を特徴づけることもできるが，本章ではこの側面について探索しない。「語り／ストーリー」構造に関しては，いかなる歴史的伝統においても，新しい表現方法は徐々に発展していく一般的傾向があると述べるにとどめたい。すなわち，それまでは1つのまとまりとして扱われてきた一連の要素が，やがて「語り／ストーリー」の革新的な制作者によって，もっと細かい部分に分けられていくことがありうる。また，ある伝統の中では後になって現れてきた表現方法も，他の伝統の中では早くから存在している場合がある。例えば，西洋文学では比較的最近になって登場した表現手法も，他の民俗文化の伝統的な「語り／ストーリー」ではずっと前から用いられていることがある。

ている間だけのことで，終わってしまえばそうでなくなるのだが。

　第二に，あるものを「語り/ストーリー」と捉えるためには，意図して「語り/ストーリー」を制作する者がいなければならないわけではない。知覚する精神は，自然発生的に形成されたものや，ある主体が思いがけず形成したものであっても，それを「語り/ストーリー」の作品であると捉えることができる。もっと具体的に言えば，知覚者はある期間にまたがって目撃した外部の出来事を，「語り/ストーリー」として捉えることができる。これは「歴史」とでも呼べるタイプである。また知覚者は，自分がある期間にまたがって経験した一連のこと（自分の内的な経験も外的な経験も含まれる）が，「語り/ストーリー」を構成していると捉えることがよくある。このように，「語り/ストーリー」が存在するためには，少なくともそれを「語り/ストーリー」と認識する知覚者がいなければならない。その一方で，狭い意味での「語り/ストーリー」には，自らが「語り/ストーリー」を制作していることを認識している者も，いなければならない。

　広い意味での「語り/ストーリー」は，**認知システム（cognitive systems）**という概念を持ち込むことで，より大きな認知的文脈の中に位置づけることができる（認知システム自体も，全体的な心理的働きの一部であると考えることができる）。認知システムとは，一連の心的能力から成り，それらの心的能力は互いに作用し合って，特定の統合された，一貫性を持つ機能を果たす。認知システムには大小様々なものがあるが，Fodor（1983）の言っているモジュールのような，完全に自律的な存在であるとは考えない。様々な心的経験を相互に結合して，1つの全体的パターンを形成するような認知システムとされるものが，ここでは必要である。これを，**パターンを形成する認知システム（pattern-forming cognitive system）**と呼ぶことができる。この一般的システムを，ある期間にまたがって認識された経験の連続に適用することができる。すると，それらの経験の連続は1つのパターンへと統合されて，それが「物語」とか「歴史」とか「人生」であると理解されるわけである。パターンを形成する認知システムが，ある期間にまたがっての経験の連続に対してこのように働くことを，ここでは**「語り/ストーリー」の認知システム（narrative cognitive system）**と呼ぶことにする。

　このように，広い意味での「語り/ストーリー」の生成や理解に関わる心的能力は，独立した特定の認知システムを構成していると，我々は仮定する。この「語り/ストーリー」の認知システムは，ある期間にまたがって意識にのぼった内容の一部を結び付け，首尾一貫した概念構造に統合するように働くのだろう。より具体的には，4.4.1節で詳述するように，それは，経験された現象の

中のある連続する部分を「モノ」化し，そのモノ化されたものがいつまでも同じモノであり続け，そのモノに関わる意味内容を概念的なまとまったものへと融合し，その全体に対して愛着を感じさせるような，システムである。前述のように，この認知システムは，おおよそ同じように働いて，意識の中に，時間に基づくパターンの経験を生み出し，そうして物語や歴史や人生が構成されるのだと，我々は仮定する。

　典型的に，「語り/ストーリー」の認知システムは非常に活動的なシステムであり，個人の注意力のかなりの部分を奪い取ることが多い。したがって，我々が物語に心を奪われ，結末まで邪魔されたくないと思う感覚は，このシステムに起因するのだろう。物語がよく幼児を夢中にさせることを考えると，このシステムは発達の早い段階から機能しているに違いない。

　パターンを形成する認知システムが，「語り/ストーリー」の認知システムにおける時間上連続する経験に適用されたものが，自然淘汰の圧力のせいで，現在のように扱う範囲が広大になり，注意を引きつけるように進化した，と考えられる。扱う範囲が広大になると，より大きなパターンとより長い期間に渡る見通しを，認識できるようになる，という利点があった。こうしたパターンや見通しが実際の状況と正確に対応する限りにおいて，扱う範囲が広大になるのは，一種の適応だったと言える。

　「語り/ストーリー」のための心的能力が特定の認知システムを構成するかもしれないという事実は，「語り/ストーリー」のシステムを他の認知システムと関連づけようという，ここでの分析の特徴へとつながっていく。人間の心的機能を構成する数多くもしくは全ての主要な認知システムには，共通した概念構造化特性が見られ，私のこれまでの研究の基本的方向性は，それらの特性が何なのかを決定することであった（それらが意識にのぼらせることができる限りにおいてであるが）。本書の序章や幾つかの章で示したように，この路線の研究では，言語と知覚・推論・感情・記憶・予測・文化的構造といった他の主要な認知システムとに共通した特性について調べてきた。今，これらの認知システムに追加すべきと考えるのが，パターンの形成とそれを時間的連続体に特化した認知システム，すなわち，広い意味での「語り/ストーリー」構造の形成に寄与する「語り/ストーリー」の認知システムである。

　認知的構成に対する我々の「重複システムモデル」の一環として，これらの認知システムを比較した結果，個々のシステムには，全く独自の構造的特性もあれば，他の少数のシステムとだけ共通する構造的特性もあり，ほとんどあるいは全てのシステムと共通する構造的特性もあることが分かった。この3番目の構造的特性は，人間の認知における認知的構造化の最も基本的な特性を構

成するだろう。この基本的構造の幾つかの側面については、1章で述べてある。しかし、今まででこれを最も拡充し最も詳しく述べているのは、本章の4節である。4節で述べられているパラメーターは、これまでこの研究路線で、様々な認知システムにまたがって最も一般性があり、最もよく見られると思われる要因である。これらの区別は「語り/ストーリー」の議論の中に組み込まれているため、挙げている例のほとんどは「語り/ストーリー」の構造に関するものになっている。しかし私としては、それらの例が認知的に一般性を持つことを意図している。

　我々の認知的アプローチをまとめると、「語り/ストーリー」とは必然的に、認知的に制作され経験されるものであり、自律的に単独で存在しうるものではない、と我々は考える。「語り/ストーリー」は認知システムの働きを表しており、その特徴は、様々な認知システムと幾つかの特性を共有している。したがって、「語り/ストーリー」を用いて、逆にそれらの特性の性質をよりよく理解することができる。このような認知的視点により、本章の分析は「語り/ストーリー」に対するほとんどの他のアプローチと一線を画す。[3]

## 1.2 「語り/ストーリー」の文脈に対する認知的アプローチ

既に述べたように、「語り/ストーリー」自体は、必ずより大きな文脈内に位置づけられるものと理解される。あくまで叩き台としてであるが、この文脈を分けてみると、「語り/ストーリー」自体に加えて、それを制作する者・それを受容する者・それを包摂する社会・それを取り巻く世界全体、を含むと考えられる。我々の分析的枠組みは認知的な基盤に立脚するから、必然的に我々は「語り/ストーリー」の要因や構造が、この文脈を分割したものにどのように適用するのか、を検討しなければならない。

　第一に、既に論じたように、この認知的枠組みは「語り/ストーリー」の制作者の認知に、直接適用される（制作者の一般的な認知にも、制作者が「語り/ストーリー」を制作している過程における認知にも）。同様に、受容者の一般的な認知にも、直接適用される（受容者の一般的な認知にも、受容者が「語り/ストーリー」を経験している過程における認知にも）。

　さらに、「語り/ストーリー」の制作者や受容者が認知的な関わりを持つ文化

---

[3] Genette (1980) や他の構造主義的な「語り/ストーリー」研究者による研究と、本章が提示するアプローチとの間には、かなりの共通点がある。しかし、我々のアプローチは、認知的な視点に基づいており、また我々の枠組みは認知的な構造と過程を査定することに基づいている。

や下位文化は，おおかた首尾一貫している認知システムを構成し，この認知システムが彼らの概念構造・感情的構造・前提・価値観や，一般的に言えば彼らの「世界観」といったものに影響を与えている。個人の心理的構成内にある，こうした文化的基盤を持つ認知システムは，「語り/ストーリー」の特徴に影響を与えたり，それを決定づけたりすることがある。したがって，文化的基盤を持つ認知システムも，ここで提案する枠組みの正当な分析対象に加えられる。

　最後に触れておきたいのは，人間を取り囲んでいる物理的世界が，自律的な物理法則だけが支配するものであることは，ほとんどない（ひょっとしたら，本質的にそうではありえないのかもしれない）ということだ。物理的環境が持つとされる様々な特徴は，その構成のどのレベルであっても，主体としての個人が与えられる刺激をどのように認知的に処理するかと，どのような認知的に生成されたスキーマを物理的環境にあてはめるかによって，完全に決定される。こう言うと，人間の認知がこうした処理やスキーマ化を行う方法は，人間に先行する生物たちが環境と相互作用する中で起こった生物学的進化を反映しているではないか，と反論されるかもしれない。それは確かにその通りである。しかし，その起源にかかわらず，現在の人間の認知には一連の特徴が存在し，それらの特徴が人間の精神と行動に関するあらゆることを形成する。人間を取り囲む世界が「語り/ストーリー」（及びその他の多くの人間の関心事）の中でどのように表示されるかを特徴づけるためには，「自律的な現実」という見方に従って周囲の世界をどのように分析したとしてもそれだけではダメで，人間の認知がそのような表示をどのように構造化するのかを見なければならない。したがって「周辺世界」は，物質的世界だけではなく，「語り/ストーリー」の全体的文脈が含み込む，文化・制作者・受容者といった要素により生じる世界の概念化からも構成される。このことからも，やはり，認知的な基盤を持った分析の枠組みが必要といえる。

## 1.3　分析の枠組みの構成

本章の暫定的な枠組みでは，「語り/ストーリー」の文脈を３つの分析カテゴリーに区分する。すなわち，**領域**（**domains**）・**層**（**strata**）・**パラメーター**（**parameters**）であり，以下の２節〜４節でこの順に示していく。簡単に言うと，パラメーターとは高い一般性を備えた構成原理のことで，層とは「語り/ストーリー」に関係する構造的特性のことである。領域とは，これら２つの分析カテゴリーが当てはめられる，「語り/ストーリー」の全体的文脈における様々な分野を指す。

　より具体的に言うと，これらの分析カテゴリーのあるものは，既に論じた

「語り/ストーリー」の全体的文脈の5つの分野と関係している。「領域」と呼んでいるものは、いわば、「語り/ストーリー」そのもの・制作者・受容者・彼らが属する文化・それら全てを取り巻く空間的/時間的世界である。さらに正確を期すなら、こうしたカテゴリーは、「語り/ストーリー」の認知的表示のみならず、その制作者と受容者の心理にも、また、文化や周辺世界に対する我々の概念的表示にも、適用される。

「層」は、「語り/ストーリー」の構造化に関わる下位システムである。この下位システムは「語り/ストーリー」の過程で連携して、同時進行で機能する。その作用する様は、ポリグラフ装置が作動するのを思い浮かべてみればよいかもしれない。ポリグラフ装置では、ある身体の生理現象の、幾つかの異なる連携した下位システムが同時進行で機能するのを、別々のペンが書き取っていくが、あれと似ている。3節で示す「層」とは、時間的構造・空間的構造・因果的構造・心理的構造のことである。なお、「層」という用語を使うのは、これらの下位システムが平行して対応していることを示唆するためであって、上下の階層関係にあるという意味ではない。

ある種の一般的な構成原理が、幾つかの層の構造的特性にまたがって同じ様に適用されるのを観察できる。これらの構造的特性をここでは「パラメーター」と呼ぶ。4節では次のようなパラメーターを示していく。ある構造を別の構造と関連づけるパラメーター・相対量のパラメーター・差異化の程度を表すパラメーター・組み合わせ構造のパラメーター・査定のパラメーター。さらに、これらのパラメーターは、ここでは取り上げないパラメーターと共に、全ての主要な認知システムに同じ様に適用される、一連の構成原理を成すようである。既に述べたように、これらのパラメーターは、このような基本的構成原理についての、私のこれまでで最も詳しい説明である。本章ではこれらの原理を「語り/ストーリー」からの例を用いて説明していくが、その内容は単に「語り/ストーリー」にとどまらず、非常に一般性を持つものであることを意図している。「語り/ストーリー」よりもさらに一般的な認知特性に興味がある読者は、直接4節に進むのもよいだろう。

ここで、ある分析カテゴリーを、層と捉えるか、それともパラメーターと捉えるかについて、判断基準が必要となる。層として判断する基準は、次の2つである。(1)「語り/ストーリー」が時間と共に進行していく際に、その現象がミクロ局所的レベルあるいは局所的レベルで「揺れる」。このような揺れは、「語り/ストーリー」の性質の本来的な特徴であり、制作者は揺れを意図的にコントロールする。(2)「語り/ストーリー」が進行していく際に、その現象が同じように変動する他の現象と相関して、統合的に変動する。

だから例えば、「心理的構造」は層として扱われる。なぜなら、「語り/ストーリー」の制作者は往々にして「語り/ストーリー」が進行していく際に、登場人物の気分や音がもたらす雰囲気といった要素を様々に変化させるからである。他方で、例えば「美しさ」というカテゴリーは、たとえ受容者が、「語り/ストーリー」が進むにつれて、その美しさが大きく変動していると感じることがあるとしても、一般的に層とは見なされない。なぜなら、制作者が「語り/ストーリー」の連続する部分を、美しさの点で変動させようとすることは、ほとんどないからである。通常、制作者は作品が一貫して美しくあることを望む。したがって、美しさのカテゴリーはパラメーターであり、層ではないと理解される。ただし、実際の「語り/ストーリー」の中で生じうる様々な変化やその範囲を捉えることを意図している枠組みにおいては、パラメーターと層が常に厳密に区別されるわけではない。受容者に対する影響を考慮した上で、制作者が「語り/ストーリー」の美しさに変化を加えようとするなら、その限りにおいて、美しさのカテゴリーも、さらに層として機能する可能性はある。

　勿論、あるカテゴリーをどちらに割り当てるかがはっきりしなかったり、どちらにも該当してしまったりすることもある。例えば後に触れる「有意義性」のカテゴリーは、「語り/ストーリー」の構成要素が担う機能も含むが、一種の構成原理として働くから、パラメーターとして示される。しかし、そのような機能は、「語り/ストーリー」が進んでいく際に変動するから、有意義性のカテゴリーは、代わりに層であるとすることもできるし、あるいはパラメーターであると同時に層でもあるとすることもできる。

## 2　領域

「語り/ストーリー」の全体的文脈の中には、「語り/ストーリー」自体だけでなく、それを創造・受容し、「語り/ストーリー」の文化を体現し、「語り/ストーリー」が位置づけられる世界をしっかりと理解する感覚の主体も含まれる。前述したように、こうした文脈の総体を取り敢えず5つの部分に分けることができ、ここではそれらを「領域」と呼ぶことにする。これらは、時空間的な物理的世界でそのあらゆる特徴や特性（と捉えられるもの）を備えているもの、文化や社会及びその前提、その概念的・感情的な構造化、その価値観・規範など、「語り/ストーリー」の作者、「語り/ストーリー」の受容者、「語り/ストーリー」自体である。

　本章では、これらの領域について、文字で書かれたものだけでなく、それ以外のタイプにも適用可能な一般的用語を用いて論じていく。例えば、「本」と

言わずに「**語り/ストーリー**」(**narrative**) や**作品**（**work**）といった用語を用いる。「読者」と言わずに**受容者**（**experiencer**）や**作品の対象者**（**addressee**）といった用語を用いる。また語り手のことを，「筆者」よりも広い意味を取りうる**制作者**（**producer**）や**作者**（**author**）といった用語で表していく。「作品」や「作者」といった用語は，確かに狭い意味での「語り/ストーリー」の形式も連想させるが，ここで意味するのは，勿論広い意味での「語り/ストーリー」である。

上記の5つの領域は，いずれも詳しい調査に値する。しかし本章の分析では，まず作品自体の特性を素描し，それに続いて複数の領域の相互関係の中で，幾つかを選んで検討することにする。

## 2.1 作品領域

ここでまず示すのは，作品が物理的な特徴とその内容で構成される，ということである。作品の物理的特徴は主に媒体によって規定される。例えば，大気中の音声・本のページ上に並んでいる印刷文字・スクリーンに投影された映像・ステージに登場する演技者や背景，などである。一方，作品の内容は認知に関連した特徴であり，感情的な部分も理知的な部分も含み，明示的なものだけでなく非明示的・推論的なものもある。「語り/ストーリー」において，このような内容がいわゆる**物語世界**（**story world**）を構成する。

次に，様々なジャンルの査定を通して，作品をプロトタイプ的な「語り/ストーリー」にする要因を考察する。「語り/ストーリー」は，プロトタイプ的現象であり，中核部から様々な方向へ拡張していく。「語り/ストーリー」を特徴づけるのに重要な3つの要因を，以下で示す。「語り/ストーリー」がプロトタイプになるためには，これらの要因が一定の値を持たなければならない。

### 2.1.1 関係する主要な認知システム

第一の要因はとりわけ作品を作り上げるのに必要とされる特定のタイプの認知システムである。プロトタイプ的な「語り/ストーリー」では通常，受容者の認知における**概念実体的**（**ideational**）システムが活用される。これはいわゆる「概念」（＝概念実体的，外延的な部分で，指示対象を持つ）を確立し，それらの概念を「概念構造」でまとめるシステムである。プロトタイプ的でない「語り/ストーリー」には，他のタイプの認知システムを主に活用する作品がある。例えば音楽作品は，聴き手の中に一連の気分や感情的状態を引き起こすし，絵画は，鑑賞者の中に描かれたものを観ることと関連づけられた反応を引き起こす。

概念実体システムを「語り/ストーリー」にとって第一であると表すからといって，概念実体に焦点を当てた作品により，何らかの感情が偶発的，あるいは場合によっては体系的に喚起されることがない，というつもりはない。また，非プロトタイプ的な作品であっても，その「語り/ストーリー」性の度合いを過小に評価すべきではない。例えば，活気に満ちた楽節と穏やかな楽節が連続して進んでいく交響曲は，刺激的な出来事と穏やかな出来事のまとまりを持った意味ある連続が展開していく感覚を聴き手に与えることができる。ただ，それでもやはり，プロトタイプにとっては，概念実体が中心的なようである。

### 2.1.2　進展の度合い

「語り/ストーリー」を特徴づけるのに重要な第二の要因は，進展の度合いである。我々は，世界が「時間」を通じて「次々と」「起こる」「出来事」から成っていると経験するように，生得的にできているのかもしれない。これらを一緒にまとめたものを，ここでは**進展**（**progression**）と呼ぶ。我々は世界をこのようにしか経験できないわけではないが，これが基本的なものであり，作品はこの特定の経験のカテゴリーを喚起できる。作品が進展の経験を喚起すればするほど，その作品は「語り/ストーリー」のプロトタイプに近づく。

進展を喚起するためには，必ずしも実際に事象が次々と起こることを伝えなければならないわけでない。1つの出来事の描写であっても（さらには静的な場面であっても），ある進展の一部を取り出したものとして経験されて，先行する部分や後続する部分が含意されたり推論できたりすれば（あるいはそのように作られていれば），進展を喚起できる。

作品において進展がない形式を見てみると，却って進展の性質が分りやすくなるかもしれない。進展がない顕著な例は，ある状況に存在する恒常的な特徴を，考察したり喚起したりすることを伴う。例えば，このタイプが作用しているのは，磁気の原理を説明する物理学の教科書・静物をモチーフにした絵画・「語り/ストーリー」の一場面における静的な情景描写，などである。

ある作品の進展がない側面を，進展的な側面と組み合わせることができる。例えばある社会状況を描いた政治的作品が，修辞的に読者を誘導するように書かれている場合を考えてみよう。ここでその作品が描いている現在の状況は，何も進展を伴わない。しかし忌まわしい状況の描写から，感情が誘導され，行為への呼びかけが「それゆえ（…ねばならない）」という性質を帯びるのは，進展的である。

作品には，第一義的に（決定的ではなくても）進展の経験を喚起するような

特性がある。そのような性質を持った作品は，受容者が作品全体の部分・部分を，異なる時間に認識するように作られている。このように「一度に一部ずつ」認識するようにさせるには，次の2つの方法があり，どちらか一方だけが働くことも，両方が働くこともある。1つは，時間の経過と共に，作品の異なる部分が受容者に対して示されていく形式である。もう1つは，時間の経過と共に，受容者が作品の異なる部分に注意を向けていく形式である。

時間の経過と共に異なる部分を示すような作品は，本質的に**動的**（**dynamic**）と言える。この種のジャンルとしては，会話・物語・演劇・映画・コメディ・即興の舞台パフォーマンス・パントマイム・宗教儀式・ダンス・音楽・ビデオアート・動きの付いた彫刻作品，などがある。[4]

一方で，本質的には**静的**（**static**）なのだが，受容者が，全体の中の異なった部分に対して，順に注意を向けることができるような作品がある。そのような静的な作品は，注意を向ける順番が文化的慣習により決まっている（たとえ物理的には，別の箇所に注意を向けることが可能であっても）かどうかに基づいて，2種に分類される。そのような文化的慣習に基づく作品タイプとしては，本・漫画・連続的なフレスコ画・オーストラリアのアボリジニが神話上の旅を砂上に描いたもの，などがある。

もう1つの静的な作品タイプは，受容者がランダムに注意を向けられるように作られているものである。例としては，幾つもの異なった描き方をした部分から成る絵画やつづれ織り・様々な角度から観賞するように作られた彫刻作品・内側と外側の異なる地点から見ることができる建築作品・Cristo の作品のように風景全体がアートになったもの，などが挙げられる。

こうした分析から，興味深い観察が浮かび上がってくる。古いつづれ織りや絵画が，何人もの人物や幾つもの活動を一緒に見せて，次々と起こる出来事を示唆することにより，事実上物語を描き出しているが，鑑賞者がこれらの視覚要素をつなぎ合わせて，自らの判断で一連の流れにまとめ上げねばならないようなものはどれも，現代のコンピュータ上に見られる様々な作品と同じく，相互作用的なフィクションの例だ，ということになる。

「語り/ストーリー」が進展的であるべし，というプロトタイプ的な要件は，あるジャンルが上に述べたうちのある特徴を示す限りにおいて，それが正しい

---

[4] 動きの付いた彫刻作品は，ここで示した例の中で唯一，常に全体を見ることができるものであり，「作品の異なる部分が，順に示されていく」という記述に，厳密には合致しない。しかし，同じ対象が違って見えていく様が，全体としての彫刻作品の異なった「部分」を構成している，と見なすことは可能だろう。

ように思えてくる。その特徴とは，ある部分から別の部分へと順に進んでいくことが，（その作品が少しずつ見えるようになっていくのか，それとも注意を向ける順番が文化的慣習により決まっているのか，に関わらず）決定されており，注意をランダムに向けてよいわけではない，ということである。

### 2.1.3 一貫性と有意義性の度合い

最後に検討する第三の要因は，一貫性と有意義性である。プロトタイプ的な「語り/ストーリー」には，高い一貫性と有意義性が要求される。一貫性とは，作品の部分・部分がまとまって，意味ある全体になる，という特性である。すなわち，平均的な人間の概念システムに対して，作品の部分・部分を一緒にすると，それらが1つの単位として査定できるような，上位レベルのモノを構成することができる，ということである。部分・部分が互いに矛盾していたり，関連性がなかったり，とりとめがないと感じられる限りにおいて，作品は一貫性を失う。有意義性とは，作品の部分と全体が，作者の側での何らかの目的や使命を果たしているものとして感じられる特性のことである。

　なぜプロトタイプ的な「語り/ストーリー」では，既に述べた2つの要因に，一貫性と有意義性の要因を加えなければならないか，またなぜ全ての要因がプラスの値を取らねばならないか，は理解できる。「作品」が概念実体性と進展性においてプロトタイプ的であったとしても，一貫性と有意義性がなければ，そもそも「語り/ストーリー」と言えないだろう。このような組み合わせの例として挙げられるのは，日記や年代記である。これらは概念実体性を持つ事象の連続を述べているが，そこでの項目には一貫性がないので，物語としての性格を欠いている。一続きの無関係な出来事への言及を集めただけであれば（単に並べただけでは，一貫性だけでなく有意義性にも欠けるため），さらに「語り/ストーリー」と言えなくなるだろう。一方で，日記であっても個人の歴史や物語であり，年代記であっても例えば王国の歴史や物語である，と見なすことはできる。その限りにおいて，述べられた一続きの出来事に一貫性と有意義性を与えられることになり，「語り/ストーリー」に近づく。

### 2.2 作品領域と文化・世界領域との関係

我々を取り巻く社会的・物質的世界と作品の物語世界（我々が理解しているものとしてのそれぞれの世界だが）との関係は，多くの研究テーマを提供してくれる。1つの重要な点は，社会的・物質的世界の様々な側面の中で，否定されたり改変されたりせずに，物語世界の中でそのまま表されたり，物語世界にはそういう性質があるものだとされるような側面である。「語り/ストーリー」の

認知システムは，物語世界に，我々が知る世界の多くの部分を投影する。基本的な投影とは，ちょうど我々が良く知っている周囲の現実世界を捉えているのと同じ様に，物語世界をリアルで，それ自体で全てとして扱うことかもしれない。さらに我々は，周囲の世界の特徴であると我々が考えている構造や詳細の多くを，体系的に物語世界にも投影するようだ。例えばシャーロック・ホームズの読者のほとんどは，ホームズ世界の時間も，我々の世界と同じ速度で過去から未来へ進んでいたと想像するだろうし，ホームズだってトイレを使うことがあったと想像するだろう。実際には，物語の中で直接そう述べられてはいないのだが。

もっと言えば実は，作者は，作品の対象者におけるこの投影プロセスを利用して，ある種の効果を得ることができる。例えば，ある SF 作品では，宇宙探査に従事する語り手が，自分が訪れた惑星の奇妙な住人たちや，彼らが自滅していく様子を述べる。そして物語の最後の数行で，この惑星が実は地球であり，語り手の方が異星人であることが，明らかになる。この作品の制作者は，対象者が，馴染みのあるもの（ここでは地球人の宇宙探査）を物語に投影する傾向を利用している。それからその投影を反転させて，対象者の中に，視点の転換による驚き・気づいたときの衝撃・概念実体的内容の再構築，を引き起こすのである（制作者と対象者との関係に関しては，さらに 2.5 節を参照）。

## 2.3 作品領域と作品対象者領域の関係

別のタイプの相互関係として，作品領域と作品対象者領域の関係がある。このタイプ内の 1 つの関係では，2 つの領域がどれくらい分離しているか，またはどれくらい混じり合っているか，が問題となる。西洋の作品では，物語世界の登場人物と個々の対象者との間にやりとりが起こらないのが普通である。しかし，一部の制作者は，通常は通過できない物語世界と対象者との境界線をもてあそぶ。例えば，劇中の登場人物に聴衆に向けて話をさせたり，聴衆をステージに上げてみたり，といった試みである。ジャンルによっては，こうした領域間の連絡こそが要であったりもする。例えば，ストリート・パントマイムの演者は，そこに集まった人々や通りがかりの人々とのやり取りの中で，短い物語仕立てのエピソードを展開していく。

さらに別のタイプの作品領域と作品対象者領域の関係では，理解するための知識基盤におけるバランスが問題となってくる。このバランスは，作品と対象者をつなぐ連続体の上で成立する。一方の端では，「語り／ストーリー」は自己完結的で自己説明的なものであると考えられる。つまり，受容者は述べられる「語り／ストーリー」の展開を追って行くだけでよく，それで関連性のある内容

は全て伝えられる（作品の対象者が，そのジャンルの形式や媒体について，予め知っているという前提の下でだが）。しかし，それ自体では不十分であり，物語や物語世界のある部分について，作品の対象者が予め知っていることが求められるような「語り/ストーリー」もある。例えば，クラシック・バレエの物語などは，門外漢には理解することができないだろう。部分的に内容を理解することはできても，プロットの全体を把握することは叶わない。作品の対象者は，公演そのものとは別に，物語の理解に必要な知識を持っていなければならない。

### 2.4　作者領域と作品領域の関係

別のタイプの領域間の相互関係として，作者領域と作品領域の関係がある。作品の演者を作品領域の一部として考えてよいなら，一定の側面において演者は作者と共に作品を作り上げることで，作者領域と作品領域の橋渡しをしている，と考えることができる。そのような側面とは，台詞回しにおけるイントネーション・タイミング・どのように感情を込めて伝えるか，等で決定されるもののことである。要するに，演者の**解釈**（**interpretation**）のことである。これらの側面は作品の意味や主旨に大きく関わるものであるから，作品を作っていると言える。

### 2.5　作者領域と作品対象者領域の関係

作者は，作品の対象者が内容をどのように処理するかを考え，おおかたそれに基づいて「語り/ストーリー」を作り，作品の構造的特徴を決定する。例えば，物語中の出来事が起っていく速度が，平均的な対象者にとってどのような影響を与えるかを考え，それを基にして，その速度を定めることができる。対象者に落ち着きを感じさせるために速度をゆっくりにしたり，興奮を感じさせるために速度を速めたりする。

　意図した効果を得るためには，作品の対象者のペースにとって基準値と考えられるものを基にして，作者はこれらの選択を行う必要がある。「ゆっくり」とか「速い」とかは，このような基準値を基にして決められる。勿論，このような基準値は，文化や下位文化によって変動する。自分とは別の文化や時代の作者の意図を正しく読み取ろうと思ったら，まずは，その作品が想定する対象者の基準値となりそうなものを，査定しなければならない。

　一般的な「語り/ストーリー」における作者と対象者の関係は，しばしばコミュニケーションの「導管」モデルになぞらえられる。このモデルでは，作者がひとかたまりの概念実体的内容を対象者に送信するものとして見立てる。あ

るいは，送信の概念を用いないモデルでは，制作者は自身の中にある概念実体的内容やその他の現象論的内容と同じものを，作品の対象者の心の中に呼び起こそう，あるいは複製しようとしていることになる。後者のモデルは14章の1.1.1節でコミュニケーションの中核形式として示している。しかし同章の1.1.2節でさらに続けて示したように，いずれのモデルも（それがいかにコミュニケーションに関する私たちの素朴あるいは中核的な感覚を捉えているとしても），「語り/ストーリー」のプロセスを適切に特徴づけてはいない。なぜなら，作者は，自分が今まさに直接経験しているわけではない（＝自分の中にない）概念的・感情的反応を作品の対象者に経験させたいと思っているからである。例えば，気がかりではらはらする気持ち・驚き・興味・傷ついた気持ち，などがそうである。これを達成するために，作者は対象者の心理を考えながら，こうした効果を心の中に生じさせるようにと，題材の選択・順序・速度を編成する。

### 2.6 作者領域，作品領域，作品対象者領域の関係

最後に作者・作品・対象者の3つの領域の相互関係について検討しよう。このタイプの関係として，これらの領域がどのタイミングで働くようになるか，を挙げることができる。西洋の伝統では多くの場合，まず作者が作品を制作して，それから作品の対象者がそれを経験する。著述・絵画・ダンス・音楽・映画などにおいて，この構成が当てはまる。しかし，対象者が作品を経験しながら，作品が同時に作られるような場合もある。このタイプの作品は，一般的に**即興的**（**improvisational**）と呼ばれる。例としては，音楽（例えば近年の西洋のジャズの一部やあらゆる古典インド音楽）・即興的なダンス・即興的な演劇パフォーマンス，が挙げられるだろう。

　3つの領域が関係するさらに別の例としては，対象者が作者と一緒になって作品を作り上げるような場合がある。一例として，即興コメディを演じる人が，その作品の作者であると考えてみよう。すると，その演者が対象者（つまり聴衆）に対して，コメディのどこかをこうしたらいいと提案してくれるようにお願いしたら，対象者も一緒に作品を作っていることになる。同様に，子供に対して物語を聞かせたり人形劇をする場合に，子供に，どのような結末になって欲しいかを聞いたり，物語の途中に前に戻って話の筋を変えてもいいよと言ったりするものがある。さらにもっと微妙で間接的になるが，作品の対象者も作品を作ることに参加するものとして，演じられている作品へのその場での反応が，演者に影響を与えて演じ方を変えてしまうことがある。これには，演者が主たる作者である場合（即興コメディの場合など）も，演者がその作品

の解釈を通じて，脚本家と一緒に作品を作っている場合もある。

対象者も作者になり作品を一緒に作っていく，より最近の形式としては，対象者がどのように展開していくかを選べる，相互作用的なものがある。例えば双方向性の動画であり，作品の様々なポイントで幾つもの選択肢がある。視聴者が特定の選択肢を選ぶと，それが実現される。同様に，現代の書籍の中には，読者が何通りもの進み方ができるようになっていて，テキストの中を行ったり来たりするように書かれているものもある。

## 3 層

次に「語り/ストーリー」のコンテクストにおける別の区分に目を向けよう。すなわち，領域の内部や領域間にまたがって作用する**層**（**strata**）のことである。層は領域の基本的で，建物で言えば「1階」に相当する，構造化のレベルであり，とりわけ作品の領域にとって基本的な要素である。ただし「語り/ストーリー」全体の中の，他の様々な領域にとっても，やはり基本的だろう。複数の層は同時に作用していると理解される。だから例えば，作品の領域において，「語り/ストーリー」の展開に沿って進んでいくにつれて，幾つもの異なる層を辿って，異なる層の間の同時発生や相互関係に気づくことができる。先に述べたように，ここで適切なメタファーとして，ポリグラフ装置（＝皮膚電気活動や呼吸・心拍など，複数の生理反応を同時に測定する装置。うそ発見器として使われる）に喩えるのがよいだろう。ちょうどポリグラフ装置と同じように，「語り/ストーリー」が展開するにつれて，それぞれの層である活動が起こっていることを表している。

### 3.1 時間的構造

**時間的構造**（**temporal structure**）（つまり，時の次元）の層は，他の層と異なり，「進展」という特性を持つ。また，「事象」と「展開のパターン」という形式の内部構造を持つ。さらに，「過程」や「状況」といった内容を持つ。加えて，以下の節で論じるように，「語り/ストーリー」の他の構造と，体系的に対応している。

#### 3.1.1 事象

時間の層に適用される構造の一形式として，**概念的な分割**（**conceptual partitioning**）がある。このプロセスを**モノ化**（**ascription of entityhood**）と一緒に作用させることにより，人間の精神は，知覚や概念化を行う際に，元々

は連続している時間の一部の周りに境界線を引き，その境界線で囲まれた部分に，1つにまとまったモノという特性を与えることができる。そのようなモノのカテゴリーの1つは**事象**（**event**）として知覚・概念化される。このタイプのモノでは，その境界線の中で，その決定的な特徴に関する質的領域の少なくとも一部と，時間的連続体と捉えられたもの（すなわち時の進展）の一部とが，継続的に相互に関連し合っている。そのような相互関係は，原始要素的な現象学的経験に基づいているのかもしれない。これは，**動態性**（**dynamism**）と特徴づけることができるだろう。つまり，この世界における諸々の動きの基本的な特性または原理のことである。この経験は，おそらく人間の認知における基礎を成し，普遍的でもあるだろう。

　事象は幾つものパラメーターに関して異なり，そのパラメーターには4節で論じるものの多くが含まれる。例えば，事象ははっきりとした始めと終わりを持つ，非連続的なものかもしれないし，あるいは連続的で，注意の範囲内で境界を持たないものとして経験されるが，事象形成という認知プロセスにより区切られたものかもしれない。事象の中身は，その時間的幅の中で変化することがある。その場合，事象は動的であり，過程または活動を構成する。あるいは，事象の中身がその時間的幅の中で変化しないこともあり，その場合，事象は静的で，状況を表す。また事象は広い範囲にまたがってもよく，例えば物語の全体に渡ることもある。あるいは局所的でもよいし，さらには一瞬だけをとらえてミクロ局所的であってもよい（例えば，一瞬の光と爆発音で，瞬時的な事象を表すことができるだろう）。さらには，4節で説明する関係パラメーターのいずれにおいても，別の事象と関連できる。例えば，埋め込まれたり，対等に交替したり，重なり合って同時並行的に生じたり，部分と部分が相互に関連したり，といった具合である。

### 3.1.2　時間的な展開パターン

時間的構造には，段階がもう1つ上かもしれないが，**展開パターン**（**texture**）と呼べるような側面がある。これは，様々な事象がその全体的な時間的進展や，あるいはお互いに関して示すパターンのことである。我々が周辺の世界を経験する際に，様々な時間の展開パターンが示される。例えば，展開パターンの一種としては，滝の流れがある。ここでは，水が流れ出し，大量に落下し，しぶきを上げ，そこからまた流れを作り，水が滴り落ち，といった無数の素早い小さな事象が互いに融合し合い，かつ創発し合う。もう1つの例として，花のつぼみが満開になる際に，徐々にゆっくりと大きくなり，形を変えていくことを挙げることができる（我々は，断続的な観察を基にして，記憶の中で事

象をこのように組み立てているのだ)。3つ目のタイプは、ズキズキと頭痛がする際の、ゆっくり気味に等間隔で脈打つリズムのことである。同じ様に、我々は自分の一生には、いずれかの時間的な展開パターンがあったと経験できる。例えば、異なる段階が次々と起こった際の荘重な調べや、一度に幾つもの出来事が重なって起こりひどい目に遭った際の、慌てふためくごちゃまぜ感などがある。同じ様に、「語り/ストーリー」は、物語世界内のいかなる構造に対しても、同様の様々な時間的展開パターンを主張したり、描写したりできる。あるいは、それ自身の語りの歩調において、そのような様々な展開パターンを示したり、それらの展開パターンを作品の対象者の中に喚起したりすることもできる。[5]

### 3.1.3 「語り/ストーリー」の時間と作品対象者の時間の関係

時間的構造は、複数の領域をまたいで関連づけることもできる。例えば、作品と対象者がそうである。「語り/ストーリー」には、次のような2つの形式の時間構造がある。**物語世界の時間**(**story-world time**)は、「語り/ストーリー」が描き、物語が設定されている世界が持つとされる時間的進展である。この時間的進展は、一般的に我々の日常世界における時間的進展と同じであると捉えられ、またそのように捉えることになっている。ただし、このことを逆手に取るような作品も存在するが。他方で、**物語の時間**(**story time**)とは、語るべき物語を構成するために、明示的に描写したり、非明示的に暗示したりするために選択されたものの、時間的な性格である。**作品対象者の時間**(**addressee time**)とは、対象者の日常世界における時間的進展を意味する。

　以下で見るように、物語の時間と作品対象者の時間の関係は色々な意味で逸脱しうるのだが、どのように「逸脱」しているかを観察するためには、基になるものがなければならない。そこで物語の時間と作品対象者の時間との関係の基本線を確立する必要がある。ここで基本線とは、物語の時間と作品対象者の時間が、全く同じように連続して同時に展開し、過去から未来へ、同じ速度で進行する、ということになるだろう。つまり、この基本線では、作品の対象者が「語り/ストーリー」の進行に注意する際に、対象者の世界で時間と事象が進むのと全く同じ連続性・方向性・速度で、物語においても時間と事象が進む

---

[5] 幅広い種類の時間的展開パターンが、我々の経験や「語り/ストーリー」作品に構造を与える一方で、言語の(閉じた)文法形式はそうした展開パターンの一部分しか表現できない。例えば、「継続」・「瞬時」・「反復」・「完了」といった文法的概念がそうであり、これらはまとめて「アスペクト」と名づけられている。

ことになる。こうした一連の対応関係を**共進展**（**co-progression**）と呼ぶ。ただし，基本線として有用ではあるが，共進展は規範ではない。共進展を達成しようとする作品は，およそ実験的と見なされることになる。例えば，カメラを回しっぱなしにして，事象の展開をそのままの形で捉えようとする準ドキュメンタリー映画作品がある。例としては Andy Warhol（アンディ・ウォーホル）(1969) の，カップルがセックスをしている姿を撮影した作品や，さらに注意を払って見ているのがしんどいものとして，同じく Warhol (1964) による，建物を丸一日ただ撮影した作品などが挙げられる。

　この基本線からの逸脱には，大きく分けて2種類ある。第1のタイプにおいて，作品の対象者は通常の速度でずっと作品に注意を向けているが，物語の時間はそこから逸脱している。一方，第2のタイプにおいて，作品の対象者は，そのように通常の速度でずっと作品に注意を向けることをしない。

　前者のタイプ（＝対象者は通常のやり方で注意を向ける）の下で，物語の時間的進展が基本線から逸脱するのには，幾つかのパターンがある。1つは，物語世界においておそらく幾つかの事象が連続して進展しているのであろうが，その中から連続していない断片のみを選び出して，示している場合である。この場合，作品の対象者は依然として，物語の時間に合わせて順に内容を追っていることになる。しかし一部の時間や場面しか示されず，その合間の期間は欠落している。

　基本線から逸脱するのには，物語の時間が，対象者の体験する時間の前後関係を守らない場合もある。これには，物語の中で急に時間をさかのぼることが含まれるだろう。例えば急に過去に舞い戻ったり，未来に行ったと思ったらそこからまた戻ってくるような場合である。4節で触れるように，こうした時間的ジャンプは，それ自体が上位のパターンを形成する。"A Free Night" (Costello et al. 1995) は，過去へ舞い戻るパターンである。ある特定の時点とその時点で起きた恐ろしい出来事へとどんどん迫っていくのだが，その時点よりもさらに過去に行き過ぎてしまったり，その時点に届かなかったり，を繰り返す。

　「語り/ストーリー」の時間的進展のもう1つの特徴として，物語時間の速度が基本線から逸脱している場合がある。まず第一に，一定の速度で逸脱する場合がある。そのため「語り/ストーリー」の進展の速度は，作品の対象者が自分の周辺世界における事象の進展を経験するのに比べて，常に同じ程度，遅いか速い。第二に，物語時間の速度が変わることがあり，ゆっくりになったり，速くなったりする。Hill (1991) は，核心的な場面や，感情が込められた場面に近づくと，物語の時間がゆっくりになる（また細部の描写が濃くなって

いく）傾向があると論じている．第三に，このように速度が変わる場合にも，その変わる速度は一様でない．つまり，速くなったり遅くなったりする際に，それが徐々に変わることも急激に変わることもある（その中間もある）．作者は，ゆっくりなペースであったのを急に速いペースに変えることで，対象者の恐怖や興奮といった感情的反応を強めることができる．このようにペースが急激に変わることは，驚きのような感情でよく見られる構成要素かもしれない．

次に，作品の対象者が基本線から逸脱する状況に目を向けよう．特に，作品に対して通常の速度で通常の順序で，絶えず注意を向ける，という基本線からの逸脱である．こうした逸脱の1つとして，注意の中断がある．例えば，読者は一旦本を置いて，後でまたそれを手に取ることができる．こうすることにより，受容者の意識の中に中断が導入されるが，これは物語内の時間的進展における中断とは全く関係がない．対象者側における中断が生じるようにと，意図的に作られている作品もある．一例は冒険映画シリーズの**「続き物」**（serial）である．あるエピソードの最後に続きが気になる状況を持ってくることを**クリフハンガー（cliff-hanger）**と表現するが，これは正に対象者側で中断があることに依存している．

作品の対象者側の逸脱のさらに別のカテゴリーとして，読む順序に関係するものがある．例えば読者は1冊の本を，始めから順に読んで行くのでなく，ところどころ飛ばしながら読んでもよい．近年の本の中には，読者には読む順序を変える能力があることを利用して，飛ばし読みする際にどう進んだらよいかを明示的に提案しているものもある．

対象者側における逸脱のさらにもう1つは，注意の速度に関係する．例えば，読者は書かれた作品を読む速度を，通常その作品を読む速度より，速くしてみたり，遅くしてみたりすることができる．映像作品であれば，意図的に本来の速度より速い速度や遅い速度で再生することも可能である．

作品の対象者が基本線から逸脱する動機の1つは，作品が自身の認知に与える影響に対して，さらにそれをコントロールできるようにするためである．例えば，読者は一旦本を置くことで，続きを読む前に，その小説作品で示された幾つかの出来事について，よく理解して考える機会を自らに与えることができる．あるいは，飛ばし読みしてみることで，物語の全体的な構成や性格がどんな感じかをつかめるかもしれない．また，動画であればスロー再生してみることで，場面中の詳細な部分まで理解することができる．

物語の時間と作品の対象者の時間との間で生じるこうした関係と同じものの多くが，物語内部でも起こりうることに注意して欲しい．例えば，物語のある部分における時間的性質と，ある登場人物もしくは発話者／発話場所／発話時

の中心となる人物の意識における時間的性質との間に，そのような関係が生じうる。この点で興味深い例として，Zelazny（1971）による SF 作品がある。主人公は老年であるが，そこから時間を逆戻りし始め，この言わば「巻き戻し」が済むと，そこからまた時間の進行に沿って生きていく。この登場人物がこの「巻き戻し」をしている時，彼の精神のある側面は，過去の方向に巻き戻しが起こっていることを意識している。この作品の視点は彼の精神のその側面に置かれており，我々読者はその視点から眺めている。その視点から，我々はその時間意識の中を，時間の進む方向に動いているのだ。その意識の中に現れる内容は，かつて時間の進む方向で起こったものを巻き戻しているだけなのだが。さらに言えば，その時間意識における時間の進行では，先に述べた全ての逸脱（内容を飛ばしたり，行ったり来たりしたりなど）が，一段高いレベルで可能である。

### 3.1.4　時間の層と「語り / ストーリー」の他の構造の関係

内在的に「進展」という特性を持っているのは時間の層だけである。しかし，「語り / ストーリー」全体の文脈の中にある他のいかなる構造についても，その構造における 2 つの互いに関連した地点を，時間層の別々の時点に関連づけることができる。その 2 つの地点が異なる場合には，その構造は **変化**（**change**）を経たことになる。同じ場合には，**無変化**（**stasis**）ということになる。

　時間を通しての変化は，空間構造を伴うことがある。特に，物体の位置が時間と共に変化すれば，**移動**（**motion**）になる。時間を通しての変化は，また心理的構造を伴うこともある。例えば，登場人物の認知や「語り / ストーリー」の全体的雰囲気が時間を通して変化するのがそうである。構造的な単位の中には，定義上，時間と共に変化しなければならないものもある。プロット構造などがその例である。

　時間を通しての変化は，作品対象者の領域においても特に重要である。「語り / ストーリー」が進行すれば，その内容についてのモデルを次々と更新していくことになり，その更新に伴って対象者の心理状態も連続的に変化していくからである。

### 3.2　空間構造

**空間構造**（**spatial structure**）の層には，2 つの主要な下位システムがある。第 1 の下位システムは，どのような大きさの空間であっても存在すると概念化できるスキーマ的性質で構成される。この下位システムは，モノを囲い込んだり位置づけたりするための土台あるいは枠組みと考えることができる。関連

する静的な概念には**領域**（**region**）や**場所**（**location**）があり，動的な概念には**経路**（**path**）や**配置**（**placement**）がある。

　第2の下位システムは，第1の下位システムにおいて空間を占める物質の形状や相互関係で構成される。この下位システムは，空間を占める内容物と考えることができる。これらの内容物は，**物体**（**object**）（＝物質の一部であり，それが何でどのようにできているかの内在的側面として，その周囲に境界線があるものと概念化できる），あるいは，**質量で規定される物質**（**mass**）（＝それが何でどのようにできているかの内在的側面として，その周囲に境界線がないものと概念化できる）を構成する。物質は空間構造における内容物であるのに対して，事象は時間構造における内容物であると，概念的になぞらえることができるかもしれない。どちらのタイプの内容物も，一連の類似した構造特性を示す（例えば，境界づけられているか，境界づけられていないか，のいずれかしかない）。

　物質を扱う方の空間的下位システムは，土台としての空間的下位システムに対して，ある種の静的関係を持つことができる。直接的なものとしては，例えば，物質はある領域を**占めたり**（**occupy**），ある地点に**位置づけられたり**（**situated**）することができる。

　物質がそれ自体，あるいは物質同士で示す空間的特性は，物質を囲い込む枠組みのスキーマ的特徴に関係づけることもできる。これには3つの形式がある。第一に，1つの物体やある量の物質が，それ自体で示す空間的特性がある。例としては，モノの外側の境界線の輪郭があり，これが形を決定する。例えばドーナツの形や，空を背景として都市の高層建築物や山岳の稜線などが描く輪郭線が挙げられる。またモノの内部構造もそうであり，例えば個体や格子の内側の性質が挙げられる。第二に，ある物質が別の物質に対して持つ空間的特性がある。幾何的関係がここに含まれ，例えば，X is near/in/on Y といった表現で英語の前置詞が指定するものや，もっと精密に指定されたものがそうである。第三に，一組の物質がひとまとまりの全体として示す空間的特性がある。例としては，それらの物質同士の配置があり，幾何的パターンのゲシュタルトとして概念化される可能性を秘めている。例えば群や束といった概念が挙げられる（なお，複数のモノから成り立っていることが背景化されると，単一の物体や質量で規定される物質と同じ様に，空間的に概念化できる）。

　空間の物質的下位システムは，空間の土台的下位システムに対して動的な関係を持つこともできる。直接的に表す関係に関して言えば，物質は領域を通って，あるいは経路に沿って，**動く**（**move**）ことができるし，ある地点から別の地点へ**位置を変える**（**transposition**）こともできる。物質がそれ自体で，ま

たは他の物質との関係で示す空間的特性は，やはり静的な場合と同じく，3つの方法で囲い込む枠組みのスキーマ的性質に関連づけることができる。第一に，ある物質はそれ自体で動的な空間特性を示すことができる。例としては，捻れる・膨れるといった形の変化が挙げられる。第二に，ある物質は別の物質に対して様々な経路を辿ることができる。例としては，X moved toward/past/through Y のような英語表現の中で前置詞が示す経路の概念が挙げられる。第三に，一組の物質がその配置を変化させることができる。例えば，拡散する・収束する，がある。[6]

　我々の概念化では，第2の下位システム（＝空間構造の内容物）において，物質は物理的な物質に限定されず，もっと抽象的な形式にも当てはまる。例えば，「語り/ストーリー」において，視点の位置と動き，その視点から向けられる視線の角度と方向，注意を向ける領域の大きさや形を理解するのに，通常の空間的関係の捉え方を適用できる。

　空間的構造はまた，4節で論じる多くのパラメーターに関して様々な値を取る。まず，階層的な埋め込み構造を取ることがある。例えば，我々はレストランが次のようになっているのを見る，あるいは語り/ストーリーはレストランを次のように描写するが，これがそうである。レストランは囲い込む構造を成しており，その中では一連のテーブル・椅子・人々が特定のパターンで配置されているのだが，それらの配置されているものもそれぞれ独自の形と内部の特徴を持っている。また空間的構造の特性は，微小なレベルから大きく捉えたレベルまで，様々な範囲に関わってくる。例えば物語の登場人物の手のひらに乗ったてんとう虫から，その人物がある地域を移動することまで，のように。

　この最後の場合について，さらに詳しく述べることができる。O. Henry（オー・ヘンリー）(1903) の作品に金庫破りの話がある。物語のある時点で，主人公は，狭い範囲内で描かれており，自分の住む古いアパートの中で周囲を眺めたり，動き回ったりする。しかし大きく捉えたレベルでも描かれており，この人物は最初刑務所にいるが，出所した後，まず近くのレストランを訪れ，次に以前住んでいたアパートに戻るために別の町に移動する。その後，彼は少し遠くの町に移り，残りの人生をそこで過ごす。この旅の幾何的パターンは物語の含意にとって重要であり，彼の心理的成長の各段階とメタファー的に対応している。対応関係は以下の通りである。まず刑務所がかつての生き方に対応している。次にレストランが，独立・自立に対応している。というのも，レスト

---

[6] これらの空間的特性の詳細な言語学的分析については，本書の他の章や，Herskovits (1986) など他の研究者による数々の研究を参照されたい。

ランでの行為（＝注文等）は，他の誰かからの命令でなく自らの判断により決定されるからである。また古いアパートは，以前の生き方を終えることに対応している（ただし彼はかつての金庫破りの道具を持っていくのだが）。そして最後に，新しい町は新しい生き方に対応している。新しい町が古い町から隔たっているのは，新しい生き方が古い生き方から隔たっているのと同じである。

空間的構造は，異なる領域間の関係にも関わっている。そのような関係の1つは，我々の知っている現実世界と物語世界との非対応である。例えば，「語り/ストーリー」での物体や登場人物が，現実とは違う大きさだったり，サイズが変化してしまったり，入れ子関係を構成したりする。"Alice in Wonderland"（「不思議の国のアリス」）や映画 "Fantastic Voyage"（「ミクロの決死圏」）(Fleischer 1966) がその例である。後者では，ミニチュアサイズになった人間が，通常サイズの人間の血流の中を進んでいく。

さらに，空間的構造の層を作品対象者の領域にも及ぼしたいと思えるかもしれない。例えば，作品の脚本家や監督は，演劇の場に対して，聴衆を何らかの形状に配置することで（例えば円形の劇場），聴衆の中にある種の効果を生み出そうとするかもしれない。あるいは，作品の領域と聴衆の領域を部分的に融合しようとするかもしれない。例えば，演者に聴衆の中を通り抜けさせるのである。

### 3.3 使役構造

**使役構造**（**causal structure**）の層は，第一義的には，空間と時間における物質とエネルギーの物理法則として捉えられるものなら，何でも含むと理解できる。だから，この層はモノの振る舞いを支配している法則や，モノの振る舞いを特徴づけるパターンの，あらゆる概念システムと関わることが意図されている。したがってこの層は，現代の物理学だけでなく，古典的な物理学や中世の物理学・伝統的な文化における物理知識・正式な教育を受けていない個人のメンタルモデルにおける素朴な物理・マンガの中で見られる物理・SF小説の物理・ファンタジーや魔法の世界における因果関係に至るまで，幅広く扱うことになる。

これらの使役特性には人間の意識が関わっていないが，ここで言う使役構造は，さらに心理的な層の中で使役的な効果を持つ側面にも及ぶと理解できる。そのような側面には，動機・欲望・意思・意図といった要素が含まれる。

したがって使役構造のシステムは，純粋に物質的な問題を扱うことができる。例えば，物質が空間的・時間的な継続性を持つか，それとも出現したり，

消滅したり，移動したりすることがあるか，という問題がある。またはあるモノが別のモノを通り抜けることができるか，それとも2つのモノが同時に同じ位置を占めることができるか，といった問題もある。一方で，これらのシステムは，心理・物質的な問題を扱うこともできる。例えば，意識を持つモノの意思が，事象の展開に影響を与えることができるか，という問題がある。また超自然的な力が，この形式の意志を行使することができるか，という問題もある。さらに，完全に心理的な問題を扱うこともできる。例えば，ある個人の特定の心理状態が，別の個人の中に別の特定の心理状態を引き起こすことができるか，といった問題がある（例えば，自分のことを可哀想と思う気持ちが，他者にとっては嫌悪感を呼び起こす）。「語り/ストーリー」には様々な流れがあり，使役の主体に何を許容するかについては相違がある。例えば，幽霊や神が事象の展開に影響を及ぼすか否かについて，異なる立場が存在する。

物理的使役と心理的使役の捉え方の両方において大きな役割を果たすシステムの1つに，チカラの力学がある（7章を参照）。これは，あるモノが内在的に静止または動きに向かう傾向を持ち，別のモノがその傾向に反するチカラを及ぼし，最初のモノがそれに抵抗し，2番目のモノがその抵抗を克服する，といったことに関する概念のシステムである。このシステムはさらに，force（強制する）・prevent（妨げる）・let（したいようにさせる）や，さらには help（助ける）・hinder（邪魔する）・act in vain（行為をしたが無駄だった），といった概念を編成している。

チカラ力学を通じて，使役構造の層がさらに概念実体的な構造へも及ぶことが分かる。例えば「語り/ストーリー」のプロットの構造がそうである。チカラ力学のシステムでは，2つのモノが互いに対立している・そのうち2つのモノの間の強さのバランスが変わる・やがて一方のモノがもう一方のモノを克服する，といった関係を捉えることができる。そうすると，チカラ力学のシステムは，2つの要因が衝突している・やがて衝突が解消される，といったプロットのパターンにも当てはめられることになる。

## 3.4 心理的構造

心理的なものの多くは，空間的・時間的・使役的な層の中の要素に関連づけることができるし，あるいは空間的・時間的・使役的な層のある範囲にまたがって関連づけることもできる。その一方で，心理とは，それ自体で独立した，独自の基本性質と統率原理を持つ層を構成すると考えられる。ここでは，**心理的構造**（**psychological structure**）の層について，それがどのようなカテゴリーを持つか，また，どのようなレベルを含むか，という2点に焦点を当てなが

ら検討する。

### 3.4.1 心理的構造のカテゴリー

心理的な層は，認知の内容になりうるあらゆるものに関わる。認知に関して確定的な区分があるわけではないが，叩き台として幾つかのカテゴリーを考えることができる。心理的な層の多様性を強調するために，ここでは次の6つのカテゴリーと，それらに含まれる認知現象の例を数多く提示する。ここで列挙する認知現象は，それぞれ，よく機能するものからあまり機能しないものまで，様々な範囲を扱うことを意図している。例えば，「意識にのぼる可能性」に関して言うと，あまり意識にのぼらないものも含むため，前意識や抑圧などの現象も対象となる。その一方で「記憶」は，忘れることも含む。これらのカテゴリーとそのメンバーは，認知的なモノと考えられるあらゆるものの心理的構造に関わる。それらのモノの分類は3.4.2節で示す。これらのカテゴリーやそのメンバーと，序章で挙げた「認知システム」との関係は，あくまで叩き台的なもので，時間をかけて検討すべき問題である。

まず最初に扱う心理カテゴリーは，他の心理的機能の根底にある，もしくはそれらを仲介するような，「基盤的」認知システムである。これには意識と，他の認知システム（注意・視点・知覚・記憶・運動制御）を意識にのぼらせる可能性が含まれる

次に，「実行」に関する機能のカテゴリーがある。これには，動作主性・意図・意思・目標追求・計画・決定が含まれる。

第三のカテゴリーは，「概念実体的」または「知性的」な機能やシステムによって構成される。これには，思考・概念・概念化，信念・知識・説明的理解，前提・気づかずに行っている仮定，意見・態度，世界観，親近性・規範性・蓋然性・真実性の査定，推論・論理感覚が含まれる。

さらに「感情的」カテゴリーには，感情や気分の状態，動機や衝動，欲望や希望，美的反応が含まれるだろう。

加えて「価値」カテゴリーには，論理・モラル・優先度が含まれるだろう。一般的に言って，これらは「良い」と「重要」の尺度に沿った特性である。

最後に，「複合的」または「全体的」な心理現象のカテゴリーには，人格・気質・性格が含まれるだろう。

これらの示唆的なカテゴリーは，必ずしも相互排他的でない。かなりの程度，同じ様な特徴を組み合わせている。例えば，「後悔」と「心配」は感情的カテゴリーの要素だが，しばしば状況に対する詳細な知性的評価に基づいている。

### 視点を取る地点

心理的カテゴリーの一員である**視点を取る地点**（**perspective point**）は、「語り／ストーリー」において中心的役割を果たすものであるから、特に注目しておく必要がある。ここでは、視点を取る地点の実質的な中身について考える。後でその「個体」としての機能について論じる。さらにそれより後で、時間の経過と共にどのように振る舞うかを支配している特性について、検討する。

　ここでは、視点を取る地点という概念を、位置と査定の両方を伴うものとして扱う。視点を取る地点は、その名の通り、物理的な空間・時間か、または空間と時間をモデルとして捉えたものにおいて、位置づけられる。この種の概念的なモデルとは、物理的空間・時間をイメージ的になぞらえたものに限定されておらず、どんな形の「抽象的空間・時間」であっても良い。例として、「知識空間」や「味覚空間」（＝個人が認識できるあらゆる風味の経験的・概念的な領域）が挙げられるかもしれない。これらの空間が示す、時間に似た進展も、ここに加わるだろう。

　さらに、何らかの意識を持つモノの査定能力が、視点を取る地点として理解される場所に位置している。この査定を行う能力とは、典型的に知覚システムであり、特に視覚システムである。しかし他にも様々な可能性があり、意識を持つモノの信念や意見のシステムを含むこともある。視点を取る地点にある査定システムは、同じ空間内ではあるが他の位置に存在する現象の特性を査定する。視点を取る地点という概念の決定的に重要な要因として、空間内における位置取りが相対的であるために、外部現象の方から査定システムの方にやってきてもよいし、査定システムの方が外部現象に近づいて行ってもよい、ということが挙げられる。査定は、そのような外部現象の特定の特徴や特徴のパターンに基づいている。

　視点を取る地点が、文字通りに「点」でなければならないという内在的な心理的要件はない。原理的には、領域でもよいし、さらには点や領域の集合であってもよい。勿論、典型的には視点とは単一の点であるが、それ以外の可能性も探ってみる必要がある。

　ある空間内で視点を取る地点をこのように特徴づけることが、必然的に我々の視覚経験に基づいていることには、注意する必要がある。視覚経験において、我々の目はある位置にあり、その位置から視線が出て周囲の物理空間を動いていくとも、それとは逆に周囲の物理空間からの刺激が目の位置にやってきて、それを目が受け取るとも、感じられる。この知覚経験は、実は他の非知覚的認知システムでの経験にも構造を与える、強力なモデルである。例えば、特定の意見を持ったり、イデオロギー的な信念を抱いたりといった、知覚に基づ

かない形式の認知を考えてみよう。詳しく分析してみると，このような形式の認知が示す認知構造や認知プロセスは，今見てきたような知覚に関連づけられた構造やプロセスと同じでないことが分かるかもしれない。特に，外的現象が視点を取る地点にやって来たり，あるいは逆に視点を取る地点から探査するものが投影される，といった特徴はないかもしれない。意見や信念は，そのようなものとは別の構造やプロセスを伴っているのかもしれない。例えば，相互に作用し合う関係のネットワークや，一部の概念のみを通過させる，いわば「フィルター」のようなものが考えられる。それでもなお，現象学的経験の多くは（意見や信念を持つことも含めて），空間のある地点に位置づけられ，そこから外的現象を査定している，というように経験することができる。だから，意見を述べる際に from my point of view（私の視点からすると）とか in my view（私の見るところでは）といった表現を使うことがあるが，その根底にはこのような経験があるのかもしれない。

### 3.4.2 心理的構造の3つのレベル

理屈だけで判断すると，全ての心理的事象は，個々の意識を持つ生命体のみに結び付いていると思えるかもしれない。しかし，理屈に縛られずに我々が心理的現象をどう捉えているかと言えば，そのように限定されてはいない。もっと言えば実は，我々は典型的に，心理的現象が3つのレベルの構成に由来すると考えているようである。その3つとは，個体・集団/社会・雰囲気である。これらのそれぞれについて検討していこう。

#### 3.4.2.1 個体

**個体**（**individual**）という構成レベルは，心理的構造としておそらく最も典型的なものである。個体とは，意識を持ち，認知的なモノとして概念化できるもののことであり，これまでに概略を述べた心理的現象の全て，またはその幾つかが，そのモノの中で一緒になって存在している。「個体」という概念にとって重要なのは，そのモノが意識を持つことと，心理的現象がそのモノの中に共存すること，である。さらに，ある個体の内部にある様々な心理的特徴は，たいてい相互に関連し合っており，ゲシュタルトとしてのまとまりを成す。ただし，そのような統合された心理的まとまりには様々なバリエーションがあり，例えば1つの個体が複数の矛盾した考えを持つものとして提示されたり，さらには「自己分裂」や「多重人格」のように，「自己」が別々に分かれることもある。

典型的な個体とは人間であり，二次的には意識を持つ動物である。直接的な

「語り/ストーリー」の文脈で言えば，典型的な個体は，物語世界の外では作者と対象者，物語世界の中では語り手と登場人物である．勿論，個体が人間や動物である必要はないし，生命体である必要すらない．心理的な特性がその内側にあるものとして仮定されたモノならば，個体としての機能を果たしうる．無生の物体・幽霊・地球外生命体などでもよいし，さらには発話者/発話場所/発話時の中心という，視点を取る地点のような抽象化されたものでもよい．

　個体の心理的構造には，4節で論じるパラメーターの大部分が関わってくる．だから例えば，登場人物の考えや気分が，はっきり示されることもあれば暗黙的に表現される場合もあるし，はっきりしていることもあれば漠然としている場合もある．別の捉え方や気分に埋め込まれることも，別の捉え方や気分と交替することも，別の捉え方や気分の上にかぶさることも，別の捉え方や気分と相互に関連することもある．大きな範囲で広がっていくことも，狭い範囲で広がっていくこともある．また時間と共に変化することもある（例えば，小説の登場人物は，進化できる）．時間と共に心理状態が狭い範囲で変化し，別の捉え方や気分と交替したり，別の捉え方や気分の上にかぶさったりする例として挙げられるのは，"A Free Night"（Costello et al. 1995）の主人公である．この作品では，家で夜を過ごす主人公の内的な思考や感覚が，恐怖・後悔・安堵・夢想・「今・ここ」の意識，といった形に移ろっていく様子が描かれる．

### 個体の一種としての，「語り/ストーリー」の視点を取る地点

先に述べたように，「語り/ストーリー」の視点を取る地点は，心理的構造を持った一種の個体として理解できるかもしれない．つまり，特に独自の性格/人格，感情，世界観などを持っている，意識のある認知的モノだということである．少なくとも一部の作品を見る限りは，視点を取る地点は，その内部に生じる心理的特性について典型的に不完全で，主に知覚の特性しか示していないのかもしれない．しかし，作品によっては，あるいは分析の仕方によっては，視点を取る地点には態度や感情も含まれるだろう．

　例えば，ある物語に出てくる次の一節を考えてみよう．海を描いた場面で，人物は現れない．"Its body glistening, the porpoise leapt gracefully out of the water, rose majestically into the air, executed a beautiful somersault at the top of its arc, and dove back into the water barely perturbing the surface."（体躯を艶やかに輝かせ，イルカは水から優雅に跳び上がり，堂々と宙に舞い上がったかと思うと，描いた弧の頂点で美しい宙返りをして，海面をほとんど揺らすこともなく水中に戻って行った）ここではおそらく，海面より上に位置した，イルカにある程度近い地点で視点を取って，そこから描写が行われている．この視点

には，確かに知覚が含まれている。出来事の描写や，glistening（艶やかに輝かせ）といった表現がそうである。しかし，gracefully（優雅に）という表現には評価が，majestically（堂々と）や beautiful（美しい）には対象への態度や感情が含まれている。また barely（ほとんど〜なく）には，こうなるだろう（＝海面が揺れる）という期待がうかがえる。この語は，通常からの逸脱を示唆するからである。こうした記述は全て単なる知覚にとどまらず，心理的構造の要素である。ここでは視点を取る地点が，それらの要素を示している。

### 3.4.2.2 集団・社会

心理的構造を認めることができるさらにもう1つの構成レベルは，第1レベルの個体が集まってできた集団・社会である。集団心理学の概念には，まず大きな区分がある。1つの概念のクラスでは，集団とは上位の生命体，すなわち創発的なレベルで独自に存在する上位のモノであり，その心理的な特徴はその上位レベルでのみ存在する。もう1つの概念のクラスでは，集団とは個体が集まったものであり，その心理的な特徴は個々のメンバーの認知とその相関関係に基づく，と考える。これらの相関関係という概念は，さらに幾つかのタイプに分かれる。あるタイプでは，集団内の個々の心理が**協調している**（**in concert**）。すなわち，何らかの関連性のある点において，個々の心理は同じであるから，集団全体でのそれに対応する心理的特徴は，単に個々が表す心理を足しただけのものに過ぎない。別のタイプでは，個々の心理的特徴が何らかの点で互いに**補完的**（**complementary**）である。個々の個体は，その違いに関して**協力**（**cooperate**）し合って，単独では示すことができないような集団としての効果を生じさせる。さらにもう1つのタイプでは，個々の心理的特徴が何らかの点で**対立している**（**in conflict**）。そのため，集団レベルの心理的パターンには，個体間での矛盾・征服・敗北・解決が反映されることになる。

　集団レベルの心理に関するこれらの様々な概念は，専門家だけでなく，一般の人々の考え方の中にも見出すことができる。だから例えば，一般大衆の多くは，様々な社会的カテゴリー（ジェンダー・人種・民族・階級・国家など）に対して，上位のモノとしてあるいは個々の個体が協調しているものとして，ある特定の性格を持っているのだと言うことがよくある。同様に，社会学者や人類学者の中には，上位のモノとしての理論を持っているために，ある文化全体（あるいは個人・個人が相互に関係し合っているとされる抽象的な集まり）が，特定の世界の見方や感情スタイルを持っているのだとする。「実践理論」や「会話分析」などはそのような例である。一方，「分散認知」（例えば Hutchins 1991）に基づく研究では，補完・協力の概念を採用している。これはつまり，チーム

や社会の様々なメンバーが部分的に補完しあう形式の専門知識を持っており，全体としての目標が成功するためには，それら全てが相互に働くことが必要だ，というものである。

「語り/ストーリー」は，集団レベルの心理を多く反映しており，中には特別な形式もある。そのような形式の1つに，古代ギリシア劇の合唱がある。これは通常，社会の集合的な道徳的立場や，社会の平均的なメンバーたちが共有する規範的な疑問などを表現するものと理解される。別の例としては，ある集団を構成する個人・個人の視点を次々と提示することで，社会のその部分における考え方の多様性や一様性を示そうとするものがある。Thornton Wilder（ワイルダー）の戯曲 "Our Town"（「わが町」）では，こうした試みが行われている。[7]

個体が複数あるからと言って，必ずしも「集団」として扱う必要はなく，個体のレベルで扱うことも可能なことに注意して欲しい。だから例えば，「語り/ストーリー」のどこか一部（場合によっては全体）において，複数の個体が心理的な特徴を示しているならば，それは集団レベルにおいての集合的相互作用として捉えることもできるし，個体レベルにおいて，別々の個人がある範囲にまたがって，次々とそのような心理的特徴を示していると捉えることもできる。

### 3.4.2.3　雰囲気

最後に，心理的構造の第3のレベルである**雰囲気**（**atmosphere**）について検討していこう。我々は，周囲の環境の一部や，物理的に規定できる領域や，何らかの出来事に，ある心理的特徴が満ち満ちているという経験をすることがあるが，それのことである。したがって，そのような経験は，心理的特徴が，個体レベルで特定の物質的物体の中にあるという経験や，集団レベルでのそのような個体の集合と結び付いているという経験とは異なる。

ここで，理屈だけで判断すれば，ある領域や出来事に関連づけられているように感じられる雰囲気とは，その領域や出来事を知覚したり考えたりする際に我々の内部に生じてくる感情を単に投影したものに過ぎない，と思えるかもしれない。しかし，我々の認知の中には，そのような雰囲気が，その領域や出来事の内在的な特性であるとか，そもそもその領域や出来事に内在していると，半ば無意識のうちに考えている部分がある。

---

[7] もし集団レベルの心理的要因を「語り/ストーリー」そのものの外部で挙げるとしたなら，共同作業している共著者たち・ライブパフォーマンスの観客・演劇の出演者全員，などがそうだろう。

雰囲気の心理的性質は，一般的に，概念実体的カテゴリー（＝思考・意見・選択など）よりも感情的カテゴリーに対して強い関わりを持つ。そして感情的カテゴリーの中では，雰囲気は主に気分状態と関わる。ある領域や事象と関連して経験するかもしれない気分状態の例としては，威圧感・陽気さ・恐怖・心地良さ・守られているという安心感・嫌悪感・贅沢さ・厳粛さ，といったものがある。

　我々は周囲との関連で雰囲気を感じとることができるが，これはおそらく生得的であり，かなり自動的である。したがって，そのような働きが我々の内部で起こることやそれが産み出すものを意識的にコントロールすることは，かなり難しい。そのため，我々がある環境を通り過ぎたり，ある環境を見て廻ったりする時に，いつも付随するものとして，雰囲気は経験されることになる。ある意味で，あらゆるものが，我々が雰囲気を感じることに貢献している。そうすると，我々の感覚的周囲の特定の組み合わせが，我々の認知の中で雰囲気に関連する箇所によって処理され，その結果それらの周囲と関連して，ある感情の複合体が生じるのは，避けがたいことだ。[8]

　雰囲気についてのこのような見方に基づくと，特定の会場を任されている人たちが，物理的配置によって，人々が雰囲気をどう経験するかに影響を与えることを踏まえていて（直感的か理論によるかに関わらず），それを利用しているのも，理解できる。こうした人たちは常に，雰囲気の望ましい感覚を他の人々に生じさせるため，細心の注意を払って領域を編成し飾る。例えば，市の職員は，市民にある雰囲気の感覚を生じさせるようにと，公園・道路・建物の外観を整えるかもしれない。店舗のオーナーは，顧客のために店内装飾を現にあるように整える。家庭を持つ人は自分と家族のために自宅を現にあるように整頓しておく。だから，ティーサロンをこれから開こうとしている経営者と，スポーツバーをこれから開こうとしている経営者とでは，什器や空間配置・色彩・音楽・スタッフ選びや彼らの立ち居振る舞い・周辺環境，といった事項を決定するにあたり，非常に異なった選択を行うだろう。

　作者は，我々が生得的に持っている能力の働きを上手く編成して，我々が特

---

[8] 我々の心理的現象を引き起こすのには，2つの異なった認知的下位システムがある，と考えることが可能だ。1つの下位システムでは，個体レベルの心理が物質的モノにより引き起こされ，もう1つの下位システムでは，雰囲気が領域により引き起こされることになる。したがって，いずれのカテゴリーに属するとも概念化できるようなものは，いずれの捉え方もできることになる。例えば，物語において，奇妙で悪いことが続く家は，それ自体が邪悪なモノ（あるいは悪霊に支配されているモノ）としても，単に怪しい雰囲気が満ち満ちている場所としても，示すことが可能である。

定の作品に関して特定の雰囲気を経験するようにと，細心の注意を払う。例えば映画では，映像素材だけでなく背景の音楽を用いて，ある雰囲気がシーンに満ち満ちているのを経験させる。そのため，背景の音楽が異なれば，同じシーンであっても異なる方法で理解される（例えば，得体の知れない怖さとも，何となくユーモラスとも）。活字になっているものでも，言葉の選択と考えの編成とで同じ様に雰囲気を確立できる。Kahane（1996）は，Woolf（ヴァージニア・ウルフ）（1948）の作品が，("La Barbe Bleue"「青髭」）という作品に言及するなどして）潜在意識に働きかける暗示的脅威を表現したり，トピックや場面の唐突な切り替えを行うことで，心をざわつかせる不安定な雰囲気を醸し出すことに成功していると論じている。

## 4 パラメーター

以下で取り上げる5つの**一般的パラメーター**（**general parameters**）とそれらに含まれる**個別パラメーター**（**particular parameters**）は，一般的な認知の構成原理であり，全ての層に適用される。前述の通り，これらの構成原理は「語り／ストーリー」の構造だけでなく，一連の認知システムの構造に渡って適用される。本節で論じるパラメーターの他にも，1章やその他の章で示した幾つものパラメーターがある。これらのパラメーターを一緒にすると，人間の認知全般における概念構造の概略になる。

### 4.1 構造間の関連

層や領域の全体と部分は，互いに一定の関係を持つことができる。こうした構造間の関係は，あるパラメーターのいずれかの値として捉えられる。ここではそのようなパラメーターの一部を考察する。

　この種のパラメーターの1つは**メレオロジー**（**mereology**）で，構造同士の全体・部分の関係に関わる。メレオロジーという名称は部分と全体の関係を扱う数学理論に基づいているが，以下で示す概念や用語は，言語構造に関連性があると思われる方法で，別個に発展させたものである。大まかにはメレオロジー関係を4種類に分類することができる。1つは**包含関係**（**inclusion**）で，ある構造が全て別の構造内に位置づけられている場合である。2つ目は「**同一の広がりを持つ**」という関係（**coextension**）で，ある構造が別の構造と同じ領域を占めている場合である。3番目は**部分的重複関係**（**partial overlap**）で，ある構造の一部が別の構造の一部と同じ広がりを持つが，それ以外の部分では重ならない場合である。最後は**分離関係**（**separation**）で，ある構造が全て別

の構造の外側にある場合である．以下では，包含関係と「同一の広がりを持つ」関係を，特に詳しく考察する．

　構造間の関係には，さらに別のパラメーターもある．1 つは「**1 つのモノ対 2 つのモノ**」（**parity**）のパラメーターである．このパラメーターに従い，2 つの構造は別々のモノを表すものとして概念化されるか，または同一のモノを表すものとして概念化される．このパラメーターは，例えば最初に述べた包含というメレオロジー関係（＝ある構造が別の構造に含まれる）に適用することができる．2 つのモノが関わっているという概念化の下では，1 つ目の構造は，別のモノとして 2 つ目の構造に挿入されたり埋め込まれたりすることになる．1 つのモノが関わっているという概念化の下では，1 つ目の構造は 2 つ目の構造の一部ということになる．同様に，「1 つのモノ対 2 つのモノ」というパラメーターは，「同一の広がりを持つ」というメレオロジー関係（＝2 つの構造が，ある特徴に関して，同じ領域を占める）に適用できる．ここで 2 つのモノが関わっているという概念化の下では，2 つの構造は互いに融合しあっているかもしくは共起していることになる．1 つのモノが関わっているという概念化の下では，2 つの構造は同等あるいは同一ということになる．同様に，「1 つのモノ対 2 つのモノ」というパラメーターは，4 番目に述べた分離というメレオロジー関係（＝2 つの構造が完全に分かれている）に適用することもできる．ここで，2 つのモノが関わっているという概念化の下では，2 つの構造は 2 つの全く別々のモノになる．しかし 1 つのモノが関わっているという概念化の下では，2 つの構造は一緒になって，非連続ではあるが 1 つのモノを構成していることになる．「1 つのモノ対 2 つのモノ」というパラメーターは，後で示す分析でも重要な意味合いを持つ．

　また別のパラメーターとして「**対等か否か**」（**equipotence**）がある．このパラメーターに応じて，一方の構造がもう一方と優先度や特権性において同等になる，あるいは，一方が主要なものであるのに対してもう一方は副次的になる．以下で示す議論では，「対等か否か」のパラメーターは「同一の広がりを持つ」と関連する形で現れてくる．

### 4.1.1　包含

構造 A が，構造 B の占める領域内に完全に収まるとき，2 つの構造間に包含関係が成立する．このような包含関係には，A と B を 2 つのモノと理解するか 1 つのモノと理解するかに応じて，**埋め込み**（**embedding**）と **部分-全体**（**part-whole**）という 2 つの形式がある．だから，もし A と B が 2 つの異なるモノであると捉えるならば，A は B に埋め込まれていることになる．一方，

AとBが単一のモノであると捉えるなら，AはBの一部だということになる。とはいえ，2つの形式のどちらが働いているかは，必ずしも常にはっきりしているわけではない。

包含関係は，「語り/ストーリー」のある特定の層に存在する2つの構造間ではっきり現れることが，よくある。例えば空間構造の層では，多重の包含関係が明白な例を挙げれば，ある登場人物の位置が，ある国のある特定の町の，ある特定の通りの，ある特定の家の，ある特定の部屋である場合がある。似た形式の包含関係は，時間的構造の層においても観察できる。もっと言えば実は，芝居の伝統的な構成は，このような同心円的な包含関係を基にしてできており，ある特定の出来事が，ある特定の「場」で起こり，その場は，ある特定の「幕」の中で演じられ，幕は芝居全体の時間的範囲の中で生じる。

これほどはっきりしていないが，包含関係が同じ層の内部だけではなく複数の層をまたいで生じることがある。例えば，「語り/ストーリー」の読者の注意が最初，物語世界の空間的・時間的構造の内部にあるとしよう。その後，その空間のある位置を占める人物の心的世界に入っていくことにより，読者の注意はこの人物の心理的構造に入っていく。この心的世界にはそれ自身の構造があり，その中には空間的側面もあるが，この心的世界はやはり全体としての物語世界の空間構造の中に埋め込まれていると理解される。このように心理世界へ入っていくことは，例えば物語世界の空間構造の一部である，別の場所や別の場面へ移っていくのと同じようには理解されない。読者が入り込んだ心的世界は，物語世界を織物に喩えてみれば，そのある箇所で，内側に織り込まれている生地が見えるようなものと言えるだろう。

包含関係は，領域内部で見られることもある。例えば，作品領域の中で，ある物語が別の物語の中に埋め込まれていることがある。Shakespeare（シェイクスピア）の "Hamlet"（「ハムレット」）が，その内部に別の戯曲を埋め込んでおり，それぞれが独自の物語世界を持っているのがそうである。こうした多重埋め込み構造は，映画 "Saragossa Manuscript"（「サラゴサの写本」）(Has 1965) でも用いられている。この映画の主要な構成原理は，ある物語を別の物語に埋め込むことの繰り返しである。冒頭の最も長い部分において，1つ1つの物語には謎めいた出来事や側面があり，それが展開していって別の物語になっていくのだが，それがどうやら前の物語の背景となるように思える。観客が，この手順はいつまでも延々と続くのだろうか，全ての展開している謎にきちんとついていけるだろうか，と思うようになる頃に，映画の最後の部分に辿り着き，そこから今度は入れ子状になった物語が全て巻き戻されていき，全ての謎めいた出来事が，何のことはない，こういうことだったのか，と分かるようになる。

第16章 「語り/ストーリー」の構造を捉えるための認知的枠組み　　261

*抽出化*

包含関係の「全体-部分」は，**抽出化**（**abstraction**）の関係において中心的役割を担う。「語り/ストーリー」の文脈の中で，ある構造が，別の構造の一部を重要なものとして選択し複製した場合，第1の構造は，第2の構造から抽出された，という関係を持つことになる。

　この関係が主に形を取って現れるのは，作品領域における物語の内容が，社会文化領域と物理領域のはるかに豊かな詳細（人間の心理や振る舞いも含まれる）から抽出する仕方かもしれない。だから，物語は通常，ビデオカメラのように，その対象となる枠内で作動している期間に生じるあらゆる詳細を記録するわけではない。さらに抽出化の過程は典型的に，行き当たりばったりではなく，関連性のある側面（＝構造的で関心事と理解される側面）を選び出している。

　関連性のある部分を選択するプロセスは，我々の認知活動において規則的な側面であり，作者が作品の中で示すために選択したものを複製する行為とは，そもそも別に存在している。このことは，我々が経験やカテゴリー化を行う際に基となる認知構造が，日常生活の目の細かさとあまり対応していない，という事実からも見て取れる。例えば，嫉妬・勇敢さ・子育てといった，概念的・感情的・行為的な構築物について考えてみよう。日常世界においてこうした構築物の材料となるものは，時間・空間において散乱しており，直接的に関係のない要素が間に入り，構築物の典型的な部分が欠けていながら非典型的な部分はある，という具合である。それでも我々の認知処理は，関連性のある部分を取り出し，一緒に集め，目標のパターンに合うようにまとめることで，生（なま）の経験した素材から構築物を形成してしまうのである。作者は，「語り/ストーリー」内の構造として使うために，このような認知的構築物を利用することができる。つまり，物語に組み込まれた抽出物は，我々の認知の中に既に備わっており，規則的に生成されている概念的抽出物に対応しているのである。

　関連性のある内容を選び出すというプロセスは，視覚を利用する作品においても観察される。例えば，マンガや風刺画は，それらが表示している物理的物体の全詳細から一部を抽出したものである。さらに幾つかの点で，抽出された特徴は，先に述べたのと同じ関係の幾つかを，オリジナルに対して当然持っているだろう。だから，それらの特徴は，オリジナルの中で我々に取って関心事である側面の視覚構造を含んでいる傾向がある。

　我々は，観察した現象に対して抽出だけを行って，文学作品や図像作品のために再生しているわけではない。相補的な認知プロセスとして，「押し付け」がある。我々はしばしば，予め思っていたスキーマに合うようにと観察された

現象を歪めて，そのスキーマを我々の世界の理解に押し付けている。このような認知的構築物も，作品内の表示のために複製される。

### 4.1.2 同一の広がり
2つの構造が何らかの層で，同じ領域に渡って現れる場合，互いに同一の広がりを持つ。

*2つのモノが関わっているタイプ：(時間について) 同時進行*
最初に，2つのモノが関わっているという概念化のもとで，「同一の広がりを持つ」という関係を考えてみよう。つまり，2つの構造が互いに別々と考えられている場合である。これらの構造が関連づけられる層が時間構造の層である時，「同一の広がりを持つ」とは特に「**同時進行**」（**concurrence**）のことを表す。

　ある構造が別の構造と同時進行である時，第1の構造は第2の構造と対等であることも，あるいは主要なものに対して補助的であることも，ありうる。「同一の広がりを持つ」という関係がこのように非対等性と結び付いた場合，そのような構造は**覆い被せ**（**overlay**）と呼ぶことができる。例として，作品が例えば全体的に危機や避けられない破滅を予感させる雰囲気を持つにもかかわらず，ある部分では軽快な様子が醸し出されているとしよう。このような軽さは，水面下で進んでいる差し迫った危険に覆い被されたものとして経験されるが，つかの間の軽さの間でも危機が完全に消えてしまうわけではない。覆い被せの他の例としては，「語り/ストーリー」の一部が，異なるレベルで複数の物語を同時に語っているように取られることを意図している場合が挙げられる。例えば寓話が，比喩的な解釈とその基にある文字通りの解釈の両方を持つ場合がそうであり，あるいは作者が2つの同時進行的な目的（＝楽しませながら，何かを教える）を持っている場合も，そうである。こうした事例においては，覆い被せられた構造はより抽象的で，その下にある構造は具体的なものであることが多いかもしれない。

*1つのモノが関わっているタイプ：イコール関係*
次に，1つのモノが関わっているという概念化のもとで，「同一の広がりを持つ」という関係を考えてみよう。つまり，2つの構造が同一であると考えられている場合である。この形式は**イコール関係**（**equality**）と呼ぶことができる。だから，2つの構造は，同じモノが別々の場所で2つの形を取って現れたと考えられる時，イコール関係にある。

そのような同じモノが作品の領域内での個人である場合，つまり作者か対象者か，もしくはその両方である場合に，幾つかの形式のイコール関係を認めることができる。このことを議論するために，幾つかの区別を行っておく必要がある。「語り／ストーリー」の作者は，最初のレベルで，典型的には**外側の物語世界**（**outer story world**）を創造する。この外側の物語世界は次に，**語り手**（**narrator**）・**語りの聞き手**（**narratee**）・**内側の物語世界**（**inner story world**）から成ることになる。語り手とは，物語を語る個人とおぼしき存在である。聞き手とは，語り手が物語を語って聞かせる個人とおぼしき存在である。内側の物語世界とは，語り手が語る物語である。

そうすると，イコール関係の形式には，以下のものが含まれる。作者と語り手が同一の場合，内側の物語は，作者が目撃したか，信じている出来事を表示していると理解される。語り手が内側の物語世界における登場人物の1人と同一であることが明示的に示された時，語り手は内側の物語の**参与者**（**participant**）となる。この場合，引用ではない解説の中に代名詞の I が含まれてもよい。もしも語り手が参与者と同一でなければ，通常，代名詞の I が引用部の外で用いられることはなく，語り手は，物語世界に因果的影響を及ぼすことがない観察者として理解される。作者・語り手・内側の物語の登場人物の三者が同一である時，作者が嘘を言っていると考えられない限りは，その作品は**自伝的**（**autobiographical**）と理解される。語りの聞き手が外側の物語世界におり，作品の外にいる対象者と明示的に同一であることが意図されている時には，作品内の引用ではない解説には代名詞 you が含まれてもよい（あるいは The reader may now be thinking that ...（読者は ... と考えるかもしれないが）のような言い方でもよい）。それ以外の場合，代名詞 you やそれに準じる表現は通常用いられず，物語の外側にいる対象者は，語り手が架空の聞き手に対して物語を語るのを立ち聞きするという経験をすることになる（ただし，読者も，筆者が自分に直接語りかけてきているような印象を持つことがある。たとえ，直接話しかけていることを示す形式がないとしても，そうである）。

イコール関係は，作品領域の構造と周辺世界領域の構造にまたがることもある。まずこのような構造が個体や事象を含んでいる場合について見ていこう。内側の物語の登場人物が外側の世界における作者以外の人物と同一であると理解される限りにおいて，その作品は**伝記的**（**biographical**）と理解される。作品における個体や事象が外側の世界に対応物を持つと理解される限りにおいて，その作品は**歴史的**（**historical**）あるいは**ドキュメンタリー**（**documentary**）と考えられる。逆に，このような対応がないと考えられる限りにおいて，その作品は**フィクション**（**fiction**）と考えられる。物語世界と外側の世界での

個体と事象の対応の仕方については様々な組み合わせがあり，歴史小説やドラマ仕立てのドキュメンタリーなど，掛け合わせたものも存在する。

次に，作品の中で作者が表現する態度や世界観と，周辺世界での態度や世界観の歴史とのイコール関係について考えてみよう。ある作品の世界観がその時点の文化の世界観と一致すれば，その時代に関しては**今風の**（**modern**）作品と理解される。もしも，作品が今の時代に発表されたものなら，要するに「今日の」作品である。ある作品の世界観がその時点の文化の世界観と一致しておらず，もっと後の時代の世界観と一致していれば，**先進的な**（**ahead of its time**）作品と理解される。それに対して，もしも以前の時代の世界観と一致すれば，保守的であるとか，その時代に関しては**回顧的な**（**backward-looking**）作品と見なされる。現在より以前の作品の世界観が，その発表された時代の価値観としか一致していなければ，その作品は**時代遅れ**（**dated**）と評される。それに対して，作品の世界観が，それが発表された以外の時代及び現代の世界観の幾つかの側面と一致していれば，**時代を超越した**（**timeless**）とか**普遍的**（**universal**）作品と考えられる。

次に，作品中の物語で表される時代と，周辺世界における様々な時代の歴史のイコール関係について考えてみよう。作品で表示されている時代が，その作品が創作された時代と一致するなら，それはその時代と**同時代**（**contemporary**）である。もし作品が現代において発表されたなら，要するに「現代的」である。表現される時代が，今よりも以前の時代と一致しているなら，**時代**（**period**）作品もしくは**歴史的**（**historical**）作品と呼ばれるが，今よりも後に来る時代と一致しているなら，その作品は**未来的**（**futurist**）な作品である。

複数のモノを概念的にイコール化することは，言語学で詳しく研究されてきた事項である。例えば「同一指示」は，談話における2つの異なる場所で同じモノに言及することである。そして「直示」は，指示されるモノと発話事象に参与するモノをイコール化することである。直示に対する1つの見方を詳しく述べてみよう。Iという直示代名詞を含む I ate snails for breakfast.（私は，朝食にカタツムリを食べた）という文を考えてみよう。この文を発話することは，時間的に隔てられた2つの独立した事象を表していると見なすことができる。一方の事象には，発話行為を遂行している人物が含まれており，要するに A speaker is uttering this sentence. と表すことができる。もう一方はそれより以前の事象で，特定の人物が朝食にカタツムリを食べることを含んでおり，A person ate snails for breakfast. と表すことができる。映画ならば，これら2つの事象を別々のフィルムに収めることができるだろう。いずれの事象でも，ある人物がそれぞれの行為に従事している。Iという形式の使用により，この

文の発話事象に関わる人物が，朝食を摂るという事象に関わる人物と同一であることが示されている。つまり両者は，同じ個体が別々に現れたものなのだ。このように直示性とは，「語り／ストーリー」を構成する2つの構造単位間でのイコール関係なのである。

### 4.1.3 複数の部分が関わる関係

ここまでは，ある構造全体が別の構造全体と関連しうる幾つかの方法について見てきた。しかし，このような関係に加え，ある構造の幾つかの部分が別の構造の幾つかの部分と別々に関係づけられることがある。こうした関係の1つが**相関関係**（**correlation**）であり，そこでは部分・部分から成る2つの集合が対応関係を持つ。また，これとは別の種類の関係として**相互連結関係**（**interlocking**）があり，そこでは部分・部分から成る2つの集合が，相互に連動し合う。

*相関関係*
相関関係の例としては，「語り／ストーリー」において，複数の層にまたがって要素と要素が対応する場合が挙げられる。この形式の相関関係は，実はここでの分析の基盤となっているものと同じである。すなわち，「語り／ストーリー」が進行する中で様々な層が連結し合っているという，ポリグラフ装置の概念である。相関関係の別の例としては，メディアやジャンルを超えた関係性がある。例えば，映画やマルチメディア作品の中で，会話・映像・音楽が同期するような場合である。さらに別の例として，物語世界の進行が，作品の物理的媒体の構成要素の配置順と相関している場合が挙げられるかもしれない。例えば，本の連続した各ページに詩が1つずつ完結して掲載されており，それらが連続して読まれることで，全体として1つのストーリーを構成するような場合である。

*相互連結関係*
「語り／ストーリー」における相互連結関係の主要な形式は，時間的進行と共に現れてくる。この形式は**交替関係**（**alternation**）と言うことができる。この関係では，関連するそれぞれの「部分」は，その構造を別々に事例化している。それぞれの構造を事例化したものは，一緒に生じることはなく，1つずつ交互に示される。

交替はあらゆる範囲や規模で生じる。例えば，「語り／ストーリー」における2人の登場人物の視点は，文ごとに交替することも（＝会話でのやり取り），

章ごとに交替することも（＝異なる登場人物の視点から順に語られて，物語が進行していく）ある。その他のしばしば交替させられる構造としては，異なる空間的位置・異なる時点（過去へのフラッシュバックが繰り返し生じるなど）・本筋とは異なる逸話や注釈として述べられた物語がある。

　次の例は，Gurganus (1991) の作品 "It Had Wings" における文レベルでの交替である。交替しているのは，視点を取る地点と，そこから視線を向ける方向で，1人の登場人物のものである。この登場人物は天使なのだが，彼はある家の庭に墜落してしまい，その家の高齢女性に話しかけている。下の (a) から (g) で示すのはこの天使の台詞で，それぞれ，その視点を取る地点と視点に応じて，行が始まる位置を変えてある。その下に示すのは，それぞれの台詞での視点を取る地点と視点に関する説明である。

(a)　We're just another army. We all look alike.
　　　（私たちは，単に別の部隊だ。みんな同じように見える）
　(b)　We didn't before.
　　　　（かつてはこの姿でなかった）
　　(c)　It's not what you expect.
　　　　　（こうなるとは思わないだろう）
　　(d)　We miss this other.
　　　　　（こちら側が懐かしい）
　　　(e)　Don't count on the next.
　　　　　　（またチャンスがあると思わないこと）
　　　　(f)　Notice things here.
　　　　　　　（ここがどんなものか分かるだろう）
(g)　We are just another army.
　　　（私たちは，単に別の部隊だ）

(a) と (g)：彼の視点を取る地点は，彼が現在いる天上にある。そこで周囲を見回している。
(b) と (d)：彼の視点を取る地点は，彼が現在いる天上にある。そこから，かつて地上で生きていたことを振り返っている。
(c) と (e)：彼の視点を取る地点は，女性が現在生きている地上にある。そこから，女性がやがて天上へ行く時のことを見通している。
(f)：彼の視点を取る地点は，女性が現在生きている地上にある。そこで周囲を見回している。

### 4.1.4 より上位の構造

「語り/ストーリー」における，実質上いかなる構造的要因も，もう一段上のレベルの構造的パターンを示すように構成することができる。そしてさらにもう1段上のレベル，さらにもう1段上のレベル … といった具合に続けていくことも可能である。例が，Costello et al. (1995) による，ある物語の時間的構造の分析に見られる。第一レベルの構造では，脈絡のない幾つもの出来事が示されて，読者はそれを始めから順に読んでいくのだが，この構造自体が物語の中でさらに編成されていることが示される。過去の出来事が次々に浮かんで来るのだが，核心となる時点（＝息子の死）を飛び越してさらにもっと過去まで行ったかと思えば，そこまで届かなかったり，を繰り返して，徐々にその時点に迫っていくのだ。

## 4.2 相対量

**相対量**（**relative quantity**）と呼ばれる一般的パラメーターは，基本的に3つのレベルで具現化され，より大きなレベルがそれよりも小さいレベルを埋め込んでいる。大きなレベルから小さなレベルに向かって述べていくと，まず，**対象範囲**（**scope**）がある。これは，考察している「語り/ストーリー」の文脈の中で，ある構造が相対的に占める量のことである。次に**目の細かさ**（**granularity**）があり，範囲の中に収まっている量が，注意の向けられている中でさらに細分化された区分の，相対的なサイズのことである。最後に，**密度**（**density**）がある。これは，細分化された区分内で，考察される要素の相対的な数のことである。以下ではこの3つのレベルについて順に論じていく。

### 4.2.1 対象範囲

対象範囲とは，「語り/ストーリー」の文脈を全体の量とした場合に，ある構造がその内部で占める相対的な量のことである。一部だけを対象範囲にするのは，その量を選べば，ある構造的特性が存在するからである。語りの構造は，例えば物語世界を持つ作品のように領域全体でもよいし，時間的・空間的・心理的といったいずれか1つの層または複数の層であってもよい。そうすると，例えば物語の時間的・空間的構造の全体を対象範囲として採用すれば，その作品で扱われている期間の全体に渡って，ある登場人物が地理的に長い距離を移動して行くのを辿っていくことができる。あるいは，登場人物が30分の間に部屋の中を動き回っている，というように比較的小さな時間的・空間的範囲で対象範囲を選ぶこともできる。

　異なる規模の対象範囲を計測する方法が，幾つかある。1つは，単純に，問

題となっているモノ全体の中で，考察のために抜き出されているものが占める比率である。このタイプの計測では，2つの主な規模がある。**全体的**（**global**）なレベル（＝問題となっているモノの全体を考察する）と，**局所的**（**local**）なレベル（＝全体の中で，標準からすれば小さな部分だけを考察する）である。ただし実際には，「語り／ストーリー」では全体から部分の間の様々な規模に関連性を持たせることができるし，また「通常の局所的レベル」よりもっと細かい規模を区別して，**ミクロ局所的**（**microlocal**）なレベルに至ることもできる。

　もう1つの計測方法は我々の認知能力に基づくもので，次の2つのサイズの対象範囲が生じる。(1) 一度に知覚できる範囲と注意が続く期間内で経験できるもの。(2) (1) の対象範囲に収まりきらないために，記憶の中で呼び起こし，集めて整理しなければならないもの。「語り／ストーリー」から離れた日常の経験における例を挙げると，手のひらを蟻が這っていく様子は，一度に知覚できる範囲と注意が続く期間の中で経験できる。一方，バス旅行で国中を縦断することを考察するには，全体の経験の色々な側面を，記憶の中で集めて整理しなければならない。この経験は (2) の対象範囲だからである。

　同様に，十分な長さを持った物語の中では，注意が続く期間内に収まる構造的特徴もあれば，その期間内に収まらない構造的特徴もあるだろう。知覚できる範囲は，散文の書き言葉に対してほとんど当てはまらないだろう（ある種の詩で，ページ上での単語の視覚的配列に意味があるような場合は別として）。しかし，動的な作品では，そこから受け取る感覚に対して，一度に知覚できる範囲が重要となりうる。

### 4.2.2　目の細かさ

目の細かさのパラメーターは，ある特定のレベルの対象範囲において，適用される。目の細かさとは，選択された対象範囲内で，内容に注意を払う時に対象となっている箇所の，目の粗さまたは細かさのことである。つまり，選択された対象範囲をさらに分けていくと得られる下位区分の相対的な規模のことになる。

　例えば，ある「語り／ストーリー」の中から，局所的な対象範囲を持つ空間構造を選んだとしよう。それは視点を取る地点が位置づけられた部屋かもしれない。この対象範囲内で，「語り／ストーリー」は2つの異なるレベルの目の細かさで，その題材を提示するかもしれない。1つは，言わばヤード単位（1ヤード＝91.44センチ）の目の細かさであり，このレベルでは家具や人間のような物体や，部屋の建築デザインのような特徴が，見えてくる。もっと細かいレベルの目の細かさは，いわばインチ単位（1インチ＝2.54センチ）であり，

このレベルでは壁紙のデザイン，灰皿の位置，顔の特徴といったモノが，見えてくる。同じ様に，全体的な対象範囲では，「語り/ストーリー」が広い地域にまたがる場合に，目が粗ければ様々な国が取り上げられ，目が細かければ町が取り上げられるだろう。

### 4.2.3 密度

ある特定の目の細かさにおいて，密度のパラメーターとは，そのレベルで存在しており，注意を向けたり言及したりするために選ばれた要素の，相対的な数のことである。例えば，局所的な対象範囲を持つ空間構造に関する先ほどの例を引き続き用いると，ヤード単位の目の細かさで，家具について密度の低い描写をすれば，ソファやテレビしか述べないだろう。しかしもっと密度の高い描写ならば，さらにアームチェア・フロアランプ・コーヒーテーブル等も述べるだろう。同様にインチ単位の目の細かさで低密度の描写をすれば，壁紙のデザインや灰皿の場所といったものを述べるが，高密度の描写をすれば，天井のひび割れ・家族写真に当たる陽の光・執事のネクタイにある染み，といったものまでが対象に入ってくるかもしれない。

　ジャンルは，一般的な密度のレベルにおいて大きく異なりうる。例えば，ある物語を映画にすると，散文で書かれた時よりも，空間構造を占めてその特徴となる物体や物理的特徴の詳細さは，ずっと密度が高い。視覚的なジャンルでは一般的に，物語の漫画版は本の形式でも映画の形式でも，実写映像より，物理的詳細さの密度が格段に低下する。また単一のジャンルの中でも，作者によって密度のレベルは様々に異なる。ある特定のレベルの目の細かさで，ものすごい詳細にこだわる作者もいれば，そうでない作者もいる。最後に，単一の「語り/ストーリー」の中でも，詳細さのレベルが他の要因との関連でわざと変えられることがある。例えば，Hill (1991) は，劇的なポイントに近づくにつれ，一般的に，物語内の時間進行が読者の時間に対してゆっくりとなり，描写の詳細さが増加することを指摘している。

### 4.3　差異化の程度

一般的パラメーターである**差異化の程度**（**degree of differentiation**）には，より単純なパラメーターが多く含まれており，以下ではそのうち7つを示す。これらのパラメーターは「語り/ストーリー」の文脈全体に含まれるモノや構造を，様々な程度で，分化/明確化/区別/定義/決定できる方法に関わる。ここでの定義では，それぞれのパラメーターは完全に自律的でないかもしれない。部分的に重なるかもしれないし，多くのパラメーターは相関する傾向にあ

るかもしれない。ある種の「語り/ストーリー」の構造では，一部のパラメーターが他のパラメーターよりも強く関わるかもしれない。それでも中核では，各パラメーターは互いに独立していて別個であるようだ。4.3節以下の小節のタイトルはどれもハイフンで区切られているが，左の要素は差異が低い極を，右の要素は差異が大きい極を，表している。パラメーターの両極の名称を用いて両極のことを議論するが，各パラメーターは連続的な性格を示す。

### 4.3.1 連続-離散のパラメーター

このパラメーターは，連続と離散を両極に持つ尺度として構成されており，後者の極がより差異化されている。このパラメーターは，「語り/ストーリー」の文脈に見られるあらゆる構造に関わる。「連続」の極では，その構造は1つの統一的な連続体から成ると理解されており，徐々に推移していく。もう一方の極では，構造は複数の別々のモノから成ると理解され，モノとモノの間にははっきりとした境界線が引かれ，互いに対してはっきりとした関係を持っている。

作品の領域に適用されると，このパラメーターは例えば空間構造に関わる。例えば場面が変わる時，登場人物が場所から場所へといきなり移るように描くことも，徐々に移っていくように描くこともできる。あるいは，心理構造の層に関わることもある。例えば，作者は読者を，ある登場人物の視点から，別の登場人物の視点にいきなり移すことができるが，読者をいつの間にかある登場人物の思考から別の登場人物の思考へと移すこともできる。「連続」の極を強調している作品の一例として，Virginia Woolf（ヴァージニア・ウルフ）(1944)の短編 "The Haunted House"（「幽霊屋敷」）がある。この作品では，多くの構造のカテゴリーにおいて，徐々に移り変わっていくことを，描写の特徴としている。例えば，家の中のどこで語りを行っているか，現在の登場人物は誰なのか，描いている出来事の時間はいつのなか，について作者はそのように徐々に移り変わらせている。

このパラメーターは，動的な移り変わりだけでなく，静的に特徴づける際にも適用される。例えば，ある登場人物の心理が1つのモノであり，その構成要素は無理なく統合されているものとして表すことができる。しかしある登場人物の心理が複合的で，極端な場合には，複数の「自己」から成る多重人格者として表すこともできる。

このパラメーターは，領域を超えて適用されることもある。例えば，作品を共同的に創造するべく作者と対象者が協力し合う時（その幾つかの形式については，2節で論じた），作者領域と作品対象者領域が一緒になった構造では，

その2つの領域がはっきり別々のものから，融合したもの（その中でも濃淡の差がある）まで，様々である。

### 4.3.2　単数個/回–複数個/回のパラメーター

「語り/ストーリー」の文脈におけるいかなるタイプの構造についても，**個/回数（plexity）**のパラメーター（1章を参照）が，その構造が事例化される数に関わってくる。その構造を体現するのが1つのモノであれば，構造が**単数個/回（uniplex）**あることになる。その構造を体現するのが複数のモノであれば，構造が**複数個/回（multiplex）**あることになる。そうすると，後者の方が，パラメーターで差異化がより大きい極ということになるだろう。さらに複数個/回では，複数の要素が，どのように相互に関係し合うのか，も関わってくる。つまり複数の要素が，共同で機能することも，互いから独立して機能することも，相互作用しながら機能することも，相互に衝突しながら機能することも，ある。

　個/回数のパラメーターが関連してくるのは，例えば分離や融合（4.4.1節を参照）のように，ある現象を構成するモノの数が増えたり減ったりすると概念化される場合である。細胞の有糸分裂は，あるモノの終わりが新たな2つのモノの開始になる過程と見なすことができる。逆に，精子と卵子の結合は，2つのモノが別々であったのが終わり，1つの新しいモノが開始する過程と見なすことができる。

　「語り/ストーリー」においても，同様の形式が明らかである。Gurganus (1991)の作品"Reassurance"では，存在するモノの数が，視点を取る地点の変移と一緒になって，変移する。この物語の最初では，2人の登場人物がいる。怪我をして入院している兵士と，家で彼を待つ母親である。読者が視点を取る地点は，まずどうやら母親に自分の状況について手紙をしたためているらしい兵士に置かれる。しかし，その場面が実際には母親が見ている夢の内容であったことが，次々に明らかになっていく。息子は既に亡くなっており，母親だけが後に残されている。そして読者の視点を取る地点は母親へと移ってくる。こうして，読者が当初思い浮かべていた2人の登場人物は，徐々に1人の人物に融合する。ひょっとしたら，ここでの個/回数の過程は，単なる分裂・融合にとどまらず，「自らの一部が外に押し出され」，「再吸収される」過程と考えられるかもしれない。物語の中で示された出来事は，母親の精神を通して辿らなければならないと一旦勘づいたら，母親という人物が自らの一部を外に押し出しているように想像できる。この一部が分化し，あるいは大きくなり，別個の人物（つまり，息子）であるかのようになる。そうすると，この言わば「人

造人間」が実在しているかのようになり，母親に向かって自らの声で語りかけてくるように思える．この一時的に存在する人造人間は，それから母親の心理に再吸収されているかのように，概念化される．

### 4.3.3　広がり-凝集のパラメーター

このパラメーターは，1つのモノが広範囲に渡って広がっているか，それとも限られた領域に局在するか，に関するものである．より正確に言うと，このパラメーターは，「語り/ストーリー」の文脈内のあるモノが，それと関連づけられるより大きい構造，またはそれが現れるより大きい構造の中でどれだけ**分散している**（**distributed**）か，あるいはそのような構造の中でどれだけ**凝集**（**concentrated**）または**集中**（**focused**）しているか，を表す．

　4.3.1 節で見た連続 - 離散のパラメーターが，このパラメーターと交わることがある．つまり，ここでのパラメーターが関わる1つのモノは，その内部が連続していることも，離散していることもあるのだ．離散している場合には，パラメーターの両極にさらに別の名称を付けることができる．そうすると，1つのモノが複数の構成要素から成ると考えられる場合には，パラメーターは，それらの構成要素が広い範囲に渡ってどれだけ**拡散**（**dispersed**）しているのか，それともより小さな領域内でどれだけ**寄り集まって**（**gathered together**）いるのか，に関わる．[9]

　このパラメーターで，より差異化されていると考えるべきなのは，「凝集」極のようである．というのは，一定量の要素が分散している時は特定の形を持ちにくいが，凝集していると，言わば「結晶化」する．つまり，「モノ」の理想的な概念に近いのだ．

　このパラメーターは，物理的物質に適用できる．例えば，宇宙の塵が時間をかけて融合し，1つの星になるのを描写するように．しかし「語り/ストーリー」においては，概念や主題に対して適用されることが多い．Spielberg（スピルバーグ）の映画 "Schindler's List"（「シンドラーのリスト」）(Spielberg 1993)では，シンドラーが，ユダヤ人たちとの関わりをどんどんと深めていく軌跡が描かれている．当初シンドラーはユダヤ人が自分の商売に役立つと見なしてい

---

[9] このパラメーターは，先に示した密度のパラメーターと容易に区別されることに注意して欲しい．密度のパラメーターでは，領域が固定されており，その中で「密」または「疎」に分布する要素の数が重要であった．しかしここで扱っているパラメーターの離散的な場合には，要素の数が固定されており，それらの要素がある特定の領域を通して散らばっているか，それとも領域内で一緒になっているか，に関わっている．

るが，それから商売のために彼らがナチスに連れ去られないように自分の元に置いておくようになる。そのうちに同情の気持ちからユダヤ人たちをナチスから守るようになり，最後にはユダヤ人を守るための大義を，自分でもどうしようもないほど強く感じるようになる。この軌跡に沿っての進展は，あまりはっきりとしていない。映画の後半はこれらの後半の段階に当たるのだが，見ている観客は，商売上の関心しかないこととユダヤ人に対する同情が増していくことの両方が共存している，と見なすかもしれない。しかし終盤近くになり，どうすればもう1人のユダヤ人を救えたのかという思いから彼が泣き崩れる場面が示される。そこでようやく観客は，シンドラーが後半の段階では，ユダヤ人たちに対して絶望的な同情を感じていたことを知る。この場面でシンドラーの感情は，凝縮した，明確で，極めて激しいものとして描写される。そして観客は，実はこれと同じ感情の状態が，映画の後半部分の多くの場面でシンドラーの中に既にあったのだが，もっと分散した形式になっていたことに気づくのである。

### 4.3.4 大まか-正確のパラメーター

**大まか（approximateness）** と **正確（precision）** の対比は，あるモノを大まかに（大雑把に）捉えるかそれとも詳細に捉えるか，の違いである。この区別の一例は，ジェスチャーの運動-視覚的振る舞いに見出すことができる。楕円形をした物体の概要を誰かに伝えるために，手全体を素早くくるっと動かして卵の形を描いてみせるかもしれないし，人差し指をゆっくり動かしてじっくりと細い線で楕円形を描いてみせるかもしれない。このタイプのジェスチャーの違いは，文化を超えて普遍的かつ生得的なのかもしれない。「語り/ストーリー」におけるこのパラメーターの例としては，登場人物の性格を大まかに描くか，非常に細かい点まで気を遣って描くか，の違いがあるかもしれない。

　一見したところ，作品領域におけるこのパラメーターは，作者領域における心理的特徴と対応しているように見えるかもしれない。例えば，作品の大まかさは，作者が無関心で注意を払わないことに対応し，正確であることは関心があって注意を払うことに対応していると考えられるかもしれない。このような関連はよくあるかもしれないが，必然ではないようである。例えば大まかに見えても，気を遣い注意を払っていることはありえる。例えば日本芸術のある流派では，そのように関連しているように思える。

### 4.3.5 漠然-はっきりのパラメーター

このパラメーターは，ある概念的なモノに対する作者や対象者の理解が，ある

いはその理解を「語り/ストーリー」で形にして表しているものやその理解を伝える媒体となるものが，**漠然（vague）**としているか**はっきり（clear）**しているかに関わる。漠然の極では，理解や表現はどんよりとしており，その要素や要素同士の相互関係がはっきりしていない。はっきりの極では，理解やそれを表すモノが明瞭であり，要素や要素間の相互関係がはっきりしている。勿論，はっきりの極の方が，より差異化されている極である。はっきりな極における概念内容は，知的に理解されると考えられるが，どんよりした極では，概念内容が感覚的あるいは本能的に理解されると考えられる。はっきりの極にある内容は，それが何であるかがはっきりと分かる。漠然の極にある内容では，それが何であるかが発見される，または推測される可能性があるだけである。

### 4.3.6 概略-詳述のパラメーター

このパラメーターは，どれくらいある概念構造を詳しく扱うか，に関わる。概念的なモノを，それほど詳しく扱わないことができる。その場合は**概略的（sketchy）**または**スキーマ的（schematic）**ということになる。一方，詳しく扱うこともできる。その場合は，**詳述的（elaborated）**または**詳しく述べられた（specified）**ということになる。勿論，後者の方が，より差異化された極である。このパラメーターは，先ほどの漠然-はっきりのパラメーターと区別する必要がある。というのも，両者は交わることがあるからだ。例えば，ある事柄がはっきりと理解されているからといって，詳しい説明を伴って存在する必要も提示される必要もない。概略を述べて済ますことができる。反対に，ある事柄が漠然としか理解されていないからといって，概略的な説明のみで存在する必要も提示される必要もない。かなり詳細に述べることができる。したがって，まとまりのないどんよりしたものについては，詳しく長々と書くことができる。同様に，はっきりと理解している主題については，短く簡潔に書くことができる。

### 4.3.7 非明示的-明示的のパラメーター

このパラメーターは，ある要因やシステムがどれだけ**非明示的（implicit）**であるか**明示的（explicit）**であるか，に関わる。非明示的な極では，対象者の作品に対する反応から判断すれば，あるいは作者の意図を査定すれば，その要因やシステムはしっかりと存在しているのだが，ただしそれ自身は直接形を取って現れていない。明示的な極では，要因やシステムが知覚的に顕在化しているか，またはそれ自身で明示的・直接的に現れている。非明示的な内容が作品の対象者の認知に存在するようになるには，様々な過程がある。文化的また

は物理的世界の一部として，前提とされているかもしれない。慣習的な推論過程が背景知識と相まって，明示的に述べられた内容から推論されるかもしれない。通常であれば当然明示的に表されているはずなのにそうなっていないために，推論されるかもしれない。さらには，明示的な内容のもう一段上のレベルの形式では存在しており，それを見出さなければならない，という可能性もある。このパラメーターでは，明示的な極がより差異化された極であると考えられる。というのも，明示的に表されたものの概念内容はより確実で間違えようがないが，非明示的な概念内容は何通りにも取れるのが普通だからである。

　注意して欲しいのは，非明示的−明示的のパラメーターの2つの極は，先に示した2つのパラメーター（=「漠然−はっきり」と「概略−詳述」）のそれぞれ2つの極と重なることが多いが，原理上これら2つのパラメーターと別であることだ。例えば漠然−はっきりのパラメーターに関して言うと，「語り/ストーリー」は漠然とした素材について明示的に表現することができるし，非明示的な提案やほのめかしであっても，きわめてはっきりしていて間違いようがないことがある。同様に，概略−詳述のパラメーターでも，明示的な素材が極めて概略的なこともあるし，ある手の込んだ前提や推論のパターンを作品の対象者の中に非明示的に喚び起こすようにと，作者が苦労してお膳立てすることもある。

　特定の概念内容を作品の対象者の中に呼び起こすことを意図して，作者がわざとその概念内容を非明示的にすることがある。これは，そうすることにより観察しづらくなったり，他の事柄と比較しづらくなったり，質問されづらくなったりして，そのため対象者が意識したりコントロールしたりできなくなるからである。そのように非明示的にする目的として考えられるのは，説得力を高めるためかもしれないし，潜在意識に働きかけて劇的な効果をもたらすためかもしれない。あるいは，はっきりと述べられなかったことを作品の対象者がつなぎ合わせて「そうだったのか！」と気づいた時の衝撃を狙ってのことかもしれない。

　全く非明示的になっている時に最も効き目があるような，感情的カテゴリーのクラスが存在するようだ（作者としても，この感情カテゴリーを利用したいことだろう）。この形式の感情に見られる共通点は，その目的が隠されている，あるいははっきりとした形で言われていない，と理解されていることだ。この種の感情的カテゴリーには，その感情を引き起こす刺激の観点からすれば，脅威・不気味さ・謎めいた感じ，といったものが含まれるだろうし，何を経験するかという観点からすれば，予感・不穏・不思議，といったものになるだろう。このような現象が我々の経験の中に存在するためには，はっきりとされな

いままであったり，単にほのめかされるだけ，ということが必要なようだ。完全に明示的になったり，はっきりしてしまうと，その本来の性格を失い，併せて感情的な衝撃も失ってしまう。そうなると，このような現象は，他の形式の認知や感情の守備範囲に移ってしまう。例えば，相手が好奇心を持ったり，もっと良く調べてみようと思ったり，怒りを感じたり，あからさまに恐怖を示したり，といったように。あくまで可能性としてであるが，このような感情カテゴリーを我々が扱えるのは，自然界において隠れている性質を持つような類いの現象に対応するために進化してきたから，なのかもしれない。例えば，こっそりと忍び寄る捕食動物が挙げられるだろう。したがって，かすかな徴候（例えばポキンと枝が折れる音やかすかな動き）を検知し，それらを統合して，それらの背後にそれらを引き起こしている動作主がいるのでないかと疑うような認知システムが進化することには，自然淘汰的な利点があったのかもしれない。身体の毛が逆立つという生理的反応は，現在では典型的に脅威・不気味さ・謎めいた感じに気づいた時に起こるようであるが，どうやら実は別の生物からの脅威に対する防御反応に由来するようだ。

### 4.4 組み合わせ構造

**組み合わせ構造**（**combinatory structure**）という一般的パラメーターは，パターン形成の認知システム（1.1 節を参照）により実行されるが，要素と要素を結合してより大きな要素を作るパターンに関わる。このような組み合わせ構造は，要素と要素を時間と関係なく，同時に結び付けることもあるし，時間の経過と共に順に結び付けることもある。同時に結び付ける例としては，3.4.2.3 節で論じた「雰囲気」がある。時間的順序を持った例としては，物語のプロットがある。

　組み合わせ構造の**適格性**（**well-formedness**）を規定する様々なシステムが存在する。そのようなシステムは，文化に基盤を持つことも，作者に基盤を持つことも，生得的な基盤を持つこともある。そのシステムを成しているのは，適格な組み合わせを支配する原理かもしれないし，適格な組み合わせを特徴づけるパターンかもしれないし，適格な組み合わせに制約を加える要因かもしれない。「語り/ストーリー」の文脈の中で，異なる構造に対して，異なるシステムが並行的に適用されることもある。既に存在する適格性の中では，その一般的な形式として，時間に関係ない組み合わせに関するものに「首尾一貫性」と「非矛盾性」があり，順序的組み合わせに関わるものに「結束性」がある。

　以下の小節では，一部の事例において同時の結び付きも扱うが，時間的順序のある組み合わせに焦点を当てる。ここでは，あるカテゴリーの幾つもの要素

が時間的な流れに沿って結合するパターンのことを**連続構造**（**sequential structure**）と呼ぶ。これらのパターンは，何らかの適格性の原則に合致していることも，反対に原理を破っていることもある。

### 4.4.1 本質的実体の連続構造

基本的な概念構造として，**本質的実体の連続構造**（**sequential structure of identity**）がある。我々の認知能力の1つとして，意識の内容（知覚・思考の内容を含む）のある部分の周囲に概念的な境界線を引き，その境界内の対象を1つのまとまったモノとして捉える能力がある。そのような**モノ**（**entity**）には，物理的な無生/有生の物体・事象・制度・人格・流行などがある。我々の認知はさらに，これらのモノに独自の**本質的実体**（**identity**）を与えるので，そのモノは唯一的で他のモノと区別可能であると概念化されることになる。

本質的実体の連続構造には，幾つかの特性がある。その1つは，本質的実体が，時間を通じて継続すると概念化できる，ということである（たとえそのモノが，他の点では変わっていたとしても）。例えば，Kafka（カフカ）の作品（1936）に登場するグレゴール・ザムザは虫に変身するが，身体の変化にもかかわらず，読者はザムザの人格が継続していることを問題なく受け入れる。この事例では，元々のモノの人格が，そのモノの本質的実体の中心的な構成要素となり，形式は付随的なものとして理解される。同様に我々は，例えばゼネラル・エレクトリックという企業が，何十年にも渡って同じである，と何の疑問も持たずに考える。その従業員・工場設備・製品はほぼ完全に変わってしまっているかもしれないのだが。

この形式の連続構造，すなわち，変化にもかかわらず本質的実体が同じままであることには，共時的に対応するものがある。それは，個々の違いはあるのだが，本質的実体が同じ場合である。例えば，あるモノの本質的実体に取って決定的と考えられる特性と同じものが，同時に存在する他の事例にも当てはまると考えることができる。これらの事例は，その決定的特性以外では，みな異なる。このような別々の事例は，同じモノの異なる**バージョン**（**versions**）もしくは**変異形**（**variants**）と理解される。「同じ物語」と考えられるものは，本というバージョンで語られることも，映画というバージョンで語られることもある（＝媒体が異なる）。短編で語られることも，長編で語られることもある（＝長さと詳しさが異なる）。2つの異なる文化における，関連した民話として語られることもある（＝内容のある側面が異なる）。

本質的実体が時間を通して継続するもう1つの形式として，途中で時間的に空白があっても本質的実体が維持される場合が挙げられる。個人間の関係に

ついて考えてみよう。ある人物を，相変わらず同じ人物だと感じる感覚は，時間的な空白があっても成り立ちうる。たとえその空白が長い期間であっても，そうだ。例えば，学会で4年に1回しか会わないが，変わらぬ友情を感じる研究者仲間の場合のように。こうした場合，**認知的接合**（**cognitive splicing**）という操作が行われているのかもしれない。つまり，様々な異なる期間にある人物と過ごした経験を一緒に合わせ，そこからその人物と会っていない時間は取り除いて，継ぎ目のない連続体にしてしまうのである。ある観点から見れば，このような認知的現象は，Piaget（ピアジェ）の言う「物体の不変性」に対応するものに過ぎないかもしれない。しかし，この現象がもたらすある効果に気づくと，特殊な意味合いを帯びてくる。それはつまり，途中で時間的な空白があっても，同じ本質的実体が継続している，と感じることができることから，膨大な数に上る本質的実体を認識することを，同時展開で維持していくことが可能となる，ということだ。だから例えば，知り合いということに関して言えば，我々は，自らの人生というたった1つの時間軸を通して，複雑に織りなされる数え切れないほどの継続的な人間関係を，概念的に維持することができるのだ。

　これは，時間的に空白があってもつなぎ合わせるということだが，時間の経過を伴わない空間的な形式でも似たようなことが起こる。例えば，The park lies in the middle of Fifth St. (その公園は，フィフス・ストリート上にある) または Fifth St. extends on either side of the park. (フィフス・ストリートは，公園のどちら側にも走っている) という文を考えてみよう。このような文では，2つの別々のモノがあるとするのでなく，途中に空白があるけれどもそれを越えて伸びている1つのモノ（＝フィフス・ストリート）がある，という概念化を表している。

　ここまでに議論して来た本質的実体という概念は，他の要因が変化する中で継続するものであった。しかし，本質的実体の変化という概念もある。こちらの概念は，最初に受ける印象よりも複雑な基盤に基づいている。例えば，1つの可能性を排除するために言っておくと，まずあるモノを知覚または思考してから次に別のモノに注意を移したからと言って，それだけでは本質的実体が変わったことにならない。例えば，まず手の中にあるペンを見て，次に空の雲を見ただけでは，本質的実体の変化を経験したことにならない。心の中では，一方のモノに対する知覚・思考がもう一方のモノに対する知覚・思考に置き換わっているのだが。そうではなく，本質的実体の変化とは，ある特定のモノの本質的実体が変化することを含意する。だから，本質的実体は変わっても，先ほどの場合と同じく時間を通じて継続している何かがある。この状況は先ほど

の場合と異なり，その継続している何かは，本質的実体を定めることに決定的な役目を果たしていない（先ほどの場合では，そのような役目を果たしているのだが）。しかしながら，本質的実体の変化とは，その概念的基盤のゆえに，本質的実体の継続に基づいて概念化し直すことが常に可能かもしれない。つまり，変わらず継続している「何か」に基づいて捉え直すのである。

　このことは，Postal (1976: 211-212) が紹介した例を用いて説明できるかもしれない。以前に尻尾を失ったトカゲのその後について考えてみよう。このトカゲのことを，The lizard grew another tail.（トカゲは，新しい尻尾を生やした）とも The lizard grew back its tail.（トカゲに尻尾が戻った）とも言えるだろう。前者の文では，本質的実体が変化したと概念化している。ここでは，元々の尻尾を形成していた特定の量の物質が，モノと見なされている。新しい尻尾を形成している特定量の物質は別のものなので，別の本質的実体を持つ異なる尻尾ということになる。しかし2番目の文は，別の概念化を表している。つまり，変わらず続いている「何か」の本質的実体が継続している，と捉えるのである。ここで，尻尾という概念は，特定の時空間における形式が，トカゲの体の残りの部分に対して特定の関係を持っている，ということに結び付いている。この形式は，それを具現化している特定の物質に関係なく，時間を通じて継続したり，再生したりすることがありうる。だからこのような物質は，既に述べたように付随的な特性であり，別のものに変わっても本質的実体に影響を及ぼさない。

　同様に，Five windows have broken in this frame.（この枠で5枚の窓が割れた）という文は，5枚のガラス板に言及しており，1枚1枚がそれぞれの本質的実体を持っている。しかし，The window in this frame has broken five times.（この枠の窓は5回割れた）であれば，窓枠の中を満たしている形式という，もっと抽象的なモノに言及している。5枚のガラス板は異なる物質だが，本質的実体は保持されている。

　ここまで見てきた2つの例文ペアにおいて，本質的実体が変化するという概念化は，具体的な素材に関わっており，変わらない要因は形式であった。しかし，その逆が成り立つこともある。例えば，ある職人が木を刻んでカヌーを作ったという物語を考えてみよう。ここで具体的な素材（＝木材）は，時間を通じて継続しているが，通常は形式の方が本質的実体にとって決定的だと見なされるだろう。だから，以前は木があったのが，今度はカヌーがあることになる。ここでは形式が本質的実体の変化を示しており，素材は変わっていない。

　しかし，このタイプの本質的実体の変化であっても，本質的実体が継続していると再解釈することが可能である。例えば，物語の中で木には精霊が宿って

いるとしたなら，今度は同じ素材でその中に精霊がいることが，本質的実体に当たると考えられるだろう。そのため，形式が木からカヌーへと変わったことは単に付随的なことに過ぎず，もはや本質的実体が変わったことにはならないだろう。

　このように本質的実体が順に変化していくことに対して，そのような変化を伴わないものもある。ある自動車道で，異なる区間に2つの異なる名前が付いていたとしよう。この自動車道は，2つの別々の通りがつながっていると考えることができる（ひょっとしたら実際に，元々は別々の道路だったのが，後になってつながったのかもしれない）。そうすると，2つの別々の本質的実体が関わっていると概念化していることになる。あるいは，順に変化していく場合と同じ様に，本質的実体は1つであると概念化することも可能である。例えば，この自動車道は1つの通りで1つの本質的実体しか持たず，その異なる区間が異なる名前で呼ばれているだけだ，と考えることができる。

　順に変化していく場合のもう1つ別の特性として，本質的実体は同じままか変化するか，だけでなく，存在するようになったり，存在しなくなったりすることもある。これら2つの過程は一緒にペアとして概念化することができる。例えば，我々には一連の現象を観察し，その一部の周りに境界線を引き，その部分をモノ化する能力がある。その結果，最初の境界線と後の境界線の外側の現象は，そのモノから除外される。だから，そのモノは最初の境界線で始まり，後の境界線で終わることになる。この特徴は，境界づけられていると捉えられた事象であれば必ず見られ，ある有限の量がどんどんと働きかけを受けて，最後にはなくなってしまう。英語では，典型的にこの種の事象を in で始まる時間句で標示することができる。例えば The log burned up in 10 minutes.（そのまきは，10分で燃えてなくなった）や，I swept the floor in 10 minutes.（私は，床を10分で拭いた）といった表現である。原理立った方法でどこに境界線を引くかは，捉え方により異なってくる。例えば，始めの境界線について言えば，人間の個体という本質的実体が始まるのは，受胎時なのか，胎児の段階で脳機能が開始する時なのか，出生時なのか，といった色々な考え方がある。また，終わりの境界線についても，人間の生命が終わるのは，脳機能が停止した時なのか，全体的な身体機能の停止時なのか，蘇生が不可能になった時点なのか，といった様々な考え方がある。

　本質的実体には有限の期間があるとか，終わりがあるとか概念化することは，さらに認知的な形成につながっていく。もしある人物が，特定のモノに対して愛着を持って反応するとしたら，一般的にそのモノが存在する時間を引き延ばしたいと思うだろうし，そのモノが引き続き存在することに対する脅威か

ら守ってやりたいと思うだろう。それから，そのモノが存在しなくなると，一般的に喪失感を経験し，併せて悲しさも経験する。このような感情は，典型的に愛しい他者の生命と結び付くものだ。しかし，その人物が好きなモノであれば，どのようなモノであっても，どのような性質のモノでどれほど抽象化されていても，結び付く。だから例えば，読者は架空の登場人物の死についても，そのような感情を経験することがある。Arthur Conan Doyle（アーサー・コナン・ドイル）がシャーロック・ホームズを死なせようとしたものの，世間の反応の大きさから，生き返らせなければならなくなったのが，これに当たる。また番組の終了や，時代の終焉といったものに対して，そのような感情が抱かれることもある。

　現象の一部をモノ化し，他の要因は変わってもそのモノの本質的実体は継続していると捉え，その継続性に愛着を持たせる認知的過程は，さらに別の認知的効果を生み出すかもしれない。つまり，そのモノが終わってしまったと考えられるような境界線を越えても，本質的実体が引き続き存在する，という概念化を生じさせるかもしれないのだ。特に，ある個人が肉体上は亡くなっても，その本質的実体は引き続き残る，という多くの伝統的な考え方がある。そのような考え方には，死後のイノチ・魂の永続性・魂の転生などがある。

　これまでは，本質的実体が順に変化することを論じた際に，いかなる時点においても本質的実体の数は一定であった。もっと言えば，その数を常に「1」にしていた。しかし存在する本質的実体の数が変化するような特性もある。そのような特性には，「分裂」と「融合」がある。例えば，1つのバクテリアは独自の本質的実体を持つが，2つの「子」バクテリアに分裂すると，そのそれぞれが独自の本質的実体を持つことになる。また逆に，2つの小川はそれぞれ別々の名前と本質的実体を持つが，合流して1つの川になると，独自の名前と本質的実体を持つことになる。ここでもやはり，このように順に変化していくパターンに対して，変化しない対応するパターンが存在する。空間的な例としては，道路が2つに分岐する（逆に2つの通りが合流して1つになる）と，合計で3つの箇所がそれぞれの名前と本質的実体を持つようになることが挙げられる。

　我々が概念的にモノ化を行う際には，このようなパターンがしばしば問題となる。例えばバクテリアの場合なら，分裂した瞬間に「親」バクテリアはなくなり，2つの新たなバクテリアが存在するようになったと感じるかもしれない。しかし，元々のバクテリアは2つの「子」バクテリアの中に分散していると感じることもできるだろう。これとは逆方向で似たような例を考えると，緊密な「共生」の事例とは，2つの生命体が相互に依存していることなのか，それと

も2つの生命体から成る第3の生命体のことなのか，がよく分からなくなることがしばしばある。

本質的実体の構造には，4節で論じたその他のパラメーターのほとんどが見られる。例えば，全体‐部分に基づいた包含のパラメーターが，作品集に見られる。作品集を全体として見ると，それ自身の名前と本質的実体がある。しかしその中には別々の作品が含まれ，それぞれ別々のタイトルと本質的実体を持っている。あるいは，2つのモノが別々の本質的実体を持っているのだが，部分的に重なることもある。この関係は，地理的な分布でよく見られる。例えば，アフリカの国家と種族がそうだし，アメリカ合衆国の郡と選挙区もそうである。

もっと言えば実は，この最後の例と同じ様な例が，2つの構造間の**一致**（**accord**）と**不一致**（**discord**）のパラメーターのよい例となる。まず第一に，現象のある部分の周りに境界線を引いてモノ化するという認知過程は，異なる基盤に基づいて行うことができる。例えば，物理的に連続している領域のある箇所を選挙区として区切るには，人口密度を基にすることも，有権者がどの党を支持しそうかを基にすることもできる。もしこれら2つの基準が一致しない場合には，後者を基にして形成された選挙区は，「ゲリマンダー（＝特定の政党や候補者に有利なように選挙区を区割りすること）」と言われる。だから，「ゲリマンダー」という概念は，モノ化して本質的実体を与えることを統率している認知原理に基づいていることになる。

ある特定の本質的実体が継続する，という認知的構築物には，一般的に二次的な特徴がある。すなわち，その本質的実体と概念的に結び付けられる他の様々な現象も，互いに結び付き合うのだ。さらにそれらの現象は，それらの中からある要素を選び出し，それらの要素を統合して，1つの概念実体的なまとまりとして経験できるものにするような認知的過程を受ける。たとえそれらの要素が，他の根拠に基づいたり，他の認知能力により査定されたら，雑多な寄せ集めのように思える場合であっても，概念実体的な連続した構造の適格性原理に合致すると思われる複合体へと，1つにまとめることができる。

このように機能する主要なタイプのモノとして，「自己」という概念的構築物がある。この単一の本質的実体の名の下に，人はこれまでの経験を概念的に1つにまとめて，その人の「一生」と考えられる概念実体的なモノとすることができる。この統合を行う認知過程は，様々な経験の中から違うものを選んで「一生」を組み立てることもできるし，選び出した部分・部分を違うやり方でつなぎ合わせて，人生の様々な捉え方を作り出すこともできる。このような異なる捉え方は，同じ個人であっても違う時ならば起こりうるし，その時の気分

によっても起こりうる。あるいは，認知的様式や性格に応じて，個人間で異なることもある（Linde 1993 を参照）。また当然ながら，他者に対しても同様の認知プロセスが適用して，その人の「人生」についての概念化が生じる。[10]

　対象となるモノが個人でなくフィクション作品のような無生物の場合には，選択・概念実体的統合という同じ認知過程を行うと，「一生」でなく「物語」ができる。そしてそのモノが組織や国家であれば，「歴史」となる。神の意志が，歴史を通して，ある目的を持って作用してきた，という概念は，幾つかの出来事を選び出してつなぎ合わせ，適格な概念実体的な連続に仕上げるという，この認知システムを投影したものかもしれない。

　どのようなタイプのモノがこのように機能して，関連する二次的な現象を統合する対象となれるのかは，強い認知的傾向により統率されている。一般的に，そのようなモノは時空間のある連続した部分として捉えられるようである。例えば，人は典型的に，この統合を自らの生物学的自己と直接結び付けられるような経験のみに限定して，1つの人生という捉え方を形成する。自己の経験と他者の経験から取り出したものを混ぜ合わせて，1つの人生とするようなことはしない。同様に，人は目の前にある様々な本のあちこちからちょこちょこと抜き出し，それらを一緒にして物語を作るようなことは，普通しない。物理的に1冊の本に限定して，その中の幾つかの内容をまとめて物語を作るのだ。

　本節でここまで説明してきたように，概念的構成要素を統合して，本質的実体を持つモノにする認知過程は，1.1節で説明したパターン形成の認知システムを具体的に適用したものである。1.1節でこのシステムの進化について述べたが，それをここでもっと拡充することができる。生命体が，時間の経過と共に，様々な経験を統合する能力を増していくことには，多分自然淘汰的な利点があったのだろう。そのような発展があれば，現実世界におけるより膨大な経験の集合を蓄積し，比較し，その間に見られる矛盾を解消することが可能になり，生命体にとって，個人的な知識の事典のようなものになってくれる。しかしそうすると，このレベルで経験を統合できるためには，パターンを形成する認知システムにおいて，様々な経験を編成する土台層としての「自己」という構築物を形成する能力が進化していなければならない。

---

　[10] ある文化に属する個人の意識の中で最も顕著な認知的構築物は，その人がずっと続けてきた自らの本質的実体に関連づけられる経験よりも，むしろ，所属している集団や，集団の中で自らが担う役割に関連づけられる経験である傾向があるだろう。

### 4.4.2 概念実体的な連続構造

連続構造のもう 1 つのパラメーターは，概念実体的あるいは概念的内容と関わる．それゆえ**概念実体的な連続構造**（**ideational sequential structure**）と呼ぶことができる．一方で，ある特定の概念は，ある特定の時点で表示したり経験したりすることができる．他方で，幾つものそうした概念を，時間の経過と共にどんどん現れてくる 1 つの概念構造内で，組み合わせることもできる．このような概念構造は，その範囲・埋め込み・複雑さにおいて，どこまでも大きくなりうる．言語に関して言えば，例えば下は 1 つの句から，上は Proust（プルースト）の "À la Recherche du Temps Perdu"（「失われた時を求めて」=「最も長い小説」としてギネス世界記録で認定されている長編小説）まで．

　このような概念実体的な連続には，様々な適格性のシステムを当てはめることができる．言語内で適用され，たいていは局所的な範囲に渡る，このような 2 つの関連したシステムとして，統語的要因と談話的要因がある．別の適格性のシステムで，どのようなサイズの範囲でも作用するが，多分典型的には中規模の範囲に渡るものが，広い意味での「論理」のシステムである．これには，現在の考えが非合理的な結論とならないように，その考えがこれまでの考えから論理的・合理的に導かれるか，あるいはその考えに対して十分な準備があるか，の査定が含まれる．しかしさらに，その統合を大きな範囲で具現化するもう 1 つのシステムがある．それは，プロットの展開や物語の結束性の規範や基準である．だからこの類いのシステムは，広範な範囲に渡って様々な考えを連続させる場合に関わってくる，一群の原理や規範的期待を成すことになるだろう．したがって，**プロット**（**plot**）という概念は，概念実体的な連続構造という，ここでのカテゴリー内に位置づけることができる．例えば，「語り／ストーリー」の作品に関して，プロットという概念は，基本的に，その作品の全体的な概念実体的連続構造から抽出された 1 つの形式だ，ということになる．この抽出されたものは，構造的な関連性についてのある評価システムに基づいているが，典型的に個人・中規模の事象・心理的な意義を，特に対象とする．勿論，プロットの展開や物語の結束性に関する規範や基準でも，異なるもの同士では適格性の原理について異なることがありうる．例えば，プロットのジレンマを解消するために，何の前触れもなくある力が働くことを，良しとするような規範・基準もあれば，作為的な「神による救いの手」だと見なす規範・基準もある．

　これまで述べてきたような，作品の概念実体的な構造や，概念実体的内容の性格は，内容自体と比べると，対象者の注意の背景に置かれる傾向があるかもしれない．しかし作品が，その概念実体的な内容の構造や性格を，対象者の注

意の対象にすることもありうる。この1つの形式が「羅生門効果」である。そこでは，その内容に対して客観的性格を持つと思えるであろう出来事が，何人かの異なる人物の視点から提示されている。これらの人物は，概念実体的な複合体の異なる側面を取り出して，それをめいめいの方法で解釈したり，あるいはそれぞれの感情や認識の異なる側面をその複合体に投影したりするので，作品の対象者は，そもそも客観的な現実なるものはあるのかとか，全てが主観的な解釈に過ぎないのでないか，と思うことになる。あるいは，作品が意図的に何が起こったかを不明瞭にしておいたり，実際に起こったことについて矛盾して相容れないような描写を並べてみせることもある。これら全てにおいて，概念実体的な内容とその連続的な構造の性格が，それ自体で問題とされており，したがって前景化されている。

　この節の残りでは，概念実体の連続構造における適格性を，作品の対象者と作者がどう査定するかを扱うことにする。対象者には，例えば今読んでいる本や見ている映画の概念実体的な連続の適格性を査定する認知的なシステムがある。それと関連して，作者は典型的に，手元にある一群の題材が論理的にどのように相互につながっているかを精査し，作品が対象者の連続的な適格性を査定する認知システムに，望み通りの影響を与えられるようにする。

　さて，作者が意図的に，概念実体的な連続の適格性を対象者が査定する認知システムとは合致させずに，むしろ改ざんするように作品を構成することが，よくある。作者が作品をこのように構造化する1つの理由は，（作者の側からしてみれば）対象者がいつも適格性の表面的な形式にばかり注意しているのを混乱させて，対象者の注意をもっと深い形式に向けるよう促すためである。そのような作品の例としては，Eugène Ionesco（ルーマニアの劇作家）や Jean Genet（フランスの劇作家）などの不条理演劇がある。また連続の適格性を言語から舞踏に拡張して，考えのスムーズな流れだけでなく，動きの優美な流れも扱えるようにしてよいなら，伝統的な適格性を意図的に破る例として，Martha Graham（アメリカの舞踏家・振付師）の（従来のクラシックバレエに対する）モダンダンス・パフォーマンスがある。John Cage（アメリカの音楽家・作曲家）の一部の音楽形式のように，思いがけない要素を導入するのも，同様の機能を果たすことが意図されているのかもしれない。

　作者が，対象者の持つ論理的な適格性を査定するシステムを改ざんする（もっと言えば，ひっくり返す）もう1つの理由としては，ちょうどプロパガンダや法廷でのやり取りと同じように「説得して思い込ませるため」があるかもしれない。対象者のパターン形成システムが一定の方向に進むようにと，作者は全体の中のある側面だけを前景化したり選択したりするかもしれない。あ

る側面を背景化したり省いたりするかもしれない。またある側面を歪めるかもしれない。ある側面をさりげなく示すことで，作品の対象者に推論を行わせて，作者の望む誤った方向に進ませようとするかもしれない。強い感情を引き起こすような要因を用いることで，対象者が論理的に推論を行うことができないようにしようとするかもしれない，といった具合である。

しかしさらに適格性の査定と相容れない原因として，要するに作者の怠慢がある。つまり，作品の概念実体的な内容が概念的に統合されて，その部分・部分が意味を成して上手く合うようになることが望まれるはずなのだが，作者はそのように概念実体的な内容を上手く詰め切ることができないのだ。例としては，特殊効果に頼る映画がそうかもしれない。

このような作者の無力さやなおざりが刻み込まれているような作品であっても，評判になることがあるかもしれない。というのも，ちょうど相補的に，適格な概念実体的な構造がなくても構わない対象者が，それなりにいるかもしれないからだ。これは特に，一定の認知的状況の下でそうなる。だから例えば，他の認知システムが激しい活動を行っていると，作品の対象者の適格性システムは，容易にその機能が減少したり混乱したりするようである。そのような激しい活動としては，強力な感覚刺激の知覚や強い感情の経験があるかもしれない。したがって，強烈な視覚効果がある映画や，興奮のような強烈な感情を呼び起こす映画は，他の映画よりもプロットの結束性が弱くてもとがめられずに，成功することがある。

このように，適格性について作者が払う注意と受容者が払う注意が相互作用を起こすのだが，さらに言うと，典型的に「語り／ストーリー」がどの程度まとまりを持つかは，平均的な読者／視聴者が典型的にどの程度まとまりを見出せるか，と相関している。読者／視聴者が概念実体的な連続にまとまりを見出して，その適格性を査定できる範囲もしくは査定しようとする範囲は，個人によっても文化によっても異なる。もっと言えば実は，文化が変わっていくうちに変わってしまうかもしれない。この点に関して，例えば，アメリカ文化には，視聴者の注意が続く幅を短くさせるような力が働いており，コマーシャルとコマーシャルの間のわずかな話や極めて短い話しか持たないのだ，という人たちもいる。

### 4.4.3 認識論的連続構造

また別の形式の連続構造は，認識論に関わるので**認識論的連続構造（epistemic sequential structure）** と呼ばれる。これは，「誰が，いつ，何を知っているか」の構造である。より正確には，「語り／ストーリー」に関連するいかなる領域に

ついても，各個人や各グループが何を知っていて，いつそれを知っているか，を横に並べて時間の経過と合わせたものが，これである。認識論的構造を広く取ると，誤った信念や，さらには様々な度合いの確信度や質の下での信念（例えばカンや疑念）も含まれる。

　ミステリー小説において，認識的な連続構造は物語の登場人物だけでなく，作者や読者にとっても，プロットを展開する主要な駆動力となりうる。例えば，物語の内部だけをまず見てみると，認識的連続構造が根拠となって，登場人物は隠蔽をしたり，探偵を混乱させることをしたり，スパイをしたりするし，探偵は調査をしたり，容疑者に対してわざと安心させるようなことを言ったり，おびき出す罠をしかけたり，真の殺人犯が真相を言うように仕向けたりするのだ。

　そしてミステリー小説における作者の領域では，認識的連続構造を基にして，作者はミステリーを設定し，真の手掛かりと偽の手掛かりの両方を残しておき，解決策と思えるものを次々と紹介していき（ただしいずれも上手くいかない），真相が分からないまま最後になってようやく解決するのだ。

　したがって，読者の領域内では，認識的連続構造が対象者の内部に，サスペンス・不可解さ・こうではないかという予感・確信の強まりと弱まり・これまで考えていた説明が破綻することに対するがっかり感・全てがようやく上手くつながったことに対する満足感，といった感情を生じさせることができる。

　ミステリー小説以外でも，認識的連続構造は多くの点で作用していることが分かる。例えば，作者の創造的スタイルに関わることがありうる。作者には，プロットを完全に作ってからでないと書き出さないタイプもいるだろうし，あるいは作品を書き出すのだが，どこに進むか分かっておらず，とにかく物語の論理性と登場人物の心理が勝手に展開していくに任せるタイプもいるだろう。

### 4.4.4　視点的連続構造

視点を取る地点には，独自の連続構造の原理があり，ここではそれを**視点的連続構造**（**perspectival sequential structure**）と呼ぶことにする。幾つかの重要な点において，視点を取る地点は，物質的なモノと同じ物理法則に制約を受けたり，従ったりしない。ただし幾つかの点においては，そのような物理法則に従うのだが。例えば，「視点を取る地点の物理法則」は，空間的・時間的・因果的構造のある側面に関して，物質の物理法則から逸脱している。だから例えば，視点を取る地点は，物理的につながっていなくても，物語の世界の空間内であちこちに跳んで行くことができてしまう。そして必要とあらば，固体物質を通過したり，その中に現れたりすることもできる。だから，別々の物体が

同時に同じ場所に存在できない，という通常の物質に関する原理に従っていないのだ。同様に，最初はある物語世界の時間に現れて，次にそれよりも未来の時間にも過去の時間にも跳んでいくことができる。だから，時間は連続しているという原理にも，時間は一方向にしか進まないという原理にも，従っていないのだ。視点を取る地点は，物語世界に何ら因果的な影響を及ぼさない。つまり，どこにでも現れることができるが，そこで起こっているであろうことには，何の帰結ももたらさないのだ。

　これらの物理的な自由さとも関連しているのだが，視点を取る地点は，さらに「語り/ストーリー」の文脈全体に渡って，自由に色々な構造に生じることができる。例えば，空間的な層の物質的物体と物体の間に現れることができるだけでなく，心理的な層における様々な登場人物の心の中に現れることもできる。また視点を取る地点は，様々な領域に現れることも，領域間を跳んで行くこともできる。これが起こるのは，例えば作品が急に対象者の注意を作者に向けたり，対象者自身に向けたりする場合である。テキストでI（私は）や you（あなたは）が使われると，こうなるだろう。あるいは，テキストがテキストそのものに注意を向ける場合もある。その結果，対象者は注意をテキストの内容からそらして，読んでいる自分の内面を意識して，再びテキストへ注意を戻すのである。これほど自由に動き回れるものは，なかなか他にないだろう。

　しかし視点を取る地点の物理法則は，幾つかの点で物質の物理法則と一致する。視点を取る地点はその周囲環境に影響を及ぼさないが，周囲環境から影響を及ぼされることがある。少なくとも，視点を取る地点が，どれくらいの時間そこにとどまっているか，そこで何を観察するか，次にどこに行くか，を決定する際には，そうである。また視点を取る地点は，空間的構造の幾つかの特性を無視する（例えば，経路が非連続でもよい，別の物体と同じ場所を占めることができる等）が，空間的構造の他の側面には従う。例えば，ある一定期間は指定された空間領域の範囲内にとどまるし，その領域の空間的構造を遵守する。さらに時間的な構造に関して，視点を取る地点は独自の時を刻む仕組みがあり，その観点から未来へと進んで行く時間軸を決定している。だから，視点を取る地点は，物語世界の時間においてバッバッと過去・未来を行き来するが，結果として得られる観察は，視点を取る地点自体の時間軸上で，一定の速度で未来へと進んで行くテープに記録されるものとして，記憶に留められる。

### 4.4.5　動機の連続構造

**動機（motivation）**は「感情」の心理的カテゴリー（3.4.1 節を参照）の一員であり，意識のあるモノが行う特定のタイプの行為へと向かう傾向性から成る。そ

してその傾向性は，そのモノ内部の特定の心理的状態と結び付いている，あるいは特定の心理的状態によって引き起こされると考えられる。最もスキーマ的なプロトタイプでは，以下がそのような傾向性の例かもしれない。ある物体に対して恐怖を感じると，その物体から遠ざかる。怒りを感じると，その物体を傷つけたり追いやったりするために，近づく。欲求を感じると，それを得ようと近づく。興味を持つと，その物体に注意を向ける。退屈すると，他の何かに注意を向ける，といった具合である。同様に，ある状況が起こって欲しいと思う（つまり，目標を持つ）と，最終的にその状況に至るだろうと考える一連の行為を行う。

その連続構造となると，様々な個人や集団の持つ動機が，様々な程度の範囲に渡って，幾つも連結され，埋め込まれ，重なり合い，対立することが，「語り/ストーリー」の重要な（そしてしばしば主要な）結束性を持つ構造を構成する。このような現象を統率する原理を，ここでは**動機の連続構造**（**motivational sequential structure**）と呼ぶ。

### 4.4.6　心理的連続構造

3.4 節では心理的構造を 1 つの層として提示した。つまり，「語り/ストーリー」の文脈中の様々な場所で，様々な値を取ることができるタイプの現象として提示した。そしてそれは，個体・集団・雰囲気という 3 つのレベルで構成されると論じた。ここでは，これら 3 つのレベルのいずれにおけるモノも，一連の心理的形式を示すことができ，よって様々な**心理的連続構造**（**psychological sequential structure**）のパターンを示すことを観察する。ここまでに議論してきた形式の連続構造（認識論・視点・動機）も心理的な層に関わっているが，それらは，3.4.1 節で述べた意味での心理的な層の「カテゴリー」を表している。ここでは，3.4.2 節で述べた意味での心理的構造の「レベル」に注目していく。

例えば個体のレベルでは，個体は以下のような心理的連続のパターンを示すことができる。まず，合理的な思考を整理して進めていく。次に，漠然と感じていたものが徐々にまとまっていき，はっきりとした考えになっていく。さらに幾つもの考えが流れるようにつながっていくのだが，それぞれの考えをつなぐものと言えば，ある概念的要素を共有し，同じ感情的な方向を向いている，ということだけである。あるいは，考えや感情が急に移り変わることもある。

次のレベルでは，集団は，心理的な連続を統率している以下のような原理に従っていると考えられるかもしれない。まず，集団ヒステリーが広がる。次に，メディアのコントロールにより，どんどんと世論が作られる。そして社会

が活力から沈滞へと滑り落ちていく。

そして雰囲気のレベルでの推移には，楽観的な調子から容赦ない破滅の調子への移行や，脅威の感覚から温かみの感覚への移行があるだろう。

SFのジャンルでは，物理的連続構造の典型的な原理をわざと破ってみせることがよくあるが，それと同じ様に，心理的連続構造で普通は当たり前と思われることをわざと破ってみせることがある。個体レベルでは，例えばある1人の宇宙人が，わけの分からない動機によりその行動が支配されているように思える場合がそうである。集団レベルでは，例えば宇宙人の集団が，感覚器官に依らない意思伝達によってある程度まで共通の心を持てる場合や，ある社会が，不可解な世界観により行動する場合が，そうである。さらに雰囲気のレベルでは，例えばある惑星が，人間の観察者に対して，それまで知っていたどのパターンにも従わないような不気味な感情を生み出させる場合がそうである。

## 4.5 評価

心理的主体は，ある現象がある特性のシステムに対してどこに位置づけられるかを，**評価**（**evaluating**）するという認知操作を行うことができる。この類いの特性のシステムは，典型的に尺度性を持ち，マイナスからプラスへと続いていくものと理解される。そのような特性のシステムには，現実性・機能性・重要性・価値・美的性質・典型性がある。だから例えば，認知的主体は，ある現象がこれらの尺度でプラスの極にあるとき，その現象が真・意図的・重要・善・美しい・標準的であると査定することができる。美的性質を除くこれら全てのシステムについて，以下の小節で論じていく。

### 4.5.1 現実性

**現実性**（**veridicality**）のパラメーターは，「語り／ストーリー」内のある表示構造が，いわゆる「現実世界」のある側面にどれだけ緊密に対応しているか，に関わる。そしてその緊密さは，認知的主体がその緊密さをどのように査定し，そのような世界をどのように捉えているか，に応じて決まる。このような認知的主体とは，外部にいる分析者かもしれないし，作者かもしれないし，作品の対象者かもしれないし，作品を演じる者かもしれない。

例を挙げてみると，あるフィクションの作者が人間心理の性質についてある真理を正しく捉えて，それを物語の中に取り込んでいる，と感じる批評家や一般読者がある一定の数に達したら，その作品は**古典**（**classic**）としての地位を獲得する。あるいは，演技者の観点からの例を挙げると，ある役者が劇を現実のことではないと感じたなら，自分の役を心から信じることができず，ひょっ

としたら自分の演じる登場人物の台詞や性格が嘘っぽく聞こえるかもしれない。その結果，役に入り込むことができずに，下手な演技をすることになるかもしれない。

　一般的に，「語り/ストーリー」のジャンルが異なれば，求められる現実性の度合いも異なる。ノンフィクション（例えば歴史もの）では，フィクションよりも，テキストの描写が現実世界と正しく対応していることが，より求められる。また SF がサイエンス・ファンタジーと区別されるのは，一般的に，物語が（その時代の常識的理解から）科学的にもっともであるように思われることに基づいている。

　1つの作品内であっても，表示の形式が異なれば，やはり現実性の度合いが異なってくる。もっと言えば実は，ある真実を表示するためには，現実性からのある程度の逸脱はやむを得ないと言う人たちがいるかもしれない。この考え方では，ある「語り/ストーリー」が通常，現実世界で起こるだろうと思われていることに対応していないのだが，それと引き換えに，より深い心理的構造や社会的構造を抽出して描いた表示が，より現実味を帯びてくるのだ。例としては，身近な生活の描写には非現実的な部分があるものの，人間関係についてのある抽象的な理想や希望を表すようにと，登場人物の行動を描いている映画が挙げられるだろう。観客は，そのような理想や希望を，実は密かに心の中に抱いているかもしれない。

　「積極的な不信の停止」という伝統的な概念があるが，これは正にここでの現実性のパラメーターの下に収まる。この概念は，「語り/ストーリー」のある側面（例えば，作品の対象者の心に働きかけて感動させる）を受け入れるのと引き換えに，物語の中である形式の非現実性・ある量の非現実性を受け入れる，ということを表している。この概念の1つの解釈としては，対象者は現実性を好んでいるから，作品がそこから逸脱することは対象者にとってコストである，と考えることができる（たとえ対象者がそれと引き換えに生じてくる他の側面を楽しんだとしても）。また別の解釈としては，一定の形式で一定量の非現実性がある方が，自分の日常生活よりも楽しい世界が描かれることになるので，対象者はそちらの方を好むのだ，と考えることもできる。対象者が，このような非現実的な「語り/ストーリー」の方がほっとするから，という理由で積極的に求める場合には，そのような作品は**現実逃避主義**（**escapist**）と呼ばれる。

　現実性の度合いの査定は，こうした査定を実施する脳の認知システムの働きによるものと考えられる。認知システムには多様な機能があるが，現実性に関するシステムは，とりわけパターン形成の認知システムに適用されることにな

るだろう．具体的には，概念要素を組み合わせて連続的な「語り/ストーリー」にする機能に対して働くのだろう．そうすると，ある種の脳機能障害を持っている患者が示す作話症という症状は，現実性に関係する認知システムと，「語り/ストーリー」を構築する認知能力の連結部における問題に起因するのかもしれない．

### 4.5.2 機能

作者は，作品の中に入れようと考えるいかなる構造も，それが自分の伝達意図に対して関連性があり効率がよいか，を査定することができる．作者はその特定の構造を作品中に入れる際に，特定の**目的**（**purpose**）を持っている，と言えるだろう．あるいは，作者は，その構造が特定の**機能**（**function**）を果たすことを意図している，と言ってもよい．作者が「語り/ストーリー」を組み立てる際に行う選択は全て，この意図された機能という要因に導かれる可能性がある．

局所的な範囲における例としては，作者は，ある特定のパラグラフや文や語でさえも，以降の「語り/ストーリー」の展開に必要となる特定の情報や雰囲気を確立するために，用いているかもしれない．あるいはペースを変えることで作品の対象者の関心と注意を続かせようとしているかもしれない．はたまた，対象者の中に特定の感情（困惑など）を産み出そうとしているかもしれない．

全体的なレベルでは，作者が作品に対して強く意図していることは，対象者に特定の心理的効果をもたらすことである．作品ごとに異なるのは，この効果がどうあるべきか，である．一般的に，これは「レトリック」と呼ばれる領域の事柄である．作品全体として意図される心理的効果の例としては，対象者を啓蒙するとか，道徳的に向上させるといったことがある．また，対象者を浄化したり爽やかにしたりするようにと，対象者の中に一連の感情の波を作り出すかもしれない．あるいは，対象者を鼓舞して特定の行動をさせようとするかもしれない．

ある「語り/ストーリー」のタイプは，機能のパラメーターを逆手に取ることがありうる．この点でユーモアを考えてみると，通常のジョークはこのパラメーターをいいように利用したりはしない．途中で示されてきた様々な要素は，最終的なオチに対する背景や，話をそこまでつなぐだけの働きしかないからである．対照的に，シャギードッグ・ストーリー（＝あまり脈絡のない出来事が次々と述べられ，意味不明な結末に終わる）は，語りの形式を形だけ真似たものである．長々と語られる様々な出来事は，オチに対して何ら機能上の関係がなく，単に最後の駄洒落を言うためだけのものである．だから，上位レベ

ルから見れば，シャギードッグ・ストーリーの要点とは，要点がないことなのである．

### 4.5.3 重要性

意識のあるモノが何らかの優先システムを持っていて，ある現象がそのシステムに関わりがあったり，影響（プラスでもマイナスでも）を及ぼしたりできる限りにおいて，その現象はその意識のあるモノにとって**重要性**（**importance**）がある．優先システムとは，それに応じて意識のあるモノが，様々な対象となる要素を様々な程度に好むシステムのことである．そのようなシステムとしては，意識のあるモノの価値・欲求・美しさ・関心があるだろう．本研究の文脈では，重要性を持ちうる最も関連性のある現象としては，「語り/ストーリー」作品内の表示構造であれば，いかなるものでも該当するだろう．例えばある1パラグラフかもしれないし，作品全体でもよい．意識のあるモノで，ある現象の重要性を経験したり査定したりできるのは，作品の対象者・作者・社会集団が挙げられる（勿論，「語り/ストーリー」内の登場人物や集団であってもよい）．

### 4.5.4 価値

意識のあるモノは，ある現象が相対的に良いか悪いかを査定するために，その現象を何らかの価値のシステムに基づいて評価することができる．重要性のパラメーターでは，ある現象が例えば価値のシステムのような優先システムにどの程度「関わりがあるか」（プラスでもマイナスでも）が問題であった．それに対して**価値**（**value**）のパラメーターでは，価値の優先システムにおいてどれくらいプラスなのかどれくらいマイナスなのか，を問題とする．このパラメーターで普遍的と思われるのは，どの良く知られた意識のあるモノでも，現象を良いか悪いかで評価しているように見えることである．しかし意識のあるモノごとに異なるのは，どの現象を良いと査定し，どの現象を悪いと査定するか，である．そして勿論，同じ認知的主体であっても，同じ現象に対して矛盾する2つの評価をすることがある．「語り/ストーリー」の文脈で言えば，ある作品に教訓的な側面があった場合に，作品の対象者はそれを，倫理的に気持ちを高めてくれると思いながら，同時に偉そうに道徳を押し付けていると感じるかもしれない．

　価値のパラメーターにおける査定は，本節でこれまで論じて来た他のパラメーターにおける査定と，おおよそ一致する．例えば批評家は一般的に，ある作品がどれくらい重要性を持ち，どれくらい世界の幾つかの側面（心理的構造や社会構造）に合致しているか，に応じてその作品を良いと評価する．また作

者が行った選択を通して，どれくらい作者の目的を達成しているかに応じて，その作品を美しいと査定する。

### 4.5.5　プロトタイプ性

「語り / ストーリー」の全体的な文脈における構造はいかなるものであっても，一般的にその**プロトタイプ性**（**prototypicality**）に関して査定を受ける。すなわち，作者・受容者・広くその文化に属する人々は，いずれもその構造に対して，自分にとってある程度馴染みがあるべきだという規範を持ち，ある程度馴染みがあることを期待し，馴染みのある形式というものを持っている。これは，それまでに歴史的な伝統を経験したり，他の「語り / ストーリー」作品に触れてきたりしたためである。このような性質のゆえに，そのような規範は，異なるジャンルで異なる構造になっても，同じ文化内の異なる個人や異なる集団になっても，同じ文化伝統の中で時代が異なっても，異なる文化になっても，異なってくる。

現在の規範からかなり逸脱するように作品を組み立てる作者（あるいはそのような作者たちの大きな潮流）は，同時代の人々から**前衛的**（**avant-garde**）と考えられ，その作品は**実験的**（**experimental**）と見なされるかもしれない。文化的伝統は個々の作者に圧力をかけて，受け継がれてきた規範を維持させたり，逆に規範に異議を唱えさせたりするのだが，もう一段上位のレベルでは，その度合いがその伝統によって異なる。例えば，中国における芸術や文学の伝統は，かなりの期間に渡って保守的に続いてきたのだが，今世紀の西洋は，作家の実験的試みを高く評価してきている。

受容者の領域に関して言うと，プロトタイプ性からの逸脱に対して，作品の対象者は一般的にその新奇さに対して驚きを感じる。そのような経験は，感情的にマイナスの方向の色合いを帯びること（例えばショック）も，プラスの方向の色合いを帯びること（例えば高揚）もある。もっと言えば実は，ここでの分析の枠組みにプロトタイプ性のパラメーターを含めた主たる理由は，現在進行している「語り / ストーリー」が，作品の対象者に対してどのような認知的効果をもたらしているかを辿る必要があるからである。というのも，対象者の反応がそのように変化していく様子は，作者が非常に苦労して作り出そうとするものであり，規範を破ることは，作品の対象者の内側に望む反応を生じさせる主要な手段なのだから。

### 4.6　異なるパラメーター間の相互関係

領域の場合と同じく，これまで示してきた様々なパラメーター（一般的なもの

も特定のものもある）は，相互に関連し合うことがありうる。例えば交替関係に関わるパラメーターは，範囲のパラメーターに適用できるかもしれない。テキスト中の2つの構造が，局所的に交替することも，もっと大きな範囲で交替することもあるだろう。また，連続 - 離散のパラメーターは，目の細かさのパラメーターに適用できるかもしれない。例えばある「語り/ストーリー」が，1つの問題に対して2つの異なる目の細かさのレベルから取り扱うことがあるかもしれない。つまり，目の細かい扱いと目の粗い扱いである（両者を交互に行うかもしれない）。あるいは，もっと多くの異なる目の細かさで問題を扱うかもしれない。あるいは，やはり現実性のパラメーターが，抽出に関するパラメーターに適用できるかもしれない。作者は，人間精神の性質について，自らが理解していることの中からあるものを抽出して，「語り/ストーリー」の中に取り込んでいるわけだが，その抽出したものにおいて人間精神の性質を正しく捉えているかどうかに関わるのが，この2つが組み合わさったものであろう。なおその判断をするのは，作品の対象者や分析者になる。

　異なるパラメーターが相互に関連し合うもう1つの方法は，それらのパラメーターがどれくらいの重みを持ちどのように解釈されるかに応じて，その卓立が互いに推移していく場合である。例えば，その取り扱いの詳細や受容者の解釈次第で，2つの構造は「語り/ストーリー」が進んで行く過程で，「埋め込み」・「交替」・「同時進行」・「相関関係」といった4.1節で論じた様々な相互関係のうちのどの関係を持つこともできるかもしれない。例えば，戦争中の国家を背景として展開する恋愛物語は，時折，大きな歴史的叙事詩の中に**埋め込まれた**（**embedded**）小さな出来事と思えるかもしれない。あるいは，社会的な出来事が，その外的な力について激しいのと同じくらいに，その内側に激しさを持つドラマと思えるかもしれない。そのため，一方のシーンはもう一方のシーンと対等の資格で，**交互に現れる**（**alternate**）ように見える。あるいは，そこかしこを覆っている恐怖から，破れかぶれの気持ちで何とか日常生活をもぎ取ろうとする試みと思えるかもしれない。そのため，この恋愛物語は激動の上に**同時進行**（**concurrent**）で重ねられたものに見えるだろう。これは，社会の混乱があったからこそ，生じたとさえ言えるかもしれない。あるいは，この恋愛物語は，戦争における展開と**相関**（**correlate**）しながら進んで行く，幾つもの段階から成ると思えるかもしれない。

## 5　結論

この章では，「語り/ストーリー」及びより大きな「語り/ストーリー」の文脈

の主要な構造的特徴を描き出すような枠組みの手始めを示した。この枠組みを使って，特定の「語り/ストーリー」作品の分析を導くことができるだろう。しかしこの枠組みが認知科学や人文科学の他の領域での取り組み（私自身の言語学の研究も含まれる）と一緒になれば，人間の認知における概念構造を統合的に理解することに向けて進むことに，貢献できるだろう。

# 参考文献

Aoki, Haruo. 1970. *Nez Perce grammar*. University of California Publications in Linguistics, no. 62. Berkeley: University of California Press.
Aske, Jon. 1989. Path predicates in English and Spanish: A closer look. In *Proceedings of the 15th Annual Meeting of the Berkeley Linguistics Society*. Berkeley, Calif.: Berkeley Linguistics Society.
Baker, Charlotte. 1976. Eye-openers in ASL. Paper delivered at the California Linguistics Association Conference, San Diego State University, San Diego.
Berman, Ruth, and Dan Slobin. 1994. *Relating events in narrative: A crosslinguistic developmental study*. Hillsdale, N.J.: Erlbaum.
Bowerman, Melissa. 1981. Beyond communicative adequacy: From piecemeal knowledge to an integrated system in the child's acquisition of language. In *Papers and Reports on Child Language Development*, no. 20. Stanford, Calif.: Stanford University Press.
Boyer, Pascal. 1994. Cognitive constraints on cultural representations: Natural ontologies and religious ideas. In *Mapping the mind: Domain specificity in cognition and culture*, edited by Lawrence Hirschfeld and Susan Gelman. New York: Cambridge University Press.
Brown, Penelope, and Stephen C. Levinson. 1987. *Politeness: Some universals in language usage*. New York: Cambridge University Press.
Brugman, Claudia. 1988. *The story of over: Polysemy, semantics, and the structure of the lexicon*. New York: Garland.
Bybee, Joan. 1980. What's a possible inflectional category? Unpublished paper.
Bybee, Joan. 1985. *Morphology: A study of the relation between meaning and form*. Amsterdam: Benjamins.
Chafe, Wallace. 1970. *Meaning and the structure of language*. Chicago: University of Chicago Press.
Choi, Soonja, and Melissa Bowerman. 1991. Learning to express motion events in English and Korean: The influence of language-specific lexicalization patterns. *Cognition* 41: 83–121.
Chomsky, Noam. 1965. *Aspects of the theory of syntax*. Cambridge, Mass.: MIT Press. [『文法理論の諸相』1970 安井稔（翻訳）研究社]
Cook-Gumperz, Jenny, and John Gumperz. 1976. Context in children's speech. Unpublished paper, University of California, Berkeley.
Costello, Anne M., Gail Bruder, Carol Hosenfeld, and Judith Duchan. 1995. A struc-

tural analysis of a fictional narrative: "A Free Night." In *Deixis in narrative: A cognitive science perspective*, edited by Judith Duchan, Gail Bruder, and Lynne Hewitt. Hillsdale, N.J.: Erlbaum.

Dennett, Daniel C. 1991. *Consciousness explained*. Boston: Little, Brown.

Dixon, Robert M. W. 1972. *The Dyirbal language of North Queensland*. London: Cambridge University Press.

Ervin-Tripp, Susan. 1975. *Making cookies, Playing doctor, Teaparty*. Videotapes shot for the project *Development of Communicative Strategies in Children*. Berkeley: University of California at Berkeley.

Fauconnier, Gilles, and Mark Turner. 1998. Blends. In *Discourse and cognition: Bridging the gap*, edited by Jean-Pierre Koenig. Stanford, Calif.: CSLI Publications.

Fillmore, Charles. 1975. The future of semantics. In *The Scope of American Linguistics: Papers of the First Golden Anniversary Symposium of the Linguistic Society of America*, edited by Robert Austerlitz et al. Lisse: De Ridder.

Fillmore, Charles. 1977. The case for case reopened. In *Syntax and semantics* (vol. 8): *Grammatical relations*, edited by Peter Cole and Jerrold Sadock. New York: Academic Press.

Fillmore, Charles, and Paul Kay. 1995. *Construction grammar*. CSLI lecture notes. Stanford, California: CSLI Publications. (1995 draft)

Fleischer, Richard (director). 1966. *Fantastic voyage*. Screenplay by Harry Kleiner, from a story by Otto Klement and Jay Lewis Bixby, novelized by Isaac Asimov. Hollywood, Calif.: 20th Century Fox.

Fodor, Jerry. 1983. *Modularity of mind: An essay on faculty psychology*. Cambridge, Mass.: MIT Press. [『精神のモジュール形式――人工知能と心の哲学』1985 伊藤笏康・信原幸弘（翻訳）産業図書]

Fraser, Bruce. 1976. *The verb-particle combination in English*. New York: Academic Press.

Gallaway, Clare, and Brian Richards, eds. 1994. *Input and interaction in language acquisition*. New York: Cambridge University Press.

Garfinkel, Harold. 1967. *Studies in ethnomethodology*. Englewood Cliffs, N.J.: Prentice Hall.

Garfinkel, Harold. 1972. Studies of the routine grounds of everyday activities. In *Studies in social interaction*, edited by David Sudnow. New York: Free Press.

Genette, Gerard. 1980. *Narrative discourse: An essay in method*, translated by Jane E. Lewin. Ithaca, N.Y.: Cornell University Press.

Gerdts, Donna B. 1988. *Object and absolutive in Halkomelem Salish*. New York: Garland.

Goffman, Erving. 1956. The nature of deference and demeanor. *American Anthropologist* 58: 473-502.

Goldberg, Adele. 1995. *Constructions: A construction grammar approach to argument structure*. Chicago: University of Chicago Press. [『構文文法論——英語構文への認知的アプローチ』2001 河上誓作・谷口一美・早瀬尚子・堀田優子（翻訳）研究社]

Greenberg, Joseph. 1961. Some universals of grammar with particular reference to the order of meaningful elements. In *Universals of language*, edited by Joseph Greenberg. Cambridge, Mass.: MIT Press.

Gruber, Jeffrey S. 1965. *Studies in lexical relations*. Doctoral dissertation, MIT. Reprinted as part of *Lexical structures in syntax and semantics*, 1976. Amsterdam: North-Holland.

Gumperz, John, and Dell Hymes, eds. 1972. *Directions in sociolinguistics: The ethnography of communication*. New York: Holt, Rinehart and Winston.

Gumperz, John, and Robert Wilson. 1971. Convergence and creolization: A case from the Indo-Aryan/Dravidian border in India. In *Pidginization and creolization of languages*, edited by Dell Hymes. Cambridge, England: Cambridge University Press.

Gurganus, Alan. 1991. *White people*. New York: Knopf.

Hamill, James F. 1990. *Ethno-logic: The anthropology of human reasoning*. Urbana: University of Illinois Press.

Has, Wojciech J. (director). 1965. *Rekopis Znaleziony W Saragossie* (The Saragossa manuscript). Polski State Film release of a Kamera production.

Heath, Jeffrey, Francesca Merlan, and Alan Rumsey, eds. 1982. *The language of kinship in Aboriginal Australia*. Sydney: Oceania Linguistics Monographs.

Heath, Shirley Brice. 1983. *Ways with words: Language, life, and work in communities and classrooms*. New York: Cambridge University Press.

Henry, O. 1903. A retrieved reformation. In *Roads of destiny*, 134-143. Garden City, N.Y.: Doubleday, Page & Co.

Herskovits, Annette. 1986. *Language and spatial cognition: An interdisciplinary study of the prepositions in English*. Cambridge, England: Cambridge University Press. [『空間認知と言語理解』1991 堂下修司・西田豊明・山田篤（翻訳）オーム社]

Hetzron, Robert. 1975. Where the grammar fails. *Language* 51(4): 859-872.

Hill, Jane. 1991. The production of self in narrative. Paper presented at the Second Bi-Annual Conference on Current Thinking and Research of the Society for Psychological Anthropology, October 11-13, Chicago.

Hockett, Charles. 1954. Two models of grammatical description. *Word* 10: 210-231.

Hook, Peter. 1983. The English abstrument and rocking case relations. In *Papers from the 19th Regional Meeting of the Chicago Linguistic Society*. Chicago: Chicago Linguistic Society.

Hutchins, Edwin. 1991. The social organization of distributed cognition. In *Perspectives on socially shared cognition*, edited by Lauren B. Resnick, John M. Levine, and Stephanie D. Teasley. Washington, D.C.: American Psychological Association.

Hutchins, Edwin. 1993. Learning to navigate. In *Understanding practice: Perspectives on activity in context*, edited by Seth Chaiklin and Jean Lave. New York: Cambridge University Press.

Ikegami, Yoshihiko. 1985. 'Activity'-'Accomplishment'-'Achievement'—a language that can't say 'I burned it, but it didn't burn' and one that can. In *Linguistics and philosophy: Essays in honor of Rulon S. Wells*, edited by Adam Makkai and Alan K. Melby. Amsterdam: Benjamins.

Jackendoff, Ray. 1992. Is there a faculty of social cognition? In *Languages of the mind: Essays on mental representation*. Cambridge, Mass.: MIT Press.

Jefferson, Gail. 1972. Side sequences. In *Studies in social interaction*, edited by David Sudnow. New York: Free Press.

Kafka, Franz. 1936. The metamorphosis. In *Selected short stories of Franz Kafka*, translated by Willa and Edwin Muir, 19–89. New York: Random House.

Kahane, Claire. 1996. *The passions of the voice: Hysteria, narrative, and the figure of the speaking woman, 1850–1915*. Baltimore: Johns Hopkins University Press.

Keenan, Elinor, and Bambi Schieffelin. 1975. Foregrounding referents: A reconsideration of left-dislocation in discourse. In *Proceedings of the Second Annual Meeting of the Berkeley Linguistics Society*. Berkeley, Calif: Berkeley Linguistics Society.

Keller, J. D., and F. K. Lehman. 1991. Complex categories. *Cognitive Science* 15(2): 271–291.

Langacker, Ronald W. 1987. *Foundations of cognitive grammar*. 2 vols. Stanford, Calif.: Stanford University Press.

Lave, Jean. 1988 *Cognition in practice: Mind, mathematics, and culture in everyday life*. New York: Cambridge University Press.

Levinson, Stephen C. 1983. *Pragmatics*. Cambridge, England: Cambridge University Press. [『英語語用論』1990 安井稔・奥田夏子（翻訳）研究社]

Lexer, Matthias. 1966. *Matthias Lexers Mittelhochdeutsches Taschenworterbuch*. Stuttgart: S. Hirzel Verlag.

Li, Charles, and Sandra Thompson. 1976. Development of the causative in Mandarin Chinese: Interaction of diachronic processes in syntax. In *The grammar of causative constructions*, edited by Masayoshi Shibatani. New York: Academic Press.

Li, Fengxiang. 1993. *A diachronic study of V-V compounds in Chinese*. Unpublished doctoral dissertation, State University of New York at Buffalo.

Linde, Charlotte. 1993. *Life stories: The creation of coherence*. New York: Oxford University Press.

Lindner, Susan. 1981. *A lexico-semantic analysis of English verb particle constructions with* out *and* up. Unpublished doctoral dissertation, University of California, San Diego.

Matisoff, James A. 1973. *The grammar of Lahu*. University of California Publications in Linguistics, no. 75. Berkeley: University of California Press.

Matsumoto, Yo. 1991. On the lexical nature of purposive and participial complex motion predicates in Japanese. In *Proceedings of the 17th Annual Meeting of the Berkeley Linguistics Society*. Berkeley, Calif.: Berkeley Linguistics Society.

McCawley, James. 1968. Lexical insertion in a transformational grammar without deep structure. In *Papers from the Fourth Regional Meeting of the Chicago Linguistic Society*. Chicago: Department of Linguistics, University of Chicago.

McCawley, James. 1971. Prelexical syntax. In *Monograph Series on Languages and Linguistics*. 22nd Annual Roundtable. Washington, D.C.: Georgetown University Press.

Minoura, Yasuko. 1992. A sensitive period for the incorporation of a cultural meaning system: A study of Japanese children growing up in the United States. *Ethos* 20 (3): 304–339.

Murdock, George Peter. 1965. The common denominator of cultures. In *Culture and society*. Pittsburgh: University of Pittsburgh Press.

Ozhegov, Sergei. 1968. Slovar' russkovo jazyka. Sovetskaja Enciklopedia, pub.

Pinker, Steven. 1994. *The language instinct*. New York: Morrow. [『言語を生みだす本能（上・中・下）』1995 椋田直子（翻訳）NHK 出版]

Postal, Paul. 1976. Linguistic anarchy notes. In *Notes from the Linguistic Underground (Syntax and Semantics* vol. 7), edited by James D. McCawley. New York: Academic Press.

Pustejovsky, James. 1993. Type coercion and lexical selection. In *Semantics and the lexicon*. Dordrecht: Kluwer.

Quinn, Naomi, and Claudia Strauss. 1993. A cognitive framework for a unified theory of culture. Unpublished manuscript.

Sacks, Harvey, Emanuel Schegloff, and Gail Jefferson. 1974. A simplest systematics for the organization of turn-taking for conversation. *Language* 50(4): 696–735.

Schachter, Paul, and Fe T. Otanes. 1972. *Tagalog reference grammar*. Berkeley: University of California Press.

Schaefer, Ronald. 1988. Typological mixture in the lexicalization of manner and cause in Emai. In *Current approaches to African linguistics* (vol. 5), edited by Paul Newman and Robert Botne. New York: Foris Publications.

Schaefer, Ronald. In press. Talmy's schematic core and verb serialization in Emai: An initial sketch. In *Proceedings of the First World Congress on African Linguistics*, edited by R. K. Herbert and E. G. L. Kunene. Johannesburg: University of Witwatersrand.

Schieffelin, Bambi. 1979. *How Kaluli children learn what to say, what to do, and how to feel: An ethnographic study of the development of communicative competence*. Unpublished doctoral dissertation, Columbia University.

Schlicter, Alice. 1986. The origins and deictic nature of Wintu evidentials. In *Evidentiality: The linguistic coding of epistemology*, edited by Wallace Chafe and Johan-

na Nichols. Norwood, N.J.: Ablex.
Searle, John. 1969. *Speech acts: An essay in the philosophy of language*. London: Cambridge University Press. [『言語行為—言語哲学への試論』1986 坂本百大・土屋俊（翻訳）勁草書房]
Slobin, Dan I. 1985. Crosslinguistic evidence for the language-making capacity. In *The crosslinguistic study of language acquisition: Theoretical issues* (vol. 2), edited by Dan I. Slobin. Hillsdale, N.J.: Erlbaum.
Slobin, Dan I. 1996. The universal, the typological, and the particular in acquisition. In *The crosslinguistic study of language acquisition* (vol. 5): *Expanding the contexts*, edited by Dan I. Slobin. Mahwah, N.J.: Erlbaum.
Slobin, Dan I. 1997. Mind, code and text. In *Essays on language function and language type: Dedicated to T. Givon*, edited by J. Bybee, J. Haiman, and S. A. Thompson. Amsterdam: Benjamins.
Slobin, Dan I., and N. Hoiting. 1994. Reference to movement in spoken and signed languages: Typological considerations. In *Proceedings of the 20th Annual Meeting of the Berkeley Linguistics Society*. Berkeley, Calif.: Berkeley Linguistics Society.
Spielberg, Stephen (director). 1993. *Schindler's list*. Hollywood, Calif.: Universal Pictures.
Supalla, Ted. 1982. *Structure and acquisition of verbs of motion and location in American Sign Language*. Unpublished doctoral dissertation, University of California, San Diego.
Talmy, Leonard. 1972. *Semantic structures in English and Atsugewi*. Doctoral dissertation, University of California, Berkeley.
Talmy, Leonard. 1975a. Figure and ground in complex sentences. In *Proceedings of the First Annual Meeting of the Berkeley Linguistics Society*. Berkeley, Calif.: Berkeley Linguistics Society.
Talmy, Leonard. 1975b. Semantics and syntax of motion. In *Syntax and semantics* (vol. 4), edited by John P. Kimball. New York: Academic Press.
Talmy, Leonard. 1976a. Communicative aims and means—a synopsis. *Working Papers on Language Universals* 20: 153-185. Stanford, Calif.: Stanford University.
Talmy, Leonard. 1976b. Semantic causative types. In *Syntax and semantics* (vol. 6): *The grammar of causative constructions*, edited by Masayoshi Shibatani. New York: Academic Press.
Talmy, Leonard. 1977. Rubber-sheet cognition in language. In *Papers from the 13th Regional Meeting of the Chicago Linguistic Society*. Chicago: Chicago Linguistic Society.
Talmy, Leonard. 1978a. Figure and ground in complex sentences. In *Universals of human language* (vol. 4): *Syntax*, edited by Joseph H. Greenberg. Stanford, Calif.: Stanford University Press.
Talmy, Leonard. 1978b. Relations between subordination and coordination. In *Univer-

sals of human language (vol. 4): *Syntax*, edited by Joseph H. Greenberg. Stanford, Calif.: Stanford University Press.

Talmy, Leonard. 1978c. The relation of grammar to cognition—a synopsis. In *Proceedings of TINLAP-2*, edited by David Waltz. New York: Association for Computing Machinery.

Talmy, Leonard. 1982. Borrowing semantic space: Yiddish verb prefixes between Germanic and Slavic. In *Proceedings of the Eighth Annual Meeting of the Berkeley Linguistics Society*. Berkeley, Calif.: Berkeley Linguistics Society.

Talmy, Leonard. 1983. How language structures space. In *Spatial orientation: Theory, research, and application*, edited by Herbert L. Pick, Jr., and Linda P. Acredolo, 225–282. New York: Plenum Press.

Talmy, Leonard. 1985a. Force dynamics in language and thought. In *Papers from the 21st Regional Meeting of the Chicago Linguistic Society*. Chicago: Chicago Linguistic Society.

Talmy, Leonard. 1985b. Lexicalization patterns: Semantic structure in lexical forms. In *Language typology and syntactic description* (vol. 3): *Grammatical categories and the lexicon*, edited by Timothy Shopen. Cambridge, England: Cambridge University Press.

Talmy, Leonard. 1987. Lexicalization patterns: Typologies and universals. Berkeley Cognitive Science Report 47. Berkeley: Cognitive Science Program, University of California.

Talmy, Leonard. 1988a. Force dynamics in language and cognition. *Cognitive Science* 12: 49–100.

Talmy, Leonard. 1988b. The relation of grammar to cognition. In *Topics in cognitive linguistics*, edited by Brygida Rudzka-Ostyn. Amsterdam: Benjamins.

Talmy, Leonard. 1991. Path to realization: A typology of event conflation. In *Proceedings of the 17th Annual Meeting of the Berkeley Linguistics Society*. Berkeley, Calif.: Berkeley Linguistics Society.［「イベント統合の類型論」2000 高尾享幸（訳）『認知言語学の発展』に収録］

Talmy, Leonard. 1995a. The cognitive culture system. *The Monist* 78: 80–116.

Talmy, Leonard. 1995b. Narrative structure in a cognitive framework. In *Deixis in narrative: A cognitive science Perspective*, edited by Gail Bruder, Judy Duchan, and Lynne Hewitt. Hillsdale, N.J.: Erlbaum.

Talmy, Leonard. 1996a. Fictive motion in language and "ception." In *Language and space*, edited by Paul Bloom, Mary Peterson, Lynn Nadel, and Merrill Garrett. Cambridge, Mass.: MIT Press.

Talmy, Leonard. 1996b. The windowing of attention in language. In *Grammatical constructions: Their form and meaning*, edited by Masayoshi Shibatani and Sandra Thompson. Oxford: Oxford University Press.

Talmy, Leonard. 2007. Lexicalization patterns. In *Language typology and syntactic*

*description*, 2nd ed., edited by Timothy Shopen. Cambridge, England: Cambridge University Press.
Tomasello, Michael, Ann Cale Kruger, and Hillary Horn Ratner. 1993. Cultural learning. *Behavioral and Brain Sciences* 16(3): 495-552.
Vendler, Zeno. 1967. *Linguistics and philosophy*. Ithaca, N.Y.: Cornell University Press.
Warhol, Andy (director). 1964. *Empire*. New York: Andy Warhol Films.
Warhol, Andy (director). 1969. *Blue movie*. New York: Andy Warhol Films.
Weinreich, Max. 1980. *History of the Yiddish language*. Chicago: University of Chicago Press.
Weinreich, Uriel. 1952. Tsurik tsu aspektn. *Yidishe Shprakh* 12: 97-103.
Weinreich, Uriel. 1953. *Languages in contact*. New York: Linguistic Circle of New York.
Weinreich, Uriel. 1968. *Modern English-Yiddish Yiddish-English dictionary*. New York: YIVO Institute for Jewish Research.
Whorf, Benjamin Lee. 1956. *Language, thought, and reality*. Cambridge, Mass.: MIT Press. [『言語・思考・現実』1993 池上嘉彦（翻訳）講談社]
Wilkins, David P. 1988. Switch-reference in Mparntwe Arrernte: Form, function, and problems of identity. In *Complex sentence constructions in Australian languages*, edited by P. Austin. Amsterdam: Benjamins.
Wilkins, David P. 1989. *Mparntwe Arrernte: Studies in the structure and semantics of grammar*. Unpublished doctoral dissertation, Australian National University, Canberra.
Wilkins, David P. 1991. The semantics, pragmatics, and diachronic development of 'associated motion' in Mparntwe Arrernte. *Buffalo Papers in Linguistics* 91(1): 207-257. State University of New York at Buffalo.
Wilkins, David P. 1993. Linguistic evidence in support of a holistic approach to traditional ecological knowledge: Linguistic manifestations of the bond between kinship, land, and totemism in Mparntwe Arrernte. In *Traditional ecological knowledge: Wisdom for sustainable development*, edited by N. Williams and G. Baines. Canberra: CRES Publications.
Wolkonsky, Catherine, and Marianne Poltoratzky. 1961. *Handbook of Russian roots*. New York: Columbia University Press.
Woolf, Virginia. 1944. *A haunted house and other short stories*. New York: Harcourt, Brace.
Woolf, Virginia. 1948. *The voyage out*. New York: Harcourt, Brace & World.
Zakharova, A. V. 1958. Acquisition of forms of grammatical case by preschool children. In *Studies of child language development*, edited by Charles Ferguson and Dan I. Slobin. New York: Holt, Rinehart and Winston.
Zborowski, Mark, and Elizabeth Herzog. 1952. *Life is with people: The Jewish little-*

*town of Eastern Europe*. New York: International Universities Press.

Zelazny, Roger. 1971. *The doors of his face, the lamps of his mouth and other stories*. Garden City, N.Y.: Doubleday.

# 索　引

1. 日本語は五十音順に並べてある。英語で始まるものはアルファベット順で，最後に一括している。
2. 数字はページ数を示し，n は脚注を表す。… は，それ以降，繰り返し頻出することを表す。
3. 〜 は直前の見出し語を代用する。

## ［あ行］

アツゲウィ語　12, 15, 17, 19, 91-97, 177, 204-205
イコール関係（equality）　262-265
位置付けられる（situated）　247
一方向的　130
位置を表す接尾辞　93
位置を変える（transposition）　247
1 価（指定）　135-136
一貫性　16, 203, 205, 212, 228, 237
　〜と有意義性の度合い　237
一致（accord）　282
一般的パラメーター（general parameters）　258
イディッシュ語　44, 54-55, 86, 88-89, 95, 97-108, 110-124, 159, 163, 177-179, 195, 207
「移動/位置づけ」（Motion）　3, 8, 11, 15-17, 19-20, 22, 24, 25n, 30-33, 49, 79, 95
　〜事象　2, 10, 16-17, 19, 30, 32-33
移動（Motion）　246
移動事象の経路　3
今風（modern）　264
意味空間（semantic space）　88-89 …
　（〜の）切り分け　89, 121, 124
意味構造　50, 64-65, 95, 97
意味システム　88-89, 97, 105, 123-124, 213

意味的な解消（semantic resolution）　126-127, 133, 136, 139-140
意味的な構成　91
意味的な矛盾（semantic conflict）　126-127
意味的パラメーター　90, 92
意味パターン　20-21, 88, 90
意味領域　89, 112
インドイラン語　124
迂言的構文　105, 117n, 122
（動きの）方向のベクトル　90
動く（move）　247
内側の物語世界（inner story world）　263
美しさ　64, 233, 293
埋め込み（embedding）　248, 259-260, 284, 295
運動制御　186, 203, 251
衛星要素（satellite）（略して Sat）　12-15 …
衛星要素主導（satellite framed）言語　11-13, 17, 19, 23, 43-44, 50, 58, 69-70, 84-87
覆い被せ（overlay）　262
大まか-正確のパラメーター　273

## ［か行］

回顧的（backward-looking）　264
（概念が）義務的に明示されなければなら

ないかどうか　94, 96
（概念が）事象のどこまでを含むか　94
（概念が）どのように小区分されるか　96
概念構造　10-11 ...
概念実体的（ideational）　152-153, 175, 234, 238-240, 250-251, 256, 282
　　〜な連続構造（ideational sequential structure）　282-284, 286
概念的な分割（化）（conceptual partitioning）　4, 241
概略-詳述のパラメーター　274-275
拡散（dispersed）　248, 272
確認（confirm, confirmation）　58-59, 63-64, 69-70 ...
　　〜を表す衛星要素（confirmation satellite）　62-64, 71, 73-74
格の階層　113
重ね合わせ（superimposition）　133-134, 136
　　〜による混合　134
過小達成　73-74
　　〜を表す衛星要素（underfulfillment satellite）　74
過剰達成　73
　　〜を表す衛星要素（over-fulfillment satellite）　75
語り／ストーリー　226-241 ...
　　〜の時間と作品対象者の時間との関係　243
　　〜の認知システム（narrative cognitive system）　228-229
　　〜の文脈　230-231 ...
語り手（narrator）　234, 238, 254, 263
価値（value）　251, 290, 293
可能化　10-11
完結相　98, 103-105, 113, 115
カンジ　216-217
感情的構造　231
関連づけ機能（association function）　8, 11, 17, 22, 24, 30, 35

起動的（発射型）使役　90
基本-逸脱モデル（basic-divergent model）　140
客観化（objectivization）　64
境界づけられた　61, 78-82, 109-110, 120
　　〜漸進的変化　36-37
境界づけられていない　9, 19, 61, 78-82, 120, 247
共起事象（co-event）　10 ...
　　〜を表す衛星要素（co-event satellite）　13-14
　　〜を表す動詞（co-event verb）　12, 61, 84-87
　　〜を表す分詞構文（co-event gerundive）　13
共起的活動に加わる（coactive）目的語　49, 78
教示（instruction）　199-200, 210-211
凝集（concentrated）　272
共進展（co-progression）　244
協調している（in concert）　255
「協働」　49, 51, 53, 55
局所的（local）　268
均等配置モデル（even-array model）　140
食い違い効果（incongruity effects）　137
空間構造（spatial structure）　246-248, 260, 268-270
具現化する度合い（degree of manifestation）　22
組み合わせ構造（combinatory structure）　232, 276
クリフハンガー（cliff-hanger）　245
駆流　119
継続　85, 243
継続的（コントロールされた）使役　90
軽動詞　84
経路（path）　8, 13, 15-17, ..., 247
「経路／場所（Path）」　17 ...
経路を表す接頭辞　41, 103

ゲシュタルト　40-41, 66, 170, 247, 253
結束性　7, 276, 284, 286, 289
「原因」　10, 13-14, 17-18, 20-21, 31-32, 61
言語接触　89, 97, 102, 117, 121
現実化（actualization）　62, 69
現実性（veridicality）　290-292, 295
現実逃避主義（escapist）　291
現実のもの（actual）　62
語彙化した含意（lexicalized implicature）　67, 69-70
行為間の相関関係（action correlating）　3, 7, 11, 48-51, 53-57, 69-70, 78-79, 81, 85
行使される（力）　90, 93
構成的（constitutive）　23, 50
構造的選択性（structural selectivity）　196
交替関係（alternation）　265, 295
個人・個人が共有しているスキーマが，集団内で集積される（individually shared schema summated over the group）　206-207
個人間で共有される，集団からのスキーマ習得（individually shared schema acquisition from a group）　210-211
個人間で共有される集団内区別の上位レベルスキーマ（individually shared metaschema of group differentiation）　209-210
個体内への投影（introjection）　133-134, 136-137
固定（fixity）　8, 11, 46
個別パラメーター（particular parameters）　258
コミュニケーションの導管モデル　239
混合（blend, blending）　126n, 127, 131, 133-134, 136-139, 190-192
混在　133, 137

## [さ行]

差異化の程度（degree of differentiation）　232, 269
再帰代名詞　28, 100-101, 109, 116, 134-135, 159
再帰動詞　101
作者領域　239-240, 270, 273
作品（の）対象者（addressee）　234 …
　〜の時間（addressee time）　243
　〜領域　238, 270
作品領域　234, 237-240, 260-261, 263, 273
査定（assessment）　183, 187-192 …
サポート（support）　10 …
参照物体（「地」）　92-94, 113
参与者（participant）　53, 208-209, 263
シーン分割　135-136
使役　90, 99, 180
　〜構造（causal structure）　249-250
　〜連鎖　6, 11, 17, 20-21, 31, 79, 94
時間的構造（temporal structure）　232, 241-243, 260, 267
時間的な展開パターン（temporal contouring）　21-25, 242-243
時間の層　241, 246
仕切り（compartmentalization）　190-192
自己　253, 270, 282-283
「自己完結の達成」を表す動詞（intrinsic-fulfillment verb）　59-61, 65, 72
事象（event）　4, 241-242
　〜の統合（event integration）　5
　〜複合体　2-3, 5-6, 16, 61
　〜を追加する衛星要素（further-event satellite）　59-61
　（〜を引き起こす別の）事象　93
実演　49, 51, 57-58
実現化（realization）　3, 7, 11, 16, 58, 61-63, 66, 69-70, 72-73, 76, 79, 81
実験的（experimental）　244, 294

実行　198, 251
実地体験（exposure）　199-200, 210
質量で規定される物質（mass）　247
視点　251
　　〜的連続構造（perspectival sequential structure）　287
　　〜を取る地点（perspective point）　252, 287-288
姉妹概念　94
姉妹形　104
集団・社会　255
シャギードッグ・ストーリー　292-293
借入　88-89, 91n, 99-108, 112-119, 121-124
　　〜先言語；〜をする側の言語　105, 115, 117-119
　　〜元言語　105, 115, 118-119
　　〜元言語の意味システムへの適応　105, 118-119
主（たる）事象（main event）　5-9, 18-19, 77
集積（the summary aggregate）　206-207
従属（する）事象（subordinate event）　5-7 …
集団協力のために個人間で共有されるスキーマ（an individually shared schema for group cooperation）　207
重複形（reduplication）　106, 114, 117
重複システム（overlapping systems）　187, 229
主導的役割を果たす衛星要素（framing satellite）　12, 25, 32, 54, 61, 77-82
主導的役割を果たす動詞（framing verb）　12, 25, 77
首尾一貫性　276
受容者（experiencer）　234 …
瞬時　243n
「准動作主」（Agency）　49 …
上位レベルの意味　96, 102, 121

上位レベルの概念　96, 103-104
上位レベルのスキーマ（metaschema）　210
上位レベルのパターン（metapattern）　99, 210
状況（circumstance）　10
冗語的な動詞（pleonastic verb）　86
詳述的（elaborated）　274
状態（state）　30 …
　　〜変化（state change）　29 …
承認・不承認（approval / disapproval）　198, 200
　　〜への反応（approval / disapproval response）　198, 200
新高地ドイツ語　103, 108
進展（progression）　235, 241-246
　　〜の度合い　235
心理的構造（psychological structure）　232-233, 246, 250, 253-256 …
心理的連続構造（psychological sequential structure）　289-290
「図」-「地」の事象　2
「図」（Figure）　16, 113
「図」となるモノ（figural entity）　7, 10-11, 16, 20-22
推移（transition）　8
　　〜タイプ（transition type）　30
随伴　49 …
スキーマ（schema）　62
　　〜的（schematic）　274
　　〜を取っ替え引っ替えすること（schema juggling）　138
スペイン語　13-15, 17-18, 20-21, 25-28, 30, 32-36, 41-42, 52-58, 177
スラヴ語派言語（の）　88, 95, 97, 99-124
正確（precision）　273
制作者（producer）　234
精緻化　116
静的（な）（static）　236
積極的な不信の停止　291

切除 (resection) 72-73
接頭辞の二重語 98, 106
節の連合 5
前衛的 (avant-garde) 294
先行 10-11
潜在的 (potential) 62
先進的 (ahead of its time) 264
全体事象 (macro-event) 2-11, 13-14 …
全体的 (global) 268
選択 (selection) 190, 192-193, 194, 196-197 …
層 (strata) 231-233, 241 …
相互連結関係 (interlocking) 265
総称的 (generic) 動詞 84
相対量 (relative quantity) 232, 267
想定外の事象 73
　～を加える衛星要素 (other-event satellite) 76
阻止 (blockage) 127, 138-139
即興的 (improvisational) 240
外側の物語世界 263
存在しない状態から存在する状態への推移 (＝不在から存在への推移) 38

[た行]

対象範囲 (scope) 267-269
対等か否か (equipotence) 259
第二動作主 90
対立している (in conflict) 250, 255
他言語から借入した方法の) 拡張使用 89, 105, 123
他者に教えられての学習 (learning from teaching by others) 197, 200
多重指定 (multiple specification) 126, 131, 134
達成 (fulfillment) 58 …
　～が未指定なタイプ 58, 62, 65-66, 70, 72-73, 83
　～が未指定な動詞 (moot-fulfillment verb) 61
　～動詞 (fulfilled verb) 66, 72-73
　～の含みがある動詞 (implied-fulfillment verb) 62-63, 65, 75
　～を表す衛星要素 (fulfillment satellite) 61-62, 64
　～を含意する動詞 (implicated-fulfillment verb) 62
　～を成就する動詞 (attained-fulfillment verb) 65
タミル語 2, 12, 70, 76
単一相 (semelfactive) 105, 116-117, 119, 122
単数個／回-複数個／回のパラメーター 271
単数個／回 (uniplex) 271
地 (参照物体) 93
「地」(Ground) 17, 113
知覚／概念化 4, 242
チカラの力学 23, 250
(逐語) 注釈 95
蓄積 40-41, 100-101
知性的機能 251
注意 187-188
中核スキーマ (core schema) 8, 11-13, 15 …
中期高地ドイツ語 97, 102-103, 108
中国語北京方言 33, 44, 47, 63, 66, 70-76, 180
抽出化 (abstraction) 261
調整 190-192
直示，直示性 92-93, 114, 264-265
直示的な意味を表す接尾辞 92
「地」となるモノ (ground entity) 8, 11 …
通時的ハイブリッド化 (diachronic hybridization) 89
作り出される目的語 (＝「働きかけを受ける目的語」の反対) 39, 81
続き物 (serial) 245

定動詞（determinative） 104
適格性（well-formedness） 276-277, 282, 284-286
展開パターン（texture） 242-243
伝記的（biographical） 263
ドイツ語 12, 23-28, 30, 33-35, 38, 40-45, 51-58, 78, 82, 85-86, 97-98, 100-109, 113-114, 118-121, 123-124, 215
同一指示 264
「同一の広がりを持つ」関係（coextension） 258-259, 262
動機（motivation） 288-290
　〜の連続構造（motivational sequential structure） 289
道具を表す接頭辞 93-95
統合 205
動作主的 5-6, 17-18, 20-21, 23, 31-32, 35, 39, 46, 50, 58, 70, 84-85
動詞語根 90-96, 102, 104, 111-112
動詞主導（verb-framed）言語，動詞主導（の）言語 11-14, 17, 21-24, 30, 34, 50, 69-70, 76, 85
同時進行（concurrence, concurrent） 232, 262, 295
同時代（contemporary） 264
動詞の衛星要素（satellite to the verb） 3, 12, 132
動詞の補充形 104
動性を決定するプロセス（activating process） 8, 10-13, 17, 22, 30
同族言語 96
動態性（dynamism） 4, 8, 242
動能動詞（conative verb） 66, 72-73, 75-76
ドキュメンタリー（documentary） 263
ドラヴィダ語族 124
取り消し 69

## [な行]

内在的アスペクト（＝Aktionsart） 79
2価（指定） 135-136
二次的不完了体 104, 111-112, 117-118
二重語 98, 106, 113, 115
認識論的連続構造（epistemic sequential structure） 286
認知科学 227, 296
認知言語学 53, 227
認知システム（cognitive systems） 228
認知主義（cognitivism） 182-183, 225
認知心理学 227
認知的下位システム 217, 257n
認知的構成 44, 97, 182, 187, 190, 213, 222-223, 229
認知的接合（cognitive splicing） 278

## [は行]

バージョン（versions） 277
配置（placement） 247-249
ハイブリッド形成 89, 105, 123
ハイブリッドシステム（hybrid system） 105-106, 112
ハイブリッド的多義 106
漠然-はっきりのパラメーター 273-275
漠然（vague） 273-275
場所（location） 247
パターンを形成する認知システム（pattern-forming cognitive system） 228-229, 283
はっきり（clear） 273-275
反達成 73
反達成を表す衛星要素（antifulfillment satellite） 75
反復 22-23, 82, 243n
非完結相 104-105
非多義化（する）（depolysemize） 89, 105, 115-116, 123

非適応；適応しない；受け入れを拒むこと　89, 118
非動作主的　6, 13, 17, 31-32, 35, 39n, 84-85
「被動者」　25n, 41, 43, 67-68, 74, 78-79, 83
1つのモノ対2つのモノ　259
ひとまとまりの事象（unitary event）　5-7, 10
皮肉　165
非明示的-明示的のパラメーター　274-275
非明示的（implicit）　171, 197, 210, 234, 243, 274-275
評価（evaluating）　290, 293
表層の形態素　89
非連続的な推移タイプ　35-36
広がり-凝集のパラメーター　272
フィクション（fiction）　236, 263, 283, 290-291
不一致（discord）　282
複合的事象（complex event）　5-7, 16, 20
複合動詞の動詞前要素　90
複数個/回（multiplex）　271
付随　10
物体（object）　8, 16, 18, 22, 29-30, …, 247
物体操作　90-95
不定動詞（indeterminative）　104
部分-全体（part-whole）　259
部分的重複関係（partial overlap）　258
不変化詞　12, 24, 83, 90, 179
普遍的（universal）　264
プロット（plot）　239, 246, 250, 276, 284, 286-287
プロトタイプから拡張された動詞（extended prototype verb）　86-87
プロトタイプ性（prototypicality）　294
雰囲気（atmosphere）　253, 256-258, 262, 276, 289-290, 292

文化機能障害　215
文化習得の臨界期　212
文化の再利用（recycling of culture）　211
分散（distributed）　272-273
　　〜認知　208, 255
分布パターン　130
分離関係（separation）　258
分離前綴り／非分離前綴り　12, 90-91
分裂　281
並置　127, 131, 137-139
変移（shift）　126-127, 129-133, 136-137, 139-141
変異形（variants）　277
変化（change）　30, 246
包含（関係）（inclusion）　258-261, 282
方向を表す接尾辞　93-95
補完的（complementary）　255
北部ホカ語族　91
ポリグラフ装置　232, 241, 265
本質的実体（identity）　277-283
本質的実体の連続構造（sequential structure of identity）　277
翻訳借入　89, 91n

[ま行]

交わり（型適応）（intersection）　89, 105, 112-114, 123
ミクロ局所的（microlocal）　232, 242, 268
密度（density）　267, 269, 272n
未来的（futurist）　264
ムバーントゥワ・アルンダ語　220-222
無変化（stasis）　8, 30, 46, 246
明示的（explicit）　274-276
明瞭化（clarification）　199, 210
目の細かさ（granularity）　65-66, 192, 194, 267-269, 295
メレオロジー（mereology）　258-259

目的（purpose）　10, 292-293
モノ　4 …
モノ化（ascription of entityhood）　4, 229, 241, 280-282
物語世界の時間（story-world time）　243, 288
物語世界（story world）　234, 237-239, 243-244, 249 …
物語の時間（story time）　243-245, 267
模倣　49, 51 55-56

## ［や行］

有意義性　233, 237
優越　49, 51, 56, 78, 81, 85
融合　2, 7, 12, 16, 32-33, 35, 39n, 45, 47, 77, 87, 161, 191, 229, 242, 249, 259, 270-272, 281
融合の「併用」システム　33
優先性，優先関係　113, 167
ユーモア　137, 292
様相における変化　41, 43
様態　10-11, 13, 17-21, 31, 35, 48, 78, 85, 114
要点（upshot）　9, 82, 84, 176, 292
寄り集まって（gathered together）　272

## ［ら行］

羅生門効果　285
領域（region）　247-249
歴史的（historical）　263-264
レトリック　292
連想（される）属性，連想属性　131-132, 134
連続-離散のパラメーター　270, 272, 295
連続構造（sequential structure）　276- 277, 284-290

## ［英語］

Agonist　23
Antagonist　23
Cage, John（ジョン・ケージ）　285
Doyle, Arthur Conan（アーサー・コナン・ドイル）　281
Eugène Ionesco　285
Fodor, Jerry　186, 228
Genet, Jean　285
Genette, Gerald　230n
Gurganus, Alan　266, 271
Has, Wojciech Jerzy　260
Herskovits, Annette　248n
Hill, Jane　244, 269
Hutchins, Edwin　208, 255
Kafka, Franz（カフカ）　277
Kahane, Claire　258
Linde, Charlotte　283
Martha Graham　285
Murdockの文化の普遍的特性　185, 201, 219
O. Henry（オー・ヘンリー）　248
Piaget, Jean（ピアジェ）　278
Postal, Paul　279
Proust, Marcel（プルースト）　284
Shakespeare, William（シェイクスピア）　260
Spielberg, Steven（スピルバーグ）　272
Warhol, Andy（ウォーホル）　244
Wilder, Thornton（ワイルダー）　256
Woolf, Virginia（ヴァージニア・ウルフ）　258, 270
Zelazny, Roger　246

## 著者・監訳者・訳者紹介

### 【著 者】

レナード・タルミー (Leonard Talmy)

ニューヨーク州立大学バッファロー校言語学部名誉教授。カリフォルニア大学バークレー校客員研究員。カリフォルニア大学バークレー校言語学 PhD。近年の著作は、2018 年 *The Targeting System of Language* (MIT Press, 2018) や *Ten Lectures on Cognitive Semantics* (Brill, 2018) など。

### 【監訳者】

岩田　彩志（いわた　せいじ）　　関西大学文学部　教授
菊田　千春（きくた　ちはる）　　同志社大学文学部　教授
西山　淳子（にしやま　あつこ）　和歌山大学教育学部　教授

### 【訳　者】

第 11 章　西山　淳子（にしやま　あつこ）　　和歌山大学教育学部　教授
第 12 章　森川　文弘（もりかわ　ふみひろ）　姫路獨協大学人間社会学群　教授
第 13 章　西山　淳子（にしやま　あつこ）　　和歌山大学教育学部　教授
第 14 章　澤田　茂保（さわだ　しげやす）　　金沢大学国際基幹教育院　教授
第 15 章　町田　章　（まちだ　あきら）　　　日本大学法学部　准教授
第 16 章　長谷部陽一郎（はせべ　よういちろう）同志社大学グローバル・コミュニケーション学部　教授

## 認知意味論を目指して　IV
(*Toward a Cognitive Semantics*)

| | |
|---|---|
| 著　者 | レナード・タルミー（Leonard Talmy） |
| 監訳者 | 岩田彩志・菊田千春・西山淳子 |
| 訳　者 | 西山淳子・森川文弘・澤田茂保・町田　章・長谷部陽一郎 |
| 発行者 | 武村哲司 |
| 印刷所 | 日之出印刷株式会社 |

2025 年 3 月 15 日　第 1 版第 1 刷発行

発行所　株式会社　開　拓　社

〒112-0003　東京都文京区春日 2-13-1
電話　（03）6801-5651　（代表）
振替　00160-8-39587
https://www.kaitakusha.co.jp

Japanese edition © 2025 S. Iwata et al.　　　　　ISBN978-4-7589-1394-2　C3080

|JCOPY| ＜出版者著作権管理機構 委託出版物＞

本書の無断複写は，著作権法上での例外を除き禁じられています．複写される場合は，そのつど事前に，出版者著作権管理機構（電話 03-5244-5088, FAX 03-5244-5089, e-mail: info@jcopy.or.jp）の許諾を得てください．